2016—2017 中国数字出版产业年度报告

ANNUAL REPORT ON DIGITAL
PUBLISHING INDUSTRY IN CHINA:
2016—2017

主　编／张　立
副主编／王　飚　李广宇

中国书籍出版社
China Book Press

《2016—2017 中国数字出版产业年度报告》课题组

组　　　长：张　立
副 组 长：王　飚　李广宇
课题组成员：毛文思　刘玉柱　孟晓明
　　　　　　徐　瑶　郝园园　宋迪莹
　　　　　　李　熙

《2016—2017 中国数字出版产业年度报告》撰稿人名单

撰稿人名单(按文序排列):

中国数字出版产业年度报告课题组

万　智　艾顺刚　乔莉莉　孙晓翠

庄子匀　李广宇　戴铁成　高默冉

周宝荣　金　鸽　中国版协游戏工委

伽马数据　国际数据公司　占世伟

张孝荣　闫　鑫　郭春涛　刘泽辉

唐世发　杨　晨　刘　焱　陈　磊

童之磊　闫　芳　徐耀明　刘　熠

张　博　董　荟　魏　萌　张鸿雁

毕　昱　毛文思　郝园园

重庆市文化委员会

重庆华略数字文化研究院

石　昆

统　　稿:王　飚　李广宇

前　言

《2016—2017中国数字出版产业年度报告》是对《2005—2006中国数字出版产业年度报告》《2007—2008中国数字出版产业年度报告》《2009—2010中国数字出版产业年度报告》《2011—2012中国数字出版产业年度报告》《2012—2013中国数字出版产业年度报告》《2013—2014中国数字出版产业年度报告》《2014—2015中国数字出版产业年度报告》《2015—2016中国数字出版产业年度报告》的延续与发展。本《报告》既有对前八部《报告》的继承，又有根据产业实际发展情况进行的创新。

在研究方法上，本《报告》依然采用数据实证分析与文本分析相结合的方式，且更侧重于前者。在《报告》的撰写过程中，研究人员运用产业组织经济理论着力从产业主体、产业行为、产业绩效等方面对数字出版产业进行深入分析，主要通过对各领域从业企业规模、生产规模、用户规模、运营及赢利状况等方面的大量一手数据的梳理、解析，用图表形式呈现，这正恰恰是以往相关报告所缺乏的。同时，本《报告》对我国数字出版产业的环境加以阐析，以求对我国数字出版产业的脉动进行深刻追溯。这些努力可能会有利于读者较好地把握我国数字出版产业现状；同时，也能了解到发展的来龙去脉及其因果联系。

本《报告》是中国新闻出版研究院的课题。中国新闻出版研究院副院长张立担任课题组组长、数字出版研究所所长王飚与数字出版研究室副主任李广宇担任副组长，共同主持了本《报告》的撰写，并对主报告和有关分报告做了必要的把关及修改工作。中国新闻出版研究院数字出版研究所、同方知网、长江出版传媒股份有限公司、上海睿泰企业管理集团有限公司、中文在线、互联网实验室、中国出版协会游戏出版物工作委员会、中国印刷科学技术研究院、上海理工大学、重庆市文化委员会、重庆华略数字文化研究院的部分研究人员、业界专家共同参与了本报告的撰写工作。

本《报告》全书统稿工作由王飚、李广宇负责,毛文思协助完成;部分报告中的数据采集与分析、表格制作由徐瑶完成。

为数字出版产业的规划和发展提供连续、可比的数据依据,是编写数字出版产业报告的一个重要思路。但鉴于我们的力量和水平还很有限,本《报告》在专题设置、结构布局及数据获取上都有不尽如人意之处,有个别分报告还略显单薄,甚至难免会存在一些缺陷及错误,故恳请广大读者见谅,并予以指正,以便我们在今后的编撰工作中不断改进,进一步提升《中国数字出版产业年度报告》的质量和价值。

本《报告》在撰写过程中得到了多方面的帮助与支持,北大方正、清华同方、万方数据、重庆维普资讯、龙源数字传媒等企业提供了大量一手数据;同时我们也参考了大量的相关论述及文献,虽然在《报告》中有所标注,但可能仍存在遗漏现象,在此一并致谢!

编　者

2017 年 6 月 16 日

目　录

主报告

"十三五"开局之年的中国数字出版
　　——2015—2016中国数字出版产业年度报告
　　…………………………中国数字出版产业年度报告课题组（3）
　　一、数字出版产业形势综述……………………………………（3）
　　二、数字出版产业规模分析…………………………………（17）
　　三、数字出版产业态势分析…………………………………（23）
　　四、数字出版产业问题与对策分析…………………………（35）
　　五、数字出版产业趋势分析…………………………………（41）

分报告

2016—2017中国电子图书出版产业年度报告
　　………………………万　智　艾顺刚　乔莉莉　孙晓翠（53）
　　一、电子图书出版综述………………………………………（53）
　　二、电子图书出版产业市场现状……………………………（54）
　　三、电子图书出版产业的营收状况…………………………（57）
　　四、主要技术提供平台发展状况……………………………（64）
　　五、年度影响电子图书出版产业发展的重要事件…………（66）
　　六、电子图书出版年度特点及趋势…………………………（67）

2016—2017 中国数字报纸出版产业年度报告

　　……………………………………………万　智　艾顺刚　乔莉莉　庄子匀（77）
　一、我国数字报纸产业的发展态势 …………………………………（77）
　二、我国数字报纸产业发展面临的主要问题 ………………………（85）
　三、促进我国数字报纸产业发展的策略建议 ………………………（89）
　四、我国数字报纸产业的未来发展趋势 ……………………………（99）

2016—2017 中国互联网期刊出版产业年度报告

　　…………………………李广宇　戴铁成　高默冉　周宝荣　金　鸽（105）
　一、互联网期刊出版产业概述 ………………………………………（105）
　二、互联网期刊出版推广销售策略及赢利情况分析 ………………（108）
　三、主要技术提供平台发展状况 ……………………………………（111）
　四、年度影响互联网期刊出版产业发展的重要事件 ………………（118）
　五、总结与展望 ………………………………………………………（121）

2016—2017 中国网络游戏出版产业年度报告

　　……………………中国音数协游戏工委　伽马数据　国际数据公司（138）
　一、中国网络游戏出版产业规模 ……………………………………（138）
　二、中国网络游戏用户状况 …………………………………………（142）
　三、中国网络游戏产业分析 …………………………………………（143）
　四、年度影响网络游戏出版产业发展的重要事件 …………………（145）
　五、总结与展望 ………………………………………………………（147）

2016—2017 中国网络（数字）动漫出版产业年度报告

　　………………………………………………………………占世伟（152）
　一、网络（数字）动漫平台与生产商发展状况 ……………………（152）
　二、网络（数字）动漫产业的生产规模与市场规模状况 …………（154）
　三、年度影响网络（数字）动漫出版产业发展的重要事件 ………（163）
　四、总结与展望 ………………………………………………………（165）

2016—2017 中国网络社交媒体出版产业年度报告

　　………………………………………………………………张孝荣（169）
　一、中国网络社交媒体发展概况 ……………………………………（169）
　二、主要服务商发展情况 ……………………………………………（179）
　三、2016 年社交媒体行业发展特点 …………………………………（188）

四、2016社交媒体年度大事 …………………………………（191）
五、总结与展望 ……………………………………………（194）

2016—2017中国移动出版产业年度报告
…………………………………………………… 闫　鑫（198）
一、移动出版产业发展概述 ………………………………（198）
二、移动出版产业发展现状 ………………………………（202）
三、年度影响移动出版产业发展的重要事件 ……………（212）
四、总结与展望 ……………………………………………（213）

2016—2017中国数字印刷与按需印刷（出版）产业年度报告
………………………………………… 郭春涛　刘泽辉（217）
一、数字印刷与按需出版产业状况 ………………………（217）
二、数字印刷与按需印刷（出版）市场分析 ……………（227）
三、年度影响数字印刷与按需印刷（出版）发展的重要事件 ………（244）
四、总结与展望 ……………………………………………（245）

相关专题报告

中国数字教育出版发展报告
………………………… 唐世发　庄子匀　杨　晨　刘　焱（251）
一、2016年中国数字教育出版发展现状 …………………（251）
二、2016年中国数字教育出版面临的问题及对策 ………（262）
三、2017年中国数字教育出版产业发展趋势 ……………（265）

中国数字出版标准化年度报告
…………………………………………………… 陈　磊（268）
一、行业背景 ………………………………………………（268）
二、数字出版标准化现状 …………………………………（271）
三、存在问题和对策建议 …………………………………（275）

中国数字版权保护状况年度报告
………………………… 童之磊　闫　芳　徐耀明　刘　熠（279）
一、我国数字版权保护新进展 ……………………………（279）

二、各省区版权保护状况统计分析 …………………………………………（286）
三、数字版权保护技术发展状况 …………………………………………（289）
四、典型案例分析 …………………………………………………………（292）
五、数字版权保护存在的困境及应对的措施 ……………………………（295）
六、2017年数字版权保护展望 ……………………………………………（297）

中国数字出版教育年度报告
……………………………………… 张　博　董　荟　魏　萌　张鸿雁（299）
一、中国数字出版教育的新进展 …………………………………………（299）
二、中国数字出版教育的典型范例 ………………………………………（302）
三、中国数字出版教育发展中的主要问题 ………………………………（305）
四、加快中国数字出版教育发展的对策 …………………………………（309）

中国数字出版产业基地（园区）研究报告
……………………………………………………………………… 毕　昱（314）
一、发展背景 ………………………………………………………………（314）
二、发展现状 ………………………………………………………………（318）
三、发展趋势 ………………………………………………………………（325）
四、政策及建议 ……………………………………………………………（329）

中国新闻资讯客户端发展报告
……………………………………………………………………… 毛文思（334）
一、新闻客户端发展情况 …………………………………………………（334）
二、新闻资讯客户端发展现状分析 ………………………………………（336）
三、新闻资讯客户端产品分析 ……………………………………………（338）
四、新闻资讯客户端发展着力点 …………………………………………（348）
五、新闻资讯客户端发展趋势 ……………………………………………（349）

中国移动听书产业发展报告
……………………………………………………………………… 郝园园（352）
一、移动听书范围界定 ……………………………………………………（352）
二、听书产业链分析 ………………………………………………………（353）
三、移动听书行业发展现状 ………………………………………………（354）
四、移动听书行业运营策略 ………………………………………………（359）
五、移动听书产业存在的问题 ……………………………………………（361）

六、移动听书产业发展趋势 ………………………………………（363）

重庆数字出版产业发展报告
………………… 重庆市文化委员会　重庆华略数字文化研究院（365）
一、重庆数字出版产业现状 ………………………………………（365）
二、重庆数字出版业融合发展情况 ………………………………（368）
三、区域数字出版产业特色 ………………………………………（370）
四、重庆市数字出版产业发展的未来展望 ………………………（373）

附　录

2016年中国数字出版大事记
………………………………………………………… 石昆辑录（379）
一、电子图书 ………………………………………………………（379）
二、互联网期刊 ……………………………………………………（380）
三、数字报纸 ………………………………………………………（382）
四、移动出版 ………………………………………………………（386）
五、网络游戏 ………………………………………………………（387）
六、网络动漫 ………………………………………………………（389）
七、视频 ……………………………………………………………（391）
八、数码印刷 ………………………………………………………（392）
九、数字版权 ………………………………………………………（395）
十、综合 ……………………………………………………………（400）

主报告

"十三五"开局之年的中国数字出版

——2016—2017 中国数字出版产业年度报告

中国数字出版产业年度报告课题组

2016年,以互联网和移动互联网为核心的新兴媒体在技术革新推动下,焕发着强劲生命力,推动全球数字出版产业持续发展。国际上,大型出版商转型模式不断成熟;电子书市场趋于饱和;国内,作为"十三五"开局之年,在经济发展的新起点和新形势下,我国数字出版也迎来了发展新机遇。数字出版收入规模超过 5 700 亿元,再创新高;新闻出版业转型升级持续深化,融合发展初见成效。

一、数字出版产业形势综述

(一) 国际产业形势

2016 年是以欧美国家为代表的国际数字出版发展相对平静的一年,可以用"波澜不惊"来形容。当然,大型出版商和传统媒体并未停止数字化转型的脚步,模式不断成熟,业务日臻完善。同时也可以看到,国内外产业发展形势越来越趋于同步,在产业形态发展、企业经营模式、技术应用等方面,走向渐趋一致。

1. 开展数字媒体业务多元化经营

2016 年,国外报刊媒体在互联网和移动互联网高速发展的背景下,加快数字化转型步伐。由于纸媒广告收入的持续缩水,对媒体经营带来巨大压力,英国《独立报》、杂志男人帮《FHM》，美国杂志《阁楼》等多家报刊媒体在2016年停止纸质印刷版发行，仅刊发数字版[1]。与此同时，各家媒体在2016年持续完善并进一步拓展自身数字业务，谋求多元化发展。近年来，《华尔街日报》《纽约时报》等知名媒体都实施了"付费墙"策略，以保障数字业务收益。2016年8月，作为美国付费发行量最大的财经报纸，也是媒体在线付费阅读的先行者，《华尔街日报》对其"付费墙"做出了尝试性改动，通过多种方式吸引付费用户。一是允许订阅用户在社交媒体上分享链接，非订阅者可以免费浏览他们分享到社交媒体上的这些文章，并在每篇会员或记者分享的文章里，都会放进入会申请，此举让用户从单纯的读者成为推广者；二是给予非订阅用户24小时的"访客权限"，允许他们在权限期内免费浏览《华尔街日报》网站上的一些文章样本，以此吸引用户订阅[2]。此外，《华尔街日报》还对用户付费订阅理由进行分析，了解用户消费心理和订阅习惯，持续优化订阅体验。在纸媒广告收入不景气的当下，《华尔街日报》面临巨大的经营压力，在其宣布裁员和收购以精简新闻编辑室规模，逐步实现现代化以改善该部门移动与专业信息商业产品的同时，数字订阅用户量却不断增长，这也证明了其"付费墙"策略的完善已初见成效。同样，英国《电讯报》也调整了其"付费墙"策略，以期获得更多的付费订阅者，并推出了一项订阅《电讯报》的附加付费服务，《电讯报》中大约有20%的内容将只向附加服务的订阅者提供[3]，目的是为用户提供更好更精准的服务。

除了实行并改善"付费墙"策略，各大媒体还不断完善数字媒体业务，创新产品及服务。以《纽约时报》为例，2016年《纽约时报》的数字业务营收接近5亿美元，远超过许多顶尖出版机构在同领域的收入。一年来，《纽约时报》在先进技术研发应用方面取得了较大突破，于2016年春天成立了名为"Story［X］"的新部门，专门尝试机器学习和机器翻译等新兴技术[4]。在2016

---

[1] 再也见不到你！国内外这些媒体"死"在了2016年［EB/OL］. http：//mt.sohu.com/20161207/n475224124.shtml

[2] 华尔街日报将付费订阅做到极致："卖会员"更吸粉［EB/OL］. http：//news.163.com/16/1213/09/C85IJ5E1000181KO.html

[3] 英国《电讯报》调整"付费墙"战略 提供更精准服务［EB/OL］. http：//news.xinhuanet.com/zgjx/2016-11/15/c_135830068.htm

[4] 拯救传媒帝国：《纽约时报》的数字化革命之路［EB/OL］. http：//tech.163.com/17/0219/07/CDKCS1N900097U7R.html

年度美国大选中,《纽约时报》就利用人工智能技术开发了聊天机器人播报每日选情。《纽约时报》还是新闻界中试水 VR 技术的先行者,是全球最早开设 VR 频道的媒体,其与谷歌公司一起将 Google 地图服务与一项 36 小时旅游系列报道巧妙结合,做成"虚拟现实体验包";2016 年,《纽约时报》还收购了实验性 VR/AR 设计工作室 Fake Love,将其并入《纽约时报》内部的原生广告团队 T Brand Studio。2016 年 6 月 18 日,在被誉为广告界的奥斯卡戛纳国际创意节上,《纽约时报》虚拟现实应用 NYT VR 获得了移动类全场大奖和娱乐类全场大奖。这款虚拟现实 APP 目前已经上线了 20 多部 VR 纪录片。VR 技术为《纽约时报》提供了一种新的叙事方式,并将 VR 融入现有的和未来的广告产品中,成为其数字广告收入的又一个全新来源。此外,《纽约时报》不断拓展自身的业务范畴,开展跨界融合。如 2016 年 5 月,《纽约时报》推出外卖业务,宣布与创业公司 Chef'd 合作出售配料,所有食谱均取自《纽约时报》美食专栏。用户只需订购自己喜欢的食谱,Chef'd 便会在 24 至 48 小时内将新鲜的半成品送货上门[1]。

在互联网快速普及的今天,视频逐渐成为数字媒体的创新点,各大传媒巨头相继在视频领域发力。《纽约时报》倾力打造全新的视频直播团队,并于 2016 年年底创立"每日 360 度"全方位视频新闻中心,保证每天有一条全方位视频新闻报道;《华盛顿邮报》也在 2017 年初宣布将其视频团队的工作岗位增加 30 个[2],以满足其视频产品布局计划,新增员工主要承担视频脚本撰写工作;美国最大报业出版商《今日美国》也开启了"视频优先"编辑模式,尝试将原本由 100 多个地方媒体机构组成的"传媒帝国"进行整合,发力在线视频,将其作为新媒体战略的核心内容[3]。

2. 出版商转型融合取得进一步突破

过去一年来,国际大型出版商持续推进自我转型,壮大自身实力,各个领域均取得了较大突破。一是出版商加速数字出版业务布局。如在 2016 年电子

---

[1] 你没有看错,《纽约时报》要做食材外卖了 [EB/OL]. http://tech.sina.com.cn/i/2016-05-06/doc-ifxryhhh1662168.shtml

[2] 《华盛顿邮报》:视频领域再发力以求新增长 [EB/OL]. http://www.guanmedia.com/news/detail_5437.html

[3] 《今日美国》:开启"视频优先"编辑模式 [EB/OL]. http://www.dvbcn.com/2016/10/09-133659.html

书收入下降的态势下，阿歇特收购了多家电子书公司，并通过布局 APP 市场，加速推进数字出版。2016 年 4 月，阿歇特联手《唐顿庄园》作者朱莉安·菲罗斯推出历史剧连载 APP "Belgravia"；5 月，与两家游戏开发商合作，推出 APP "足球新星自传"（New Star Soccer G-Story）；6 月，收购了移动游戏开发公司 Neon Play；12 月，收购移动游戏公司 Brainbow[①]。二是提升专业化服务质量。作为一家专业出版社，美国威利出版公司通过策略投资推进转型，并不断拓展数字平台的功能及服务，以增强其提供知识型数字服务的能力。2016 年，威利公司更加专注于提供知识型服务，如升级线上图书馆（Wiley Online Library）功能，提供直观导航、增强可见性、拓展功能并提供一系列定制选项。WOL 开发的 Early View 软件，方便用户在文章付印前浏览单篇内容；WOL 开发的期刊 APP 则方便用户用平板电脑和其他移动设备获取 200 多种图书上的文章和相关内容[②]；并开设 Wiley Author Services 平台，帮助作者追踪其论文发表进度，并开始涉足非传统的出版技术领域，斥资 1.2 亿美元收购出版软件及服务供应商 Atypon，开发招聘平台和专业技能培养工具。2016 财年，威利集团的 17 亿美元收入中，有 63% 来自数字产品和服务平台上的突破[③]。而爱思唯尔在 2016 年同样致力于为科研用户提供智能化的系列产品及服务。如为满足科研及政府管理人员的需求，其科研管理工具 SciVal 基于文摘及引文数据库 Scopus，将文献数据、衡量指标、专利引用及高度可视化进行整合，为科研决策提供循证依据，帮助机构制定、实施及评估研究策略。分析服务团队通过整合高质量数据源及技术研究指标的专业知识，对研究结果提供准确、公正的分析。此外，爱思唯尔还通过提供 Science Direct 高级推荐、通过 Mendeley 建立社交媒体合作等增值服务来提升用户满意度，并通过创立新刊、增加 OA 期刊及扩大新兴市场的份额，继续提升品牌内容的质量，实现业务的不断增长。三是创新业务模式。过去一年来，出版商的转型更加注重以人为本，从用户角度出发，为用户提供优质服务。如企鹅兰登书屋（英国）研发了一款在线荐书引擎 Flipper，帮助读者在圣诞期间在线挑选图书礼物。用户可以在 Flipper 上输入心仪对象的性格和年龄，系统就可以在超过 400 种图书中帮他们选择适合的一种，范围涵盖

---

① 2016 国际大众类出版集团年报分析 [EB/OL]. http://www.cbbr.com.cn/article/111774.html
② 国际学术及教育出版集团 2016 年报分析 [EB/OL]. http://www.cbbr.com.cn/article/111769.html
③ 国际出版转型 出版的核心仍要落实到人 [EB/OL]. http://www.cbbr.com.cn/article/108914.html

该社当年的重点图书、精美礼品书、精装本和有声书。哈珀·柯林斯则推出了一款在线平台BookGig，英国的所有作者都能在该平台上进行谈话、签售、问答、朗读工作坊等活动直播，每场活动的官方主页上都附有售票链接，同时用户还能通过活动举办地官网购书，由此通过线上作者活动增进作者与读者的联系。

学术出版在内容获取与共享方面取得新突破。2016年3月，施普林格·自然集团宣布将该集团在2014年发起的面向学术科研界的内容共享计划无限期推行。在此次新计划当中，自然集团向旗下学术期刊的所有作者、该集团下属主要研究期刊的作者及获得所有者授权的主要学术期刊提供可以免费分享的阅读链接。包括BBC、《经济学人》和《纽约时报》在内的主要媒体也在此范围内。由此施普林格·自然集团将在每年向全球学术科研界提供30万单位最新学术论文供分享。而在教育出版领域，过去一年来，由于大学入学率降低、经济走势不明朗、家庭可支配收入减少、毕业生就业率不高、分销渠道盘整、教材租赁市场兴起等因素的影响，高教市场面临前所未有的巨大挑战，教育市场整体下滑了14%，尤其是教材租赁市场以7%的速度增长，导致出版社的收入受到严重影响，由此教育出版商纷纷加快数字业务的调整。2016年，培生教育出版集团对产品线进行了评估与整合，使产品研发更关注于学生学习和用户体验的设计，更符合学生对新一代课件和在线服务的适应性、个性化学习。培生开发了数字课件工具Revel，该工具融入作者授课、交互媒介、评估等内容，学生支付65美元即可下载Revel到电脑、平板和移动手机上使用。针对解决教材价格高及供应不及时的问题，培生还开展了数字直达（Digital Direct Access）项目，学生在秋季上课第一天就可以拿到数字课件，费用也能节省60%。此外，培生教育出版集团还与IBM Watson公司合作推出虚拟的导师软件，指导学生的学习进度。2016年，培生共投入7亿英镑推动数字转型，数字业务收入占比增至68%。

3. 电子书市场发展渐趋平缓

电子书作为数字出版最早的产品形态之一，在数字出版市场中居于核心地位。据数据统计互联网公司Statista发布的2016年全球数字出版领域报告显示[1]，2016年全球包括电子书、数字期刊、数字报纸等在内的数字出版市场规

---

[1] 人民网：2016全球数字出版报告［EB/OL］. http://media.people.com.cn/n1/2016/1229/c14677-28986361.html

模达153亿美元，占数字媒体市场的18.2%。美国、欧洲、中国位列全球数字出版市场前三名。其中2016年电子书收入为108亿美元，占全球数字出版市场总收入的71.1%。

然而，经过早期的爆发式增长，近年来英美等国的电子书虽然仍占据不容忽视的一席之地，但其市场饱和现象日益凸显。据尼尔森发布的数据显示，2016年全球电子书的销量与2015年相比，同比下降了16%[①]。其中，少年小说销量下降尤其明显，同比下降了28%，成年人小说销量同比下降了15%。以英国为例，根据英国发行商协会的数据，2016年英国市场消费类电子书的销售同比下降17%[②]。哈珀·柯林斯出版集团是英国众多出版巨头中唯一一家在电子书销售方面实现增长的出版商。而据尼尔森和英国消费者协会的数据显示[③]，电子书的市场份额下降了4%。2016年，英国虚构类和非虚构类小说电子书的市场份额下降了2%，少儿读物的电子书市场份额与2015年持平，自出版的电子书销售额也有所减少。与电子书市场疲软状态不同的是，2016年英国有声书的市场规模上升了11%，成为出版业颇具潜力的新生市场。美国电子书市场与英国相似，据美国出版商协会统计数据，2016年前9个月度中，美国电子书销售量下滑了18.7%。不仅仅是美英两国，德国等欧洲主要地区的电子书市场发展同样面临停滞。

全球电子书销量下降主要有以下几点原因：一是电子书价格上涨，2016年电子书的价格相比于2015年平均上涨了3美元，每本电子书的售价大约为8美元，有部分电子书价格甚至超过了原版纸质书；与此同时电子书的品质也未得到明显提升，消费者的购买意愿自然大大降低。二是随着智能手机和平板电脑的普及，专用阅读设备使用率降低。在2011年第一季度，70%的电子书购买者使用电子书阅读器阅读电子书，到2016年，仅有24%的电子书购买者使用电子书阅读器阅读电子书。美国拥有阅读器和平板电脑的用户，只有28%的时间用于阅读电子书，智能手机用户阅读电子书的比例只占12%。三是纸质书出现回暖现象。2016年纸质精装书的销量较2015年同比上涨了5%，自2012年

---

① 三大因素成电子书销量下滑主因［EB/OL］．http：//www.ce.cn/culture/gd/201702/20/t20170220_20349245.shtml
② Publishers Association：2016年英国电子书消费量下滑17%［EB/OL］．http：//www.199it.com/archives/588012.html
③ 尼尔森公布2016年英国出版业相关数据［EB/OL］．http：//www.cptoday.cn/news/detail/3033

以来，纸质书首次以 1.88 亿元的销量超过电子书。英、美两国 2016 年纸质书市场都出现了回暖，英国纸质书和期刊的销售同比增长 7%，儿童纸质书的销售同比增长 16%；美国平装书销售同比增长 7.5%，精装书销售同比增长 4.1%。在数字设备和数字媒体充斥的背景下，消费者逐渐产生了对数字内容的疲劳感。要缓解当下电子书市场的颓势，出版商的当务之急是重新制定营销策略，包括定价、销售方式的调整，同时进一步提高电子书内容品质，优化消费者阅读体验。

4. 全版权开发运营渐成全球趋势

近年来，IP 在中国如火如荼，从网络文学、动漫、游戏到影视剧及周边产品的版权开发全产业链已初步形成，在国际上也掀起了同一 IP 多元开发的浪潮。事实上，国外 IP 运作由来已久且运作模式相当成熟，最著名的莫过于迪士尼，已形成了动漫、电影、周边、游戏乐园等完备的产业链体系；《哈利·波特》系列小说也是全球知名 IP。与国内文化产业大部分围绕网络文学为核心进行版权开发运作的模式不同，长期以来，国外的版权运营以围绕动漫形象居多，擅长利用成熟的 IP 运作，如通过开展影游联动和跨界营销，撬动高额回报。无论是脍炙人口的经典漫画人物超人、蝙蝠侠，抑或是《疯狂的小鸟》《古墓丽影》等热门游戏，由这些 IP 改编的电影在全球范围都具有超高人气，并取得了不俗的票房成绩。围绕 IP 开展游戏、动漫、图书出版、影视等领域的多元开发运作，已成为全球文娱产业的共同趋势。

游戏是国外 IP 市场的重要组成部分，随着 IP 效应的持续扩大，也加快了游戏领域向出版业的跨界融合。2016 年，全球互动娱乐市场取得了迅猛发展，据美国咨询机构 Super Data 发布的《全球游戏市场报告》显示，2016 年全球互动娱乐市场总收入达到了 910 亿美元，其中数字游戏市场和播放媒体市场创造了历史新高。同时在与新媒体和多平台的合作之下，游戏市场的发展空间也在进一步拓展。在这样的形势下，为了对游戏 IP 进行深度内容开发而进军出版业，成为众多游戏开发公司的共同选择。2016 年年末，国际游戏巨头暴雪公司宣布成立暴雪出版社，全面涉足原创出版业务①。暴雪出版社将负责开发和发行暴雪公司旗下图书产品，以及运营"魔兽"系列、"星际争霸"系列等暴雪

---

① 游戏公司做出版衍生书红利可观［EB/OL］. http：//www.cbbr.com.cn/article/109878.html

品牌图书产品的版权工作。同时，该出版社也将复活绝版的《最后的守护者》《氏族之王》《部落的崛起》等。除此之外，未来暴雪出版社还将推出漫画线，以《魔兽传奇》第一卷和第二卷为起点，逐渐推出全彩的《炉石传说的艺术》和《星际争霸的影像艺术》等。同时，进一步拓展《暴雪传奇》小说及其他品牌也在计划范围之列。2016年夏天，改编自暴雪公司经典游戏《魔兽》的同名大电影在全球收获了4.3亿美元的超高票房，也成功展现了游戏粉丝在电影市场上的巨大消费力。除了魔兽之外，暴雪旗下还拥有守望先锋、暗黑破坏神、星际争霸等多个超强IP。因此在2016年，除成立出版社外，暴雪公司先后成立了暴雪影业、暴雪电竞等业务，旨在利用现有的游戏IP扩大自己的业务范围，实现商业价值的最大化。

围绕游戏向衍生图书、影视等领域进行IP多元开发，一方面提升了游戏的影响力和用户黏性；另一方面，游戏衍生书同样也可以凭借庞大的粉丝群体，创造巨大的红利。近年来，游戏衍生书已成为出版行业热点，更成为青少年图书的重要组成门类，具有良好的发展潜力和市场空间。如2016年7月，游戏开发商任天堂发布新的手机应用游戏《口袋妖怪Go》，一经发布，火爆全球。美国学乐社借势推出配套图书《口袋妖怪官方指南》和《口袋妖怪收藏家官方贴画指南》，销量迅速突破50万册大关。学乐社乘胜追击推出的相关系列图书，均成为玩家热情追捧的产品。2016年年初，由美国漫画出版商Dark Horse Comics推出的《魔兽世界编年史》（第一卷）内含超过20页全彩插图，在亚马逊、知乎论坛上都引发了网友热烈讨论。

（二）国内产业形势

2016年，国内数字出版产业发展环境日益趋好。数字经济成为推进我国国民经济发展的新动能；文化产业在国民经济中的地位日益凸显，数字出版的新兴产业地位得到充分肯定；技术革命为产业发展提供有力支撑；数字阅读需求日益旺盛。

1. 数字经济为经济发展注入新动力

2016年是"十三五"规划的开局之年，文化产业在国民经济中占据更重要的位置。据国家统计局发布数据显示，2016年文化产业增加值首次突破3万亿元，占GDP比重为4.07%，首次突破4%[①]，意味着中国文化产业站上新台阶，向成为国民经济支柱性产业迈出坚实一步。与此同时，"互联网+"行动计划加速推进传统产业与互联网行业的跨界融合，推动各类生产和消费活动的快速数字化。伴随互联网、云计算、大数据等新兴科技成为各领域发展的重要支撑，带动产业革新和消费升级，数字经济成为发展最快、创新最活跃、辐射最广的经济领域。2016年，中国数字经济规模首次超过20万亿元人民币，达22.4万亿元，增速高达16.6%，占GDP的比重达到30.1%，已超过美国、法国和德国[②]，增速位居世界第一。腾讯、阿里巴巴、百度、蚂蚁金服、小米、京东、滴滴出行等7家企业位居全球互联网企业20强，中国企业在数字经济领域已走在了世界前列。由此可见，以互联网为依托、数据资源为核心要素、信息技术为内生动力、融合创新为典型特征的数字经济作为一种新的经济形态，正在成为我国转型升级的重要驱动力和推动新常态下国民经济发展的新引擎，在扩展新的经济发展空间、促进经济可持续发展、推进供给侧改革、推动传统产业转型升级、带动创新等方面发挥重要作用。2016年G20杭州峰会上，中国作为主席国，首次将"数字经济"列为G20创新增长蓝图中的一项重要议题，由中国主持起草、与会各国联合发表了《二十国集团数字经济发展与合作倡议》，探讨共同利用数字机遇、应对挑战，促进数字经济推动经济实现包容性增长和发展的路径，表明发展数字经济已成为全球共识。数字经济首次被写入2017年政府工作报告，提出将"促进数字经济加快成长"，明确了数字经济在国家经济整体转型升级中的重要作用和战略意义。而数字内容产业作为数字经济在文化领域的重要体现同样具有巨大的发展潜力。

分享经济作为数字经济中的一大亮点，正在全球高速发展。在我国，分享经济由产业创新带动，由万众创业崛起，顺应国家"大众创业，万众创新"战略，得到政府的多方支持。资本的大量涌入，移动支付日渐普及，为分享经济的发展提供了有益环境。大数据时代的到来，让分享有了更为强劲的技术支撑。分享经济包括产品分享、空间分享、知识技能分享、劳务分享、资金分享及生产能力分享等，给人们的消费方式和行业服务供给模式与商业模式都带来

[①] 中国文化产业增加值：站上3万亿元新台阶［EB/OL］. http：//mt. sohu. com/business/d20170525/143473402_586041. shtml

[②] 中国2016年数字经济占GDP比重30.1% 增速居世界第一［EB/OL］. http：//finance. sina. com. cn/chanjing/cyxw/2017-05-26/doc-ifyfqqyh8541879. shtml

巨大改变。据国家信息中心分享经济研究中心发布的报告显示，2016年，我国分享经济市场交易额约为34 520亿元，比上年增长103%，已涵盖了生活服务、生产能力、交通出行、知识技能、房屋住宿、医疗手术、P2P网贷、网络众筹等重点领域。如Uber、滴滴出行等打车软件的兴起，为生活带来巨大便利的同时，基于实时位置的分享，让消费者和各个领域的创业者都认识到了分享的价值和意义所在。对于分享经济的概念范畴，已不再过多纠结于个人资源的闲置与否，而是以分享的理念，在更广阔的经济视野中激活经济剩余，进而形成新的业态和消费增长点。分享经济市场为社会创造了巨大的经济效益和民生价值。越来越多的人成为分享经济的参与者、推动者和受益者。在过去一年里，中国分享经济可谓遍地开花，途家、小猪短租等公寓民宿预订平台以及Airbnb民宿预订平台进入中国市场，公寓和民宿共享日益普遍；而在出行领域，分享经济更是爆发出惊人的活力，2016年8月滴滴和优步中国合并，网络约车、租车已成为人们的生活常态；另一方面，从2016年下半年开始，以摩拜单车、ofo单车为代表的共享单车席卷全国各个一二线城市，成为街头巷尾的一条独特风景线，共享单车已逐渐成为市内短途出行的新选择。此外，共享雨伞、共享充电宝等分享经济形态也纷纷涌现。与此同时，分享经济的发展大大推动了互联网信用体系的日益完善。随着分享经济的深入发展，未来会有越来越多的行业以分享经济为契机在市场中掀起众享模式，为各行各业带来重大变革。当前知识付费的兴起，正是分享经济在知识服务领域的集中体现。

2. 新兴产业发展空间进一步扩大

2016年3月，《中华人民共和国国民经济和社会发展第十三个五年规划纲要》正式颁布，文化产业在今后五年的国家发展战略中占据更加重要的位置，包括数字出版在内的新兴文化产业在其中有着浓墨重彩的一笔。国家"十三五"规划纲要中提出"要加快发展网络视听、移动多媒体、数字出版、动漫游戏等新兴产业"。虽然早在国家"十一五"规划纲要中，就提出要"发展数字出版"，但两者的内涵与范畴是有很大差别的。"十一五"时期，我国数字出版刚刚起步，那时的数字出版范畴主要为传统书报刊内容的数字化。经过了"十一五"的萌芽期和"十二五"的成长期，在已经步入"十三五"的今天，数字出版已经成为意识形态传播的主要阵地和新闻出版产业发展的重要方向。大数据、云计算、机器学习、VR/AR等新技术日新月异，传统媒体与新兴媒体相互交融，特别是近年来IP思维的盛行，内容价值日益凸显，新闻出版业乃至整个文化产业的环境与结构得以重塑。故而，数字出版被纳入国家"十三五"规划纲要，所蕴含的意义更加深远，应该着眼于更加宽泛的数字内容产业乃至数字创意产业的范畴。此外，国家"十三五"规划纲要中，涉及新闻出版业8个方面的工作，新闻出版"一大三小"工程（"全民阅读工程""国家重大出版工程""少数民族新闻出版东风工程"和"国家重点古籍整理出版项目"）列入国家级文化重大工程，而数字出版在这"一大三小"工程中也将发挥重要作用。

2016年11月29日，国务院发布《"十三五"国家战略性新兴产业发展规划》，将数字创意产业与网络经济、高端制造、生物经济、绿色低碳共同列为"十三五"时期五大战略新兴产业，并指出要"促进数字创意产业蓬勃发展，创造引领新消费，以数字技术和先进理念推动文化创意与创新设计等产业加快发展，促进文化科技深度融合、相关产业相互渗透。到2020年，形成文化引领、技术先进、链条完整的数字创意产业发展格局，相关行业产值规模达到8万亿元"的具体目标。数字创意产业纳入战略性新兴产业发展规划，是数字出版产业发展的重大利好。由此表明数字创意产业在当下国家经济发展的突出战略性地位，包括数字出版在内的数字内容产业作为数字创意产业的重要构成，在"十三五"时期将迎来更大的发展机遇和发展空间。

同时，国家对于文化产业的支持力度进一步加大。财政部下达2016年文化产业发展专项资金44.2亿元，支持项目944个，推动传统媒体和新兴媒体融合发展仍然作为重点支持方向[①]。与往年相比，2016年文化产业发展专项资金做出重大改革，实行"市场化配置+重大项目"双驱动，做到"三个首次"：一是立足理顺政府与市场关系，首次大幅引入市场化运作机制。财政部出资15.6亿元，完善参股基金等股权出资模式，创新通过重点省级文投集团开展债权投资路径，放大财政杠杆和乘数效应，提高资源配置效率。二是围绕党中央、国务院重大决策部署，首次取消一般扶持项目，其他28.6亿元全部投入重大项目，聚焦媒体融合、文化创意、影视产业、实体书店等八个方面，着力提高财政推动文化领域供给侧改革贡献度。三是与宣传文化部门统筹谋划、共

---

① 财政部下达44.2亿元文化产业发展专项资金［EB/OL］. http://news.xinhuanet.com/fortune/2016-08/05/c_1119342868.htm

同实施，首次建立牵头部门负责制。自2016年起，财政资金的支持重点将是"扶强扶优"，而不是"扶贫扶弱"，引入市场化运作模式，改革资金分配方式，进一步理顺政府与市场的关系，优化资金投向，更大限度地发挥财政资金的杠杆作用，实现财政资金效益最大化。

3. 技术革命方兴未艾

科学技术的发展是产业革新升级和经济社会进步的重要推动力。过去的300多年里，人类所经历的历次重大产业革命都沿袭着这样的规律：现有产业＋新技术＝新产业。当今社会，新一轮科技革命和产业革命方兴未艾，其根本动力在于信息技术指数级增长、数字化网络化普及应用、人工智能技术战略突破、大数据的爆发和集成创新兴起。人类社会已步入智能时代，智能革命一次又一次地颠覆人们现有的认知。人与互联网，人与人，产业之间的连接更加紧密。所谓"科技发展一小步，人类文明一大步"，科学技术从来没有像今天这样对社会带来深刻影响，也从未像今天这样与人们的生活息息相关。同时，可以看到当前社会发展和产业变革不再单纯依靠某种单一技术的发展，而是多种新兴技术的交叉融合演进，协同驱动构建未来智能社会的基础架构。

近两年，区块链概念迅速兴起，成为互联网、金融等领域关注的热点。区块链技术是一种分布式数据库技术，具有去中介化、不可篡改、集体维护、公开透明等特征，其发端于虚拟货币，自2009年虚拟货币在全球范围内兴起，区块链技术逐步走入人们的视野，被视为继蒸汽机、电力、信息和互联网科技之后，目前最有潜力触发第五轮颠覆性革命浪潮的核心技术。本质上，区块链是一种高度可信的数据库技术，是以TCP/IP为代表的信息互联网向以数字货币为代表的价值互联网演变的主要承载技术，对于互联网诚信机制的建立发挥着重要作用，可以解决复杂场景下多方协作和互信问题。区块链技术的核心是沿时间轴记录数据与合约，并且只能读取和写入，不能修改和删除。在应用层面，区块链的安全、透明、高效三大优势，有助于规范互联网金融的发展，以及促进物联网和共享经济的普及与创新；在资本市场，采用分布式数据库和智能合约可以大幅减少人工核对工作，为金融机构节省成本，实现价值交换双方直接挂钩。区块链在数字货币、金融服务、医疗健康、知识产权保护、供应链管理、电子政务等领域都会有很广的应用前景，对于构建数字经济发展的新生态具有十分重要的意义。目前，区块链技术基本属于研究领域，但国内外的一些大型企业已经嗅到商机，率先开始布局。

智能机器人 AlphaGo 在比赛中大胜世界排名第一的围棋名将柯洁，让人工智能技术世人皆知并为之震惊。在过去一年里，人工智能技术的发展，一次次地颠覆着人们的想象力。人工智能已逐渐应用于工业制造、农业、医疗、教育、金融等各个领域、多个方面，其应用场景和应用范围的边界正在不断拓展、融合与重塑。对人们的生活和生产形成潜移默化却又意义深远的影响。在工业领域，人工智能大幅改善工业机器人的工作性能，推进制造流程的自动化和无人化；在零售行业，人工智能将通过用户画像为消费者推送他们可能喜欢的商品；在金融领域，人工智能可识别安全隐患，预测股市走向等；在医疗领域，人工智能技术为医生提供外脑支持，为患者提供更为精准和个性化的医疗解决方案，有效提高诊断效率和手术成功率。过去一年里，国内外的互联网企业、IT 企业都在技术布局方面达成了空前的一致，就是人工智能。百度、阿里巴巴、小米、华为等企业均在人工智能领域大力投入，并将其视为公司未来发展的重要方向。百度就宣称未来的百度不应被称为互联网公司，而是应该称为人工智能公司。近年来，百度的确在人工智能方面取得了突出成绩，在国内外享有盛誉。2016 年 2 月，《麻省理工科技评论》将百度的 Deep Speech2 深度语音学习技术评为十大突破性技术，并与航天科技、纳米工程等并列，也是中国唯一一家入选公司；当年 10 月，《财富》杂志又将百度与谷歌、微软、脸书并称为 AI 四巨头，同时也是唯一的中国企业。2016 年的百度世界大会上[①]，百度发布了基于人工智能的百度大脑产品，分别具有语音技术、图像识别技术、自然语言处理技术、用户画像技术等方面的能力。其中，百度语音识别的准确率高达 97%；人脸识别检测准确率达到 99.7%，已被应用到了无人车领域，负责识别道路上的各种物体，对于整个无人车行业的发展有着加速推动作用。阿里巴巴在人工智能方面也进行了积极探索。2016 年 8 月，阿里云推出人工智能 ET。其基于阿里云强大的计算能力，目前已具备智能语音交互、图像/视频识别、交通预测、情感分析等技能，并能够在交通、工业生产、健康等领域输出决策。如

[①] 百度人工智能布局效果显著［EB/OL］. http://www.eepw.com.cn/article/201610/312034.htm

阿里巴巴帮助浙江交通厅，让其监测交通成本降低了90%，对未来路况预测的准确率也达到了90%。此外，人工智能重塑信息传播流程与方式，在新闻出版、数字娱乐等领域的应用的不断深入，将对数字内容产业带来深远影响。

4. 数字阅读率持续提高

据中国互联网络信息中心（CNNIC）发布的《第39次中国互联网发展状况统计报告》显示，截至2016年12月，我国网民规模达到7.31亿人，普及率达到53.2%，超过全球平均水平3.1个百分点，超过亚洲平均水平7.6个百分点。其中，手机网民规模达到6.95亿人，占整体网民的95.1%。相较之下，台式电脑、笔记本电脑的使用率均出现下降，手机已成为国民上网的绝对主流载体。同时可以看到，互联网和移动互联网用户已达到一定的体量与规模，近几年网民增长幅度整体趋缓，表现出平稳增长的特性。随着易转化人群规模的逐渐减少，我国非网民的转化速度将逐步转慢。2016年，即时通信、搜索引擎、网络新闻、网络视频、网络音乐、网上支付、网络购物、网络游戏、地图查询、网上银行为2016年中国网民互联网应用使用率前10名。同时，新闻、音乐、网络视频、网络文学等数字内容类应用向移动端发展更加明显，人们用手机看新闻、听音乐、看视频、看小说已成为生活、娱乐的常态。以网络新闻应用为例，截至2016年12月，我国网络新闻用户规模为6.14亿，年增长率为8.8%，网民使用比例达到84.0%。其中，手机网络新闻用户规模达到5.71亿，占手机网民的82.2%，年增长率为18.6%。

据中国新闻出版研究院《第十四次全国国民阅读调查报告》结果显示，2016年，我国成年国民各媒介综合阅读率为79.9%，较2015年的79.6%略有提升，成年国民图书阅读率为58.8%，同比上升0.4个百分点；数字化阅读方式的接触率为68.2%，同比上升4.2个百分点，数字阅读率连续八年增长。我国成年国民每天接触新兴媒介的时长整体上有不同程度的提升，手机接触时长增长显著，我国成年国民人均每天手机接触时长为74.40分钟，比2015年增加了12.19分钟；人均每天微信阅读时长为26分钟，较2015年增加了3.37分钟。另外，调查还显示，对于同样内容的纸质版和电子版图书，在数字化阅读方式接触者中，有51.2%的人更倾向于购买电子版，但有13.8%的国民表示2016年"增加了数字内容的阅读"。由此表明数字阅读的阅读需求和消费意愿不断提升。

从数字化阅读方式的人群分布特征来看，我国成年数字化阅读方式接触者中，18—29 周岁人群占到 36.3%，30—39 周岁人群占 27.1%，40—49 周岁人群占 22.9%，50—59 周岁人群占 9.7%。可见，我国成年数字化阅读接触者中的 86.3% 是 18—49 周岁人群，仍然是偏年轻化，而这部分恰恰是消费力最旺盛的群体。总体来看，移动阅读、社交阅读正在成为国民新的阅读趋势。国民对阅读的需求日趋旺盛，对个人的阅读需求和全民阅读公共服务的需求均不断提高，意味着开展全民阅读活动正面临良好的发展机会。随着全民阅读纳入国家战略，全民阅读的首个国家级五年规划《全民阅读"十三五"时期发展规划》的出台，以及全民阅读立法的持续推进，数字阅读在全民阅读工作中将发挥日益重要的作用。

二、数字出版产业规模分析

2016 年，我国数字出版产业继续保持强势增长势头，全年收入规模超过 5700 亿元。其中，互联网广告、移动出版与网络游戏依然占据收入榜前三位。

（一）收入规模整体向好

1. 整体收入规模持续增长

2016 年国内数字出版产业整体收入规模为 5 720.85 亿元，比 2015 年增长 29.9%。其中：互联网期刊收入达 17.5 亿元，电子书达 52 亿元，数字报纸（不含手机报）达 9 亿元，博客类应用达 45.3 亿元，在线音乐达 61 亿元，网络动漫达 155 亿元，移动出版（手机彩铃、铃音、移动游戏等）达 1 399.5 亿元，网络游戏达 827.85 亿元，在线教育达 251 亿元，互联网广告达 2 902.7 亿元。整体情况见表1。

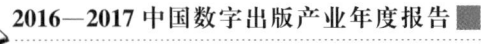

表 1　数字出版产业收入情况

(单位:亿元)

年份 分类	2007年	2008年	2009年	2010年	2011年	2012年	2013年	2014年	2015年	2016年
互联网期刊	6＋1.6(多媒体互动期刊)	5.13	6	7.49	9.34	10.83	12.15	14.3	15.85	17.5
电子书	2(电子图书)	3(电子图书)	14(电子图书4＋电子阅读器10)	24.8(电子图书5＋电子阅读器19.8)	16.5(电子图书7＋电子阅读器9.5)	31	38	45	49	52
数字报纸	1.5＋8.5(网络报＋手机报)	2.5(网络版)	3.1(网络版)	6(网络版)	12(不含手机报)	15.9(不含手机报)	11.6(不含手机报)	10.5(不含手机报)	9.6(不含手机报)	9(不含手机报)
博客类应用	9.75	—	—	10	24	40	15	33.2	11.8	45.3
在线音乐	1.52	1.3	—	2.8	3.8	18.2	43.6	52.4	55	61
移动出版	150	190.8	314	349.8(未包括手机动漫)	367.34(未包括手机动漫)	472.21(未包括手机动漫)	579.6(未包括手机动漫)	784.9(未包括手机动漫)	1 055.9(未包括移动动漫)	1 399.5(未包括移动动漫 118.6＋461.7＋819.2)
网络游戏	105.7	183.79	256.2	323.7	428.5	569.6	718.4	869.4	888.8	827.85

续表

数字出版分类	2007年	2008年	2009年	2010年	2011年	2012年	2013年	2014年	2015年	2016年
网络动漫	0.25	—	—	6	3.5	5	22	38	44.2	155
在线教育	—	—	—	—	—	—	1 100	1 540	180	251①
互联网广告	75.6	170.04	206.1	321.2	512.9	753.1	2 540.35	3 387.7	2 093.7	2 902.7②
合计	362.42	556.56	799.4	1 051.79	1 377.88	1 935.49			4 403.85	5 720.85

---

① 吕森林,邵银娟,孙洪港,冯超,庄淑雅.2016—2017 中国互联网教育行业蓝皮书[M].北京大学出版社.2017 年版。
② 参见艾瑞咨询《2017 年中国网络广告市场年度监测报告(简版)》。

从表1中我们可以看出：互联网期刊的收入规模从2006年的5亿元增长至2016年的17.5亿元，虽在12年间增幅出现过些微起伏波动，但总体依旧呈现增长趋势，且近几年来态势趋稳。电子书（e-book）收入规模2006年为1.5亿元，2007年为2亿元，2008年为3亿元，2009为4亿元，2010年为5亿元，2011年为7亿元，2012年为31亿元，2013年为38亿元，2014年为45亿元，2015年为49亿元，2016年为52亿元，虽然其收入总量与纸版图书销售收入相比，所占比例依然很少，但从2012年开始，呈现快速增长态势，年平均增长幅度达16.13%。这与国家大力推广全民阅读、建设书香社会，出版企业生产制作能力提升、平台运营商推动运营模式创新、智能移动阅读终端的广泛普及和用户数字阅读习惯的逐步养成等诸多因素密不可分。

移动出版和网络游戏的收入分别为1 399.5亿元和827.85亿元，在数字出版总收入中所占比例为24.46%和14.47%，两者合计占比38.93%，接近全年总收入规模的40%，这说明虽然网络游戏在全年总收入中占比有所下降，但移动出版和网络游戏依然是拉动数字出版产业收入的主力军，地位比较稳固，也意味着休闲、娱乐类产品在数字出版产品形态中占据了相当比重。网络广告在2006年至2016年的十一年间都实现了大幅度增长，表现出强劲的发展势头。

2. 传统书报刊数字化占比仍在下降

图书、报纸、期刊作为我国传统新闻出版单位的主营业务，一直颇受重视。近些年来，这些单位纷纷开始进行转型升级工作，开展数字出版业务，但是相对来说仍存在转型速度较慢、升级不彻底等问题。

从图1的数据我们可以看出，2016年互联网期刊、电子书、数字报纸的总收入为78.5亿元，比2015年增长了5.44%，在数字出版总收入中所占比例为1.37%，相较于2015年的1.69%和2014年的2.06%来说，继续处于下降阶段。这说明传统出版单位在数字化转型升级、融合发展方面仍需要加大力度，要加强转型升级与融合发展路径与方向规划，以内容为中心，深度挖掘内容价值，充分利用互联网等渠道，开展新业务，开发新产品，提供新服务；要加强对存量资源的盘活与充分应用，使内容资源优势得到最大化发挥；要甄别使用高新技术，实现内容与技术的有效融合，保证增量资源的持续拓展，形成存量资源与增量资源的良性互动，增强市场竞争能力，巩固和提升已有的市场份额。

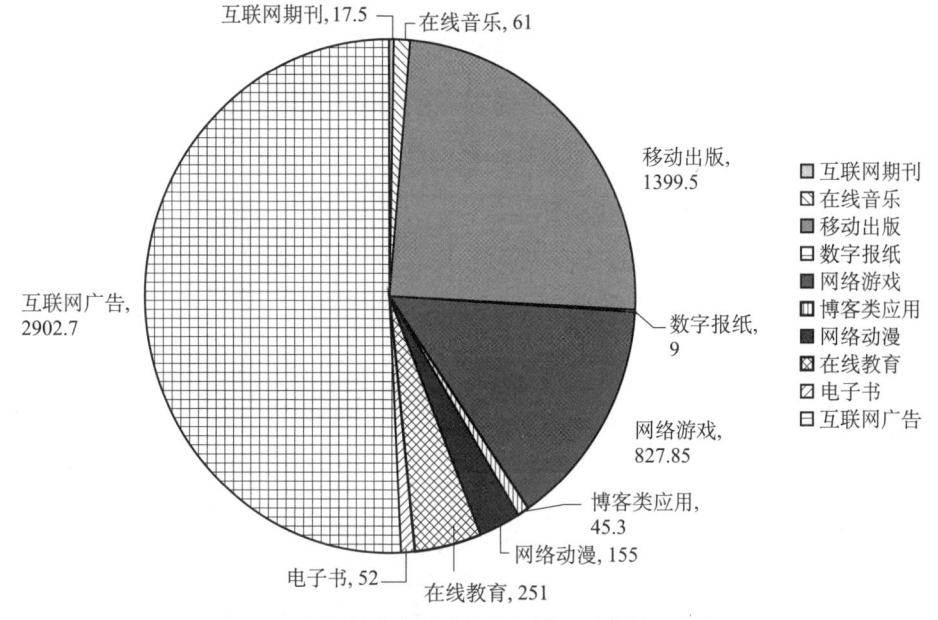

图1 2016年数字出版产业收入情况（单位：亿元）

3. 新兴板块发展强劲

2016年，移动出版收入规模为1 399.5亿元，在线教育收入规模为251亿元，网络动漫收入规模为155亿元，三者占数字出版收入规模的比例为31.56%，比2015年增加了2.49%，表明移动出版依然是数字出版的重要发展方向，具有雄厚的发展潜力；在线教育作为数字教育出版的核心部分，经过多年布局与市场竞争，产业取得进一步发展；网络动漫经过多年的探索与坚持，在IP运营日益受到重视的情况下，已经进入发展的快车道。

（二）用户规模保持平稳

从表2可以看出：截至2016年年底，我国数字出版产业的累计用户规模达到16.73亿人（家/个）（包含了重复注册和历年尘封的用户等）。网络游戏的用户规模数在2008年至2016年都有一个跨越式的大幅增长过程。在线音乐用户数保持平稳增长。另外，虽然原创网络文学注册用户数从2009年开始统计，但也保持着高速增长的势头。

表 2　2007—2015 年中国数字出版产业用户规模

（单位：人家/个）

数字出版物	2007 年	2008 年	2009 年	2011 年	2012 年	2013 年	2014 年	2015 年	2016 年	来源
互联网期刊用户数	7 600 万人	8 700 万人	9 500 万人	数据缺失	数据缺失	数据缺失	数据缺失	数据缺失	数据缺失	—
电子图书机构用户数	3 800 家	4 000 家	4 500 家	8 000 家	8 500 家	数据缺失	数据缺失	数据缺失	数据缺失	—
数字报纸用户数	手机报 2 500 万	5 500 万人	6 500 万人	>3 亿人	数据缺失	数据缺失	数据缺失	数据缺失	数据缺失	—
博客类应用注册用户数	9 100 万	1.62 亿	2.21 亿	3.186 4 亿	3.729 9 亿	4.37 亿	1.1 亿	4.745 7 亿	2.71 亿①	《第 39 次中国互联网络发展状况统计报告》
在线音乐用户数	1.45 亿人	2.48 亿人	3.2 亿人	3.8 亿人	4.36 亿人	4.5 亿人	4.78 亿人	5.01 亿人	5.03 亿人	《第 39 次中国互联网络发展状况统计报告》
网络游戏用户数	4 017 万人	4 935 万人	6 587 万人	1.2 亿人	1.4 亿人	1.5 亿人	3.66 亿人	4.51 亿人	5.66 亿人	分报告
手机阅读活跃用户数	—	1.04 亿	1.55 亿	3.09 亿	数据缺失	数据缺失	数据缺失	数据缺失	数据缺失	—
原创网络文学注册用户数	—	—	1.62 亿人	2.03 亿（数据截至 2011 年 12 月）	2.33 亿（数据截至 2012 年 12 月）	2.74 亿（数据截至 2013 年 12 月）	2.94 亿（数据截至 2014 年 12 月）	2.97 亿（数据截至 2015 年 12 月）	3.33 亿（数据截至 2016 年 12 月）	《第 39 次中国互联网络发展状况统计报告》
合计②	—	—	10.84 亿	16.31 亿	11.82 亿	13.11 亿	12.48 亿	17.235 7 亿	16.73 亿	—

① 这里主要采集的是 2016 年微博用户数据。
② 电子图书机构用户数没有计算在内；2012、2013、2014、2015、2016 年互联网期刊用户数、数字报纸用户数和手机阅读活跃用户数缺失，未计算。

三、数字出版产业态势分析

产业发展进入变速期,从高速发展步入中高速发展阶段。2016年是"十三五"的开局之年,也是蓄势沉淀、积蓄能量的一年。过去一年来,主管部门对产业转型融合的规划部署和引导力度进一步加强,政策举措更加精准到位,出版单位转型融合不断取得突破。多领域发展成绩显著:网络文学发展势头持续强劲;数字教育出版路径、模式渐趋清晰;知识服务取得阶段性成果;有声阅读成为数字阅读的新兴增长点,发展前景广阔。行业管理机制不断健全,主管部门引导与行业自律机制逐渐形成;保障体系进一步完善。

(一)政策引导扶持力度进一步增强

2016年是"十三五"开局之年,国家对于文化产业予以更加充分的重视和全面部署。主管部门以国家政策为依循,推动新闻出版转型升级、融合发展的政策指向性更加明确,部署更加全面、具体、细化,推进转型融合的成效日益显著。

2016年,《新闻出版广播影视业"十三五"时期发展规划》已完成编制,数字出版"十三五"时期发展规划、新闻出版业科技"十三五"时期发展规划等十多个专项规划业已出台,转型升级仍将是新闻出版业"十三五"时期的重点任务,并在全面完成转型升级的基础上,实现初步融合发展。"十三五"期间,国家新闻出版广电总局将通过实施数字出版产业化应用示范工程,分类支持出版单位针对特定领域开展数字出版产业化应用服务示范,探索不同领域的模式创新及产业化应用。在教育出版领域,支持出版单位开发数字教育内容资源产品、课程体系和服务平台,推出一批服务于教育领域的整体解决方案,提升教育出版内容资源运营能力和水平;在专业出版领域,支持出版单位整合同类资源,开发成体系的专业内容知识资源产品和垂直服务平台,探索知识服务产业化应用模式;在大众出版领域,支持出版单位加快内容资源数字化转换进程,发挥资源优势,开发多种产品,在全民阅读、公共文化服务体系建设和信息服务等领域探索产业化推广模式。

2016年，国家新闻出版广电总局把推进行业机构建设和智库建设作为布局重点。当年5月，总局发布《关于申报出版融合发展重点实验室有关工作的通知》，并于12月底公布了20家出版融合发展重点实验室依托单位和共建名单。各家实验室将围绕出版融合发展的重大课题、重大项目和重点发展方向开展集智攻关，为新闻出版业转型升级、融合发展提供示范经验和智力支撑，更为有效地发挥行业带动示范效应，以推进转型升级的整体进程。目前，已有部分实验室挂牌并正式投入运营。同年10月，为逐步完善新闻出版业科技创新体系，提高新闻出版领域科技自主创新能力，总局发布《关于开展首批新闻出版业科技与标准重点实验室申报工作的通知》，并同样于2016年年底公布了"首批新闻出版业科技与标准重点实验室名单"。2016年10月，总局出台《关于加快新闻出版业实验室建设的指导意见》。该意见指出："到'十三五'期末，通过建设重点突出、布局合理、规模适度的实验室群，全面推进关键技术研发，深入开展标准研制，提升行业科技成果的应用水平，全面推动数字化转型升级，积极探索融合发展的模式创新，促进人才培养与队伍建设，优化创新环境，发挥新闻出版业实验室群的创新驱动力，推动新闻出版业创新体系建设。"

2016年8月，国家新闻出版广电总局发布《关于征集新闻出版业数字化转型升级软件技术服务商的通知》，面向全国开展新闻出版业数字化转型升级软件技术服务商的征集工作，并于当年10月确定《新闻出版业数字化转型升级软件技术服务商推荐名录（2016）》，供各新闻出版企业在开展数字化转型升级工作时参考。此项措施为传统出版单位和技术企业之间的合作搭建了有益桥梁，将有效引导、推进新闻出版业转型升级、融合发展。由此可见，主管部门的服务能力、引导力有了显著提升。

2016年，在政策有效指引下，出版单位的转型升级思路更加明确，视野更加开阔，融合发展的步伐迈得更大，取得了突出成效。如中国出版集团发布了《中国出版集团公司"十三五"时期融合发展规划》[1]，进一步完善了企业转型融合的顶层设计。在数字化推进的战略重点、战术手段方面，中版集团提出了强内核、强平台、强运营、强优势、强融合、强管理；在举措上"三抓"——抓开放融合、抓机制融合、抓投入产出的"六强三抓"的数字出版推进的战略

---

[1] 中版集团发布数字专项规划 推进12项目资本融合［EB/OL］．http：//www.cbbr.com.cn/article/108820.html

重点和战术手段。此外，中版集团向金融、投资机构推介了各具特色的12大数字化融合发展项目，如以机器翻译和大数据等新技术为核心的"中译语通"项目，以在线平台建设为基础的"易阅通""译云""新华发行网"项目，将传统内容立体开发的中版昆仑传媒IP影视孵化项目、中版数字传媒"去听"项目等。一方面表明出版单位对于转型升级、融合发展有了全局化视野和清晰的模式；另一方面也体现了出版单位正在逐渐扭转以往单纯依靠财政资金扶持推进升级的模式，不断拓展融资方式。2016年10月，江苏凤凰出版传媒集团与江苏凤凰出版传媒股份有限公司共同出资成立凤凰集团财务公司，注册资本10亿元[①]。这是江苏省首家、国内第二家由文化出版企业成立的企业集团财务公司。财务公司将通过集约化金融服务、集团化金融管理和产业链金融支持，提高集团整体资金的使用效率，创新文化产业金融服务，这表明出版单位资金运作和管理机制更加灵活。

（二）网络文学发展持续强劲

经过2015年的发展高峰，2016年网络文学仍然保持良好的发展势头。据中国互联网络信息中心（CNNIC）统计，2016年，我国网络文学用户近3.3亿。文学网站日更新总字数达2亿汉字，文学网页平均日浏览量达15亿次。这一年，网络写作者数量持续增加，总数已超过400万人。与此同时，网络文学在数字阅读中的主流地位日益突出。据《2016年数字阅读白皮书》显示，相对于2015年，2016年数字阅读内容总量增长率达到88.2%。其中，原创占比从69%上升到79.7%。

2016年，网络文学主流化进程加快。现实主义题材日益增多，以阐释改革历程、紧扣社会热点、书写生活变迁、纪录文化传承、弘扬奋斗精神、体现职业生涯等为创作主题的优秀作品不断涌现，展现着时代风貌，更加注重贴近社会现实本质、深入群众生活，让用户从其中感受到更大的共鸣。如2016年上半年大热的《欢乐颂》《翻译官》等都是引起较大社会反响的现实主义题材作品。特别是《欢乐颂》，故事中五个性格、年龄、身份各异的女孩，分别代表了现代社会中不同家庭的生存状态，展现了不同的价值观，是现实生活的一个

---

① 江苏凤凰出版传媒集团财务有限公司正式开业［EB/OL］. http://www.js.xinhuanet.com/2016-10/27/c_1119800097.htm

缩影，她们在面临生活中的境遇所做出的选择，引发了对于感情、事业、生活态度的思考，引发了全民热议。网络文学毫无疑问已成为大众文化消费的重要部分，并涌现出不少精品佳品，其体现的价值正向、积极向上、励志清新，不仅受到广大读者的认可，更受到主管部门与业内的普遍认同。有越来越多的网络作家加入作协等行业组织机构，多个省市作协和行业作协相继成立网络文学组织，如公安作协和河南作协成立了网络文学学会，江苏作协和重庆作协成立了网络作家协会，山东省作协成立了网络文学委员会等，标志着网络作家和网络文学作品正逐渐获得全社会以及业界的身份认同和价值认同，价值逐渐受到主流文化认可。传统文学与网络文学从彼此独立甚至相互排斥，逐渐走向相融相通，未来网络文学与传统文学之间不再有十分鲜明的边界区分。

网络文学作为重要的 IP 资源，在 2016 年仍然具有巨大的效应。除依靠付费阅读收入外，IP 运营已成为网络文学行业的重要商业模式，自网络文学改编的游戏、网络剧、影视剧等文化形态，创造广泛社会影响和可观的商业价值。随着版权环境得到显著改善，网络文学 IP 运作模式从一次性售卖转向对内容的深度、长线开发，产业链不断延展，带来越来越多的跨界合作。

2016 年网络文学"走出去"取得重大突破。多部网络文学作品走出国门，畅销海外市场。中国网络文学已在多个海外翻译网站走红。网络文学网站纷纷开展海外市场布局，如中文在线已在美国旧金山和欧洲设立了分公司。网络文学逐渐成为彰显中国文化软实力，夯实文化自信的重要文化形态。

（三）数字教育出版取得显著突破

"十三五"时期，国家新闻出版广电总局对数字出版提出了"传统出版数字化转型升级全面完成，基本实现融合发展"的目标任务。教育出版是我国出版业的重要组成部分，推动教育出版领域的转型升级、融合发展是提升整个出版业融合发展提质增效的有力抓手。互联网+推动的不仅仅是教育资源开放和教学方式的创新实践，更是借助互联网力量对智力资源、资金、社会教育相关各类资源的汇集和重组，创造新的机制、新的教育产品和新的服务形态。在线教育、翻转课堂、MOOCs、SPOCs、数字教材、电子书包、微课等教育教学服务模式与产品不断涌现。而在线教育打破了传统教育的时空限制，让优质教育资源的共享成为可能，知识的可视化使学习变得轻松高效，真正实现了学生与教师之间的互动，已成为传统教育模式的有益补充，也是数字教育领域中最具成长性的板块，各类教育创新应用蓬勃发展。数字教育所蕴藏的巨大发展潜力，一方面吸引了腾讯、阿里巴巴、网易等互联网大型企业在数字教育领域的集中布局；另一方面，也先后涌现出一批如一起作业网、学科网这样的互联网教育公司。

目前，传统教育出版单位转型升级渐趋深入，在政策引导与项目推动下，在学前教育、基础教育（K12）、高等教育、职业教育、在线培训等数字教育出版的不同层面，逐步找到适合自身的发展路径，思路更加清晰，对"十三五"时期的融合发展路径，也已形成了较为明确的规划目标，并已具备了一定的项目基础。基础教育领域方面，人民教育出版社、南方出版传媒、北教传媒、时代传媒、江苏凤凰等教育出版企业纷纷开展技术攻关，在基础教育的不同领域都积累了较为坚实的基础。高等教育领域方面，高等教育出版社、浙江大学出版社、广东高等教育出版社等出版企业加快数字资源建设步伐，积极探索新的数字教育模式，其中，高等教育出版社是高教出版领域的领头羊，浙江大学出版社依托于母体大学，广东高等教育出版社依托于本地教育出版市场需求。在职业教育领域，江苏凤凰职业教育图书有限公司、人民邮电出版社、广东高等教育出版社等出版企业结合我国职业教育特点，提出了有特色的实施方案。在线培训领域，上海睿泰信息科技有限公司、高等教育出版社、教育科学出版社等出版企业抓住国家大力发展"互联网＋"的有利时机，提出了独具特色的解决方案。

（四）知识服务取得阶段性成果

信息技术广泛应用促进各个领域智能化、网络化，推进知识经济发展，知识成为重要的资源和生产要素，由此也成为具有专业优势的出版企业的转型方向。政府主管部门、科研院所、出版企业三方协力，加强了对知识服务业务的探索与实践，共同推动知识服务发展。自2015年初国家新闻出版广电总局下发《关于确定专业数字内容资源知识服务模式试点单位的通知》和《关于推荐专业数字内容资源知识服务模式试点工作技术支持单位的通知》，遴选28家出版社作为知识服务试点单位，在核心技术支持单位，知识体系建设、知识加工、管理技术单位，以及运营技术支持单位的选择与合作方面，提供了参考范围与指南，有利于试点单位与技术单位深度合作，进一步推进专业出版向知识服务的转型。2016年，总局正式批复中国新闻出版研究院筹建知识资源服务中心。该中心作为面向社会提供知识服务的国家级公共服务机构，建设完成后将有效提高新闻出版业知识资源聚合度与知识资源生产供给能力，提供专业领域专家智库完成行业资源的整合汇聚，为构建国家级知识资源服务体系提供基础性组织保障。2016年，行业内以"知识服务"为标签的数字化产品或服务平台不断涌现，出版单位的数字化转型升级逐渐从数字出版系统搭建、资源库建设等基础环节建设过渡到搭建知识资源服务平台，向社会提供知识资源服务的建设阶段转变；逐渐从满足用户的简单文献获取需求向利用信息动态重组形成解决方案的更高层次转变，努力探索从"内容提供商"向"知识服务提供商"的定位转型。除了搭建平台，专业出版社还利用自身优势，精选内容资源并进行结构化、知识化深加工，利用知识地图、知识导航等方式对知识体系进行展现，提供知识分类，打造多种产品形态和服务形态，帮助用户快速、系统、深入地学习相关知识，寻求解决问题的思路与方案。电子工业出版社在2016年推出了"悦读·悦学"系统与"E知元"产品，采用"内容+平台+终端"的知识服务销售模式，进行知识服务创新的探索。同时，专业出版社通过积极推动传统出版与新兴出版在编辑、创作、科研等多领域进行深度融合，提高知识服务能力；通过与行业资源合作、打造行业专家团队、进行行业学术营销等举措，打造"行业细分类、企业精服务"的特色。知识服务的发展也直接推进了大数据在出版领域逐步实现落地应用，逐步实现智慧出版，将出版社、读者、作者三者密切联系起来，出版社根据用户需求和作者所拥有的资源，推出更符合受众的产品形态。

（五）有声读物成为数字阅读新兴增长极

过去一年来，有声读物迎来发展高峰。据《2016年数字阅读白皮书》的数据显示，2016年中国有声阅读市场增长48.3%，达到29.1亿元[1]。近七成的数字阅读用户用过听书功能，月活跃用户超过1亿，月使用10次以上的占比24.2%，且付费意愿较高，达到65.3%。有声读物已成为数字阅读领域继电

---

[1] 数字阅读助推全民阅读时代 [EB/OL]. http://media.people.com.cn/n1/2017/0424/c40606-29230126.html

子书之后的新兴增长极。随着生活节奏的不断加快，阅读的碎片化发展加剧；移动端的普及，数字阅读的需求日益旺盛，有声读物实现了阅读从视觉到听觉的感官转移，为用户带来了新的阅读体验，并有效满足了碎片化环境下人们多场景的阅读需求。

过去一年来，有声读物行业呈平台化发展态势。目前，国内已经先后出现200多个带有听书功能的移动平台，喜马拉雅FM、蜻蜓FM等有声读物平台知名龙头已然兴起，市场竞争格局初步形成。在内容方面，2016年有声平台纷纷加强与出版机构的合作，加大在有声书领域的布局。8月，喜马拉雅FM与中信出版集团、中南出版集团、上海译文出版社、果麦文化、企鹅兰登等出版商在有声改编、IP孵化、版权保护等方面达成深度战略合作[①]。而此前，喜马拉雅FM已与阅文集团达成排他性合作，目前已拥有市场上70%畅销书的有声版权，在有声书领域具有绝对优势。此外，有声读物为很多内容创业者及团队提供了机遇，将有声读物作为其传递价值观及专业知识的重点方式，如由主持人转行做内容创业者的王凯、音乐人高晓松、马东及其《奇葩说》团队、财经自媒体人吴晓波、罗振宇的罗辑思维等都推出了各自的有声读物产品，获得了良好的市场反响。财经、科技等专业垂直细分领域的内容成为有声读物发展的又一重点，通过有声读物可以在碎片化的时间里进行高效的学习，由此有声读物有望成为知识服务的新模式。

随着有声读物内容质量的不断提升，在知识付费浪潮下，各大有声读物平台纷纷推出了付费精品有声内容，有声读物行业进入了内容变现阶段，反之进一步推进有声读物在内容品质上的精耕细作。与此同时，有声读物也成为IP生态链中的一环，网络文学、影视剧、网剧等内容转化为有声读物已然非常普遍，《盗墓笔记》《花千骨》《人民的名义》等优质IP被改编成有声读物，在各大音频平台大受欢迎。此外，以有声读物作为第一输出方式的优质内容本身就可以作为IP进行开发运作，充分发挥商业价值。

（六）社交媒体实现多元化发展多样化效应

移动互联网的迅猛发展，强烈激发了人们基于社交的信息传播需求。近年

[①] 喜马拉雅FM与多家出版社达成合作 开启有声出版元年 [EB/OL]. http://sh.qq.com/a/20160824/041165.htm

来，从微博到微信，社交媒体在人们的生活中扮演着越来越重要的角色，广泛存在于虚拟社区、即时通信、移动直播、微博微信、音视频等互联网应用的各个方面。当前，社交媒体已成为重要的资讯来源，据 CNNIC 数据显示，在评论方面，最近半年内，在微信、微博上参与新闻评论的网民比例分别达到 62.8% 和 50.2%，而在手机新闻客户端和新闻网站下评论的网民比例为 42.5% 和 35%。在新闻转发方面，朋友圈、微信公众号渠道转发率最高，分别为 43.2% 和 29.2%[1]。微博、微信等移动端社交媒体已成为新闻获取、评论、转发、跳转的重要渠道，以及网络舆论重要源头。随着互联网和新媒体的发展，社交媒体的组织形态也发生了变化，并逐渐形成强大的媒介平台。微博、微信是当前发展最快、影响力最大的社交平台。其范围广、时效性强的传播特点不断将热点事件引发成全民话题，并形成了广泛的社会效应。微博发展至今已近 8 年，除了业绩收入持续增长，微博已不再是一个具象的产品，而是一个综合多种细分领域的大型社交媒体平台，并已成为社会化营销的主流阵地和标配。特别是微博话题讨论量和关注度不断创出新高，源源不断地产生新的社会热点，产生广泛的社会效应。近年来，微博顺应移动互联网规律，不断实施自我转型，特别是垂直化战略的推进，不断加大对垂直领域自媒体的扶持力度。2016 年第三季度，自媒体日均发布头条文章 13 万篇，阅读量超过 1 亿次，日均发布图片 1.6 亿张，浏览量 47 亿次。截至 2016 年 10 月，微博上已有 45 个垂直领域月阅读量超过 10 亿，其中 18 个领域更是超过了 100 亿[2]。其中，财经、电商、时尚、娱乐等领域已经领先开始商业化，不断巩固强化从内容生产到内容消费，再到商业变现的良性垂直生态。同时，借助多媒体化战略，微博的内容呈现方式更加多元化。近年来，微博在内容发布方面放开 140 字的限制，加入了视频和直播功能，成功转型成集"文字+图片+视频+直播"的综合性内容平台。此外，微博近年来通过打赏、付费订阅加速内容变现，收入持续创出新高。

而同样发展迅速的另一个社交平台型应用——微信，虽然社交是其发展原点，即时通信是其基础功能，但其媒体属性也在不断增强。2016 年，微信用户

---

[1] CNNIC：2016 年中国互联网新闻市场研究报告 [EB/OL]. http：//www.sohu.com/a/124331109_483389

[2] 自媒体年入 117 亿 微博"赋能"构建新媒体生态闭环 [EB/OL]. http：//tech.sina.com.cn/i/2016-10-25/doc-ifxwztrt0377201.shtml

规模保持高速增长，服务人群更为广泛。据官方公布数据显示，2016年12月，微信及WeChat合并月活跃用户数达8.89亿，同比增长28%；公众平台汇聚超1 000万公众账号、20万第三方开发者[①]。据调查，近2/3的用户最常用的互联网应用是微信，超过50%的用户每天使用微信1.5小时以上，超过1/3的用户每天使用微信4小时以上。微信快捷连接用户，极大地提升了社交效率，微信帮助好友随时联络，通过朋友圈分享好友生活动态，方便朋友间增进了解、集聚话题。微信红包则进一步强化了用户间的社交关系。据微信发布《2017微信春节数据报告》[②]显示，2017年春节期间（从除夕到初五），微信红包收发总量已达到460亿个，较2016年同比增长43.3%，再创历史新高，微信红包已成为大众传递感情的一种重要方式。与此同时，微信的媒体属性也在不断强化，万物互联的时代，社交成为所有内容的基本属性，微信以"连接一切"的理解，成为海量信息内容的聚集窗口。同时，微信公众平台为用户提供了丰富全面的信息内容，其中兴趣爱好类公众号最受用户喜爱，有41.1%的用户关注；其次是新闻资讯类公众号，有36.1%的用户关注。无论是传统媒体还是新媒体都将微信公众号作为信息发布和品牌营销的重点。如2016年12月29日《京华时报》宣布从2017年1月1日起休刊，微信公众号、京华圈APP成为其发布各类新闻资讯的重要平台，不仅包括图文资讯，每天还会发布有声内容。此外，2016年9月21日，微信小程序开始内测，作为微信提供的开放窗口，微信小程序开发成本低，被视为对APP的挑战。通过公众号关联，用户可以实现公众号与小程序之间相互跳转。2017年1月9日，第一批微信小程序正式上线，"新华社微悦读"是首个上线的新闻类微信小程序[③]，具有卡片式现场阅读、记者互动等特色功能。微信小程序有无须安装、轻量化的特点，开启了传统媒体转型新的探索方向。

与社交平台媒体化相似的是，新闻资讯客户端也向社交媒体方向发展，强化社交功能。如以今日头条等基于机器算法的资讯客户端，就是依托于微博、微信、QQ等社交平台的分享数据作为参考，向用户推荐他们感兴趣的资讯内容。同时，无论是网易、百度、搜狐等互联网新闻客户端，还是澎湃新闻、人

---

① 微信社会经济影响力研究报告（2016）[EB/OL]．http：//www.tisi.org/4861
② 微信公布《2017微信春节数据报告》[EB/OL]．http：//news.163.com/17/0224/07/CE1A2TLS000187VE.html
③ 抢鲜看！新华社微悦读开启新闻阅读新模式[EB/OL]．http：//news.xinhuanet.com/politics/2017-01/09/c_1120270488.htm

民日报等传统媒体新闻资讯客户端也越来越注重自身社交属性的培养，并加大了对自媒体的培育与扶持力度，建立自己的社群关系，打造自身的媒体生态闭环。可以看到，无论是社交平台媒体化，还是媒体平台社交化，社交与媒体已融为一体。同时，当前社交媒体不再盲目追求一时的热度，而是更加注重内容的持续效应，而网络直播、短视频、音频等领域的兴起，社交媒体的迭代升级多元化发展仍在继续。

（七）行业管理机制进一步健全

过去一年来，国家新闻出版广电总局加大了对数字出版的管理力度，出台了一系列管理制度与指导意见，对数字出版环境的进一步优化提供了有力保障。

2016年2月4日，国家新闻出版广电总局、工业和信息化部联合颁布《网络出版服务管理规定》，自当年3月10日起施行。规定对网络出版服务许可、网络出版服务管理、监督管理、保障与奖励，以及法律责任做出说明。该规定是对2002年颁布的《互联网出版管理暂行规定》的补充与修订，自《暂行修订》颁布以来的十几年内，互联网出版环境发生了巨大改变，《网络出版服务管理规定》的颁布既是出于产业发展的实践需要，也是出于中央层面对网络管理的基本要求。一是网络出版服务业快速发展，亟待加强引导与规范。近年来，伴随网络技术的迅猛发展，网络基础条件的显著改善，网络应用的日益普及，网络信息服务内容得到极大丰富，网络出版服务行业得以迅猛发展，网络出版形式日益多元，网络出版服务网站不断涌现。与此同时，也出现了大量未经批准的非法网站和淫秽色情、有害信息等违禁内容在网络传播，依法监管面临更大挑战。为进一步规范网络出版市场秩序，维护国家网络出版领域的文化安全，亟须完善有关法规和规章。二是近年来中央关于加强文化建设和管理，出台了一系列重要文件精神和国务院对于国家新闻出版广电总局提出的相关职责要求，亟须纳入规章要求。近年来，随着网络服务业的快速发展，中央对于网络文化建设和管理不断提出更高要求，并对国家新闻出版广电总局开展网络出版服务管理的范围、边界等进行了划分和调整。通过《网络出版服务管理规定》，进一步规范了网络出版服务行为，加强内容监管，对于网络出版产业将起到有力的促进作用。

针对数字出版具体业务领域，主管部门也加大了管理力度。2016年6月，总局出台了《关于移动游戏出版服务管理的通知》，推动了移动游戏出版的规范化管理。《通知》针对移动端游戏全面细化了游戏出版服务单位的内容审核、出版申报以及游戏出版号申领等相关规定。要求对移动游戏出版进行前置审批，明确了移动游戏出版的管理流程，针对不同类型的移动游戏提出了不同的审批要求，强化了移动游戏出版服务单位的内容质量审核责任。该《通知》充分考虑了移动游戏的特点和行业特性，采取诸如分类审批管理、简化审批程序等措施，将有效提高移动游戏审批效率，优化服务方式，提升服务水平。2016年11月，总局下发了《关于加强网络文学作品版权管理的通知》，进一步明确了通过信息网络提供文学作品以及提供相关网络服务的网络服务商在版权管理方面的责任义务，细化了著作权法律法规的相关规定，强化了版权执法部门的监管职责，通过尝试推行"黑白名单"制度为突破口，最终建立健全网络文学版权使用传播的长效机制。该《通知》是国家版权局加强网络文学版权保护的一项重要举措，对规范网络文学版权秩序具有重要的意义。

（八）保障体系进一步完善

2016年，我国数字出版产业保障体系在诸多方面得以完善与丰富，尤其是在标准建设和版权保护方面取得了新的进展，成为产业发展的有力支撑。

数字出版标准体系族群化建设得到进一步加强。2016年，最新修订的《出版管理条例》与《新闻出版行业标准化管理办法》，以及《标准化法》等上位法，共同构建了数字出版标准化工作的法律环境，丰富了以标准为抓手的管理手段。以《数字期刊术语》为代表的五项数字期刊标准主要涉及术语、分类与代码、核心业务流程、质量管理等，有利于夯实行业基础，提高行业运作水准。《数字出版内容卫星传输规范》系列标准的颁布，对利用卫星手段传输数字出版内容的技术方式提出了详尽的要求，有利于加强对数字出版内容卫星传输渠道与行为的规范。《中小学数字教材质量要求及检测方法》等4项标准不仅对数字教材和电子课本进行明确定位，而且为中小学数字出版物进行了清晰的行业归属划分：电子课本和数字教材为电子图书的一个分支。总局的重大工程以标准制定与建设为抓手，有序开展与工程项目相关的各项技术标准化工作，并逐步形成一系列相互关联的技术标准。由中国新闻出版研究院牵头研制定的复合出版工程标准族群，基本涵盖了数字内容出版、分发、消费过程中多项共性关键基础技术和核心应用技术，有力地从技术角度支持了工程顺畅实施建设。

数字版权保护是数字出版产业发展的基石。为了保护作者权益、夯实企业发展基础与动力、兼顾各方利益的平衡，建立良好、合理的网络传播秩序，多方力量进行了不懈的探索与创新。

数字版权保护技术研发工程已进入全面应用推广阶段。2016年，工程通过技术终验、财务终验与整体验收，标志着该工程的全面竣工。该工程历时10年，研究制定了四类25项工程标准与接口规范，形成了一套数字版权保护技术标准体系。在此基础上，突破传统版权保护技术手段，研发并形成了内容分段控制、多硬件绑定等版权保护核心支撑技术；完成了五类数字版权保护技术集成应用示范；搭建了数字内容注册与管理、版权保护可信交易数据管理、网络侵权追踪三个公共服务子平台，能够保证用户对内容资源的绝对控制。服务对象涵盖传统书报刊出版单位、新媒体公司、动漫及艺术设计企业、技术企业、基地（园区）、律师事务所、知识产权服务公司以及相关行业组织等。

数字版权保护立法工作取得新进展。2016年11月发布的《电影产业促进法》第一次以国家法律的形式对电影产业予以全面规范，对与电影有关的知识产权的保护内容进行明确规定，对信息网络传播的公映电影进行规范。同月，《关于加强网络文学作品版权管理的通知》的实施，细化了著作权法律法规在网络文学版权领域的相关规定，是国家版权局加强网络文学版权保护的一项重要举措，网络服务商的主体责任和注意义务进一步明确，版权执法部门的监管职责进一步强化；2016年8月实施的《移动互联网应用程序信息服务管理规定》加强了对移动互联网应用程序（APP）信息服务领域的版权保护规范。

司法与行政保护力度加强，成效显著。各级法院受理的知识产权案件数量再创新高，审理难度逐步增大，审判质效稳中向好，赔偿力度有所提升。在著作权案件中，网络文学案件数量达到总量的24%。"剑网行动"成果显著，有效规范了网络作品的传播秩序，净化了网络版权环境。在2016年开展的专项行动中，共查处案件514起，移送司法机关刑事处理33起，关闭违法网站290家。在网络文学、私人影院、APP、网络广告联盟等领域开展的专项整治行动，也取得较好效果。

社会保护获得新进展。社会保护与司法保护、行政保护、技术保护"四位一体"共同全方位推动数字版权保护工作。由中国作协网络文学委员会与中国音像与数字出版协会数字阅读工作委员会于2016年7月共同发起了《网络文学行业自律倡议书》，呼吁网文行业要出精品、重导向、践"双效"、提质量、护版权、抵盗版，营造良好发展环境。2016年9月，由主要网络文学企业和原创小说网站发起的中国网络文学版权联盟成立，联盟成员承诺积极配合政府部门开展网络反盗版维权活动，努力营造良好的网络文学版权保护社会氛围。同时，百度、奇虎360、新浪、迅雷等作为网络服务提供商企业纷纷针对贴吧、网盘等领域开展自查整改工作。2016年12月，首都版权产业联盟联合百度网盟推广、360广告联盟、阿里妈妈广告联盟和腾讯广告联盟发出了《网络广告联盟版权自律倡议》，表示将积极配合国家主管部门的监管工作，共同维护健康良好的网络版权秩序。

四、数字出版产业问题与对策分析

2016年，尽管我国数字出版产业规模持续创出新高，保持较快发展，出版业融合发展态势初步形成，但一些突出问题仍然存在：一是融合发展的思路有待进一步开拓，产品、模式有待进一步创新；二是数字出版产品内容整体水平有待提升，核心竞争力有待进一步加强；三是科技研发与应用水平与产业发展需求尚有较大差距；四是市场运营能力仍有较大提升空间。为了进一步推进新闻出版业转型升级、融合发展进程，未来一段时间内，要从以下几方面予以推进。

（一）创新融合发展方式

当前新闻出版的转型升级、融合发展已经步入提档增速的新阶段，向深层次迈进，应当充分统筹考虑其战略地位，综合提升新闻出版的融合发展水平。要着力开拓转型升级思路，创新融合发展手段和业务模式，以切实推进融合发展提质增效、扩容提速。需从以下几个方面予以着力。

一是不断提升对融合发展的认识与理解。不断更新融合发展的思路与观念，牢牢把握政策导向和市场规律，牢牢把握时代发展契机。当前的融合发展，不仅是传统出版与新兴出版的融合发展，更应该是从传统媒体与新兴媒体融合发展的角度出发，把融合发展放诸整个媒体环境乃至互联网环境中，具有融合发展的全局视野。二是进行服务形态创新融合。通过数据分析整合用户叠加的多重需求，发挥内容资源优势，实现以用户为核心的"内容+"产品模式与服务形态，探索基于互联网个性化定制、精准化营销、协作化创新、网络化共享、场景化服务等新型商业模式和文化业态。三是加大与外部产业跨界融合。推进数字内容与先进制造业、消费品工业融合发展，与教育业、信息业、旅游业、广告业等现代服务业融合发展，与实体经济深度融合。四是开放发展加强国际交流融合。立足国际国内两个市场，走开放式创新和国际化发展道路。五是建立融合发展效果评估体系，建立客观、科学、全面的评价标准，善于总结融合发展中的经验与不足，对融合发展效果进行动态管理，及时调整融合发展的布局。

（二）提升内容生产能力

新闻出版转型升级、融合发展无论到了哪个阶段，都要把内容生产放在核心位置，始终坚持把社会效益放在首位，实现社会效益和经济效益相统一，实现内容质量和市场效应的双赢。虽然近年来数字出版产品整体水平不断提升，但尚未满足当前日益旺盛多元化的市场需求。移动互联网的发展，对内容的选择有了无限的空间，因此对内容的选择诉求更强。提升内容生产能力，是打造数字出版产品核心竞争力的根本保障。

在提升内容质量方面，企业应发扬严谨专注、精益求精、精雕细琢的工匠精神，不断提升内容品质，切实推进转型融合从数量到质量的跨越升级，改变数字出版有"高原"无"高峰"的普遍状态。要做到传统出版与数字出版的同一标准、同一底色、同一底线，注重原创生产，提升数字内容的原创能力及文化品位，为大众提供导向正确、质量优良、情趣健康的数字内容精品，丰富数字内容文化内涵；在内容生产方面，进行内容生产的整体布局，进行内容生产流程的重组与优化，实现内容生产流程起点多元化、内容生产流程路径多样化，实现优质内容资源的充分整合利用；创新内容呈现方式，善用图文声像影等不同形式的结合呈现，提升内容的传播能力和传播效果。同时，着力拓展题材、内容、形式、手法，推动内容和形式的有机结合；根据不同终端、平台、媒介，进行内容的多元化、多层次处理，以满足不同应用场景下的内容获取需求。此外，要以内容主题为核心，强化IP思维，进行同一内容的全媒体版权的多元开发，最大限度地挖掘内容价值。

（三）运用技术手段推进供给优化

出版单位要想真正做到"内容为王"，仅有资源远远不够，还需要与技术创新深度融合。内容与技术的融合，不是两者简单相加。融合必须是利用先进的技术优化出版流程，实现内容与技术的相互支撑、内容与渠道的有机结合，使数字出版产品立体化传播、多样化呈现、多渠道推送，运用技术让内容优势得到充分发挥。因此，要做到科学统筹内容与技术之间的关系。通常情况下，技术是为内容服务的，要科学运用技术手段，推动数字内容、技术、模式和业态创新，推动有效优质供给，实现技术与内容、产品的良好适配。与此同时，技术对内容又具有引领作用。技术的发展，对内容的呈现方式、传播手段、生产形态等方面都有巨大影响。要充分发挥技术对内容创作、产品开发、模式创新的支撑作用。运用技术手段，加强对内容资源的管理，进行内容资源库建设，调整内容的组织方式、生产方式、提供方式与管理方式；对内容进行知识关联、语义挖掘、数据分析、算法分析，以用户需求为出发点和落脚点，满足其对信息处理和知识获取的现实需求。

推动大数据技术在出版流程中的落地应用，将推动产业的供给优化。互联网、数据与计算是推动数字时代与社会进步的三大支柱。时代的进步，使得互联网成为基础设施，计算成为一种公共服务，而数据则成为一种重要的生产资源。在数字时代，出版业的未来，属于那些能够有效利用这一新的生产资源洞见市场与客户，能够精准把握客户需求，提供精准服务和营销推广的企业。目前，传统出版单位对数据这一生产资源的理解和应用能力还有待进一步提升。

随着互联网、大数据和云计算的发展，出版单位可以通过各种终端、平台、社区随时获取用户数据，而且数据真实、准确。这不仅大大提高了工作效率，还使得生产者对用户需求和存在的问题有准确的把握、对市场趋势的判断更也更加科学。只有利用好历史数据和源源不断产生的新数据进行分析、描述、预测和决策，挖掘数据价值，才能更好地创造效益。传统出版单位要收集数据，更要利用数据做好服务。数据不应仅停留在收集存储阶段，应该进行结构化，能够被出版单位不同岗位的生产者随时随地调用，巨量数据需要与产品有关系才能产生有用的小数据，进而产生效益。数据本身并无存在的价值，而是看如何找到和行业的关联性。只有以数据为依据指导生产，才能在降低成本的同时，为用户提供精准的内容和服务，实现产品的优化供给。

（四）强化互联网运营能力

近年来，传统出版单位在数字化转型升级方面有了长足发展，技术的应用水平有了显著提高，数字出版产品数量保持快速增长态势。然而总体而言，影响力仍然普遍较低。一方面是因为某些单位的数字出版产品质量尚未能满足当下的用户需求，而很大程度上是源于传统出版单位缺乏在互联网环境下的运营能力，导致产品缺乏关注度和品牌影响力。企业的运营能力对转型升级的实质效益具有关键性影响，也是衡量企业是否实现转型融合的重要标准。其中包括面对快速变化的市场环境具备快速的市场反应能力、高效的运营管理水平、持续的创新能力。如果传统出版单位能够在互联网运营能力方面有所增强，那么其服务能力和赢利能力也将获得显著提升。传统出版单位天生缺乏互联网基因，对于互联网运营缺乏经验，对于互联网环境缺乏敏感度和反应力，同时传统出版单位的数字出版产品大多都缺乏在互联网环境下的市场化运作和系统化运营能力。新兴业务运营缺少有效的管控手段，管理缺乏创新；平台运营和内容运营缺乏经验，运营手段缺乏创新；新兴业务发展没有脱离传统模式惯性的影响，缺乏互联网环境下的市场驾驭能力和运营能力。也就是意味着，无论是产品和市场，很多出版单位都未能实现与互联网环境的充分接轨，转型成果未能真正经受市场考验，与互联网企业相比造成产品运营效果较差，大大影响其产品的知名度和影响力以及赢利能力。我们常说，互联网经济就是注意力经济，互联网时代，内容传播空前的便利和高效，这也导致用户注意力资源十分稀缺，非常容易分散与流失，如果没有建立一个互联网运营系统，就难以把握市场，缺乏竞争力。

出版单位要提高互联网环境下的市场运营能力，可从以下几个方面入手。一是强化互联网和移动互联网思维，要加强对互联网和移动互联网发展规律和特性的认识和研究，提高对互联网和移动互联网的适应度和敏感度，真正融入互联网和移动互联网环境，并根据互联网环境下的市场需求变化，及时调整运营策略和手段，做好战略定位、产品定位和用户定位。二是要强化用户思维，加大对市场研究投入力度，加强对用户需求和消费行为的分析，运用大数据、机器算法等先进技术，通过数据分析用户喜好，充分把握用户需求，以提供内容和服务的精准化、定制化推送，注重运营细节，注重及时吸纳用户反馈，及时更新服务内容，完善用户体验。三是提高在互联网环境下的产品运营能力，推进产品的市场化运作，实现运营的专业化、市场化。出版单位要让转型升级的产品参与到激烈的互联网市场竞争中去，做到与互联网环境的真正接轨，可向互联网企业学习成功做法和经验，创新运营手段，提升运营效能。四是树立品牌观念，综合运用各种渠道、媒介、平台进行产品推广，不断刷新产品在市场中的存在感，以提升产品的市场知名度和品牌影响力。让用户看得见、留下来，同时通过加强与用户的紧密联系，强化与用户之间的互动，让用户活跃起来，通过社群建立口碑营销，让用户从产品的使用者、购买者，变成推广者，让用户成为产品市场运营中的一环。五是顺应转型需求，吸纳运营人才，应加快引进和培养大数据、云计算、金融、资本经营、商业模式策划、软硬件、移动互联网等方面的专业人才。

（五）加强数字内容评价体系建设

随着我国数字内容产业的迅猛发展，对数字内容评价的需求越来越迫切。目前我国数字内容评价市场混乱，普遍存在 IP 资产的术语概念认识不统一，对各类数字出版产品价值的影响因素多样界定不全面等问题。

数字内容的评价体系建设，应把社会效益放在首位、实现社会效益和经济效益相统一的考核评价标准。《关于推动国有文化企业把社会效益放在首位、实现社会效益和经济效益相统一的指导意见》指出："充分考虑不同类型国有文化企业的功能作用，明确社会效益指标考核权重应占 50% 以上，并将社会效益考核细化量化到政治导向、文化创作生产和服务、受众反应、社会影响、内部制度和队伍建设等具体指标中，形成对社会效益的可量化、可核查要求；科学合理设置反映市场接受程度的经济考核指标，坚决反对唯票房、唯收视率、唯发行量、唯点击率。"这对于数字内容评价体系的建立给予了有益指引。

当前数字内容的评价，多集中在网络文学领域，为推进网络文学的健康有序发展，其评价体系的建立也是近年来主管部门和业内较为关注的问题。如近年来，总局开展网络文学阅评工作，以及地方省市开展网络推优活动，或是各种排行榜单的发布，都对网络文学评价体系建立起到了有益的推进作用，而各网络文学网站也有自己对网络文学的一套评价标准。但当前网络文学的价值评估存在标准不统一，很多企业以高价获得的 IP 经过开发，却未能达到市场预期。从而造成版权交易中的成本浪费。当前企业大多偏重于网络文学的品牌影响力、商业价值，缺乏有关社会效益的考量。进行网络文学的价值评估应从内容、品牌、商业价值三个维度展开建立评价标准。需由主管部门出台版权价值评估操作的相关指导意见，统一术语规范，同时持续推进并完善网络文学的阅评及推介工作，并由主管部门、文学网站、科研机构、高校等从不同角度共同探讨，建立统一的网络文学评价体系。此外，不仅仅是网络文学领域，动漫游戏、数字教育、知识服务等领域都应建立起各自的评价标准体系。

（六）推动行业智库建设

中国特色新型智库建设，是哲学社会科学界贯彻落实治国理政新理念新思想新战略的重要举措。2015 年 1 月，中共中央办公厅、国务院办公厅颁布《关于加强中国特色新型智库建设的意见》，提出中国特色新型智库是国家软实力的重要组成部分。要大力加强智库建设，以科学咨询支撑科学决策，以科学决策引领科学发展。并提出"加强智库建设整体规划和科学布局，统筹整合现有智库优质资源，重点建设 50 至 100 个国家急需、特色鲜明、制度创新、引领发展的专业化高端智库。"

为贯彻国家战略，推进转型升级迈向深入，满足融合发展需求，出版业要加快新型智库建设的步伐。目前以出版研究为主的各种类型智库有数十个，包括高校智库、科研机构智库，企业机构建设受到广泛关注。当前，出版新型智库建设尚处于初级阶段，与融合发展的需求尚存在一定差距，出版领域有影响的智库数量较少。2016 年 7 月 12 日，光明日报智库研究与发布中心和南京大学中国智库研究与评价中心联合发布的《中国智库网络影响力评价报告》，中国新闻出版研究院是唯一列入"中国智库网络影响力"榜单的出版类智库，排名位列第 33 位。但距离中央提出的高端智库尚存在不小的差距。

当前，传统出版业处于转型升级、融合发展的重要时期，在知识经济、信息社会的大环境下，大数据、云计算、人工智能、虚拟现实等新技术层出不穷，新产品、新模式快速迭代，产业融合加速发展，以往的经验以及预测未来的方法被不断颠覆。主管部门、出版机构以及出版业的从业者迫切需要行业智库提供具有前瞻性的战略研究和咨询服务，需要行业实验室来培养人才、展示转化研究成果。行业智库在提供思想产品、搭建交流平台、培养公共人才、凝聚行业共识等方面将发挥不可忽视的重要作用。

未来在建设出版智库方面，若要使其在促进产业融合发展、输出人才、推动成果落地方面发挥更大更重要的作用，需要政府主管部门和企业的重视与投入。一方面，主管部门要制定行业智库建设规划。做好顶层设计。重视企业智库建设，企业智库要注重与高校、科研单位结合，建立各类智库的互动合作机制，吸纳多方力量，形成产学研一体化智库。另一方面，大型出版传媒集团也要结合出版实践与技术和平台优势，做好出版行业研究工作，成立企业层级的研究机构，注重科研成果转化。智库是行业发展的智囊团，在研究方面，要具备高度的前瞻性、战略性、引领性；加强对发展决策的参与程度和深度；在引领行业发展方面发挥充分作用；打造高水平人才队伍，通过打造优质团队，提升智库水平。

另外，行业实验室事实上同样也充当着智库的角色。目前总局已公布了新闻出版融合发展实验室和新闻出版科技与标准实验室的首批名单，并有部分实验室已投入运营。在行业实验室建设方面，应紧盯前沿技术和发展趋势，把握自身核心优势，新技术前沿和发展趋势，积极借鉴、善加利用先进技术和渠道，大力实施新闻出版业转型升级重大项目，通过研究攻关，尽快形成一批可复制、可推广的新技术、新成果、新模式、新标准，尽快使成果转化为推动产业发展的生产力，更好地服务于行业、服务于社会，为传统出版和新兴出版融合发展提供智力支撑、技术保障和示范经验。

五、数字出版产业趋势分析

2016年，在各方努力下，数字出版在"十三五"时期有了一个良好开局，为未来五年的产业发展奠定了坚实的基础。伴随着出版业转型升级向深层次迈进，各出版单位转型融合实效将见分晓；人工智能将在出版业逐渐落地，为出版业带来新活力；IP运营模式渐趋成熟，数字内容产业将进入"泛IP"时代；数字教育出版领域将持续良好发展势头，多方并进统建数字教育生态圈；学术期刊集群化发展渐趋深入；分享经济在内容领域兴起，带来知识付费新浪潮，将创建知识内容变现新模式；网络直播领域风云变幻，有望成为粉丝经济变现和内容营销的新模式。具体到未来一年，我们有望看到数字出版产业呈现以下发展趋势。

（一）融合发展内力比拼时代即将来临

进入"十三五"时期，出版业融合发展向更深层次迈进。2017年是"十三五"的第二年，在"十二五"积累的基础上，出版业融合发展拥有了更为扎实的基础，逐步步入转型升级的成长加速期。无论从主管部门层面，还是出版单位层面，对于转型升级融合发展都有了更加深入的思考与更为全面的布局。国家和行业主管部门对融合发展推动和引导力逐步加强，政策上的利好为融合发展提供了更为扎实的土壤和广阔的空间，在规划制定、政策保障、项目实施、市场监管等方面的主导作用下，出版业融合发展的外部环境持续优化；新闻出版单位的转型升级、融合发展将步入常态化、纵深化轨道，发展模式从单一向特色化方向发展。

"十三五"时期是新闻出版业的转型升级、融合发展质效提升的关键期，也是树品牌、创模式、见成果、产效益的突破期。对于传统出版单位而言，随着转型升级步入常态化、纵深化，各家出版单位在融合发展方面的成绩和实力，也将分出伯仲，形成分水岭，考验着各家出版单位的内容生产水平、技术应用水平、运营能力以及资本运作能力，融合发展的主流旗舰将在不久的未来出现。融合发展经过长时期的探索，将有望形成一批有效模式；出版单位自身体制机制改革的深化，将会提高自身市场化运营能力，"两张皮"的现象将逐步得到有效削减；"互联网＋"模式的带动下，互联网技术的深度应用，数字技术和内容资源紧密结合，将催生更多的新型业态；出版与科技、旅游、影视、教育等领域经过长期的磨合与探索，跨界融合将更紧密、更深入，将涌现出更多跨界融合新模式，培育出更多新增长点。

（二）人工智能技术重塑出版流程

人工智能技术被视为信息时代一项重大的技术变革，正在迅速渗透并颠覆着各个领域。无论是搜索、电商、医疗、社交、资讯还是生活服务等领域，都已和人工智能紧密相连，全面改变人类的生活和工作方式。与此同时，人工智能技术的发展，还将带动云服务、大数据分析、移动互联网、物联网等业态的迭代升级，同时也正加速进入新闻出版业，在出版发行、印刷物流、数据加工、数字阅读、数字教育等领域得以应用，将为新闻出版业的转型融合带来更多可能性。

首先，人工智能将让出版流程实现智能化。一是语音录入稿件。语音识别是人工智能最早的应用之一，可自动将语音实时转换成文字，当前语音识别无论是响应速度还是识别准确率都达到了交稿水平，可以通过语音录入代替打字或手写稿件。二是机器协助校稿。由机器协助作者或编辑进行稿件校对，做一些基础性工作。三是机器写作，可大大缩减发稿流程，提升发稿效率。2017年1月17日，《南方都市报》写稿机器人"小南"正式上岗，并推出第一篇共300余字的春运报道[1]。该机器人所采用的自动文摘技术可以根据如关键词、段落位置等多种文本特征，判断不同信息的重要性，最终在摘要里保留核心部分，又快又好地出稿，并能实现定制化输出，根据用户提供的关键词，在稿件生成过程就会注意定向分析，输出稿件结果。此外，"小南"还可根据不同的稿件写出综合报告，并对已有稿件进行改写，写出带有一定情感、观点、立场的报道。2017年5月，掌阅上架了诗集《阳光失了玻璃窗》[2]，该作品不是某位当代作家，而是微软人工智能"小冰"，这是人工智能创作与数字阅读在国内的首次结合。可以看到，随着人工智能的快速发展，机器写稿正在向深度发展。四是增强用户交互体验。2017年春节之际，人民日报社推出机器人"小融"[3]，可通过微博、微信、客户端、人民网等平台与网友互动，这是人民日报推动媒体融合发展在人工智能领域的新尝试。目前，该机器人尚处于研发的初

---

[1] 南都机器人"小南"上岗［EB/OL］. http：//www.guanmedia.com/news/detail_ 5409.html
[2] 当AI遇到数字阅读 首本人工智能诗集上架掌阅［EB/OL］. http：//finance.sina.com.cn/roll/2017-05-23/doc-ifyfkkme0229084.shtml
[3] 人民日报第一个机器人诞生［EB/OL］. http：//politics.people.com.cn/n1/2017/0127/c1001-29051556.html

始阶段，未来将会进一步在后台技术、前景互动等方面持续优化升级，并将推出系列产品。同时，利用机器算法实现新闻资讯的精准化、个性化推送，现已在新闻客户端广泛应用，如今日头条、一点资讯等都是算法与新闻相结合的产品。

此外，人工智能在印刷领域同样具有广阔的发展前景，可有效淘汰落后产能，提高生产效率。北人集团作为印刷设备的龙头企业，正在大力发展以机器人为核心的智能制造产业，推动智能印刷工厂建设，先后成立了亦创智能机器人研究院、北人印刷智能系统分公司、北京北人合心机器人系统有限公司等多个相关业务单元，现已全方位、多功能地进军机器人行业。

（三）IP运营实现从量变到质变的跨越升级

近年来，随着资本的大量涌入，IP成为文化产业热点。政策层面的持续利好和版权保护机制日益完善，为优质IP发展营造了更为良好的环境，IP运营生态渐趋成熟。2017年，IP市场将继续保持上升势头，但相比前两年，将从爆发期进入理性成长期。首先，业界对于IP的选择与运作将更加慎重，从内容质量、品牌影响力和商业价值等维度上将有更加全面的综合考量。与此同时，市场对IP质量提出了更高的要求，推动IP市场的优胜劣汰。在此情境下，企业对IP的运营和打造将更加注重精耕细作，同时大制作、大部头的IP会逐步增多，推动优质IP生产机制的不断健全，但现象级、爆款IP出现的概率将越来越少。其次，未来IP的竞争，不仅仅是内容上的竞争，还是IP生命长度，即持续影响力的竞争。IP开发不再仅仅是围绕IP本身，还可以在原有IP基础上，对其世界观、价值观、思想内涵、艺术形式、文化背景不断提炼、延展。如《琅琊榜》推出了第二部《琅琊榜之风起长林》，并非是上一部的延续，而是用同一价值观内核构建的新故事，既是依托于第一部品牌的影响力，让品牌影响力得以延续；又是对新作品进行独立的运作，创造新的商业价值，由此有关IP的多角度价值开发运作，让IP的生命力可以得到尽可能多的衍生与价值升华。加强内容与平台融合，多文化业态之间的互相融合与联动发展已成为数字内容产业的发展趋势。再次，IP热潮带来的最大价值是让整个文化产业认识到版权运营的重要性，多元化、深入型的IP全产业链开发新生态将逐步构建。

随着IP理念的深入人心，固然网络文学仍然是IP的核心资源，但IP这一概念已不仅仅局限在网络文学、动漫游戏、影视等领域，而是涵盖整个知识领域范畴。与此同时，IP 也不再仅仅指某部作品，也可以指代某个人或某个品牌，甚至只是某个概念，某个形象。只要能通过对其深度挖掘，进行多元开发、运作，产生影响力及商业价值，都可以称之为 IP。特别是在人人都是自媒体的时代，每个人都有成为 IP 或创造 IP 的可能。在教育出版和专业出版领域，知识付费兴起使知识 IP 化的步伐逐步加快。在产品与服务的同质化竞争下，人们的注意力逐渐回归到对内容的关注。如数字教育出版领域，聚集优质名师及教育资源成为各家数字教育出版单位打造核心竞争力的关键，着力于教育资源的深度整合和版权的深度开发，注重对同一内容资源基于不同用户、不同渠道、不同终端、不同应用场景、不同产品形态的多层次、多维度的整合开发利用。而专业出版内容资源以及个性鲜明的专业知识服务产品在 IP 运营方面也具有巨大的开发潜力与价值。

（四）数字教育出版生态圈逐步形成

未来一年里，数字教育出版仍将保持良好的发展势头，具有广阔的发展潜力和发展空间。2017 年数字教育的格局已经初现，在线教育在垂直领域的模式顺利发展，带动细分教育领域的变现；行为数据、学情数据、评价数据大爆发，让个性化学习成为可能；技术与内容的融合，使得学习效率的大幅提升成为可能；直播在数字教育领域广泛应用，将拓展创新在线教育应用场景和模式，搭建直播教学平台或开设直播课程、一对一直播等创新教学方式，提升教学时效性，实现更好的教学交互。

出版业在教育领域的转型升级融合发展渐趋深入，各家出版单位以优质教学资源为核心，以技术和平台数据为支撑，以数字产品为发力点，构筑完整的数字教育生态闭环。数字教育出版从内容生产到用户服务的数字教育全流程的各个环节被打通，在基础教育、高等教育、职业教育、在线培训等领域都已涌现了一批有代表性的模式和产品，贯穿课前、课中、课后、课外的多元教学应用场景，涵盖教、学、评、研、测、交流等多项功能，从线上至线下的整体布局已经初步形成。同时，出版单位普遍以更加开放共融的心态，与其他出版单位、技术公司、互联网企业、高等院校建立合作关系，合力共建，实现资源、技术、平台的互通互融、优势互补。地方教育出版单位开始牢牢把握地方优势，明确市场定位，根据地区教育特点，走特色化、差异化道路，以保持其在特定区域中的优势。

而互联网企业未来在数字教育领域的布局将从前两年的攻城略地占领市场份额转向对优秀教学资源的占有，以提供优质的教学内容为发展基石，不断提升教学效率，构建完善的教学生态体系。如淘宝教育于2016年10月底，宣布启动"名师星火计划"①，将大力扶持生产优质内容的个体老师以及中小型教育机构。"名师星火计划"现阶段目标是孵化百名影响力名师，未来淘宝教育也将推出更具针对性的中小教育机构及个体老师扶持具体措施，孵化具有鲜明个人特色的老师及中小团队在所擅长的领域成长为知名IP，为用户提供更为丰富、精准的教学内容及服务。湖畔大学也正式入驻淘宝教育，向淘宝教育个人讲师开放完整的企业培养课程，帮助老师组建自己的教育工作室，最大化发挥自身品牌力量。此外，淘宝教育将联手阿里巴巴集团旗下湖畔山南基金，共同筛选优质项目并提供资本层面的支持。

（五）学术期刊集群化向纵深发展

长期以来，我国学术期刊单位多为单刊分散式经营，集约化程度较低、规模较小，资源分散，内容聚集度较低，市场拓展力普遍不足，因此单一经营模式已难以适应当前融合发展的需要，以个体期刊单位开展转型融合工作势单力薄、进程缓慢，很难实现规模化效益。集群化发展成为学术期刊增强实力、推动转型、提升品牌的重要途径，也成为学术期刊发展的重要趋势。事实上，学术期刊集群化发展由来已久，以中国知网、万方数据、维普资讯等为代表的专业学术出版数字化平台，形成了学术资源的规模化聚集，也带动了学术期刊的转型升级。但这样的转型于学术期刊单位而言，缺乏主动性和话语权。同时，单纯地将学术期刊文章进行原版原式的数字化，已不能满足大数据时代下碎片化、个性化、多元化需求，生产模式和服务模式亟待创新突破。推动学术出版发展也已被纳入新闻出版业"十三五"规划的重要方向之一，鼓励搭建学术出版网络平台、充分整合资源、创新服务模式。

在此背景下，集群化已成为期刊做大做强的重要策略。通过搭建多学术期

---

① 淘宝教育启动"名师星火计划"［EB/OL］. http：//edu.sina.com.cn/l/2016-10-31/doc-ifxxfysn8252903.shtml

刊统一资源服务平台，各期刊在资源、平台、人才、运营等方面优势互补，协同发展，成为学术期刊集群化发展的新途径。同时，学术期刊集群化发展从综合性全领域海量平台向同一垂直领域（如科技、财经等）专业平台转变，垂直领域将不断细分。一方面，部分期刊单位旗下拥有多部期刊，多属同一专业领域，期刊单位可搭建统一平台，充分整合资源，建立资源数据库，实现多期刊的统一管理和运营，建立联动式发展机制，形成集群优势，激发期刊发展内在活力，壮大期刊品牌，提升期刊的综合影响力。如《中国科学》在集群化发展方面开展了有益尝试，取得了较好成效。《中国科学》杂志社共出版包括《中国科学》系列、《科学通报》和《国家科学评论》在内的19种中英文学术期刊，其利用学科集群优势，聚集高端学术资源，各期刊合力打造平台，各刊资源共享，联合培养人才，整合宣传，共同开展国际合作，以实现效益最大化，实现互利共赢[1]；另一方面，期刊单位可利用自身在行业内的影响，牵头联合其他同领域的专业学术期刊，在内容、技术、平台等方面优势互补，互利共赢，共同推进转型融合。如由《中国激光》和《光学学报》等光学领域的权威期刊牵头，建立了跨主管、主办、地域的"中国光学期刊联盟"，实现了光学期刊的集约化发展，现已发展成拥有近50种光学期刊的专业科技期刊集群[2]，实现了以弱带强的良性生态。此外，由于期刊单位的技术水平、资金实力普遍较为薄弱，市场运营能力较低，行业垂直领域第三方学术期刊平台将大量涌现，推进学术期刊集群化发展。

（六）知识付费渐趋兴起

长期以来，免费是互联网行业的一大特点，曾被列为互联网思维的核心要素之一。尽管免费仍然是当下各大平台的主流模式，但是过去一年来，这一定律似乎正在被逐渐打破，互联网迎来了内容创业风潮，付费社区、音频问答、在线课程等知识付费产品表现抢眼，如知乎推出了实时问答互动产品"知乎live"，罗振宇的罗辑思维推出了主打高效知识服务产品"得到"；喜马拉雅FM上线精品付费音频，且这些较早一批进军知识付费的企业和内容创业者已取得

---

[1] 学术期刊集群化发展探索［EB/OL］. http：//mt.sohu.com/20161229/n477240262.shtml
[2] 光学期刊集群化发展的新思路［EB/OL］. http：//media.people.com.cn/n/2015/0923/c399210-27624907.html

了较好的收益。经过一年的积累,很多进场较早的知识付费领军者们已交付了一份较为满意的答卷。从目前各公司和平台推出的付费产品来看,已有部分产品实现较高销售额。其中,米果文化支持马东团队打造的于 2016 年 6 月推出的付费音频节目《好好说话》,在喜马拉雅 FM 上线首日销售额就突破了五百万,上线第十天销售额达到了 1 000 万[①],截至目前已累计获得超过 16 万的付费用户,销售额突破 3 000 万元。[②] 罗辑思维打造的知识付费产品"得到"一年积累了超过 560 万个注册用户,日均活跃用户超过 45 万人,其中接近 200 万人成为消费内容产品的付费用户[③]。此外,音乐网站、视频网站逐步实行了会员制、付费下载等内容收费机制,微信公众号、微博等自媒体也开启了打赏模式,并正在推进付费订阅功能。据相关数据显示,当前消费有偿分享的知识的渗透率在网民中已超过一半,达到 55.3%。

知识付费的兴起源于人们对信息的需求正在发生改变。移动互联网的快速发展,促进了信息传播与获取的便捷,也带来了信息过载与信息过滥。人们渐渐发现,在海量信息中,有大量信息是重复的、冗余的,甚至是无用的、虚假的,这些信息的获取是无价值的。尽管当前人们获取信息的成本被无限降低,却也因大量无用信息消耗了大量的时间成本。因此,以效率最高的方式获取最有价值的优质内容与知识,成为人们获取信息的新诉求,知识付费在某种程度上成为快速筛选过滤有用信息的一种有效手段,并成为优质内容持续生产的动力。

知识付费的兴起,一方面是由于内容创业者对于知识变现模式的探索,另一方面是由于用户对互联网信息获取提出了更深层次的要求,人们更加注重知识对自身需求的实际满足。在生活节奏日益加快的今天,人们对知识获取的需求从"大而全"正逐渐转向"细而精"。从喜马拉雅、得到、分答等当下知识付费热门产品来看,专业化细分领域的知识付费是未来的发展方向,获取权威答案、经验指导和专家见解成为用户为知识付费的最重要动因,这其中包括专业性的学习需求,也包括满足基于兴趣的求知欲和好奇心的需求。当前,知识

---

① 一个教人说话的音频节目如何卖了 1 000 万,我们和他的制作团队谈了谈 [EB/OL]. http://www.tmtpost.com/2316698.html

② 付费音频市场持续升温 赢利模式待寻 [EB/OL]. http://finance.sina.com.cn/chanjing/cyxw/2017-04-10/doc-ifyecfnu7852443.shtml

③ 《罗辑思维》变阵 罗振宇和"得到"准备死磕"知识付费" [EB/OL]. http://www.ceweekly.cn/2017/0309/183377.shtml

付费产品的主要模式还只是通过粉丝经济实现影响力的变现,然而凝聚影响力后的优质内容的持续供给才是知识付费产品保持生命力的关键。

(七) 网络直播行业将迎来变革期

2016年被称为网络直播元年,大量直播平台涌现。据相关数据统计,目前全国直播平台数量已超过300家[①]。由于网络直播的强互动性,使之成为继微博、微信之后的又一社交方式。同时,由于相对于图文形式,网络直播通常以实时视频方式呈现,其表达更为直观,由此也成为一种营销新模式。然而,网络直播与其他互联网新生事物一样,虽然发展迅速,展现出巨大的潜力,却也存在着很多不容忽视的问题。特别是网络直播由于传播速度快、受众广的特点,为一些不良内容的传播提供了便利,包括色情、暴力等在内的大量非法、违规、恶性事件通过网络直播的形式进行恶意传播,一方面严重扰乱了网络秩序,另一方面为社会带来了恶劣影响。行业的无序状态引起了相关管理部门的高度重视,出台了一系列相关政策。2016年9月,国家新闻出版广电总局下发《关于加强网络视听节目直播服务管理有关问题的通知》(以下称《通知》),要求网络视听节目直播机构持《信息网络传播视听节目许可证》(以下称《许可证》)上岗。这一规定也被称为"史上最严直播监管令"。如果说,2016年是网络直播的高速发展年,2017年将是网络直播的行业监管年,也是网络直播平台的洗牌之年。相关管理部门将通过各种措施加大对网络直播的监管力度,政策上的收紧也在倒逼网络直播行业加快迈向规范化、健康化发展的轨道。

总体而言,2017年是网络直播行业各方面迈向成熟的关键一年,也是确定其能否持续发展的重要一年。在内容方面,明星直播等以社交互动为目的的直播仍然是网络直播的重要构成,但纯秀场式直播而引发的网红效应将趋于平淡。随着人们对实用性、个性化的内容需求的日益旺盛,网络直播有望成为实现知识变现的新手段,知识型直播成为网络直播发展的新方向。同时,直播正快速向各个垂直领域延伸,除了较为传统的游戏直播,直播+新闻、直播+体育、直播+教育、直播+电商等模式将不断涌现且趋于成熟,成为各个网络平台创收、变现、造血的一种标配方式。在格局方面,各类直播平台在2017年

---

① 网络直播数据:300家平台、超3亿用户、80%流量靠网红主播[EB/OL]. http://www.thebigdata.cn/YeJieDongTai/32243.html.

将会展开更为激烈的市场争夺战，行业格局渐趋明朗，将推动互联网巨头在网络直播领域的布局。在商业模式方面，除去粉丝在直播时直接打赏，网络主播孵化成功积累到一定粉丝后，有一定知名度和关注度后，投放至其他周边产业，如广告、影视剧、娱乐活动，网络主播成为IP，创造出更大的商业价值，将成为网络直播经济变现的重点方向之一。

（课题组组长：张立；副组长：王飚、李广宇；课题组成员：毛文思、徐瑶、刘玉柱、孟晓明、郝园园、宋迪莹、李熙）

分 报 告

2016—2017 中国电子图书出版产业年度报告

万 智 艾顺刚 乔莉莉 孙晓翠

一、电子图书出版综述

电子图书在我国数字出版领域处于重要地位,其出版发行一直受国家主管部门高度重视。我国传统出版社是电子图书出版的主体,截至2016年年底,全国共有出版社586家(包括副牌34家),其中中央级出版社220家(包括副牌社13家),地方出版社366家(包括副牌社21家)。从图1可以看出,近年来,全国图书出版社规模一直基本保持稳定。

图1 2005—2016年图书出版行业出版社规模

随着智能手机、平板电脑、电子阅读器等产品相继普及,网络技术日新月异的变化,读者的阅读方式也有所转变,尤其在年轻人中,电子阅读成为一种日常生活习惯。阅读方式由纸质转为数字阅读，促进了图书的数字化转型以及电子图书的出版发行。

2010年前，电子书产值翻倍增长，在2011年，受图书市场影响，电子图书产值有所下滑，之后迅速调整，近些年一直持小幅度稳定增长，但增长速度逐渐减缓，同时电子阅读用户量较前几年增长幅度也有所缩减，这是当前我国电子图书出版商要面临的一个困境。2013年至2014年，亚马逊Kindle引进国内，对整个电子图书市场有积极的促进拉动作用。2015年出版商与亚马逊探讨了新的合作条款，并且要求掌握电子书的自主定价权，这使得电子书的价格有所上升，一些消费者就更倾向于购买纸质版的书籍，使得电子阅读器的使用人数有所下降。

2016年，《中华人民共和国国民经济和社会发展第十三个五年规划纲要》明确提出"加快发展网络视听、移动多媒体、数字出版、动漫游戏等新兴产业"。这是"数字出版"首次列入国家五年规划纲要，大力推动了数字产业的发展，这对电子图书出版商也是利好消息。

二、电子图书出版产业市场现状

（一）电子图书出版整体规模

近年来，随着网络技术快速发展，智能手机、平板电脑的普及，电子阅读器的推广，越来越多的用户开始习惯阅读电子图书，尤其在青年人中，电子图书成为一种生活休闲方式。市场对电子图书的需求日益增加，促进了电子图书的出版与发展。2011—2016年，国内电子图书收入在2011—2012年增长趋势，2012—2013增幅急速下降，2013—2016市场电子图书的需求增长速度缓慢下降。2015年电子图书收入达到49亿，2016年电子图书收入达52亿。

电子图书收入在增长的同时，每年也在出版新的电子图书，电子图书的种类总量在不断增加，到2016年已超过15 783万种。[①] 随着数字化阅读时代的发

---

① 据国家新闻出版广电总局规划发展司《2016中国新闻出版统计资料汇编》显示，2016年全国电子出版物和只读光盘的种类为15 783万种。

展,电子图书出版规模将进一步扩大。

(二) 电子图书出版的主要细分市场——数字图书馆产业现状

电子图书出版产业中,数字图书馆是一类典型的细分市场领域。这一领域区别于大众类的电子图书出版市场,更多涉及专业类、教育类等领域的电子图书出版产业,有着独特的产业发展现状。

1. 2016 年我国数字图书馆的发展规模

截至 2016 年 9 月,数字图书馆推广工程向全国各级公共图书馆提供了 153 余万册中外文图书、450 余种中外文期刊、300 种中文报纸资源、14 万种图片、10 万首音乐、5 000 段教学视频、150 小时科普视频、100 种中文工具书、7 万余个少儿教学课件等资源;同时在少数民族语言定制资源方面,2016 年不断向新疆地区推送汉、维、蒙、哈、藏等 12 种民族语言期刊,向西藏地区推送 200 种中文期刊。该项目的启动整体提升了我国各级图书馆的服务能力和水平,促进了公共文化服务体系建设,满足了人们的文化知识需要,进一步推动了我国文化事业的发展。

2. 数字图书馆在发展中存在的问题

我国数字图书馆在国家政府的扶持引导下迅速发展,取得了一些成就。但是在数字图书馆快速发展的过程中,一些建设管理问题也逐渐出现。

(1) 管理体制协调不畅

国家数字图书馆的建设就是旨在建立信息内容的共享,全国各级图书资源的分享利用。但受传统图书馆管理模式影响,对数字图书馆的理解还是存在误区,把数字图书馆与传统图书馆隔离开来,将数字图书馆片面地理解为图书资料的电子化扫描工作。同时各地方图书馆还存在各自为政的管理思想模式,在这样的环境下,国家数字资源信息管理就会产生意见不一致、规范不统一等问题。资源内容不能统一化规范管理,这种管理体制不协调的问题将会阻碍国家数字图书馆建设的进程,难以解决网络信息资源共享问题。

(2) 知识产权保护意识弱

产权保护一直是信息资源数字化进程的痛点,在数字图书馆建设时,各类资料信息进行整理加工、传播下载等,不可避免地会遇到知识产权保护问题,由于互联网的便捷性、渠道多样性、媒介形态多元化等特点，给知识资源的管理带来很多困惑，网络信息的共享使著作人的权利得不到充分保护。但是，知识产权保护要求一旦提高，对数字资源的共享性形成不利，在知识产权保护方面，数字图书馆的建设步履维艰，在数字图书馆建设运营发展过程中知识产权问题还有待解决。

（3）经费来源支撑单一

国家数字图书馆建设作为一项社会公益服务事业，其经费来源主要依靠政府的支持。然而随着互联网信息时代的发展，技术的创新研究投入、大容量和高密度的电子存储设备、高性能的传输设备等方面，均需要大量的经费支持，经费不足也一直困扰着国家数字图书馆事业的发展进程。因此，在数字化图书馆建设的同时，要积极争取国家资金扶持和地方政府的投资；另一方面，为了更好地推进数字化图书馆建设，可以探索信息资源服务的赢利模式以及多方的支持合作，用来支撑科研、设备等方面的投入。

3. 数字图书馆未来的发展思考

我国数字图书馆经过多年的发展，已经取得有目共睹的成果，但发展过程中存在的问题不能忽视，借鉴国外发展成熟的数字图书馆建设经验，结合中国数字图书馆的发展情况，建设具有专业特色化的数字化文献资源体系，推进数字图书馆建设事业健康发展。

（1）完善组织结构，建立有效的管理机制

数字图书馆的建设是一个庞大的工程，涉及领域广泛，是一个跨领域、跨地区、需要社会各界共同支持的系统工程。其一，在国家政府的领导下，成立一个总的国家数字图书馆建设组织，其下再设置相关的职能部门，制定各个部门的责任机制；其二，监督建设过程的总体局面，制定知识资源的相关技术标准规范，统一有效管理；其三，培训各个地方数字图书馆建设管理人才，有条理地进行数字图书馆建设，分布实施建设工程，在有效管理基础上进行合作与协调，加强自身特色资源的收藏和数字化建设。

（2）培养数字化技术人才

数字化图书馆建设是一个跨领域的项目，需要计算机硬件工程、计算机软件工程、通信网络、数字出版、传播学等多方面技术人才共同开发完成，单凭图书馆自身建设很难完成，这就需要数字图书馆在政府的支持引导下，同高校图书馆、互联网技术、新媒体技术等行业共同开发研究，密切合作形成同盟，培养更多的数字化技术人才，既懂网络技术又熟悉出版业务，这样更加有利于数字图书馆的建设。

（3）实施大数据资源建设战略

在信息大爆炸的时代，新类型数据不断出现、数据结构也逐渐变得复杂化。在数字图书馆领域，每年数据量呈 TB 级别增长，数字图书馆建设的资源类型在发生着变化，不仅仅局限于传统的馆藏文献资源，还包含基础词库类术语型资源、关联型标注资源等各种类型的资源。大数据建设应拓展数字图书馆资源范畴，同时加深数字图书馆资源组织结构的深度。支撑大数据的核心硬件是存储系统，数字图书馆建立大数据平台，通过云计算、数据挖掘技术分析用户的个性化需求，提高创新服务能力，建立开放的服务系统组织、信息传播，根据用户的需求进行分析推送，主动引导服务，充分发挥数字图书馆自身的优势。

（4）加强全球化合作机制

网络信息的全球化，带动了新闻媒体科技信息传播更加国际化，数字图书馆的建设更加有利于信息资源的全球化推广，推动了中国文化产业的发展。同时加强全球化合作可以借鉴国外数字化图书馆建设成功的经验，研究国外的建设模式与机制，结合我国基本国情，探索适合我国数字图书馆建设发展的道路，可以少走弯路，避免物资、人力的浪费，加强全球化合作有利于我国数字图书馆未来的发展。

三、电子图书出版产业的营收状况

（一）2016 年电子图书营收概况

随着数字时代的到来，国内数字出版发展日新月异，其产值一直呈高速增长，"十三五"规划明确提出"加快发展网络视听、移动多媒体、数字出版、动漫游戏等新兴产业"。这是我国首次将"数字出版"列入国家五年规划纲要，表明数字出版产业发展越来越受到国家政府的高度重视。2016 年我国电子图书的收入为52亿元。随着数字化技术发展的成熟，社会对数字消费的需求日益高涨，产业规模也将继续扩大，2016—2017年电子图书发展保持稳定状态，市场电子图书的需求增长有所缓和。

（二）电子图书可持续发展的赢利模式

根据电子图书市场营收情况的研究，电子书可持续发展的赢利模式，概括为如下六种：全产业链的赢利模式、电子书付费的赢利模式、电子书的广告赢利模式、"免费+付费"的赢利模式、非货币的赢利模式等。

1. 全产业链的赢利模式

这种赢利模式主要是"内容+平台+终端"的全产业链模式，目前很多电子书企业都在朝这个方向发展，并且一部分已经实现。全产业链赢利模式的关键点，一是产业链各方的内容、平台、终端实现一体化。内容资源无疑是在产业链中起基础性作用的，并且在投入方面也是巨大的。无论是亚马逊、谷歌还是盛大文学，在内容资源方面的建设都是最繁复的，如果作为产业链基础的内容资源没有建设好，那么这个产业链就是失败的，是无法贯通的。二是实现企业的全面发展和多方获益。获利都是微小的，而凭借平台和终端来获取内容资源并使之实现多方面的开发利用才是赢利的重点。例如盛大文学2011年电子阅读器锦书的推出，其售价在国内市场较低，吸引了大量的消费者。

2. 电子图书内容付费的赢利模式

以电子书的内容资源来收费的赢利模式，是目前电子书市场想要全面实现的模式。例如，电子图书付费阅读制度已经成为盛大文学的主要阅读方式，尤其是其VIP付费阅读制度的实行已见成效；中国移动阅读也已经采取付费阅读的方式，也推行了付费包月阅读等业务。但由于我国的国情和发展现状的限制，这种赢利模式要在整个行业内实现，要解决两个问题：首先，电子书内容付费模式需要一个良好的外部环境，这里的外部环境主要指良好的版权环境；其次，要做到对版权的集中和管理，现阶段很多作品的数字版权比较分散，非常不利于电子书内容付费赢利模式的实行，这就要求出版机构等加强对数字版权的掌握，加强与作者商谈或购买作品的数字版权的工作，只拥有纸质书的版权，而没有其电子版权，这种赢利模式的实行就会受到很大的限制。

3. 电子图书的广告赢利模式

一直以来都存在这样一个现象：有些电子书读者不想去阅读，但因为这些电子书是免费的，读者也会下载；有些电子书明明是读者需要的，想要去阅读的，但是必须要付一定的费用，那么读者就会选择放弃。同样的一本电子书，在免费和付费的不同选择下，下载量也会有很大的差距。免费的电子书已经不再作为一种免费的商品了，而是变成了一种赢利的主要渠道。对于这种渠道的利用，主要是投放广告的方式，把赢利的重点从电子书转移到广告上来。目前对于广告的投放，有两种方式：第一，根据电子书的种类来投放广告，不同种类的广告要投放到相应有关联性的电子书中去。比如在有关美食的电子书中投放相关食品的广告介绍，在有关旅行的电子书中投放有关景点和酒店的广告，通过提高电子书和广告之间的关联性，来引起读者阅读广告的兴趣，增加读者的认同感。第二，广告重复投放，同一个广告重复投放到电子书中，而且是多个有关联性的电子书。这种方式不但能节约广告的制作成本，又能让读者加深对广告的印象：在这方面，谷歌是典型的案例。谷歌不但拥有大量的图书资源，而且在图书搜索结果的旁边投放了大量的广告，这是谷歌主要的赢利方式之一。在这种电子书投放广告的模式下，读者可以免费阅读电子书，但是在阅读时要观看广告，但是广告的投放必须要讲究技巧，不能让读者反感这种模式，因而广告的投放必须精心。

4. "免费+付费"的赢利模式

这种赢利模式是将免费和付费很好地结合起来而形成的，如表1所示。

表1 电子书"免费+付费"赢利模式

版本	媒介	广告	价格
基础班	在线	有	免费
升级版	在线	无	低价
高级版	下载	无	中等
最终版	纸质书	无	高价

该表中所谓基础版的电子书主要是指电子书平台提供一些免费的电子书，这些电子书并不是存在什么缺陷，平台必须保证其内容的完整性，只是可能在其中有一些相关广告的植入。而在基础版的基础上形成的升级版、高级版和最终版则是电子书平台经过深度思考和开发重新加工而成的，这几种版本的电子

书中没有相关广告的植入，表现形式也呈现多样化和读者的个性需求化，并且提供一定的服务。当然，这些版本及其提供的升级服务与拓展业务等并不是免费的，也不是面向所有用户进行收费，而是针对一部分特定的读者和用户进行收费，收费的多少也不固定。这种对不同业务和功能进行的差异性的收费，既能够补贴基础版不收费的模式，也能为企业的赢利创造条件，实现赢利的最大化。在基础版之上的各种版本中，读者和用户支付的费用越多，那么同样的得到的服务质量就越好，用户体验就会越丰富，享有的权利也就越多。这种赢利模式的优点很多，产品也是多层次化的，读者和用户可以根据自身需求自由选择，无论是电子书版本还是各项服务，这种模式的核心就是追求差异化，把"免费+付费"的赢利模式发挥到最好。例如亚马逊，现阶段已经推出了含广告和没有广告两种不同版本的阅读器，当然价格也是不同的。

另外，电子书平台还可以发展其他的延伸业务，比如可以针对不熟悉的读者进行指导，可以是指导电子书的格式转换，也可以是电子书在不同阅读器之间的转换等。

5. 非货币的赢利模式

电子书的非货币赢利模式主要指电子书的赢利并不是通过支付货币来实现或完成的，而是以一种我们看不见的方式来实现赢利的。这种赢利模式的流程主要是电子书平台提供电子书给读者或用户，这些电子书或是免费的，或是低价的，用户或读者想要获得这些电子书就要付出一定的行动。这种模式并不是靠某一个读者或用户去行动，而是想要获得电子书的对象都要去行动的一种集体行为，这种行为可以体现在很多方面，比如"交换资源"，如果读者想要获得一本电子书，那么可以在平台上上传其他的资料，上传后就能获得一定的阅读或下载权限，而上传的资料经过平台的加工和整理之后可以以同样的方式供其他用户使用或销售给其他有需要的主体等。这种方式的好处就是可以将资源无限扩大化。另外，平台也可以通过设置各种调查来收集信息，比如读者想使用或下载电子书可以填写问卷调查，可以接受手机通话调查等，这些方式保证信息的来源，之后读者就可以免费获得想要的电子书，而平台是通过向调查企业收取信息的费用来赢利的。这对电子书的赢利来说也是一个很好的方式。百度文库目前就是采取这种方式来获利的。

（三）制约电子图书赢利模式完善的关键因素

如今电子书的快速发展使人们的阅读习惯产生了很大的变化，同时也推动了数字出版产业的快速发展，但是电子书的版权保护问题、电子书格式问题、电子书阅读器等因素仍然是电子书发展中的重要问题，是电子书赢利模式中不得不重视的关键。

1. 版权保护是关键

版权保护问题一直是制约电子书发展的重要问题，尤其是当今社会盗版现象非常严重，不但减少了版权主体的收益，也对版权企业实行电子书收费的赢利模式造成了很大影响和制约。现今由于互联网具有开放性和复制性等特点，电子书在版权保护方面的问题一直没有得到有效解决。移动阅读等都存在严重的版权保护问题，对企业依靠内容收费的赢利模式产生了不良影响。

2. 版权保护意识

对于版权的保护意识问题，必须从国家、企业、公众等各个方面来加强版权保护工作的力度，想要提高社会整体的版权保护意识，可以从国家、企业、公众等几个方面着手。

第一，从国家方面来说，一个国家的版权保护水平可以通过这个国家的公众版权认知水平来衡量和评价，这是一个重要的参考方面。因此，要增强我国的公众版权意识，就要加大对数字版权的保护力度，提高公众对版权的认知水平，推动数字出版产业健康发展。

第二，从数字出版企业来说，树立现代化的出版理念对于数字出版企业是非常重要的，要同时增强保护自身版权的意识和他人的版权保护意识，这两者都非常重要，缺一不可。同时，对于数字化环境中受众的新变化、新要求和新思想等也要时刻关注，能够将这些要求等与数字出版融合，促进数字出版的健康快速发展。

第三，从数字出版从业人员来说，要对现有数字出版从业人员进行专业化的培训，要从思想上进行转变，加强版权保护的意识。所以数字出版的相关部门应组织人员对这方面进行专业培训；同时，应该学习国际先进技术，包括数字出版技术和数字版权保护技术等，来应对日益激烈的国际出版竞争环境，也为我国数字出版的持续发展做出贡献。

3. 版权保护制度

有关部门要重视对版权制度法律法规的建设，切实保障出版单位和作者的合法权益。应从以下几个方面着手进行现行体系的完善工作。

第一，版权保护制度要随着数字出版环境的变化而及时更新，不能一成不变，要根据现有的环境变化和版权保护的实际不断更新和完善现有的法律法规，同时要具体细化其中的各项规定，不能一言概之，能够为版权保护中遇到的问题提供更多的法律依据，为数字出版营造一个良好的出版环境。

第二，我国的版权保护体系不完善，可以学习和仿效一些发达国家的做法，对于数字版权这种特殊的版权形式，可以用法律法规的形式来进行确认，并制定专门的规定和具体措施来针对数字版权进行具体保护。例如，韩国的《出版及印刷振兴基本法》就非常值得我们效仿，它的独特之处在于对每一种出版形式都颁布专门的法律法规，保障了各种出版形式的健康有序发展。

第三，有关部门应制定一套完整的数字侵权标准，这样一来对数字侵权来说就有了一个清晰的界限，方便对数字侵权进行判定。对于出版机构和出版者的意见，相关部门要做到及时听取和对有效意见的采纳，希望能根据实际情况制定出完整有效的法律法规，切实保护数字出版者和读者的利益。

4. 版权保护技术

我国目前的数字版权保护技术还不完善，处于过渡的中间状态，在很多核心领域还要依赖国外的先进技术，这就导致了版权技术的发展难以适应不断变化的数字发展的新环境，因此，我们必须首先解决以下几个方面的问题。

第一，制订和完善数字出版行业的各项标准。只有统一了数字版权保护的相关标准，才能有利于数字出版和电子书的可持续发展，方便与国际进行交流。所以相关部门可以根据我国数字出版的特点，参考国际上数字出版的相关准则，制订和完善我国数字出版的各项标准。

第二，开发数字版权保护技术。现阶段我国的版权保护水平相对滞后，很多版权保护技术都是从国外引进的，这样不但成本高，而且为许多数字出版企业带来了负担，所以我们应该积极开发属于自己的、更先进的版权防盗技术，做到在技术方面的独立。

第三，通过先进技术，建立完善的数字版权管理平台。在这个平台上，不管是权利人的信息还是版权的信息都有详细的记录,并且将这些记录和资源整合成有效信息,并且这些信息资源能够在平台上得到共享和利用,希望能够建立起一个完整的信息资源调配体系和出版管理系统。

(四) 电子书格式是壁垒

电子书格式问题在全世界范围内是一个普遍存在的问题,目前电子书领域还没有一个统一的格式标准,电子书企业格式标准的不统一,不仅影响数字出版市场的规范化,同时也增加了用户的阅读成本,相应的也就影响了用户对电子书的消费,从而影响电子书企业固定的赢利模式的形成。

可以从以下几个方面着手加快电子书的标准化建设。

第一,要强化政府的引导作用,我国政府对电子书产业的标准化制定非常重视,这一点与国外政府有很大不同,国外政府对于电子书产业标准的制定通常采取不直接参与的政策,主要是间接引导。虽然我国的经济自改革开放以来发展得非常迅速,但完整的经济体制还未建立。所以政府作为管理者在这种情况下要加大管理力度,发挥其重要作用。同时对我国电子书产业的标准化建设,政府更要加强管理,强化其引导作用。

第二,学习和借鉴适合我国国情的国外先进经验。在当今全球经济一体化的国际环境下,国外的一些先进标准和经验是非常值得我们学习和借鉴的。当然,我们不能照抄照搬或者全盘接受国外的标准和经验,不是所有的东西都符合我国的国情,比如国外的电子书在信息符号、流通渠道或读者阅读习惯等方面与我国的现状是有很大区别的,所以能学习和借鉴哪些东西需要根据我国的具体国情而定。

第三,加强电子书产业链各方的合作力度。电子书的标准化建设涉及电子书产业链各个方面的利益,例如内容提供商、技术服务商、终端硬件制造商等都涉及其中。从总体来看,电子书标准的统一有利于实现各方利益的最大化。所以,电子书标准化的建设是一个必须要实现的目标,同时也是需要电子书产业链各方共同努力才能达到的,缺一不可,所以要加强电子书产业链各方的合作力度。

四、主要技术提供平台发展状况

目前，就有关电子图书出版的技术市场而言，其主要的主体多为一些新型科技类数字出版企业。这些企业主要分为两种类型，一种是基于电子图书出版产业链中的某一核心技术为核心竞争力涉及该市场，同时延伸至其他环节；另一种是基于电子图书运营和服务环节，如资源库、版权运营等方面。

相对而言，传统的出版企业向该领域涉足的比例较少，更多是原生的互联网信息技术和运营公司。经过删选和对比，目前电子图书出版的技术市场上主要有以下几个企业。

（一）北京方正

北京方正阿帕比技术有限公司（以下简称"方正阿帕比公司"）是方正信息产业集团旗下专业的数字出版技术及服务提供商。在2001年开始进入数字出版领域，电子图书资源库是方正阿帕比公司核心的数字内容资源部分。目前已与国内近500家出版社进行全面合作，出版的电子图书涵盖了人文、社科、经管、历史、计算机、理学、科普等多领域内的学科，电子书库有200余万册可阅读的电子图书，已经形成最大的中文文本电子图书资源库。方正阿帕比公司在电子图书方面发展相对成熟，反映着电子图书发展前沿和读者的阅读需求。

（二）中文在线

中文在线数字出版集团（以下简称"中文在线"）在2000年成立于清华大学，是国内第一批互联网创业公司，也是国内目前最大的正版数字内容提供商之一，数字资源有百万余种，合作用户超过6亿。中文在线是国内较早参与教育信息化的数字出版企业，其旗下"书香中国"互联网数字阅读平台已覆盖了5万余所中小学和近2 000所高校。中文在线主要围绕数字出版开拓新的出版领域，为读者提供多种数字阅读服务。

（三）超　星

超星集团成立于1993年，是国内专业的数字图书馆解决方案提供商和数字图书资源供应商，一直致力于中国的教育发展，为市场提供有超星发现、百链云图书馆等平台服务，还有数字期刊、数字图书馆、移动数字图书馆等知识资源。其数字图书馆拥有大量的电子图书，包括文学、经济、管理等五十余类的学科领域。先进成熟的数字图书馆技术平台为读者提供丰富的内容信息，其电子图书在行业中拥有较高的市场占有率，公司经过20余年的发展，已经为国内900多所高等院校、500多万学生提供教育服务。

（四）书　生

北京书生国际信息技术有限公司于1996年在北京成立，是国际知名的软件、互联网和移动互联网企业，书生公司主导制定的UOML标准是唯一得到国际承认的中国软件标准，其SEP文档库系统是达到国际领先水平的软件核心技术。书生公司是国内较早加入中国数字图书馆产业建设的企业，从书生数字图书馆到书生移动图书馆的产品发展，它集成了图书、期刊、报纸、论文、CD等各种载体的资源，收录的出版社达500多家，期刊7 000多家，图书数量规模达，被北大、清华等国内高校广泛使用，书生公司的数字图书占有一定的市场。

（五）江苏云媒

江苏云媒数字科技有限公司（以下简称"江苏云媒"）以"沟通、承诺、极致"为基本价值诉求，定位于"数字出版解决方案提供商"，是国内规模最大、最具影响力的富媒体高端内容数字出版企业。江苏云媒整合国际一流的富媒体技术，并凭借专业技术团队的研发，首创可视化、无编程富媒体快速制作发布软件——Dream Book，与苹果、Adobe三足鼎立，并成为国家新闻出版广电总局指定富媒体电子书制作工具的典范。首创可视化富媒体快速制作发布工具Dream Book，并针对政府机关、企事业单位和出版传媒集团开发了政企数字企宣解决方案和富媒体出版解决方案，同时致力于面向互联网个人用户的开放式数字新媒体阅读平台——时光阅读网的运营。

五、年度影响电子图书出版产业发展的重要事件

（一）起草《全民阅读促进条例》法规，推动全民阅读发展

2016年2月，国家新闻出版广电总局根据国务院立法工作计划起草了《全民阅读促进条例》（征求意见稿），并向社会公开征求意见，阅读立法的实施，旨在促进全民阅读。国家政府加大对城市社区、农村地区等基层出版物发行网点、阅读设施和服务的投入，促进全民的阅读，以法律法规的形式推动全民阅读，提升全民阅读接触率，在一定程度上促进了电子图书产业的发展，更好地服务社会群体。

（二）"十三五"国家重点出版物规划

2016年5月，"十三五"国家重点出版物规划出炉，国家新闻出版广电总局下发关于实施《"十三五"国家重点图书、音像、电子出版物出版规划》的通知，对"十三五"国家重点图书、音像、电子出版物出版工作提出要求。规划指出，"十三五"重点出版物出版规划总体规模为3 000种左右，首次遴选的项目共2 171种。"十三五"时期，总局将每年增补400—500种重点出版选题，将新增优质选题纳入总体规划当中，淘汰劣质项目，提高出版质量，打造精品。这一规划有利于电子图书内容品质的提升，给读者良好的阅读选择，引导电子图书健康发展。

（三）新闻出版业数字出版"十三五"时期发展规划

2016年3月，《中华人民共和国国民经济和社会发展第十三个五年规划纲要》明确提出"加快发展网络视听、移动多媒体、数字出版、动漫游戏等新兴产业"。其中就提到"数字出版"，数字出版产业规模逐年扩大，增长速度快，引起国家政府的高度重视。在2016年6月，国家新闻出版广电总局编制《新

闻出版业数字出版"十三五"时期发展规划》，明确提出"十三五"时期目标："数字出版总营收保持年均17%的增长速度，国民数字阅读率达到70%，数字化产品和服务在公共文化服务内容采购中的比例达到40%，产品海外市场收入超过110亿美元，传统内容资源数字化转换率达到80%。"这些规划将进一步促进传统新闻出版业数字化转型升级，提升数字出版产品质量，对电子图书产业发展有着积极的推动作用。

（四）国家支持实体书店发展，鼓励打造新一代"智慧书城"

2016年6月，中宣部、国家新闻出版广电总局、国家发展改革委、教育部、财政部、住房和城乡建设部、商务部、文化部、中国人民银行、国家税务总局、国家工商总局等11部门联合印发《关于支持实体书店发展的指导意见》，《指导意见》提出了推动实体书店建设的6项主要任务：加强城乡实体书店网点建设，创新实体书店经营发展模式，推动实体书店与网络融合发展，提升实体书店信息化、标准化水平，加大实体书店的优秀出版物供给，更好发挥实体书店的社会服务功能。《指导意见》还强调，鼓励实体书店利用互联网技术推进数字化升级和改造，打造新一代"智慧书城"；强化"互联网+"思维，实现实体书店由传统模式向新兴业态的转变；积极参加公共文化服务，开展多种形式群众性读书文化活动。

六、电子图书出版年度特点及趋势

（一）从注重规模扩张向重视质量发展迈进

据此前的统计分析，2016年我国数字出版规模的高速增长主要依靠互联网广告和网络游戏，狭义上的数字出版实际上已进入常态发展。另一方面，包括电子图书出版在内的我国数字出版物还停留在传统出版物的数字化转换阶段，对于真正的富媒体图书概念的应用，还鲜有产品出现。今后我国电子图书出版产业必将从旧的传统平面媒体数字化向真正全媒体数字化转型。应对即将到来的数字出版发展模式的转型和拐点。2015年李克强总理在《政府工作报告》

中提出"大众创业、万众创新"以来，出版业的数字转型也在向创新驱动发展，数字出版的理论与实践都将发生一个质的飞跃，富媒体，集成化更多的数字图书新品种将脱颖而出。

（二）内容建设，差异发展，以质取胜

展望今后电子图书出版的趋势将实现新的整合，一些内容质量粗糙的电子图书将会被市场淘汰，数字出版产业资源的"马太效应"将会愈加显现，即强者愈强。所以，当内容资源达到某一量级之后，"质"的要求将会逐渐凸显。目前电子图书出版技术可以做到让信息获得的成本降至较低水平，在成本领先、差异化和集中战略这三大基本战略中，差异化和集中战略将使具备专业内容的"内容池"脱颖而出。

2016年数字出版平台的出版物形式有了新的变化，以产业"黑马"有声书为例，根据Audible（亚马逊有声书平台）统计，2016年全球消费者听书总时长达到20亿小时，Audible平台上可供收听的有声书达32.5万种，订阅用户平均收听了17本有声书。2016年全年该公司新增了2万多本有声书，订阅用户增长超过60%，海量内容成为有声书吸引读者（听者）的基础。"内容池"容器的边界正在持续扩展。内容容器的边界扩展实际上包含两个方面：一是应用端的形态，可以为PC端的网页，也可以是移动端的APP或者微信公众号。二是"内容溢出"使内容与相关行业自动对接，"应用平台+数字内容+行业明星"的合作模式已经很常见。例如，企鹅兰登书屋与演员黄磊合作的有声书《七堂极简物理课》在喜马拉雅FM独家上线，7天的付费收听总数超过5.6万次，这一数字已经超过市场上同期纸质畅销书的平均销量[2]。2016年电子图书出版领域出现了有声书、自出版、网络直播、付费打赏等形式。这些形势的出现需要海量的数字内容资源支撑，因此下一个数字出版需要争夺的就是内容资源。

（三）改变生产服务模式，服务更精准主动

2016年以来，众多文化出版企业对数字化出版物从过去单纯销售模式进入主动服务模式。如，亚马逊图书平台对其所销售的kindle电子图书，推出了免费升级版，即当图书新版发布时对旧版免费升级更换，并且基于新的云阅读技术改进了读者的阅读体验，增加了笔记、注释、摘录等优于纸质阅读的功能。同样很多出版社新出版的电子图书依托新的富媒体技术，从视听阅读多个层面推出了适合不同群体的阅读版本。

尤其是这些出版商依托电商平台的大数据分析，对读者客户的使用数据可以做到实时分析，得到了第一手的读者分析数据。如，京东图书文娱业务部总经理杨海峰发布京东 2016 年图书音像市场年度报告。根据京东图书文娱业务部的数据，2016 年电子书用户同比增长超过 200%。由此，从出版企业到销售企业目前都依托于大数据分析，更好地推出了售后服务跟踪，并依据使服务跟踪确定新的电子出版计划，这样将服务与生产结合起来的互动模式将是未来电子出版的发展方向。

（四）数字版权保护的技术、法规、政策为电子图书出版保驾护航

2016 年，由中国新闻出版研究院牵头的数字版权保护技术研发工程、研发任务已全部完成，工程的核心成果——数字版权保护技术管理与服务平台可提供数字版权认证、授权信息管理、网络侵权追踪等全流程数字版权保护技术服务。其中还包括内容分段控制技术、多硬件绑定技术等 6 项核心技术，以及互联网出版、移动出版、出版单位自主发行、富媒体报刊、按需出版等 5 类版权保护应用系统。工程下一步将推进成果转化管理工作，开展产业化运营。以上各类版权保护要素协同发力，使得我国多年存在的严重盗版现象得到初步遏制，为我国电子图书出版产业的健康发展打下了良好基础[3]。

从我国已发布的各项版权保护的政策法规和相关技术的落实来看，电子图书出版作品的传播秩序，将进入法制化规范化的轨道。

（五）大数据共享，应建立出版研究智库

随着大数据信息技术的广泛应用，数字出版领域必将对出版人、平台、作品等核心要素的大数据进行研究分析，以帮助进一步确立决策方向。但是目前建立数字出版智库，建立大数据共享机制，似乎还未引起业界重视。目前还缺乏对数字出版要素的有效评价机制。其根本问题是要进一步提升出版科研应用大数据分析的能力，从体制、机制等方面考虑逐步完善出版业研究智库的建立和运行。

2016年国家新闻出版广电总局批准成立两家机构，都与行业数据资源有关。第一家是中国新闻出版研究院组建的行业知识资源服务中心，第二家是由总局信息中心组建的出版发行数据中心。今后新闻出版管理部门必将大力推进数据共享服务，数字出版行业之间实现数据共享；决策部门可以用大数据分析来支撑出版企业的业务战略规划和市场营销。目前新闻出版广电总局信息中心正在建设行业的数据交换发行平台，今后会把基础数据向全行业公布，为全国出版企业进行数字图书策划选题、营销印制图书提供参考和规划。[2]

（六）新理念引领新变革，电子图书出版重在质量

2016年在电子书出版领域正在出现一些新的理念，如过去的追求规模理念，逐步被质量优先的理念所取代。如果只追求规模和数量的扩张，不仅会使电子图书出版陷入追求数量的怪圈，还可能影响电子图书出版的发展质量，如投入产出比持续扩大等现象。移动阅读的市场越来越大，有数据显示，2016年阅读平台的电子书下载量达到14.3%，潜力可见一斑。移动阅读市场份额与平台流量呈现正相关。2016年电子图书出版企业需要关注的另一个新理念是"社交理念"，各家传统出版社依靠本社的APP平台和微信公众号，建立了图书营销宣传的新渠道。并吸引了用户的关注，和用户建立了新型关系。根据与用户的互动，搜集图书市场信息，降低了电子图书选题和内容制作的风险，从中发现和凝练出好的选题；另一方面，这些新的理念变化将对我国电子图书出版在今后的发展提供新思路。

（七）数字出版有效评价机制呼之欲出，优胜劣汰

从2016年电子图书出版的形势分析，今后数据流动性将进一步增大。内容资源、渠道资源、平台资源等资源进一步整合，优胜劣汰，强者愈强，在内容、作者、渠道各方面将形成新的竞争格局。在这种形式下，要求尽快建立有效性的数据评价体系，服务于图书的在线出版。今后。图书出版的大数据分析和共享是必然要发展和完善的，不同的出版机构之间，甚至出版行业与其他行业的数据共享，将有助于激发数字出版更大的生产力。如，KU亚马逊电子书包月服务阅读方式受到中国读者青睐。KU亚马逊电子书包月服务在中国市场上线以来表现远超预期，在不到一年的时间里，以用户的注册数量计算，中国

已成为继英国和美国之后的全球第三大市场，显著促进了中国读者对电子阅读的热情。同时，亚马逊中国数据显示，有超过 1/3 的 KU 订阅用户是通过这个服务第一次开始阅读 Kindle 电子书的。在使用 KU 亚马逊电子书包月服务 90 天后，用户的电子书平均下载量接近翻倍，阅读量增长近 40%。[4]之所以电子书的销量同步增长，得益于亚马逊长期的读者评价机制的完善，读者评价三星以上的书籍被热销，而评价差的书籍则被下架。因此，亚马逊电子书市场一直备受关注。在纸书用户继续增长的同时，电子书用户也在大幅增长，增长速度超过纸书用户。另据京东图书文娱业务部的数据，2016 年电子书用户同比增长超过 200%[5]。

今后，随着数字出版企业对流动数据评价功能的重视，技术平台的完善，实现对所售书籍的跟踪评价和读者反馈机制的完善，相信优胜劣汰的市场选择会成为促进出版企业选择和提升出版物质量的重要依据。

参考文献

［1］聂震宁．产业集群思维与数字出版基地建设的思考［J］．出版发行研究，2016（7）：8—13.

［2］宋嘉庚，郝振省．六大关键词引领数字出版新发展［N］．中国新闻出版广电报，2017-04-17.

［3］刘玉柱．我国数字出版产业转型拐点的新思考［J］．出版广角，2016（12）：15.

［4］亚马逊中国发布 2016 年度阅读榜单及趋势报告［EB/OL］．http：//www.pcpop.com．

［5］李子晨．图书消费市场东野佳吾领跑［N］．国际商报，2016-12-21.

附 录

国外电子图书出版产业发展现状及启示

（一）国外电子图书出版产业发展现状

1. 美 国

美国作为当今全球互联网和数字出版产业发达国家之一，其在电子书出版领域一直走在全球市场的前端，美国电子书市场在早期经历过惨淡经营的状况，但经过调整，近几年又迅速发展起来，其市场占有率也渐渐上升。据美国出版商协会和尼尔森公司的研究数据，在2013年6月的时候，美国电子书已经占整个美国出版市场规模的1/3。

但在2016年，美国出版商是相对平静的一年，电子书市场出现停滞状态，市场达到饱和状态，电子书产业发展遇到瓶颈。Statista公司发布的2016年全球数字出版领域的报告显示，2016年全球数字出版市场规模达153亿美元，其中美国收入72亿美元，约占全球47.1%；在电子书领域，全球收入为108亿，美国电子书收入达53亿美元，与前几年相比，变化均不大。美国的电子书市场出现饱和效应，电子书发展遇到困境，发展停滞状态已经出现。

2. 英 国

近几年来，英国的电子书产业迅速发展，成为欧洲最大的电子书市场，其规模仅次于美国，位居全球第二。英国图书通常划分类别有：大众图书、教育图书、学术和专业图书，其中学术和专业图书的数字化程度相对较高。英国的电子书产业起步较早，在2008年，其电子书销售额规模就突破了1亿英镑。随着智能手机、电子阅读器、平板电脑的普及发展，英国的电子书产业得到了持续的增速发展。

依据尼尔森图书调查公司发布的数据显示，从2009年开始，英国传统纸质图书的销量逐年下滑，电子图书销量相反在上升，越来越多的读者开始接触电子图书，电子书开始扩大其市场占有率。到2014年，电子书所占整个出版业市场份额达到17%，在英国整个图书市场出现小规模萎缩的形势下，电子书却逆势增长。到2016年，根据英国出版商协会数据显示，在上半年，英国数字产品销量开始有所下滑,传统图书在纸质书市场萎靡以来首次出现上涨的势头。虽然数字化电子书能够给读者带来多元化、个性化及便捷性,但是纸质书阅读的情感是无法替代的,英国出现这种逆增长也间接说明数字产品并非能完全替代传统纸质图书。

3. 日 本

日本是世界出版强国之一,其电子图书产业随着数字出版产业的推进而迅速发展,拥有着自己的发展特色。根据日本出版科学研究院发布的统计数据,可以看到在日本出版产业规模连续下滑的趋势情况下,电子图书产业逆势增长,从2002年到2010年保持了较快的发展速度。但是近些年来,其增长速度有所放缓,2011年由于市场因素导致首次出现负增长。在2012年随着新型终端电子阅读器、智能手机、平板电脑的普及,电子书市场出现爆发式增长。日本Impress综合研究所公布其调查结果表明,2013年度日本的电子书市场规模为936亿日元,同比增长28.3%,包括电子杂志在内的电子出版市场规模超过了1 000亿日元。该研究所预计称,日本的电子书市场今后将持续增长,到2018年度将增至2 790亿日元。

日本电子书业务类型主要有:数字漫画、文学实用类、电子写真集,其中数字漫画占有较高比例,近几年来发展一直比较稳定,市场份额保持在80%左右。电子写真在2011年随着电子阅读器及平板电脑的普及迅速增长。日本政府高度重视其电子书产业的发展,制定了一系列电子书产业发展战略规划和政策,大力推动了电子书产业的发展。同时还加强知识版权保护,严厉打击电子盗版行为,致力于打造健全的电子书出版市场。

4. 德 国

德国是世界图书市场大国之一,但德国图书出版市场相对其他大国比较保守。起初纸质图书很受欢迎,所以其电子书行业起步相对较晚。随着传统图书的销售逐渐下滑,德国出版商开始尝试电子书业务,德国国民逐渐接受电子阅读习惯,在2013年时,德国已有约2/3的出版社拥有电子书业务。但是近些年,同样由于市场因素,德国电子图书产业发展有所减缓。德国书业协会的研究报告显示,2015年德国电子书占大众出版市场总价值的4.7%,电子书市场的增长率从2012的174%、2013年的60%、2014年的7.6%下降到2015年的

4.7%，电子书产值占比一直处下滑状态。在 2016 年，德国电子书在出版市场出现了停滞现象，电子书发展遇到困境。

（二）国外电子图书出版产业发展带给我们的启示

1. 阅读用户精准定位，推出个性化服务

数字出版相对于传统出版的优势在于可以满足读者的个性化需求，对出版内容需要更加专业化、细分化等，利用移动互联网平台，运用大数据技术，从中挖掘读者的阅读习惯，分析读者的阅读喜好。这些数据对运营商有着极其重要的作用，可以精准定位读者群体，进行合理化推送服务。同时也对作者撰稿方向有着正确的指导，编写更多市场需要的图书，这样读者与作者间接联系起来，图书市场的推广就更加明确。读者的个性化需求得到满足，电子图书市场规模就会进一步扩大。

2. 出版优质内容，打造特色品牌

无论是传统纸质图书还是电子图书，真正满足读者需求的是出版的内容。我国电子书产业发展侧重于平台服务建设、终端阅读器研发等方面，对数字出版内容的重视程度还不够高，对于数字出版产业而言，内容才是真正的王道。互联网技术给用户带来便利的同时，也使得图书内容信息泛滥，鱼龙混杂，良莠不齐。甚至出版的内容没有经过严密思索，就"复制""黏贴"到各个平台渠道，让读者没有从中找到所需的核心优质内容，反而花费大量时间在海量重复资源中寻找所需的信息，这让读者花费大量时间去搜索自己所需的知识资源。亚马逊、谷歌及苹果等公司，在电子书领域注重内容的品质，形成自己的特色品牌，深受读者用户的依赖和信任。因此，电子图书出版企业除了重视技术上的研发，更应有长远的战略眼光，重视精品内容资源的建设，树立特色品牌意识，为读者用户提供优质的资源信息。

3. 加速产业融合协调发展

电子图书产业是传统纸质图书的数字化转型，与网络信息技术产业、通信行业等紧密相连，发展电子图书产业需要跨领域、跨行业等相关部门支持合作。在这方面，日本通过行政管理部门的分工协调和业界跨界的"合纵连横"，积极推动了产业融合发展。目前，我国出版产业融合程度还不够高，各个行业基本上各自为政，资源信息未能充分共享，电子图书的产业链发展不清晰。因此我们要加强电子书产业链各方的协调发展,推动行业的交叉融合发展,建立良好的长期合作关系,共同促进电子书产业的健康发展。

4. 完善电子图书知识产权保护机制

版权保护机制是电子图书发展的基本保证,我国在知识产权保护方面的法律法规还不是很健全,加上社会版权保护意识不强,导致电子图书盗版猖狂盛行,作者的版权得不到有效保障,版权纠纷时常发生,使得数字内容的提供者、运营商对电子图书持有警惕的心理,阻碍了电子书的健康发展。因此需要尽快完善电子图书知识产权的保护机制,让作者、运营者、读者的合法权益都能得到保护。

我国电子书产业的健康发展还需各个行业的共同努力,建立科学的法律法规,健全完善电子图书市场机制,借鉴国外成熟的发展经验,积极探索适合我国电子图书产业可持续的发展道路。

参考文献

[1] 谢强,刘术华. 我国数字阅读最新发展及对图书馆电子服务的启示[J]. 图书馆,2017(1):24—33.

[2] 凯风网. 万安伦于中国文化网络传播首届高峰论坛发布《中国网民数字阅读状况调查报告(2016)》 [EB/OL]. http://news.kaiwind.com/info/201605/18/t20160518_3836502.shtml

[3] 郭楠. 我国电子书发展现状及趋势研究[J]. 传播与版权,2015(11):63—64.

[4] 张德云. 我国数字图书馆发展现状探究[J]. 图书情报工作,2012(S1):4—6.

[5] 任强,张朋. 美国电子书市场透视及其对中国的启示[J]. 科技与出版,2015(2):74—76.

[6] 科印网,2016年全球电子报告:增速降低 [EB/OL]. http://www.keyin.cn/news/gngj/201608/23-1097665.shtml

[7] 必胜印刷网. 英大众出版:数字产品销量下降,纸质书势头强劲[EB/OL]. http://www.bisenet.com/article/201611/165284.htm

［8］张志强，李镜镜. 日本电子书产业的发展及启示［J］. 编辑之友，2013.12：109—112.

［9］中国经济网. 日本电子书市场增幅明显 2018 年将达 2790 亿日元［EB/OL］. http://www.ce.cn/culture/gd/201501/23/t20150123_ 4415819.shtml

［10］叶海霜. 电子书赢利模式研究［D］. 哈尔滨：黑龙江大学，2015.

（万智单位：长江出版传媒股份有限公司；艾顺刚、乔莉莉、孙晓翠单位：上海睿泰企业管理集团有限公司）

2016—2017 中国数字报纸出版产业年度报告

万　智　艾顺刚　乔莉莉　庄子匀

一、我国数字报纸产业的发展态势

（一）总体概述

自 2006 年我国推出首份数字报纸以来，从固定端到移动端、从免费到收费、从在线到离线、从多媒体到云、从报网互动到渠道融合……数字报纸产业（简称"数字报业"）的市场情况始终不乐观，近几年的收入更是连续下滑。然而，经过多年的探索、积累、改革与创新后，我国数字报业的前景开始逐渐明朗，并出现了一批可看、可学、可复制的先进典型。

1. 数字阅读用户规模不断突破

不论是传统出版商还是数字出版商，其目的都在于争夺受众用户。可以说，数字报业的未来就在于数字阅读受众。尽管目前很多人对传统纸质报纸的依赖度仍然很高，但相关调查数据显示，我国的数字阅读受众在不断增长，数字化阅读队伍在不断扩大，这对数字报业是极大的利好和鼓舞，并为数字报业提供了巨大的发展机会。

据中国互联网络信息中心（CNNIC）发布的第 39 次《中国互联网络发展状况统计报告》显示，2016 年 12 月，中国网络新闻用户规模达 6.139 亿，网民使用率为 84%。《2016 年度中国数字阅读白皮书》指出，2016 年我国数字阅读用户规模已突破 3 亿，市场规模达 120 亿元；有 60.3% 的用户愿意为自己喜爱的内容付费，其中70%的用户每次阅读时间都在半小时以上。中国新闻出版研究院的阅读调查也发现，从2015年到2016年，我国的阅读域明显提升，数字化阅读域从32%增长到68%，提高了36个百分点。

2. 营业收入亏损放缓，有望回暖

表1 2012—2015年中国数字出版与数字报纸产业收入情况

年份	国内数字出版整体收入（亿元）	数字出版整体同比增长（%）	数字报纸收入（亿元）	数字报纸同比增长（%）
2012	1 935.49	40.47	15.9	32.50
2013	2 540.35	31.25	11.6	-27.04
2014	3 387.7	33.36	10.5	-9.48
2015	4 403.85	30.00	9.6	-8.57

但随着用户的积累和数字阅读受众规模的不断增大，数字报业的营业收入必将回升。从表1也可以看出，虽然自2012年我国数字报纸收入总值和收入占比达到顶峰后，近几年一直呈小幅度下滑趋势，但近三年收入的下滑是加速减少的。也就是说，随着时间推移，这种下滑必将停止，然后开始转为正向增长。正如普华永道报道所指出的，全球报业收入降落的态势将在近几年有所缓解，之后将出现增加（尤其是发展中国家）。

国外数据统计互联网公司Statista在其发布的针对2016年全球数字出版领域的报告中指出，从2016年到2021年，全球数字出版市场复合年增长率将保持在7.1%左右，其中，数字报纸的复合年增长率（即平均年度增长率）为11.5%。特别地，对于中国而言，到2021年数字出版的复合增长率将达5.5%，数字报纸增长率不如电子书且增长幅度较低。2016年，我国的数字报纸实现营收9亿元。

3. 部分企业的表现可圈可点

在整个数字报业缓慢升温的同时，也有一些新闻、报刊、传媒企业在数字化转型的探索中取得了较大突破，并受到国内同行的广泛关注。如浙报传媒2016年年报显示，由于公司持续深入推进媒介融合发展和产业转型，其新闻传媒主业融合发展进一步提速。2016年实现营业收入35.5亿元，同比增长2.6%。净利润达6.1亿，同比增长17.92%。预计2017—2019年公司营业收入将分别达到39.23、45.23和54.50亿元。苏州日报以报业数字化为契机，在网络媒体平台上深度开发报业内容优势，将数字报业与互联网应用有机结合，使网站成为一系列新媒体的"孵化器",从而把传统媒体在内容上的"势能"顺利转化为新媒体数字化发展过程中的"动能"。目前,"苏州新闻网"的日均独立 IP 访问量、PV 浏览量和全球阿里克斯网站综合排名,在江苏省城市新闻网站中名列前茅;《苏州手机报》更以 19 万的订阅量,成为苏州地区最大最权威的手机媒体。

(二) 融合发展如火如荼

融合包括资源融合、技术融合、表达融合、有权融合等,它可以实现"1+1>2"的效果。近年来,以中央《关于推动传统媒体和新兴媒体融合发展的指导意见》和国家新闻出版广电总局、财政部《关于推动传统出版和新兴出版融合发展的指导意见》为重要遵循。纸质媒体特别是各大报业集团开始大力推进媒介融合建设,全媒体、融媒体等各种新概念层出不穷。

1. 全媒体模式日益完善

"全媒体"从根本上看就是新闻产品全数字化和新闻手段全覆盖,包括生产方式的全媒体化(从单一图文采编到全媒体数字化采编)、传播方式的全媒体化(从单一的纸质传播到全媒体多介质传播)、经营方式的全媒体化(从单一的纸质经营到全媒体多终端经营)等。全媒体模式变革了传统报业流程,通过生产模式的多层级开发多层次利用、发布渠道的多媒介展示及发布方式的滚动即时播报,以此创生出多媒体平台,实现了互联网和移动终端时代的媒体融合。

2007 年,国家新闻出版总署启动了"全媒体数字采编发布系统工程",确定南方报业传媒集团、中国安全生产报、烟台日报传媒集团等多家报业传媒集团为报纸全媒体出版领域应用示范单位。这可以被看作是"中央厨房"式全媒体运作的首次尝试。在此背景下,报纸媒体也纷纷开始进行应用探索。例如,中国青年报社以"全媒体协调中心"为"中央厨房",建立了涵盖中青在线手机版、冰点暖文 APP、中青报微信、青梅客户端、中青 H5 精选、中青微信矩阵 6 个模块的全媒体矩阵。南都于 2009 年新成立全媒体运营委员会,并与电视台、广播进行合作,实现新闻资源的广泛传播,搭建起全方位的全媒体平台。全国两会期间,成都传媒集团在北京设立全媒体新闻中心和生产调度中心,尝试统一采集、多次生成的新型发稿模式。2015 年 1 月,天津日报启动历史图片数据库工程，对历史新闻照片进行数字扫描及修复，逐步完成网站及移动端建设；同时还对相关摄影产业链进一步开发，如摄影外包、影像编辑出版等服务，打造权威新闻影像信息全媒体平台。

当然，"中央厨房"并非是媒体融合的唯一模式。事实上，与其说"全媒体"是机构内部的流程改造，倒不如说它是一个重新定义自己在产业链中的位置、选择合适的外部伙伴的过程。在这一过程中，投入是前提、思想是主导、人才是主力、制度是根本，这些都有待报业单位在探索中日益完善。

2. 融媒体布局趋于平稳

融媒体与全媒体的概念相似，目标也一致（都是提升效益），但两者的侧重点不一样：全媒体强调的是"全"，即媒体平台多、覆盖面广；融媒体强调"融"，即充分利用媒介载体，把广播、电视、报纸等既有共同点，又存在互补性的不同媒介从内容、人力、宣传等方面进行全面整合，从而实现"资源通融、内容兼容、宣传互融、利益共融"。

经过业内不懈的尝试和探索，融媒体的布局已基本形成且趋于平稳。例如，在提出了媒体融合发展的七路径后，光明日报又从理念、流程、技术、产品、渠道、人才、市场、资本 8 个方面出发，对融媒体的发展进行了规划统筹，这为未来报业媒体的融合建设提供了有力的支持。河北省各地的机关报、晚报、都市报等大众报纸都在大胆尝试构建"融媒体"矩阵，即接受统一指挥、整合报社资源、开通各种传播渠道、善于联合作战的媒介团体（如廊坊日报社的廊坊日报、廊坊都市报、廊坊传媒网官方微信微博、廊坊云报手机客户端、廊坊云报屏、廊坊电子阅览室、廊坊日报社呼叫平台、QQ 群等），从而实现在新旧媒体上对所有重大新闻的联合报道。

（三）多形态嵌入成为常态

传统报纸内容的主要形式是文字和图片，但随着数字技术的发展，承载报纸内容的形式也在不断进行着升级换代：从最开始的声音播报（如《浙江日报》和《海南日报》的普通话读报，《广州日报》的女声、男声、粤语播报），到先后增加的离线阅读、页面缩放、检索、下载、打印等功能，再到后来可实现动画翻页、缩放、背景音乐、链接等功能的 Flash 数字报和多媒体数字报……《人民日报》《南方周末》《中国日报》等甚至针对苹果公司的 iPad 平板电脑，专门开发了客户端阅读软件。由此可见，在单篇新闻中嵌入多种媒介形态在国内报业已成为常态。这种融视频、音频、漫画、文字、图片等众多媒介于一体，集切换、滑动、缩放等功能于一身的动态新兴媒体体系也称作"新生代报业"或"多媒介媒体平台"。

信息和网络技术仍在不断发展，未来数字报纸的形态可能不止以上这些。例如，《京华时报》已推出了云报纸，其具体传播形态可描述为"报纸＋二维码＋手机＋移动互联网＋云计算"。虚拟现实（VR）、增强现实（AR）、网络直播、人工智能等技术也可与数字阅读相结合，为数字报纸形态的创新注入可持续发展的原动力。

（四）产消游戏规则发生改变

随着自媒体成为内容市场上的新兴力量，数字报纸内容生产和消费的"游戏规则"也在发生着改变。从报业的角度来看，主要有以下五个方面。

1. UGC 使生产与消费不再明确分界

内容生产模式按照其生产者可分为 PGC 和 UGC 两种。PGC 模式（Professionally Generated Content，专业生产内容）表示由专业人士直接提供内容或对内容进行把关，与之对应的即为 UGC（User Generated Content，用户生成内容）。在传统报业时代，PGC 以其专业性，成为内容生产的主流模式。但在数字时代，内容生产者和消费者之间不再存在明显的分界线：报业机构逐渐引入外部力量，把用户对内容的反馈作为重要的信息补充到原有内容中，从而有效弥补自身不足；或者将"报道"这一以往属于专业记者的职业行为完全交给用户，由用户完成内容产消的全过程。例如，2016 年 8 月山东临沂 18 岁女孩在大学入学前被诈骗电话骗学费，导致昏厥死亡这一事件，引起了网友和多家媒体的重视，进而促使媒体开展了跟踪调查和报道。

尽管 UGC 内容的平均质量可能不如 PGC，但在权威性上，专业记者的一些稿件却很难超过某个领域的专家（如医疗专家）。可以说，在内容生产这个领域，UGC 使得职业新闻人的竞争对手不仅仅限于同行，而是扩展到了整个社会的各行各业。

2. 通过社交元素提高用户黏性

社交网络具有传统纸质媒体无法比拟的优势。首先，它使人际社交关系与数字阅读之间的联结更紧密，用户通过分享自己喜爱的内容，可让数字内容成为社交话题，从而提升阅读的传播效率，拓宽数字内容的发行渠道。其次，它可以集聚志趣相投的群体，形成群聚效应，从而培育用户行为的路径依赖，并塑造自身的专业性和口碑。更重要的是，通过挖掘社交媒体背后的数据，可管窥用户的阅读行为和兴趣偏好，从而推出个性化内容产品，心理上接近用户，强化用户黏度。因此，各新闻媒体纷纷在客户端中嵌入社交元素，以期这些元素能像"饵"一样，将受众引过来、留下来，给数字报纸的发展带来更多生机。具体方式包括：①在社交平台中建立公众号，及时发布简讯以扩大影响力；②运营好"两微一端"，进行重要原创新闻的二次传播，以吸引受众链回自己的网站或APP上；③根据人们的社交需求不断演进迭代社交平台自身，或开发更多催化社交的功能等。

3. 按条消费兴起，微传播时代来临

传统报业是将若干经过挑选的内容集合在一份报纸上，人们按份购买并阅读其中的内容。由于时间有限、兴趣不同等原因，一个人通常不会读完每份报纸的所有内容，即买报纸的费用中总有一些是浪费的。但是，在电脑和手机屏幕上，用户可通过"刷屏"，快速遍历所有报道的标题，看到有兴趣的再打开细读。如果看到特别喜欢或赞同的内容，还可以"打赏"，对具体的信息条目进行付费。用户甚至可以靠阅读内容获得积分等收益。与传统报业的按份购买、收费阅读、打包销售相比，这种按条售卖、自愿付费、碎片化阅读对内容消费者的吸引力更大。由此可见，在媒介全面融合的数字时代，报纸制作的内容，除了刊载在网络、移动端等平台上的那些直接将纸质内容数字化的之外，以短小精练为特征的"微内容"也开始发力，"微传播"时代已经来临。

4. 时效性在一定程度上失去意义

时效性是衡量新闻质量的一个决定性标尺。但在新媒体时代，报纸的"时效性"在一定程度上失去了意义。报纸最快也只能报道"昨天"发生的事或记者了解到的事，而数字报纸、新媒体报道的速度却是以"分/秒"为单位的，这是数字报纸时效性失效的一个方面。另一方面，传统报业时代，记者编辑每天生产的大多是即时新闻内容。而在数字时代，报纸必须找到快速报道之外的更多细节和背景、更好的角度和解读等读者不知道的事，甚至各种历史性文章、生活常识、心灵鸡汤、笑话段子等无所谓时效性或者"永远有效"的内容；即从追求报道的时效性转向追求报道的有效性。从"有效性"角度来看，这对编辑记者的要求也提高了：直接描述事实已无法突破重围，吸引用户眼球，他们必须基于自己拥有的知识、经验和观点，对已有事实、资料和信息进行整合、解读、变换角度等"再加工"，从而进行内容的生产。

5. 接近性不再局限于地理概念

新闻的接近性也是内容价值的评价标准之一，包括地理接近性、心理接近性、利益接近性、经历接近性等。在传统报纸时代，接近性主要是一个地理概念，即将报纸分为全国性和地方性两大类，其中，地方性报纸努力深耕根底、报道读者身边的事儿，以实现新闻内容的接近性。但新媒体报业机构（尤其是 UGC 模式为主导的）不讲究这些，一个北京本地的新闻客户端，完全可以在全国乃至全球范围内选择内容进行加工乃至传播，只要对用户的胃口，实现了用户心理上的接受（即心理接近性），就可以轻松做到海量阅读和转发。另一方面，全国性的新闻公众号，凭借其搜索引擎技术、定位技术、大数据分析技术，也可以实现地方新闻的精准推荐和推送。由此可以看出，"全国性"和"地方性"的界限在信息时代被模糊了，所谓新闻接近性已经超越了地域，报业机构越来越关注与受众在心理上的距离，以及在兴趣爱好、文化水平、价值认同等层面上的契合，以此完善内容生产，全面吸引用户群，不断扩大自身影响力。

（五）移动终端、视频短片、数据新闻成决胜主战场

1. 移动终端成为信息获取首选设备

《金融时报》网执行总裁罗伯·格里姆肖（Rob Grimshaw）认为，"向移动产品这种新媒介方式转变，它的范围要比从纸质媒体到电子媒体的转变更大，而且更迅速"。《地铁报》数字部原负责人、《城市早晨》数字部主任马丁·阿什普兰提（Martin Ashplant）指出，"报纸的新媒体产品必须首先要有一个灵敏的、交互性强的设计。要专注于移动平台，因为那是成长所在，是受众之所在，是未来希望之所在"。相较于传统报纸，移动终端最大的优势就是它的互动性：新媒体的交互设计可以使受众直接对新闻内容表达自己的个性化观点，参与信息的传播；同时，媒介机构也可以直接收集移动端的数据和受众反馈，

根据反馈为受众答疑解惑并进行后续报道。这样便可在新闻报道的议程设置中实现内容的心理接近性，获得更好的传播效果。

相关数据显示，移动端目前已成为网民获取新闻信息最主要的渠道，传统报刊制作相应的 APP 也成为一种发展趋势，并成为主流新闻媒体的标配。人民网研究院关于移动传播的报告则显示，《人民日报》《环球时报》等所有入榜单的 381 家报刊都开通了官方微信，上榜的报纸（92%）都入驻了以腾讯新闻、今日头条、网易新闻、搜狐新闻等为主的聚合类新闻客户端。有的报纸还联合互联网巨头，推出了一大批原创新闻客户端。

2. 视频短片与数据新闻备受青睐

近年来，视频短片和数据新闻越来越受到用户欢迎，成为国内各大数字报纸网站吸引用户（特别是年轻受众）的重要卖点，视频和数据也成为新闻报业机构越来越重视的元素。

视频无疑为人们提供了更客观、更真实、更生动的新闻视角。对于国内报业而言，其视频短片产品主打两大类：一类是"原创数字视频"，另一类是"直播视频"，这两个门类也是近年增长最快的视频产品，如网易建立了"网易直播"，提供直播号、在现场、大直播、星在线、纵横谈、频道直播等若干直播功能频道。此外，随着虚拟现实、无人机等技术的不断普及，360 度视频、沉浸式视频也不断推出，从而进一步强化了新闻报道的视觉效果和感官体验，引发了受众分享。有人预测，视频将是未来新闻传播的主要形式。思科的预测数据也指出：到 2019 年，80% 的用户收到的是视频形式的新闻。因此背包记者（Backpack Journalist，即具有文字、摄影、摄像等技术，可以做各种新闻业务，所有设备都放在一个大背包里的全能型记者）将成为未来数字报业的稀缺人才资源。

数据新闻又叫数据驱动新闻（Data-driven Journalism），它早在 20 世纪 70 年代就以"精确新闻"的概念出现在西方新闻教学和实践中。近几年，随着大数据技术的发展和对新闻出版行业的全面渗透，数据新闻已经进入第三阶段，即数据实用性和数据可视化。该阶段不再强调长篇累牍的浅层次统计分析，更多追求的是数据对新闻生产实践的影响力，以及呈现结果的简洁、直观、互动和观赏价值，因此很多大数据专业人员和美术编辑开始参与到新闻报道的流程中来。

二、我国数字报纸产业发展面临的主要问题

(一) 市场化程度不高,创新意识不强

由于我们的特殊国情,一直以来媒体都作为国家的宣传平台,扮演着舆论引导、信息宣传的角色。因此,整个报业尚未形成合理有序的竞争环境,资源得不到最优配置,进而导致我国报业的企业化程度普遍偏低,始终没有很好地完成市场化转型。

这一问题不仅存在于传统报业,在数字时代更是如此。因为技术的学习掌握、技术平台的搭建都是很容易实现的,重点在于旧人新理念的形成。很多传统报业集团虽然成立了专门的数字部门或新媒体机构,但在旧与新的配合上,始终无法协调好脚步,不明确现在最想做什么、最应该做什么。同时,部分办报人对数字报纸的认识落后,怀有畏难情绪和抵触心理,甚至对媒体融合抱有戒心,担心推出新媒体产品会导致纸媒读者流失,从而对传统报纸运营模式存在路径依赖,不愿意改变传统报业的老做法、老方式,更不愿意参与创新,加入市场化竞争的队伍。即使有些都市报已经在积极探索市场化的运作方式,但由于党报系统过于强大,且已经占领了很大一部分市场空间,它们在生存上仍然比较艰难,无法获得足够的资源,真正参与市场竞争,进入整个市场中更多的细分市场。

(二) 切实可行的赢利模式尚未建立

数字报业要想生存和发展,就必须有一定的赢利作为支撑。传统报业的赢利模式比较稳固,主要是广告和发行两种方式,但是在它的数字化转型过程中,这些方式并不能带来理想的利润。国内网民已经习惯了免费获取信息资源和数据资料,数字报纸如果收费,可能会导致阅读量下降,用户流量降低,进而影响报纸品牌的知名度和公信力,从而影响网络广告收入(在数字报业赢利模式尚未清晰的情况下,很多报社不会放弃"广告"这块);若免费对外提供,这也会对报业的可持续发展带来巨大风险。这就需要报业机构积极探索互联网

环境下报业的新赢利路径。

经过多年的摸索、讨论和试验，部分报社已经在印刷和数字之间找到了平衡，稳住了纸质报纸的发行，也获得了数字报纸的营收。然而，对于大部分报业公司而言，虽然数字报纸是发展起来了，但很多人并没有深入了解新的传媒生态大环境，只是不断推出电子报、手机报、官方微博、官方微信、手机客户端等产品，盲目跟风现象严重，导致用户活跃度并不高，客户端几乎无人问津。即使有的数字报纸平台人气旺盛，也难以直接转化为赢利。因此，关于数字报纸是保持原版阅读还是多媒体化、是收费还是免费、受众到底是谁的讨论从未停歇，而数字报业切实可行的赢利模式也迟迟没有形成，很多报业公司在数字经营上长期入不敷出，已悄然撤退或逐渐淡出。

（三）冗余、虚假、版权三大问题愈发严重

很多报社集团都采取了各种方式来推进报业的数字化，如全媒体发布、UGC生产、新闻集成平台搭建等，这些虽然大大提速了数字报纸的内容生产，但随之而来的是严重的信息污染和版权问题，主要包括以下这三方面。

1. 内容冗余，同质化现象堪忧

最严重的问题就是内容的同质化。自全媒体、融媒体概念兴起后，很多报社在媒体融合的道路上亦步亦趋，贪大求全，建设了一堆网站、公众号、移动客户端。但是，它们并没有区分不同的阅读平台，只是一味追求编辑发布的简单迅速，从而出现了"一稿通用"现象（这在同城新闻报纸体系中尤为常见）；不同报社的数字报纸内容完全没有创新，只是换了一种格式或排版，有用无用的信息铺天盖地，复制或转载的新闻泛滥成灾，进而造成了新闻资源信息的浪费，并常常让用户产生无助感。

出现这种现象的原因，就是报业对"全媒体战略"的错误理解，认为全媒体所谓的"一个产品、多个出口"就是把同质信息通过不同终端表达出来。事实上，即使是"中央厨房"式的全媒体，指的也是围绕某一新闻线索采集了相关素材后，针对不同栏目、不同终端的用户特点和需求，制作符合不同终端阅读规律、终端属性的稿件。例如，微信公众号上仅提供新闻节选，如想进一步深入了解，可点击链接查看更多的新闻背景、深度分析，以及直观的现场音视频等。

2. 虚假新闻大量出现，公信力受损

客观事实，是新闻报道的第一要素。受众需要信息，但更需要真实的、有价值的信息。但随着互联网的发展，数字技术运用的不断深化，目前的信息报道呈现出多向、混乱且虚假的现象，特别是微博和微信平台，已成为数字新闻谣言的重灾区，并严重削弱了媒体的公信力。

中国社科院新闻所发布的蓝皮书分析报告《新媒体时代的"假新闻"现象与治理对策研究》发现，59%的虚假新闻首发于微博，每周二是微信"谣言"的最高峰。此外，由于封闭式传播环境，自我纠错能力弱，相较于微博，微信谣言的辟谣难度更大。在调查中，37.4%的受访者直言网友缺乏分辨谣言的能力和常识；36.8%的受访者指出网友对谣言危害认识不足，随手传谣；21.5%的受访者表示虚假新闻已给自己造成损失。皮尤研究中心的一份报告也显示，约有1/4的美国人承认自己分享过虚假新闻，另有1/3表示他们经常会看到编制捏造的政治新闻，同时2/3的人称这种现象已经造成了"很大的混淆"。

针对这种情况，国家已出台了相关政策，以净化数字报纸的产业环境。例如，现行《刑法》第291条中增加了一款，"编造虚假的险情、疫情、灾情、警情，在信息网络或者其他媒体上传播，或者明知是上述虚假信息，故意在信息网络或者其他媒体上传播，严重扰乱社会秩序的，处3年以下有期徒刑、拘役或者管制；造成严重后果的，处3年以上7年以下有期徒刑"。日前，国家网信办也发布了1号令，规定互联网站、微博客、公众账号、网络直播等无许可不得向社会公众提供互联网新闻信息服务。如要向社会公众提供互联网新闻信息服务，应当取得互联网新闻信息服务许可。该规定自2017年6月1日起执行。

3. 版权争论在互联网时代更加难解

版权之争在传媒纸媒时代就一直存在，在报纸的数字化转型中，这个问题更加难解。如果说版权的开发和保护在传统出版时代还没有触及企业的生存底线，那么在数字时代，它几乎就成为传统出版业的救命稻草。数字报业的牵引力量是技术，并非内容，数字报纸侵权行为会被诟病的原因正在于此：很多新闻机构并不创造内容，而是通过转码直接抓取或复制其他新闻网站、客户端里的文章图片，或是使用"深度链接"的方式，在其客户端内置的浏览器框架中嵌套显示第三方的新闻页面。从内容的原创者来看，这种通过聚合来获取他人

信息的行为就是一种赤裸裸的"抢劫",因此围绕内容版权的纠纷不断出现。

这在一定程度上也加快了近年一系列版权政策的推出。如2016年1月国务院信息办公室对《互联网新闻信息服务管理规定》进行修订,指出"任何转载新闻信息都应当准确、完整,不得歪曲、篡改标题原意新闻信息内容,而且要在显著位置注明新闻的原本来源、原作者、原标题、编辑的真实姓名,以此来保证所有新闻信息的来源可追溯"。《北京日报》《重庆日报》《天津日报》《吉林日报》《安徽日报》等全国20余家省级党报也于2016年9月19日联合发布了版权保护宣言,指出各类互联网及新媒体应充分尊重报刊单位的合法版权,规范各类转载作品的行为,并建议各媒体在适当时机成立全国媒体版权保护联盟,对各种侵权行为及时制止和举报。

（四）平台内向化发展,与用户失联

基于互联网发展的平台型传媒逐渐成为传媒行业的主导方向,报业也是如此,目前大部分传统报业的数字化平台建设基本布局已经完成。然而,在报业的转型实践中,这些数字报纸平台整体呈现出一种内向化的发展趋势,并没有很好地建立起与用户的联结,没有获得"平台型媒体"应有的效果,也没有真正有效地改变报业面临的受众持续流失、行业利润下滑的困境。

众所周知,传统报业面临的对象是"受众",平台型媒体注重的是"用户",这两者是不同的："受众"背后是内容和发行量,"用户"则代表了可将用户节点纳入信息传播网络的连接和入口。然而,目前报刊企业建立的平台大多只实现了采编业务的数字化转型,没有去深入了解"受众"与"用户"的差别,围绕用户提升内容生产效率和服务价值,仅仅是采编业务的转型是无法解决与用户失联的问题的。

与用户的失联也意味着与渠道的失联。虽然在数字化平台上可以轻松实现海量即时内容的采集与制作,但是在面临阅读选择、刚性需求前,无法实现用户细分、智能匹配、差异化竞争等更深层次的功能,从而很容易出现产能过剩、内容价值降低、制作越多亏损越大的局面,进而影响报纸、受众/用户、广告商之间的三角循环关系（即内容吸引受众/用户,受众/用户吸引广告商）的稳定性,使报纸的"二次售卖"价值链中断。

简而言之,综观当前报业的"内容+平台"转型实践呈现出的是内向化姿态性融合、倒融合，难以获得用户认同，建立媒体—用户的关联，从而导致平台在整个报业系统中只能处于最外围的内容提供层面，极容易被边缘化，且内容售卖难以变现为商业价值。

（五）人才壁垒尚未打破，队伍结构不理想

人是生产力中最活跃的因素，媒介融合转型更需要人才支撑。然而，目前我国报业的从业人员队伍还存在着许多问题，从而严重影响着数字报业的可持续发展。如人才队伍结构与新媒体经营格局不匹配，老业态冗员，新业态乏人可用。传统报业的商业模式中，业务部门负责采编出报，经营部分负责将读者注意力卖给广告商，这种模式已运行多年，并形成了相对稳定固化的人力资源结构。然而，这种传统的人力资源结构与数字报纸经营格局所要求的人才结构存在着一定差距，而人才队伍结构又无法迅速调整到位，只能"老材新用"，效果自然不会很好。另一方面，核心人才流失，人员"逆淘汰"现象突出。报业长期存在着"逆淘汰"问题，并已成为难以去除的病根。核心人才（包括经营管理人才、高级投融资人才、数字出版技术人才、数字出版编辑等）"组团"出走，"想减的减不掉，不想减的自己走了"，这不仅伤及报社元气，造成了社会人力资源的浪费，也可能会增加社会安全隐患。

人才问题产生的原因有很多，如沿用事业单位收入分配，关键岗位和人才缺乏高薪回报；新业务拓展、投融资、版权等方面的风险提升；全行业产能严重过剩；产业结构布局不合理等，目前要培养一批具有全媒体素养的数字报业从业者队伍仍然是一项艰巨的任务。

三、促进我国数字报纸产业发展的策略建议

（一）实施"数字优先"战略，助推行业转型

"数字优先（Digital First）"战略是美国报业转型的大胆尝试之一，业界操作大约始于2005年之后，其含义有广义和狭义之分。广义的"数字优选"是指由传统平台优先变为包括网络和移动在内的所有平台的齐头并进，即"先生

产（数字）内容，然后通过合适的平台发布"；狭义的则指真正意义上的数字优先，即将数字平台的内容生产与发布置于压倒性的优先地位，所谓"数字第一，纸媒第二"。不论是广义还是狭义，"数字优先"都是一个充满挑战、特色鲜明、"吃螃蟹"式的战略。

目前，我国报业的数字化转型方向已经确立。因此，越来越多的报纸开始采取积极举措，投入一定资源，大胆尝试这一战略，业界也出现了全媒体转型、多元化经营、报业资源重组等亮点。然而，从整个行业来看，"数字优先"模式尚未得到普遍采用，数字产品制作及服务仍然处于探索阶段，远未能成为报业的支柱，且探索者虽多，有成功业绩者却寥寥无几。

"数字优先"战略决不能停留在口号上，但要真的做到这点，也绝非易事。归纳一下，如果要正式实施该战略，至少应从以下四个方面进行调整和创新。

1. 简化组织结构，探索扁平化管理

传统的报业集团拥有庞大的层级分布和管理机制，这与互联网时代小而灵活的生产模式不相兼容。因此，为了更快地推进数字报业的发展，有必要减少行政管理层次和冗余人员，简化原有的组织结构，使报社的人员构成更加紧凑和干练。另一方面，报社组织结构的转型，有学者预测传媒组织结构变革趋势指出："扁平化、大跨度横向一体化、虚拟化、柔性化和注重团队建设是未来传媒组织的演变方向。"顺应数字化发展的要求，我国的报业机构也应该且有必要向这一方向转型，对内部结构进行调整，探索小团队、大平台作战的扁平化管理模式，以提高决策和执行的效率。创业团队在前冲锋陷阵，集团作为平台提供支持。

美国排名第一的甘尼特传媒集团早在2006年就开始尝试在旗下各报建立"数字神经中枢"，把整个采编中心划分为"数字部、公共服务部"等七个功能区，取代传统的新闻编辑室和部门划分，网络业务被放在第一位，报纸退居二线。根据中国的国情，在扁平化、大跨度横向一体化新型传媒组织结构类型中，报业组织结构可由内容中心、技术中心、运营中心三大平台组成。其中，内容中心负责整个企业的内容原创采集、加工聚合、分配应用；技术中心负责整个企业组织系统的硬件和软件技术维护和升级，维护三大中心的正常有效运作，保障新闻内容的生产和配置、传播的顺利开展；运营中心是决定报社内容生产发展全局的核心部门，也是统领内容中心和技术中心的战略指挥部。

2. 开放互动采编，再造内容生产流程

互联网最大的特点就是其因技术进步而带来的开放性、多元性、互动性。所谓的互联网思维，就是突破传统报纸的采编理念和运营方式，紧扣互联网环境下的传播特点和用户需求来制作、传播新闻，并积极吸引用户参与其中——不仅仅是作为信息的接收者参与传播过程，更是作为信息的生产者，制作发布UGC内容，即用户成为生产型受众。同时，网络媒介低门槛、把关人弱化等特性，也赋予了用户普遍的信息发布权，使"人人都有麦克风"和"人人都是总编辑"成为可能。

报业要进行数字化转型，就必须摆脱传统媒体固有封闭的思路，树立互联网思维，紧扣互联网传播特点，体现开放、多元、互动等元素，遵循新媒体运作规律，重塑内容生产流程，让用户参与内容的定位和生产，以及专业化、全局性的话题讨论。这样，不仅可以降低报业单位的采编成本，而且可以与不同层次、不同领域的用户形成互动，产生话题，进一步完善内容生产，并通过互动版块的设计促使受众吸取信息、内化知识，从而履行教化受众的媒体职能。

3. 加快人才集聚，重视人才培养

如前文所述，人才已成为制约数字报业发展和防范风险的关键要素。加速培养各类专业人才、加快人才聚集、深化人力资源改革，对报业集团来说已刻不容缓。对此，我们提出以下几点策略：①引进和储备经营管理、资本运营及新媒体人才，尤其是既熟悉传媒行业又懂经营管理的复合型人才、高级资本运营人才、高级财务管理人员和高级风险管理人员，以及熟悉商业网站、手机媒体等运营管理的新媒体人才。②抓好技术人才，特别是能够推进媒体融合发展的优秀互联网技术人才。具体方式包括：从互联网公司引进技术研发人才，挖潜用好现有技术人员，建立起自主性移动互联网技术研发团队；改善技术人员工资结构，提高薪酬水平；组建技术中心，按照市场机制承接集团内外技术项目，提取一定比例奖励给技术团队，让能者多劳也多得。③努力打造出一批符合当下数字化媒体发展需求的高端复合人才。具体方法包括：加强对现有从业人员的各项培训，不断提高他们的业务素质和工作能力；加强对社会人才和高校人才的选拔培养；深入到各个高校进行招聘，选拔出优秀的人才进行培养，充实人才队伍，优化公司人才结构；广泛吸收人才，挖掘在网络时代具有前瞻性的新型人才。此外，还可以建立人才评鉴中心，构建岗位任职资格体系，加

强人才引进、选拔与考核的科学性、准确性，并围绕公司重点业务及员工职业发展路径，系统地创建公司人才培训培养体系。

4. 理清商业逻辑，探索赢利模式

如前文所述，数字报纸并非没有市场机会，关键是要找到适合自身发展的、有效的赢利模式。这就需要经营者和管理者理清商业逻辑，勇于创新，根据自身优势积极开辟多元的赢利途径。否则，仅仅依靠单一、脆弱的广告模式是难以支撑其发展的。目前国内数字报纸上没有相对成熟稳定的赢利模式可以借鉴，但从互联网的运营规律以及当前数字报纸收费模式和收费的风险来看，只有将网络媒体的特点融合进数字报纸中，打造符合网络运营规律的收费模式，才是未来的出路，才是我国报业发展的必然战略选择。

我们认为，报业集团除了采取广告和订阅这两种赢利模式之外，还可以：①建立收费阅读的在线报刊亭。如亚马逊不仅卖图书，还与20多家美国最大的报社进行合作，在线售卖数字报。②基于内容的二次开发。如报社可以把自己的内容重新编成音频、有声读物，并根据场景进行分类，分为适合开车时候听的、坐在沙发上听的、睡前放松听的等，进而开展收费服务。③个性化定制。如报社可以根据消费者需求，制作出个性化且专业化的数字报纸，如老年版可以放大字体、少儿版可以添加可爱的元素、科学版可以采用高端大气风格。④增值服务。数字报纸发行平台可以通过自己的监测统计系统，搜集整理用户的信息，如阅读率、阅读时间、下载量、用户年龄、阅读偏好等，并建立数据库进行深入分析挖掘，从而实现有针对性的智能推送服务，如向年轻妈妈推送儿童教育信息、向高端商务人士推送即时业务资讯等。此外，报社还可以聘请外部研究人员，开发相关数学公式或决策模型。该模型可基于已有参数，输出最佳的订阅计划、发行模式和广告投放，从而使报社的收入最大化。

当然，不论是哪种模式，最终目的是一样的，就是寻找新的利润增长点。至于说哪种模式更好，还需要报社结合自身特点进行摸索与尝试。唯一可以肯定的是，这条探索之路并不是一片坦途，报社不仅要"常立志"，更要"立长志"，明确自身定位，梳理产品逻辑与用户关系，进而寻找正确的前进方向。

（二）通过品牌建设和产业集群提升影响力

报纸除了可以卖内容、卖广告、卖精准（有一定操作难度）之外，还有一种卖法，就是卖影响力，而影响力主要可通过品牌塑造和产业集群两种方式来实现。

1. 推进品牌建设，积累品牌资产

以前我国的报业与报纸品牌挂钩，但是目前国内数字报业普遍存在的一个现象就是品牌特色弱化。为了增加点击率、阅读量，很多报纸网站随意转帖一些不适合自身品牌的内容，造成内容彼此雷同甚至低俗化。短期来看点击率是上升了，但这是抛弃了品牌而换来的。还有一些数字报业集团，给自己的APP随意起名，这也在一定程度上弱化了原有的品牌。

事实上，我国的报业经过了30年的产业化试验和发展，已经形成了一批成长性较好、有一定影响力的品牌。但是，这些长期建立的传统媒体品牌和公信力却没有很好地延伸到互联网。我们认为，如果报业的数字化转型没有提升它原有的品牌，或者所应用的数字技术不能加强原有品牌，这种转型就不能算100%成功。

因此，报业公司应具有战略的、成长的眼光，不要急于赢利，而是先聚集人流，再聚集数据流，最后是资金流。围绕"提升品牌影响力"这一目标，构建科学合理的品牌识别和传播体系，在与读者互动的过程中，积累品牌认知度、联想度、美誉度、忠诚度，积累无形的品牌资产；报社也可结合自身的数字化发展战略，加强自身品牌在全媒体品牌体验接点系统中的延伸。此外，对于大型报业集团，也可培育几个能有效解读中国问题、开掘中国新闻资源、讲好"中国故事"的具有较大国际影响力的报纸品牌，从而推进数字报业的国际化发展。只有将保护自身品牌和媒体公信力始终作为第一要务，才能守住"品牌"这个宝贵的优质资产。

2. 深化聚合战略，推动集群发展

目前我国数字报业仍以粗放经营为主，整体水平较低。因此，为了抓住文化产业大发展的时机，形成产业升级，实现新时期的战略转型，就必须顺应媒体产业的潮流，加大战略投资力度，深化聚合战略，增粗产业链，打造跨媒体、跨区域的现代报业集群，从而拓展经营资源，把一切允许经营、能够经营、应当经营的内容、活动和资源都盘活，扩大数字报纸的市场规模，做大做强报业市场的经济总量。

具体而言，要想培育市场主体、推动产业集群集约化发展，可以采取以下措施：①鼓励具有较强市场竞争力和品牌影响力的报媒进行市场扩张，让它们兼并、收购一部分经营不善或者缺乏核心竞争力的报纸，以优化资源配置。②对已经建立的报业集团进行资源重组、结构优化，并让一些具有市场竞争力的晚报、都市报、市场化主流报轻装上阵，打破"小报养大报"的行政利益集团运作模式。③在珠三角、长三角、环渤海区、武汉城市圈等改革开放前沿地区、传媒产业发达地区，建立数字报纸产业园区，提升产业集中度与规模，打造集群。④按照报业市场的要求，切实落实报刊的市场进入和退出机制，关闭一部分主要依靠国家财政生存的报纸。只有这样，才能使之真正成为产权清晰、责任明确、独立享受权利并承担义务的市场主体和企业法人。⑤培育特色龙头企业，扶持龙头项目，发挥它们的示范带动效应，引导产业集群发展壮大。

（三）纵横交错，两条方向布局产业链

良好的数字化产业链可以顺畅地让传播内容到达受众。当前数字报纸的新型产业链正在建构和重组之中，我们认为，可以借鉴国外数字报业，从横向和纵向两条方向来布局产业链。横向为"内容资源"，即通过拓展内容生产，联合多个内容供应商，打通供应链条；纵向为"技术工具"，即通过延伸技术，实现内容针对用户定制、分类、推送、追踪，使新闻生产流程完全实现流水线化和智能化。这种双向的发展布局既解放了记者与编辑，也更适应读者的胃口。

从横向来看，内容资源是传统报业赖以生存的根本竞争力。即使在数字时代，内容依然是凸显报纸价值的重要因素。随着技术的发展和新媒体的分化，报业作为内容生产商的地位也会进一步强化。但是，报业机构并不是只能做"自产自销"的媒介经营，而是可以从雇佣的角度，将一些自己不擅长的栏目内容分发出去，购买报道产品。这样做看似要花费一笔资金，但同时也相当于建立了一个"资源池"，可将其他内容生产主体的用户粉丝合并囊括进来，形成一支由外部撰稿人集成的内容供应队伍。

从纵向来看，报业机构可通过工具整合和技术开发，在报纸网站上集成各种常用的功能模块，如视频、个性化、数据分析、小程序等，从而实现新闻生产的流程化、功能服务的智能化等，提高生产效率和受众体验，满足受众多方

面的需求。除了内部使用外，报社还可将自己的网站平台出售给其他新闻机构，实现技术共享；同时也可对单个技术工具组件或内容聚合模块收费。这些工具不仅可以减轻从业人员的负担，也可为读者提供更详尽的信息和更贴心的服务。例如，在解释性报道的写作过程中使用"嵌入式卡片工具"，将相关背景材料嵌入卡片。这样，在下一次写作同类报道时，就可以再次利用这些现有的素材，从而达到"一劳永逸"的效果。又如，通过平台的数据分析模块，可实现内容偏好与信息消费者的捆绑，从而实现精准传播。

（四）加强内容建设，建构核心能力

数字报业有三大要素：商业模式、内容、技术支撑。其中，内容是数字报业的核心。只有提供读者切实想要、需要的独家内容，让内容成为"必须拥有"，才能吸引对报纸依赖程度高的忠诚用户，从而实现内容收费和报社的可持续发展。根据我国数字报业的当前状况，可从以下四个方面出发，加强自身核心能力的建构。

1. 改革生产机制，避免内容同质化

各个媒体平台/客户端的同质化现象严重，削弱了媒体的品牌效应和竞争力，造成版面资源、人力资源甚至社会资源的浪费，甚至引发竞相降价的恶性竞争。

报业媒体内容和形式同质化的原因，不仅仅是对"全媒体战略"的理解错误。从传播学视角来看，其深层根源可能包括：①内容采编者的惰性，即从业者不愿意付出较多代价和成本，生产高质量的原创新闻；②赚钱至上的市场取向，有价值的独家新闻往往只能满足少数受众需要，市场份额不大；③按件计酬的制度。坚持采写的独家新闻可能引起轰动，但也可能被枪毙，造成一场白忙。此外，知识分子也有不可推卸的责任，他们在病态媒体前的失声，就是对社会不负责任的表现，也是一种失职。

因此，有必要改革报业的内容生产机制，在同质化竞争中不断突围。相关策略包括：①强化策划，打造独家新闻。以更开阔的思维、更超前的认识去观察和思考问题，把报道做深。②针对市场环境，革新办报理念。报纸没必要去和自媒体、娱乐信息竞争。而针对新闻事件的解释及深刻见解，应成为报纸应对其他媒体的竞争利器。③经营好品牌版面和品牌栏目。通过发表权威、精辟的见解，打造独特的版面品牌，以独树一帜的文化品位、形象内涵、价值观念吸引并留住读者。④做垂直细分领域的客户端，挖掘新闻表面下所隐藏的深层次现象和规律。⑤建立专业特色明显的办报队伍，通过持续的创意策划和投入，生产具有创新性、特色性、差异性的不可替代的新闻产品。

2. 打造拳头产品，做精品化内容

长期以来，报纸在受众心中的权威性和真实性使它具有很强的公信力，对重大新闻发布的及时、权威、准确是得到受众认同和依赖的重要原因。在新媒体时代，尽管碎片化的"浅阅读"成为数字阅读的主流，但对品质的追求仍不能忘记。因此，报业机构应继承传统报纸的准确性、权威性，内容要在篇幅适当的基础上仍然保持深度，同时利用新媒体技术开发有新意、有创意的拳头产品、核心产品与标杆项目，并凭借这些精品内容形成社会影响，产生经济效益。

换而言之，优质内容永远是报业集团锁住用户的立身之本、利润之源，也是报纸客户端吸引用户的根本。因此，即使是在互联网时代，内容精品化也是数字阅读的必由之路。内容生产者应持续加强优质原创内容的引入，坚持"聘请最好的记者，写最好的故事"，专注于深度报道、特色报道，鼓励记者花长时间推出独家长篇报道，努力形成"拟碎片化"的文字优势、块阅读优势等，打造以拳头产品、精品内容优势吸引读者为内容付费的模式。

3. 提供个性化服务，突破"付费墙"

目前国内数字报纸的收费阅读群体并不大，很多产品都是"叫好不叫座"。我们认为，数字报纸真正的赢利点可以从"个性化"出发，在"付费墙"模式上寻找突破。具体而言，数字报纸的个性化服务至少可涵盖以下三种：①数字剪报的专业化汇编。这是对报纸信息资源的再加工、再利用和再销售，如浙江日报报业集团的"媒体数字资产管理系统"建成后，随即进行"数字报刊合订本"以及"数字剪报暨专题信息汇编"研发，推出后很受市场青睐。②个性化信息的推送服务。可以设计开发超越普通搜索引擎、专供用户个人需求的信息，如类似《我的报纸》的终端应用，以更好的用户体验和更高层次的信息资源整合、挖掘技术，真正实现"出售信息的使用价值"。此外，借助数据分析、数据挖掘技术，也可以实现对用户的聚类、偏好分析和行为模式判断，从而做出合理的推送决策。③用户定制的增值服务。随着用户需求的增长，用户定制需求将是一个主要趋势,而基于这种需求的供应多数时候一家媒体难以招架。在接下来的几年,一部分报业媒体或许会开展多种形式的合作,围绕用户需求进行衍生产品和相关服务的开发。

4. 优化设计形态,丰富表现形式

从设计形态和表现形式来看,纸质报纸其实是多于数字报纸的,如武汉晚报、武汉晨报曾推出香水报纸,这在网络空间是无法实现的。但是,数字报纸可通过各种新技术,保持纸质装帧设计的艺术性,遵循美学规律,实现形态设计上的优化,并探索更丰富的表现形式。

具体实现路径包括:①适应移动传播趋势和用户需求,融合自身的优质媒体资源,以视频、文字、音频全梯队形式和"中央厨房"式的新闻制作方式进行信息传播,增强内容吸引力和感染力。②按照纸质报纸的设计结构,对数字报纸的色彩语言进行协调搭配,形成对读者阅读体验的引导。同时,可运用数字、图形、箭头等使版面灵动起来,哪怕没有照片图形,也可依靠对纯文字的特殊处理,让版面活色生香,如可在字里行间加上批注和表情或把关键文字设计成特殊的字体。③画面造型立体化。即在设计数字报纸时,可按照立体式思维,将画面内容进行立体化展示,达到思维具象化的目的,增强直观的视觉体验和读者对当前阅读内容的印象。④视觉呈现逻辑化。即采用有序的逻辑,将报纸该部分的内容串联起来,保证界面的延展性和知识的结构性,增强视觉冲击力,提高报纸的使用价值。⑤建立可视化中心,推出视频新闻、数据新闻以及基于大数据、云存储、虚拟现实、增强现实、人工智能等新技术的可视化新闻产品。

(五)以用户为中心,建立媒体—用户联结

用户是平台型媒体的核心资产。要想打破当前的姿态性融合、倒融合局面,就必须改变原来与用户的弱连接,重新建立媒体与用户之间的强联结,让订户变用户、用户变粉丝,从而从用户身上挖掘出更多的商业价值。具体来说,有软、硬两种方式。

1. 从"人性"出发的软方式

首先是以人性化、从"心"出发的软方式,即关注用户兴趣与偏好,在用户体验层面进行大力变革，让数字报纸"有温度""有态度"，从而培养忠诚用户，吸引潜在用户，不断增强用户黏性，并最终转化为消费。

具体手段包括：①根据用户所关注的话题进行信息整合，提供信息平台，形成拥有相同兴趣或价值观的社群，激活用户的参与感，并按照"话题—共同兴趣—多方参与—扩大影响—吸引用户"的思路不断扩大用户群体。②采用"A/B测试"提升用户体验。比如在同一篇文章的不同版本中变化标题和结构、改变排版格式、调整页面颜色等，再跟踪不同版本对流量的影响，及时做出调整和改动，让阅读体验达到最佳。③感官体验按钮化。即用户可根据自己的偏好，对版式设计进行"按钮式"的调整，使报纸不再局限于定式的界面呈现。这不仅可以提高用户的阅读效果和阅读质量，也可以提升用户对报纸的依赖程度。此外，还可以设置一键分享按钮、文末评论窗口，以游戏形式制作新闻报道，定期进行读者阅读兴趣调查等。

2. 从"技术"出发的硬方式

其次是基于技术的硬方式，其目标是挖掘用户的需求，洞察用户的心理，在激活需求中扩展细分市场，提升用户忠诚度。

具体手段包括：①建立用户数据库，基于所收集的数据开发预测模型或分类模型。比如将自己的订阅用户分为不同类型，并对每个类型进行分析，提炼出影响该分类标号（例如订阅数量级）的决定性因素，这样便可针对不同类型的用户采取具体措施，以保持或提高不同类型用户的订阅。②通过 UGC 渠道获取用户信息，通过聚类分析将市场进行细分。从而针对不同的用户群体，提供他们所需的服务，做差异化、精准化营销，推送"窄告"而非"广告"。③运用搜索引擎技术，让用户能够快捷地找到自己网站上的新闻；同时利用实时流量分析系统，对内容的传播情况（如阅读率、分享率）进行连续性测评，并依据测评结果对自家网站的呈现内容进行适当调整，迎合用户的阅读喜好。④通过智能聚合技术，聚合多方力量；同时通过智能推荐方式，在文本分析、用户属性、用户偏好设置等参数的基础上，向用户实时推送他们可能感兴趣的信息。此外，新技术的研发也是传统报业向数字报业转型过程中需要大力投入的部分，一是要及时更换硬件设备，二是要加快研发速度，以不断更新迭代的、新颖的传播方式，吸引大众的眼光，为用户的持续增加奠定基础。例如，可开发聊天机器人，根据用户指令按需推送新闻。

四、我国数字报纸产业的未来发展趋势

（一）变身数字媒体公司是大势所趋

皮尤研究中心的《新闻媒体现状 State of the News Media》报告显示，数字新闻频道正在增长，而且数字报纸媒体的用户量早已超越传统广播和纸质媒体。由此可知，数字媒体将成为我国报业的主流，这是一个显然的趋势。现在全球先进的报业公司，都把数字平台的开发和拓展作为企业发展的重中之重，我国也是如此：越来越多的报业公司将纸媒转变为诸多传播平台的一个分支，而创新转型的重点都放在数字平台，有的干脆宣称自己已经转变为互联网数字公司。即使有的公司没有明确表达自己的数字媒体战略，但从它们的现实行动来看，它们都在努力实施"数字优先"战略，争取实现从"报"到"业"的转变，其目标指向也是向数字媒体公司转型。综上，数字化的媒体公司很可能成为未来大多数报业公司的基本组织形态。

（二）走专业化、差异化路线，重视协同发展

新媒体有新媒体的生存法则，新媒体的市场竞争相较于传统媒体也更为激烈，更加残酷。数字报业要想不成为"花瓶"，走出自己的路子，就必须适应专业化、分众化、差异化的传播趋势，形成自己的特色；同时必须高度重视构建高效的协同机制，拥抱协同式创新，通过联动发展产生协同效应，这也是行业未来发展的必经之路。

首先，目前数字报业内部的产品品种数量庞大，但大多"生下来容易、活下去很难"。"新长板理论"必将是未来的走向，即把自己的那一块板做到最长、做到极致，再去和别的木桶拼接。而不是把自己做成一个完整的木桶，总是寻找自己的短板在哪里。只有这样，才能将传统报业所积累的权威性和公信力逐步沉淀为数字报纸的品牌价值，才不会因为平台的迁移转换为流失原有的用户。目前，已有一些报业在朝这个方向努力，如羊城晚报的"析肉还母，析骨还父"式改造，旨在"把快速、广泛、巨量还给网媒"，还原报纸的精品、

本地和专业。南方都市报也强调内容的生产和再生产，然后才是分发渠道以及与用户市场的对接。

其次，随着同质产品越来越多，各家报业媒体也纷纷开始探索差异化发展路径。例如南方都市报并读客户端、新华社新闻客户端、无界新闻、"南方+"、封面传媒、九派新闻、广州参考、看楚天等多家媒体的新闻客户端就有了明显的差异——并读新闻称要打造全球首家"读者获利"平台，定位"有趣有用有钱赚"，开启读者参与广告分成新模式；新华社客户端充分利用自身优势，与各地方党政企共同搭建网络；无界新闻由财讯集团、新疆维吾尔自治区和阿里巴巴联手打造，融合政、企、媒，充分利用跨平台、跨资源特色；"南方+客户端"采用平台路线，侧重开发应用服务与社交功能；封面传媒强调个性化定制；九派新闻客户端上线时又一次提到"刷新"传媒定义，"依托数据分析技术，承载媒体资产价值"。

此外，在构建商业生态系统的过程中，必须引入协同模式，建立健康的生态圈，实现共赢。目前的报业同行之间其实并不存在竞争对手关系，换而言之，都需要面对整个互联网生存环境，重新寻找自己的生存空间和价值，找到价值链、生态系统里哪一环是属于自己的，并将自己嵌入这个生态链中。目前，已有一些报业公司认识到这一趋势，如浙报传媒致力于全媒体的发展战略，在此过程中与不少各行业领先企业（如华数传媒、浙江元通、阿里集团等）开展战略合作，谋求共同发展。凤凰传媒在稳步传统业务的同时，致力于跨行业的发展模式和产业布局，一直以来也积累了众多合作伙伴（例如凤凰卫视、好未来、五星电器、华为等）。

（三）技术持续变革，为产业呈现更多可能

虽然数字报纸的核心能力是"内容"，但向大家展现这种能力并将这种能力转化为社会价值和市场价值的，却是科学技术，包括传播技术、显示技术、介质技术等。没有这些技术的支撑，数字报业就没有现实的可能。灵集科技创始人兼CEO祝伟也表示，"在时代变革中，主动拥抱技术，才能跟上行业发展的脚步，才能为企业创造更多的价值"。纵观数字报纸发展的10年，传统报业纷纷利用新技术，开发新产品，建设新平台，将自身的资源优势与新科技的特点进行整合，通过技术驱动、情感共鸣、场景连接等方式，连接品牌与人心，

形成优势互补、资源互补，从而实现数字化转型发展。可以说，新技术、新科技不仅给传统报业带来了极大的冲击，也为其带来了巨大的发展机遇。同时，这些支撑技术也在悄悄地发生着变革，这些变革也将延续下去。我们对相关技术变革进行如下猜想。

猜想1：新闻采集自动化。目前，已有报业集团开发出具有相关功能的机器人或采集算法。如美联社、雅虎、体育机构NFL等早已开始使用机器人撰写简单的新闻；腾讯财经开发了写稿机器人Dreamwriter；"今日头条""一点资讯"开发了AAC（以算法产生内容的内容生产模式）客户端。在未来，新闻采集机器人还将能自动收集公共物联网大量分散的数据，如从地震、洪水预警系统采集灾害事件信息，从交通、消防监测系统采集道路通行、火警等实时信息，经分析研判后第一时间以新闻线索的形式推荐给记者编辑；同时还将与无人机、传感器、激光雷达、智能摄影设备等直接互联，形成无处不在的"新闻眼"采集系统。

猜想2：内容生产标准化、流程化。随着物联网技术的发展，数字报业的新闻产品服务的生产流程将日益标准化、智能化。报业媒体数据中枢将能对其他智能设备生成的数据进行封装聚合，导入数以万计的数据分析模板和新闻产品框架，自动生成实时更新的新闻数据库。其新闻搜索引擎将能实现时间维、空间维、内容维的跨应用比对搜索；其个性化新闻推送引擎将能基于物联网设备的交互行为（如浏览习惯、上线时间、所在位置等），为用户提供精准的、个性化新闻服务。

猜想3：用户和终端的实名化、组织化。报业媒体将基于人脸识别、LBS等技术，实现对每个用户的实名认证，进而实现精准传播，并以社会组织属性构建用户系统，对用户社群延伸价值进行深度开发；同时将基于用户标签（社区、企业、班级、家庭等），推出一系列定制新闻聚合平台，打造智能社区、数字课堂等新闻应用，让用户社群能在新闻共享服务中实现有效协同；此外，还将基于实名化的用户社会信息，打造经济有效的社交平台，记者、编辑、被采访对象乃至读者能在同一个数据平台中实现互联互通，实现新闻生产消费各环节的零边际成本。

（四）转型进入资本层面，催生全面风险管理

除了技术之外，资本也是报业转型的重要引擎和"加速期"。目前，已有

很多报业集团纷纷通过成立基金、整合重组、投资收购、融资上市、资本募集、扶持新媒体项目等渠道和方式，对接资本市场的钱，并在资本运营上取得了一定突破。

例如，2016年11月，河南日报报业集团、湖南日报报业集团、河北日报报业集团、期货日报社、证券时报社国时资产、中原证券等在中国报业投资联盟大会暨首届投融资峰会上共同签约成立了规模为100亿元的"中报砥石文化产业发展基金"，以助力报业高飞。2016年7月，上海报业集团旗下新媒体项目界面完成3亿元B轮融资，以推进原创视频和音频产品开发工作。2016年10月，新华网正式挂牌上交所，旨在通过募集资金完成全媒体信息应用服务云平台、移动互联网集成、加工、分发等媒体融合发展项目。2016年12月，上海国资战略入股澎湃新闻签约仪式在上海报业集团举行。六家国有独资或全资企业对澎湃新闻网运营主体——上海东方报业有限公司战略入股，增资总额为6.1亿元。

随着报业与金融的不断对接，如何建立健全内部风险管控体系，使资本运营成为催化剂和加速器，成为摆在报业集团面前的重大课题，从而催生了报业集团的全面风险管理。根据报业的发展模式，风险主要集中在并购重组、资本运营、重点项目建设、全媒体等资本密集型领域。面对报业在资本壮大传媒的路途上可能面对的这些风险，加强全面风险管理正逐渐成为报人的共识。建立健全全面风险管理体系（包括风险管理策略、风险理财措施、风险管理的组织职能体系、风险管理信息系统和内部控制系统等），必将成为现代报业战略管理的重要内容。

（五）打造平台，做"综合信息服务提供商"

无论国内还是国外，很多人都不愿意为"网络信息"去支付相关费用，但是愿意为能够节省自己时间和精力的"信息服务"支付一定的费用。因此，在报业的数字化转型中，有必要跳出报业思维，不单追求"内容为王"，更要追求"信息服务为王"，打造有特色的信息服务平台，做具有科技支撑的信息服务提供商，"让新闻成为服务"，通过助力人们的日常生活，成为现代信息的配置者。

在向"综合信息服务提供商"转变的过程中，报业也因此将转型为综合性传媒集团。具体表现为：①成为原创信息内容的主要提供者，在新媒体竞争中占领舆论高地；②既面向大众又兼顾个性，使"大家的报纸"变成"我的报纸"；③建立起复合型采编队伍，未来的记者将成为图文采编、音视频制作、主持人三栖人才；④汇集用户资源，做围绕产业服务的综合营销。

目前，已有一些报业开始向"综合信息服务商"转型。如2016年3月羊城晚报正式上线一款基于本土"新闻+服务+互动"的客户端产品"羊城派"。其核心定位是为本地市民，解决在市场消费、公共服务和政务服务中的"无力感"，以及提供基于生活资讯、邻里社交等智能化的本地服务。然而，由于提供信息服务的前提是了解用户，了解用户的前提是拥有足够的大数据和大数据分析能力，而大数据在数字报业中的应用尚不深入，离成熟也有很长一段距离。因此，"关注信息服务，做信息服务提供商"这条道路上还有很多壁垒需要打破，但确定这样的发展方向毫无疑问是各数字报业机构的当务之急。

（六）内生业务拓展和外延跨界扩张并重

通过对一些业绩较好的报业公司进行分析可以发现，在当前的数字报纸的商业生态圈，基本形成了"内生业务拓展+外延跨界扩张"的双维度生存逻辑。

首先，由于报纸上的内容本身不会直接赢利，而广告收入又在不断减少，很多报业都围绕其拥有的资源，对业务进行拓展，开发衍生服务，如进军印刷市场，进行物流运输，发展电子商务、技术经营、产品代理、网吧经营等。特别是电子商务营销。近年来电子商务在我国的增长速度不断加快，很多报业集团都以此为契机，在线销售实物产品，为报业拓展新的赢利点。例如浙报传媒重点推进的以"小电商，美生活"为特色的钱报有礼电商平台建设，集联合营销、电子商务和物流配送为一体，架构起一个主网站、八个分馆、APP客户端、微商商城、微信矩阵、体验店、物流中心等。温报集团打造的温都猫电商平台，日均配送2 000单，有10%以上的利润。

其次，除了业务链之外，也有不少报业集团紧跟国家"互联网+"的方针政策，扩张产业外延，在游戏、音乐、影视、艺术、酒店、地产、旅游、动漫、养老、医疗、政务、技术等方面培育新的增长点。例如，浙报传媒的近年赢利主体一直是数字娱乐、游戏产业与文化产业投资；公司还构建了"养安享"居家养老服务中心,建立了首批超过40万活跃用户的老年数据库;同时陆续主办、承办或直接参与了全国电子竞技大赛,推动以上海浩方电竞平台为核心的数字娱乐竞技化。在2016至2017年,浙报传媒的《浙江日报》《钱江晚报》等其他主流大报发行量和广告收入持续走低。2017年1月10日,浙报传媒停牌并宣布重大资产重组,以卸下新闻传媒主业的包袱,轻装上阵,聚焦打造互联网数字娱乐产业集团。又如渤海智慧蜂巢众创空间是渤海早报运营的创新企业孵化平台,目前入驻企业30余家,涉及科技类、商贸类、跨境电商、新媒体、新技术、传统文化与现代文化相结合的文化创意产业等行业。郑州晚报社、洛阳晚报社、开封日报社、新乡日报社等于2016年4月成立的河南省报业旅游联盟则旨是探索媒体、景区、旅游企业、游客新生态变化,实践传统媒体和新兴媒体的融合。不难预见,延伸产业边界,开展跨界合作,整合各行各业的钱,将成为数字报业成就自身、重塑自我的一条道路。

(万智单位:长江出版传媒股份有限公司;艾顺刚、乔莉莉、庄子匀单位:上海睿泰企业管理集团有限公司)

2016—2017 中国互联网期刊出版产业年度报告

李广宇　戴铁成　高默冉　周宝荣　金　鸽

一、互联网期刊出版产业概述

（一）传统期刊互联网出版商的总体情况

互联网期刊出版是相对传统纸质期刊出版而提出来的，它包含三个方面的内容：传统纸质期刊的数字化，并在互联网上出版；以期刊为主要内容的包含文献和学术论文等在内的系列知识库在互联网上的出版。传统期刊互联网出版商的出版行为已经不简单停留在期刊的数字化本身，而是通过对文献、信息等资源进行分析、加工和整合，形成包括作者信息及其发表的论文情况、研究领域、机构信息、论文被引用情况等知识关联的数据库，为知识管理打下了基础。

2016年互联网期刊出版行业的主要出版商有同方知网（北京）技术有限公司（以下简称同方知网）、万方数据科技有限公司（以下简称万方数据）、重庆维普资讯有限公司（以下简称维普资讯）、龙源数字传媒集团（以下简称龙源传媒）。

当前，传统期刊互联网出版商已调整了业务重心，由期刊数字化转向对文献、信息等资源进行整理、分析和加工，建立知识关联，向知识服务迈进。

（二）传统期刊互联网出版生产规模年度变化情况

随着数字出版技术的飞速发展，当前传统期刊互联网出版商通过技术升级各设备更新，已经拥有了较强的专业数据加工生产线和较大规模的生产能力，确保及时实现传统期刊的数字化加工效率和互联网出版物可靠性、及时性。2016年，中国期刊数据库各主要企业期刊资源年度加工情况见表1。

表1 中国期刊数据库各主要企业期刊资源2016年加工情况

出版能力 \ 出版单位	同方知网	万方数据	维普资讯	龙源期刊
出版文献篇数	450万	350万	>600万	—

同时，各传统期刊互联网出版商为了保证企业的可持续发展，满足产业未来发展的海量内容加工和供给需求，拓展市场领域，挖掘市场潜力，采用先进的数字内容加工技术，努力形成各自的独有优势。具体情况如表2。

表2 中国期刊数据库各主要企业加工能力和资源建设情况

企业名称 \ 具体分项	加工能力	资源建设情况
同方知网	同方知网的数据生产线采用了最新的基于图像的结构化自动标注技术、双编改校对技术，以及现代化的数字化生产制作平台。在质量保证方面，对于结构化数据加工过程中的关键环节以及最终的产品，根据其特点选取合适的检验方法和抽样标准对加工质量进行检验，系统自动对每个生产人员的质量进行统计分析，根据分析的结果自动按预先设定的规则调整各加工人员的抽样检验方案。	截至2016年年底，已经累计生产加工期刊论文6 000多万篇，学位论文300多万篇，会议论文近300万篇。其中2016年新增期刊论文360余万篇，学位论文35万篇（含博士论文3万篇），和会议论文近30万篇。此外同方知网还收录有高等教育、党建、政报公报、经济信息、精品文艺、精品文化、大众科普、基础教育等类型的期刊，实现了我国绝大多数期刊资源的互联网出版。
万方数据	公司具有国内最现代化数据加工基地，全套规范化加工生产线，采用了高清晰扫描、OCR识别、人工智能标引、PDF制作技术等先进制作工艺，以及严格的质量管控体系，从而保证了公司产品的高质量。	收录期刊7 600余种，核心期刊3 000种，2016年新增350万篇，周更新2次，涵盖理、工、农、医、经济、教育、文艺、社科、哲学政法等学科，全部拥有国内统一连续出版物号，免费注册DOI。

续表

企业名称\具体分项	加工能力	资源建设情况
维普资讯	具备自主生产的能力，建有全套数字化加工生产线，拥有自己的数字化加工中心，主要从事纸本数字化加工、电子文档数字加工、数据对象加工、对文献之间的数据关系进行加工，重点加工内容为机构、作者、主题、期刊、基金、引用关系等。日加工能力期刊600本左右，文章3万篇左右。	收录9 200多种中文期刊和140 000多套考试试卷，2016年加工文献600余万篇，试题30 000余套，数据对象2 000余万个。
龙源传媒	资源加工包括杂志原版、文本版、手机版和客户端版本等各类数字阅读产品。支持文本版、专题版、原貌版、语音版、多媒体版等多种方式阅读，特别是原貌版，完美保持和再现期刊原始版面和样式，且提供高精度清晰大图，放大缩小任意控制。	版权资源主要以中国人文大众类期刊特色，签约4200多种期刊，包括《读者》《故事会》《知音》《女友》等中国发行量最大的刊物。占中国人文大众类期刊份额的90%以上。其中950种具备某领域或全领域的独家授权。公司拥有10万多种畅销常销图书数字版权、签约600多名著名专家学者、拥有8万多位原创作者的授权。版权文章数超过2 000万篇。

（三）传统期刊互联网出版市场占有率年度变化情况

近几年我国数字出版产业营销收入增长十分迅猛。2014年数字出版产业营销收入为3 300亿，2015年超过4 400亿元，2016年达到5 720.85亿元，年均增幅约29.91%。而传统期刊互联网出版市场规模则从2014年的14.3亿元，增长到了2015年的15.85亿元，2016年的17.5亿元。年均增幅约11%，行业增长平稳。全行业产值约占整个数字出版行业的0.31%（见表3）。从近三年的出版规模来看，互联网期刊的出版市场规模虽然在不断增长，但是从整个数字出版行业来看，凸显出互联网期刊增速较慢，市场规模占比整个数字出版产业不断下滑。如何做大传统期刊互联网出版的市场规模，是近年来全行业共同面临的严肃课题。

表3　近3年传统互联网期刊占整个数字出版行业规模比例

年度	2014	2015	2016
数字出版行业规模	3 300	4 400	5 720
传统互联网期刊市场规模	14.3	15.85	17.5
互联网期刊数字出版行业比	0.45%	0.36%	0.31%

二、互联网期刊出版推广销售策略及赢利情况分析

（一）赢利模式及总收入状况概述

传统期刊互联网出版商的经营模式主要包括中心网站包库、镜像站点、上网卡流量计费等方式。

同方知网2016年期刊数据库的销售收入11.73亿，万方数据2016年的营业额达到4亿元，龙源数字传媒集团公司2016年营业收入为7 500余万元。这几家出版商中，同方知网（北京）技术有限公司市场规模仍然最大，销售规模保持稳定增长。

（二）传统期刊互联网出版不同销售模式收入情况

1. 同方知网

同方知网的机构用户总数逾10 000家，在各个行业的市场使用率分别为：本科院校100%；高职高专80%；省级、副省级以上图书馆95%；地级市以上图书馆30%；科研机构近300家；政府机关近千家；军队用户近百家；医院上千家，其中三级医院市场占有率为80%；企业约3 000家；中小学800余家。此外，海外机构用户遍布美国、德国、澳大利亚、日本和我国港澳台等30多个国家和地区，用户有近1 000家。

同方知网2016年营业收入11.73亿元，比2015年增长12.5%，主要包括包库、镜像站点和流量计费三种形式。其中包库收入为7.97亿元，镜像站版收入为3.01亿元，流量计费收入约为0.75亿元。各项分类收入所占比例见图1。

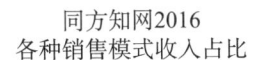

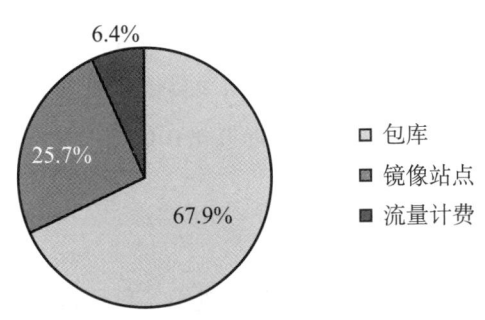

图 1 同方知网 2016 年各种销售模式收入占比

从图 1 可以看到，同方知网 2016 年营业收入中网上包库超过了总营业收入的 2/3，占比达到了 67.9%；镜像站点收入占总收入比为 25.7%，占整个收入的 1/4 强，流量计费收入 2016 年占总收入的 6.4%。

同方知网 2016 年各种营收模式下的销售收入同比增长，增长比例与 2015 年相比几乎保持完全一致。与 2015 年各项营业收入占比的对比图见图 2。

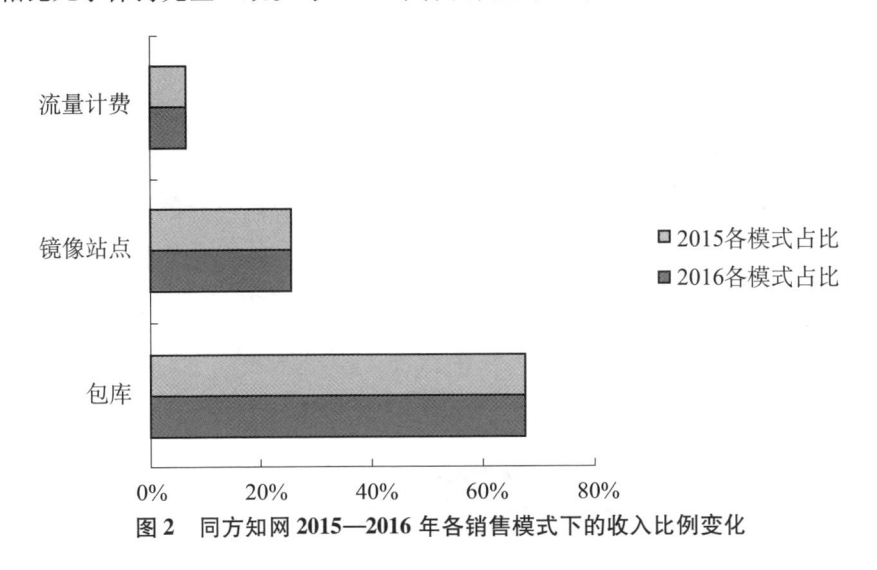

图 2 同方知网 2015—2016 年各销售模式下的收入比例变化

2. 万方数据

万方数据在全国设有 30 多个办事处，拥有万方数据（香港）有限公司、海外市场销售中心及万方软件有限公司。另设有五个产品及项目事业部。

已有 5 000 多家机构和 2 000 多万个人用户，业务规模覆盖全国 31 个省、市、自治区。网站日访问量逾千万，每年新增的注册用户达100多万。同时，海外市场迅速发展，客户群体遍布美洲、欧洲、亚洲等十几个国家。据Alexa统计，万方数据知识服务平台在全球从事信息服务的专业网站中名列前茅。目前，万方数据机构主要集中在高校、公图和科情科研等领域，市场占有率超过80%。2016年万方数据营业总规模实现近4.0亿元，比去年增长超过5%，增速与2015年基本持平。

3. 维普资讯

维普资讯市场主要是面向国内外教育机构、科研机构、企业用户、个人用户提供全面的中文期刊数据库服务。其战略目标是做中国最具影响力的数据库供应商，业务模式以直销为主，网络销售、电话营销为辅；售后服务以上门服务为主，网络更新为辅。2016年维普资讯拥有单位用户数量7 000余家，机构用户的主要服务方式为镜像站点，或者包库方式。个人用户数量近千万，个人用户的主要服务方式为流量计费。维普资讯2016年营业收入主要包括网上包库、镜像站点，流量计费和广告收入四种形式。其中网上包库收入占整个收入的约62%；广告收入占销售收入的不到1%；镜像站点+流量计费收入约占总收入的38%。销售收入基本上来自中心网站包库和镜像站点。

4. 龙源传媒

龙源传媒已建立包括中国联通阅读基地协助运营方，中宣部《党建》学习平台运营方，国务院机关工委《紫光阁》学习平台战略合作伙伴。同时超过百家大型图书馆，大型国企5年以上的客户资源。全国26个省市的教育局域网以及超过1 500万注册用户，其中超过80万人为付费用户。

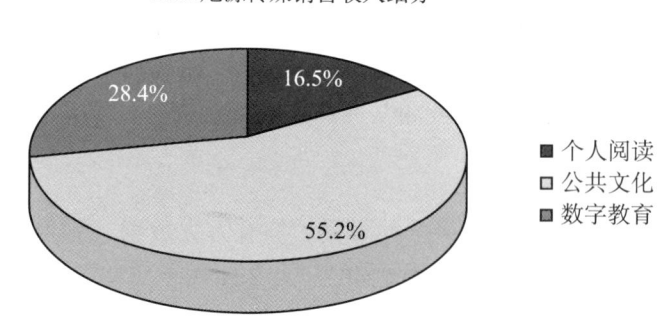

2016龙源传媒销售收入细分

图4 龙源传媒2016年各种销售模式收入细分

2016年龙源数字传媒总收入7 567万元，较2014年增长8.1%。主要营收模式包括个人阅读1 246万元，占比16.5%；公共文化4 174万元，占比55.1%；数字教育2 147万元，占比28.4%。龙源传媒2016年各种销售模式收入细分参见图5。

龙源传媒的分类收入比例为中心网站包库80%，镜像站点收入5%，流量计费为15%。2016年各种销售模式收入分类占比如图6。

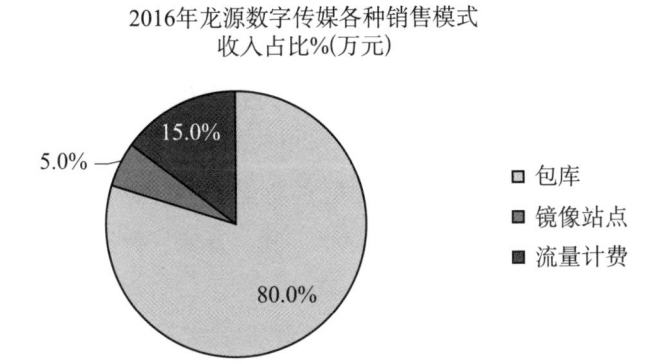

图5 2016年龙源数字传媒各种销售模式收入分类

三、主要技术提供平台发展状况

（一）同方知网

同方知网是清华大学建设国家知识基础设施（CNKI），以知识文化服务回报社会的重要窗口，自主开发了一大批国际先进的数字出版、知识管理、知识服务技术，与全国知识界、出版界等合作，建设的《中国知识资源总库》已经囊括我国90%的信息资源，包括7 000多万篇期刊、学位论文、会议论文、报纸、年鉴、统计年鉴、工具书、专利、标准、国学古籍、图书、国外数据库等产品，涵盖了学术、文艺、文化、科普、高等教育、基础教育、医药卫生、农业工业等出版内容。同方知网开发了学术期刊协同创新平台系统，确定了"单篇定稿出版"和"整期定稿出版"两种优先数字出版方式，并成功签约2 000多家期刊杂志社，帮助期刊出版单位实现了从传统出版向数字出版转型。

2016年，公司《学术期刊协同创新平台建设与应用示范》《国家学术评价支撑平台》《基于全球科技信息资源与大数据挖掘应用的行业知识服务平台》《国际汉学多语言文献数据集成共建共享》《山西省智慧农民云平台》共5个项目入选国家新闻出版改革发展项目库。

公司承担的"2013国家科技支撑计划"课题——"学习需求驱动下的数字出版资源定制投送系统级应用示范"，已经顺利地通过了科技部组织的验收工作。本项目能为各专业出版机构精确、及时、全面、系统地响应各专业群体和机构建设数字化学习社区的个性化知识资源需求，开发准确、高效的按需数字出版与资源投送平台，从而促进出版产业的数字化、集约化转型升级。项目以项目主承担单位数字化学习、云出版、出版超市、机构/个人云数字图书馆等为基础，进一步开发 XML 结构化数据自动化加工与知识网络建构技术，基于内容发现、用户行为分析技术，构建书、刊、音像、数据库产品的需求分析模式与选题策划决策系统，支持重组、修订、再版、新创和数据库开发，并创建第三方监督下的 B-B（C）、B-B-B（C）自动推送、超市交易产品投送平台。

1. 资源建设

同方知网以提供知识服务为目标，不断完善产品种类，提高服务质量。除了以收录学术期刊为主的《中国学术期刊网络出版总库》外，还分别建设了《中国高等教育期刊文献总库》《中国精品科普期刊文献库》《中国精品文化期刊文献库》《中国精品文艺作品期刊文献库》《中国党建期刊文献总库》《中国经济信息期刊文献总库》《中国政报公报期刊文献总库》《中国基础教育期刊文献总库》等八大非学术期刊库，期刊种类已涵盖理、工、农、医、政治、军事、法律、教育等学术领域，同时涉及文艺、文化、科普、党建等休闲娱乐和信息领域。

2016年，自然科学类期刊收录约5 600种，社会科学类期刊收录5 600多种，总计超过 11 000种。

2. 加工规模

同方知网2016年加工期刊、学位论文、会议论文约450万篇，比2015年增长10%。

3. 营收情况

同方知网2016年营业收入为11.73亿元，其中包库收入为7.1亿元，镜像站版收入为 2.67 亿元，流量计费收入约为 0.67 亿元。营业收入较 2015 年增长 12.5%。

4. 营销策略及年度革新

2016 年，同方知网推出了机构知识管理和协同创新平台（简称 OKMS）。OKMS 平台全称 Organization Knowledge Management and Service，是 CNKI 重点研发的机构知识管理及协同研究平台，针对政府、企业、高校以及科研单位的科学研究和协同创新，以知识资源的整合管理和增值利用为基础提供资料查阅、学习、知识管理、知识服务、协同研讨、协同创作等为一体的综合性平台，为科研、学习、创新及管理服务。该平台集合了传统知识管理 + 协同创新 + 计算机辅助创新工具，其特征为：

①以知识库建设为基础，以面向问题的知识增值利用为目标；
②机构内外部知识资源悉数尽收，涵盖全媒体知识资源；
③全程记录思维创作"全息"信息，能够实现思维历程再现；
④基于 TRIZ 理论提供智能的自动化计算机辅助创新工具。

这是一个创新驱动发展战略下面向开放式协同创新的全新一代知识管理平台，构建全媒体、碎片化机构知识仓库、沉淀知识资产。实现机构内外部各种知识资源的一站式发现和获取，为研究和创新作基础支持。能够实现：整合多维多源知识资源，统一仓储，统一服务；异构知识资源混合排序，相互关联；机构内部文档实现 XML 碎片化检索和展示；按部门和业务体系进行组织导航；内部研究和创新成果可归档和分享。

（二）万方数据

万方数据股份有限公司是国内第一家以信息服务为核心的股份制高新技术企业，是在互联网领域，集信息资源产品、信息增值服务和信息处理方案为一体的综合信息服务商。公司目前有六家股东单位：中国科技信息研究所、中国文化产业投资基金、中国科技出版传媒有限公司、北京知金科技投资有限公司、四川省科技信息研究所和科技文献出版社。

经过十余年快速稳定的发展，万方数据公司目前拥有在职员工近千人，其中硕士以上学历约占 25%，专业技术人员占 70%，已经发展成为一家以提供信息资源产品为基础，同时集信息内容管理解决方案与知识服务为一体的综合信息内容服务提供商，形成了以"资源＋软件＋硬件＋服务"为核心的业务模式。

以客户为导向，依托强大的数据采集能力，应用先进的信息处理技术和检索技术，万方数据为科技界、企业界和政府部门提供高质量的信息资源产品。在丰富信息资源的基础上，万方数据还运用先进的分析和咨询方法，为用户提供信息增值服务，并陆续推出万方医学网、万方视频知识服务系统、中小学数字图书馆等一系列信息增值产品，以满足用户对深度层次信息和分析的需求，为用户确定技术创新和投资方向提供决策。

1. 资源建设

截至 2016 年年底，万方数据《中国学术期刊数据库》（China Science Periodical Database，CSPD），收录始于 1998 年，7 600 余种，核心期刊 3 000 种，年增 300 万篇，周更新 2 次，涵盖理、工、农、医、经济、教育、文艺、社科、哲学政法等学科，全部拥有国内统一连续出版物。中国学位论文全文数据库（China Dissertation Database，CDDB），收录始于 1980 年，年增 30 万篇，并逐年回溯，与国内 900 余所高校、科研院所合作，占研究生学位授予单位 85% 以上。中国学术会议文献数据库（China Conference Paper Database，CCPD），收录始于 1983 年，4 000 个重要的学术会议，年增 20 万篇全文，每月更新。外文文献数据库（National Science and Technology library，NSTL），万方数据与 NSTL 合作，一站式统一检索及原文传递，外文期刊收录始于 1995 年，世界知名出版社 20 000 余种学术期刊，年增百万余篇。中文科技报告，收录始于 1966 年，源于中华人民共和国科学技术部，20 000 余份，外文科技报告，收录始于 1958 年，美国政府四大科技报告（AD、DE、NASA、PB），1 100 000 余份。中外标准数据库（Wanfang Standards Database，WFSD），收录 37 万余条，全文数据来源于国家指定标准出版单位，专有出版，文摘数据来自中国标准化研究院国家标准馆，数据权威。中外专利数据库（Wanfang Patent Database，WFPD），收录始于 1985 年，4 500 余万项专利，年增 25 万条，11 国：中国、美国、澳大利亚、加拿大、瑞士、德国、法国、英国、日本、韩国、俄罗斯；两组织为：世界专利组织、欧洲专利局。中国地方志数据库（China Local Gazetteers Database，CLGD），新方志收录始于 1949 年，40 000 余册，旧方志收录年代为 0000—1949 年，预计近 50 000 册。

2. 营收情况

万方数据的数据库产品形式主要为：网上包库、镜像站点和流量计费三种形式，2016年公司营业总规模实现4.0亿元，比2015年增长5%。

（三）维普资讯

重庆维普资讯有限公司（简称维普资讯）一直致力于推动学术资源的数字化建设与信息服务应用，是国内最具影响的学术资源提供商和数据服务商之一。维普资讯的前身为中国科技情报研究所重庆分所数据库研究中心，是中国第一家进行中文期刊数据库研究的专业机构，更是国内数字化建设的启蒙者和奠基人。

维普资讯依托海量的学术资源、深厚的行业背景、强大的数据加工能力、大数据技术，通过深度挖掘数据价值，为用户提供各种信息（数据）应用场景解决方案。为教学、科研、政务、学习，提供完备的信息服务支持。

当前，维普资讯拥有正式机构用户7 000余家，上千万的个人用户。其推出的《维普知识资源服务系统》已成为国内高校、公共图书馆、研究机构文献保障平台的核心内容，教学、科研工作的重要工具。在资源上，为客户提供学术期刊、会议论文、学位论文、成果、标准、专利、科技报告、样本数据等全学术文献资源保障平台；在应用上，为客户提供了论文查重、论文管理、数字出版、学科服务、知识发现、试题考试、学术评价、知识管理在内的应用服务解决方案。2010年，维普资讯启动了"智立方"云服务平台项目，运用大数据、云计算技术，为用户提供更优质的解决方案。这些都标志着维普资讯的发展翻开了新的篇章。

经过多年的运营，重庆维普资讯有限公司已经从信息内容服务提供商，发展成为以提供信息资源产品为主，同时以提供信息内容管理及服务一体解决方案的综合信息服务提供商。在"博衍天下智慧，助推中国创新"的理念指导下不断进取，为中国先进科技文化知识的传播和科技创新不断作出新的贡献。

1. 资源建设

截至2016年年底，维普资讯共计收录9 200多种中文期刊，收录加工核心期刊1 983种（以北京大学图书馆《中国核心期刊要目总览》为准），140 000

多套考试试卷。

2. 生产规模

2016 年新增 600 余万篇文献，试题 3 万套，数据对象 2 000 余万个。

3. 营收情况

维普资讯营业收入主要包括网上包库、"镜像站点 + 流量计费" 和广告收入三种形式。其中网上包库收入占整个收入的约 90%；广告收入占销售收入的不到 1%；"镜像站点 + 流量计费" 收入，约占收入的 8.6%。

4. 营销策略及年度革新

维普论文检测系统采用国际领先的海量论文动态语义跨域识别加指纹比对技术，通过运用最新的云检测服务部署使其能够快捷、稳定、准确地检测到文章中存在的抄袭和不当引用现象，实现了对学术不端行为的检测服务。

机构智库——机构智库是大数据时代的机构库平台产品。平台覆盖了全国的机构院系及师生学者，可充分满足机构成果展示、计量评价、长期保存、开发获取等需求。基于词典词表的数据管理能力，可以更好地助力机构的学科建设和智库建设服务。

（四）龙源传媒

龙源传媒成立于 2006 年，核心业务为数字出版，属于新闻和出版行业。公司通过整合上游期刊、优质图书版权资源，利用数字化技术进行加工，为机构用户、数字教育用户和个人用户提供知识文化阅读服务。经过 10 多年的辛勤耕耘和积累，公司累积签约的人文大众类期刊杂志社 3 000 多家，建立了近 2 000 万篇的版权文章库，形成了服务近 4 000 家内容企业的数字出版结算和管理平台，奠定了龙源传媒在数字文化阅读领域行业领导者的地位。

1. 资源建设

龙源的版权资源主要以中国人文大众类期刊为特色，先后签约 4 200 多种期刊，其中包括《读者》《故事会》《知音》《女友》等中国发行量最大的刊物。占中国人文大众类期刊份额的 90% 以上。其中 950 种具备某领域或全领域的独家授权。该公司拥有 2 万多种图书数字版权、签约 600 多名著名专家学者、拥有 8 万多位原创作者的授权。该公司已拥有具有持久价值的知识文章、版权文章数超过 2 000 万篇。

2. 营收情况

2016 年龙源数字传媒总收入 7 567 万元，较 2014 年增长 8.1%。主要营收包括个人阅读占比 16.5%，公共文化占比 55.1%，和数字教育占比 28.4%。

3. 营销策略及年度革新

市场渠道方面，公司已建立包括中国联通阅读基地协助运营方，中宣部《党建》学习平台运营方，国务院机关工委《紫光阁》学习平台战略合作伙伴。同时超过百家大型图书馆，大型国企 5 年以上的客户资源。全国 26 各省市的教育局域网以及超过 1 500 万注册用户，其中超过 80 万人为付费用户。

技术革新主要包括以下几点。

(1) 大数据版权云端 CMS 管理系统

经过十多年对行业的摸索和研究，开发的内容管理解决方案重点解决各种非结构化或半结构化的数字资源的采集、管理、利用、传递和增值，并能有机集成到结构化数据的商业智能环境中。内容的创作人员、编辑人员、发布人员使用内容管理系统来提交、修改、审批、发布内容。CMS 系统可以聚合多方数据，完成第三方数据与主库无缝对接，同时对不同来源进行明确的区别以加强管理及多元化的应用。为了保障系统的安全及分级化操作，CMS 系统配有强大的权限及授权管理体系，可按不同的角色创建不同的用户，不同有角色分配不同的功能，不同有用户分配不同的资源，从而形成制约，最大程度保护系统及数据的安全。可按照第三方的要求，进行功能重组或抽离并予以授权进行系统的访问及管理。通过权限的管理可以实现系统的商用化。此外 CMS 系统还将涉及版权合同的相关管理，将立项、版权合同会签、版权合同变更、版权合同收付款等流程性工作纳入规范的工作流范畴，提高版权合同审批的自动化程度和工作效率。做到既可理顺控制权限和流程，又能节省人力时间。对合同类别、金额上限、合同级别、合同阶段等属性设置不同的路由走向，使合同签订和执行的相关部门都能参与监控和管理。满足管理所需的并行、会签、多分支自动判断等业务流程。

(2) 智能搜索及推荐技术

基于语义搜索，该公司能够准确关联阅读行为和内容的匹配和推送技术，这对于提升用户黏性，提升阅读效果具备核心意义。龙源拥有 10 余年自有网站及终端产品的运营经验，积累了大量用户的阅读数据，形成一套完整的计算模型，用于进行人群阅读偏好的推算。利用大数据所开发的智能搜索引擎不再拘泥于用户输入请求语句的字面本身，可以推算用户群的阅读偏好，进行内容精准化推送，从而提高品牌价值和声誉，改善用户体验和黏度。

(3) 二维码借阅技术

该公司采用QRCode（快速响应码）二维码技术。QRCode具有识读速度快、信息容量大、占用空间小、保密性强、可靠性高的优势，是目前使用最为广泛的一种二维码。龙源为数字内容编制的二维码随时间变化而更新，确保用户借阅信息安全和对作品的数字版权保护。QRCode二维码技术已大量应用与龙源二维码借阅屏借阅系统，该二维码屏可以用于图书、地铁站、医院、中小学等人流密集的区域，读者可以通过手机扫描二维码实现快捷的借阅服务，实现用户随时随地的移动阅读体验。

(4) 机构用户服务系统

机构用户服务系统是一套集数据资源管理与分发、应用服务模块控制、机构用户权限管理、数据统计分析于一体的机构数字阅读产品支持服务平台。平台将期刊、图书、音频、视频、文章等结构化数据通过统一的标准数据接口，向PC端、移动端、触摸屏、第三方平台和应用等多终端提供数据支持。平台采用高度模块化，低耦合的架构设计，通过资源池、应用池、应用框架自由组合，满足机构用户多种个性化需求。

四、年度影响互联网期刊出版产业发展的重要事件

(一) 国家新闻出版广电总局正式发布《中国标准关联标识符(ISLI)》国家标准，并于当日起实施

2008年年底，原新闻出版总署部署全国新闻出版标准化委员会启动《MPR出版物》系列标准研制工作。2009年4月，《MPR出版物》系列行业标准发布，2011年12月，《MPR出版物》系列国家标准发布。2009年5月，在国际标准化组织信息与文献标准化技术委员会（ISO/TC46）年会期间，中国代表团

的专家介绍了《MPR 出版物》标准，其对关联关系进行标识的理念引起与会各国代表高度关注。2010 年，中国国家标准委向 ISO 正式提交提案，经国际协同工作组的可行性论证，2011 年 3 月，编号为 ISO/NWI 17316 的新标准项目正式立项，定名为《国际标准文档关联编码（ISDL）》标准，并成立了由中国专家担任召集人，中、法、德、美、瑞典、肯尼亚、俄罗斯七国专家组成的 WG11 工作组。2013 年 6 月，在 ISO/TC46 巴黎年会期间，该标准更名为《国际标准关联标识符（ISLI）》标准。在标准研制期间的几个关键投票阶段，标准文本均以高票通过，2014 年的最后一轮投票更是以 100% 赞成票顺利通过。2015 年 5 月 15 日，ISO 正式发布 ISLI 国际标准。此后，在国家标准委与国家新闻出版广电总局的支持与指导下，对照 ISLI 国际标准，出版标委会迅速启动 ISLI 国家标准的研制工作。2016 年 8 月 29 日，国家标准委正式发布 ISLI 国家标准。

ISLI 标准的核心功能，是通过对实体之间关联关系的标识实现跨种类的资源管理，这是 ISLI 标准的最大亮点。传统标识符标准标识的仅是某一种类的单一实体，对复合形态的内容产品如何标识、管理则束手无策。ISLI 标准在不破坏现有框架的前提下，推动了标识符标准体系的完善与升级。ISLI 标准不取代现有标识符，将与现有标识符一道，更好地适应互联网提供的重要机遇，推动信息文献领域标识符标准体系的升级。ISLI 标准的适用范围极为宽泛，应用前景十分可观。传统标识符标准的应用范围是相对固定的，拓展空间有限；而 ISLI 可应用于任何信息文献领域，为不同产业的跨界融合提供条件，可激发并创造出若干新的产品形式和产业形态。ISLI 标准编码容量接近无限大，具有超强的稳定性。ISLI 编码的设计充分利用现代信息技术，基础容量为 10 的 16 次方，并可以不断拓展，体现了当前最先进的标识符设计水平。

（二）国家新闻出版广电总局公布 20 个出版融合发展重点实验室依托单位

2016 年 12 月，国家新闻出版广电总局正式发布《关于确定出版融合发展重点实验室的通知》，公布了 20 个出版融合发展重点实验室的依托单位和共建单位名单，总局将对其授牌并给予相关政策支持。

实验室的依托单位、共建单位涉及产、学、研多个方面，涵盖国内在出版融合研究和实际应用领域有着突出优势的出版发行集团、报业集团、数字技术公司、数字内容运营企业、高等院校、科研院所等。总局在2016年5月发布《关于申报出版融合发展重点实验室有关工作的通知》，首次开展出版融合发展重点实验室申报工作，旨在探索、推动传统出版和新兴出版在内容、渠道、平台、经营、管理等方面深度融合。该《通知》指出，对确定的出版融合发展重点实验室，总局将进行命名授牌并给予政策支持；对其申报符合条件的产业项目优先列入国家新闻出版改革发展项目库；优先支持其承接新闻出版业转型升级重大项目；优先安排其有关人员参加总局组织的专题学习和培训。

（三）新闻出版企业数字化转型升级软件系统技术需求框架（征求意见稿）发布

国家新闻出版广电总局2016年6月发布了新闻出版企业数字化转型升级软件系统技术需求框架（征求意见稿），要求各新闻出版企业、相关技术企业和科研院所重视相关工作。此举旨在更好地指导新闻出版企业开展数字化转型升级的技术装备配置与优化工作，引导技术企业的研发方向。

通知说，为抓住信息技术给新闻出版业带来的发展新机遇，促进数字出版健康、快速、可持续发展，带动新闻出版业社会效益与经济效益的不断提升，加快我国向新闻出版强国迈进的步伐，国家新闻出版广电总局将在"十三五"期间继续深入推动新闻出版业数字化转型升级工作。

数字化转型升级工作的基础任务，是配置与优化新闻出版企业的技术装备，支持其开展数字化资源管理、产品生产与服务运营。为此，国家新闻出版广电总局数字出版司委托新闻出版总署信息中心，总结新闻出版重大科技工程的研发成果，结合2013年数字化转型升级工作启动以来的工作实践，对新闻出版企业开展数字化转型升级所涉软件系统进行了全面梳理，编制了数字化转型升级软件系统技术需求框架，以更好地指导新闻出版企业开展数字化转型升级的技术装备配置与优化工作，引导技术企业的研发方向。

（四）国家互联网信息办公室发布《移动互联网应用程序信息服务管理规定》

国家互联网信息办公室2016年6月28日发布《移动互联网应用程序信息服务管理规定》（以下简称《规定》）。国家互联网信息办公室有关负责人表示，出台《规定》旨在加强对移动互联网应用程序（APP）信息服务的规范管理，促进行业健康有序发展，保护公民、法人和其他组织的合法权益。

《规定》明确，移动互联网应用程序提供者应当严格落实信息安全管理责任，建立健全用户信息安全保护机制，依法保障用户在安装或使用过程中的知情权和选择权，尊重和保护知识产权。《规定》要求，移动互联网应用程序提供者和互联网应用商店服务提供者不得利用应用程序从事危害国家安全、扰乱社会秩序、侵犯他人合法权益等法律法规禁止的活动，不得利用应用程序制作、复制、发布、传播法律法规禁止的信息内容。同时，《规定》鼓励各级党政机关、企事业单位和各人民团体积极运用应用程序，推进政务公开，提供公共服务，促进经济社会发展。

（五）"2016中国学术期刊未来论坛"在京举行

2016年11月22日至23日，由中国期刊协会、中国科学技术期刊编辑学会、中国高校科技期刊研究会、全国高等学校文科学报研究会、《中国学术期刊（光盘版）》电子杂志社有限公司联合主办的"2016中国学术期刊未来论坛"在京举行。中国期刊协会会长石峰在开幕词中指出，本次论坛的核心问题是在数字化、国际化大趋势下，在"互联网+"、大数据、出版业生态急剧变化的大背景下，在国家创新驱动发展、大众创业、万众创新的总需求下，在做大做强坚持融合发展、立体发展的总要求下，破解学术期刊转型升级的关键问题，寻找有效的实现途径。论坛围绕学术期刊的质量把关与学术评价、学术引领和导向作用、出版定位与创新服务、融合发展与集约化经营、国家化战略与运行模式、出版伦理与出版规范等6个方面展开研讨，意在从多个角度，全面、系统、深入探讨我国学术期刊面向未来的顶层设计及其实现途径。

五、总结与展望

（一）总体态势及问题

1. 大数据与互联网学术资源结合引领教育改革

大数据在近几年来，越来越受到国家的重视。大数据的发展为互联网资源效用的进一步挖掘与发挥提供了基础与可能。2016年8月国家发改委办公厅近日发布《关于请组织申报大数据领域创新能力建设专项的通知》（以下简称《通知》），要求组织申报大数据领域创新能力建设专项，构建大数据领域创新网络。《通知》指出，未来2至3年，建成一批大数据领域创新平台，为大数据领域相关技术创新提供支撑和服务。以推进经济发展方式转变为着力点，通过建立和完善大数据领域的技术创新平台，集聚整合创新资源，加强产学研用结合，突破一批关键共性技术并实现产业化，促进大数据产业的快速发展，为培育和发展战略性新兴产业提供动力支撑。在提高大数据应用技术水平方面，重点内容包括智慧城市设计仿真与可视化技术、城市精细化管理技术、医疗大数据应用技术、教育大数据应用技术、综合交通大数据应用技术、社会安全风险感知与防控大数据应用、工业大数据应用技术及空天地海一体化大数据应用技术八类国家工程实验室。

其中教育大数据对教师教学和学生学习带来深刻变革。大数据支持下的教学将更具有影响力和说服力，更具有针对性和实效性。基于大数据的学习将更具有个性化和智能化。在大数据应用技术影响下，新的教学模式、教学环境开始出现，学生的学习行为数据、学习过程数据将受到更多关注，助推新的教学模式的引入和实施，基于学生的全量数据为其推荐具有针对性的学习资源，设计个性化的学习方案成为可能。

大量课程资源数据库、课程管理数据库、学生信息数据库、教师信息数据库等的建立为研究者广泛研究教学过程质量管理、学生学习成长监测、教育管理智能决策提供潜在数据源，这些潜在的数据源将推动教育变革。可视化教学可以使学生通过观察、体验、发现、干预、利用这些生动、信息化了的知识模型，透过现象探索本质，从而使学生形象地建立起客观世界和主观世界、存在与运动的本质属性图像，自然地培养和造就学生的认知能力和创新能力。

2. 出版融合发展得到有序推动

目前，新闻出版业已完成初步转型升级，现已向纵深发展，政府主管部门与企业共同推动出版业融合发展已形成共识。2016年12月，国家新闻出版广电总局正式公布20家出版融合发展重点实验室依托单位和共建单位名单，这是总局贯彻落实中央关于推动媒体融合发展部署和《关于推动传统出版和新兴出版融合发展的指导意见》的重要举措。国家新闻出版广电总局还正式公布遴选出的首批35个新闻出版产业示范项目，以发挥新闻出版改革发展项目库示范引领作用，促进传统出版与新兴出版融合发展。出版融合发展就是利用互联网、大数据和云计算等新技术，对传统出版业进行技术层面的提升，使出版内容的传播价值达到最大化，重新确立互联网环境下高效率、低成本、内容至上、品牌至上、服务至上的出版运营新理念。通过资源集聚与资源的专业化、碎片化、系统化制作，可以为数字出版业务开展提供内容基础；通过综合服务平台、复合出版平台、综合运营管理平台的搭建，可以为传统出版业融合发展提供运营基础。出版者首先要实现期刊内容生产的数字化，然后依靠专业数字出版平台实现优先出版及数字化传播，利用期刊网站与读者和作者进行信息沟通，利用社交媒体与作者互动。随着技术发展，数字出版工作的内涵与外延还会不断扩展，也为融合发展提供了更多的机遇和切入点。

3. 规模仍是偏小，商业模式单一有待突破

近18亿元的年营收额与整个数字出版产业收入相比，规模仍偏小。但镜像与包库仍是其互联网期刊数据库收入的主要来源。因为学术与专业网络出版内容主要为科学严谨的学术文献，不适合采用其他行业通用的广告植入形式，广告营收甚微。行业对于其他商业模式的探讨一直在继续，例如同方知网在推动传统期刊社数字化升级转型，为学术期刊社打造集编辑出版、发行营销为一体的"超市型"数字出版平台。

（二）未来走向预测

1. 数据在新闻出版业内的共享和流动将获得国家推动

一直以来，新闻出版业的数据共享和流动存在着很大的问题，主要症结在于标准的不统一。国家新闻出版广电总局《中国标准关联标识符（ISLI）》国家标准的发布，为这一问题的解决提供了可靠途径，虽然该标准有待进一步在全行业范围内推行。ISLI标准的核心功能，是通过对实体之间关联关系的标识实现跨种类的资源管理，这是ISLI标准的最大亮点。传统标识符标准标识的仅是某一种类的单一实体，对复合形态的内容产品如何标识、管理则束手无策。ISLI标准在不破坏现有框架的前提下，推动了标识符标准体系的完善与升级。ISLI标准不取代现有标识符，将与现有标识符一道，更好地适应互联网提供的

重要机遇，推动信息文献领域标识符标准体系的升级。ISLI 标准的适用范围极为宽泛，应用前景十分可观。传统标识符标准的应用范围是相对固定的，拓展空间有限；而 ISLI 可应用于任何信息文献领域，为不同产业的跨界融合提供条件，可激发并创造出若干新的产品形式和产业形态。ISLI 标准编码容量接近无限大，具有超强的稳定性。ISLI 编码的设计充分利用现代信息技术，基础容量为 10 的 16 次方，并可以不断拓展，体现了当前最先进的标识符设计水平。

总局将在"十三五"期间着力推动新闻出版业实现"资源编码化、生产数字化、运营数据化、服务知识化"，并逐步构建起新闻出版业大数据体系，ISLI 标准将在多层面、多环节发挥作用。一是在管理环节实现资源管理编码化。以 ISLI 标准为核心，加快构建全新的标识符标准体系；以标准为牵引，研发技术工具与系统，建立起内容资源元数据、内容产品元数据的管理体系，将有助于新闻出版业尽快实现对内容资源管理的编码化。二是在生产环节支持产品形态多样化。借助 ISLI 编码嵌入工具、ISLI 编码资源管理支持系统，按内容主题将各种资源组合成为新的出版产品，以满足横向阅读、多元个性化阅读的需求。三是在运营环节支持运营模式多元化。借助 ISLI 编码运营管理支持工具与系统，将作品、产品、主体和权利等生产要素进行关联，将相关产品及对应的服务进行关联，实现供应方与产品、服务、用户的全方位对接，加强对数据资源的利用，促进数据在新闻出版业内的共享和流动，推动传统新闻出版业创新运营思维。

2. 大数据将推动互联网期刊进一步发展

期刊界对于分析、使用大数据的需求，还是很大的。通过对大数据进行抽取、转换、清洗、聚合、装载，有助于互联网期刊开展数据服务。通过数据分析，期刊企业还可以加快科学研究，如根据个性化需求进行定向约稿、投稿，通过这些途径加快期刊的数字化水平，提升期刊的学术质量。这里的"数据"既包括传统出版内容的数字化加工，也包括大数据技术的应用。只有应用好这些数据，才能发现很多原来不能发现的规律，体现大数据研究的意义，也就是所谓的"价值"。

附 录

国外互联网期刊发展状况

一、国外互联网期刊总体概述[①]

学术期刊的网络出版是指学术期刊以网络为传播渠道，以数字内容为传播介质，以电子支付为付费手段的一种为用户提供阅读服务的出版方式。国外主要学术刊物在 1996 年就几乎全部发行了计算机网络版，国外互联网期刊运营商的运营特点主要有以下几方面。

（一）集团化运作

集团化运作可充分利用自身庞大的营销网络体系，大大减少资源浪费和平台重复建设；同时也不断增加数据内容，进而形成规模效应和品牌优势，从而更好地为客户提供更全面更权威的文献资料。例如 Elsevier、Springer、John Wiley 和 Taylor & Francis Group 是全球四大知名学术出版商，它们在成长过程中都经历了并购与重组，进而形成现在的规模。

（二）专业化的出版内容

从收录的期刊学科分类角度看，国际知名出版商的核心数据库收录的期刊都侧重于自然、技术和医学领域，专业细分明显。以 Elsevier 旗下的 Science Direct 为例，其网络平台"社会科学与人文"这个类别所占比例仅为总记录的 15.3%，其余的"物理科学与工程""生命科学""健康科学"三大类占 84.7%。专业化的出版内容，使得出版商能更好地为相关领域的科研人员和学者提供精准营销和信息推送服务。

（三）高质量的内容资源

从时间回溯角度看，Elsevier 的 Science Direct 全文期刊数据库，包括了回溯到 1830 年前后的《柳叶刀》和所有期刊的第 1 卷第 1 期；SpringerLink 可回溯到 1832 年的数据；Wiley Inter Science 最早文献可追溯到 1799 年。从时间回溯的久远程度可以看出，国际知名出版商大都能够为用户提供最全面最权威的

[①] 本部分主要引自杨海平、焦灵芝发表在《出版科学》（2012 年第 2 期）的《国外学术期刊数据出版商的运作模式研究》一文。

内容资源。

（四）多元化的价格体系

在国外，科技期刊往往会根据细分客户给出不同的价格，即可分为团体价、图书馆价、公司价、会员价、国内价、国外价等。在充分考虑不同承受能力和需求的同时，尽可能多地赢得市场。延伸到数据库产品上也是如此。以 Elsevier 的 Science Direct 为例，2000 年初次进入中国以来一直执行低价策略，当时要求高校只需每年至少订购 2 万美元的纸质期刊，然后再交 3 万美元，即可使用 Science Direct 整个数据库。正因为多元化价格体系的存在，使得中国用户越来越多地使用国外数据库，以至于形成依赖。

（五）全球化的宣传策略

首先是办刊方式的国际化。国外出版机构往往采用与国内、国外出版机构合作，实现作者国际化、审稿国际化、发行国际化和读者国际化的运营方式。这样一来，在获得最优质内容的同时，获得更为广泛的读者群。如 Nano Research 就是清华大学出版社与 Springer 合作出版的结果，Frontiers in China 是高等教育出版社与 Springer 联合发行的。据统计，"Elsevier 是发表中国科研成果最多的外国出版公司，占总数 34%"。第二是服务的国际化。《2010 年 Elsevier 白皮书》宣传的宗旨是"为中国的科技、医学发展提供长期的、可持续的支持"。于此，其扩大在中国影响力的战略看得再清楚不过。在过去的这几年里，Elsevier 还启动"图书馆文献存取创新""中国作者支持计划"等项目，开设专门的论文写作培训班，联合卫生部、清华大学以及北京大学医学出版社，向中国西部欠发达的大学和医学院校赠送医学卫生图书，以及 Science Direct 和 Scopus 电子产品的使用权限等等。总之，无论是办刊方式的国际化还是服务的国际化，都是国外出版商宣传自身数据库产品的一种方式，都能不断地深化其产品品牌和国际影响力。

二、国外主要互联网期刊运营商介绍

（一）Elsevier（爱思唯尔）

1. 发展概况

Elsevier 创办于 1880 年，属于 RELX 集团旗下，总部位于阿姆斯特丹。在全球学术期刊出版领域市场份额占 25%—30%，排名第一。Elsevier 是世界领先的科学、健康和技术领域的信息解决方案提供者，她的使命是，引领科学、技术和健康的发展。希望了解临床医生、教育工作者及学者的工作，帮助他们实现成果并面对挑战；帮助客户提升科学素养，并通过提供世界一流的内容、分析和决策工具，帮助他们进行重要决策，提高生产力和改进效能产出。

Elsevier在全球46个国家拥有7 200个员工，办事处分布在阿姆斯特丹、北京、波士顿、晨奈、新德里、伦敦、马德里、慕尼黑、纽约、牛津、巴黎、费城、里约热内户、圣路易斯、圣迭戈、新加坡和东京。

2. 主营业务及营收情况

Elsevier在科学、技术及医疗方面处于全球领导者地位，出版占全球16%的科学类文章和超过17%的医学临床内容。96%的全球前100医疗机构和76%的美国医疗机构使用至少一个由Elsevier提供的医学临床解决方案。

2016年，共发表了140万篇学术论文，经过17 000位编辑管理，70万个值得信赖的评审专家同行评议之后，在近3 000本期刊上发表了40万篇文章，近1 200万人获取到这些资源。在全球，有25 520个学术机构和政府机构使用Elsevier的产品。2009—2014年，Elsevier的文章被引用了1150万次，超过此期间全球引用量的25%。自2000年以来，155位科学和经济学领域的诺贝尔奖得主中有154位在Elsevier收录的期刊中发表过文章，这占到了99%。

Elsevier 2013年收入为2 126 000 000英镑，2014年收入为2 048 000 000英镑，2015年收入为2 070 000 000英镑。

Elsevier 76%的收入来自其数字产品，在Science Direct上每个月有1300万用户，在2015年，每秒有27篇全文文章被下载。

Elsevier的用户遍布170余个国家，2015年，按目的地划分，41%的收入来自北美，27%的收入来自欧洲，剩下23%的收入来自世界的其他地方。订阅销售占到了收入的69%，交易销售占29%，广告占2%。

Elsevier的终端客户类型主要有：科学家、教育工作者、科研项目的领导者和管理者医学研究人员、医生、护士、专职医疗人员和学生；机构客户类型有学术机构、医院、科研机构、医疗保险公司、管理医疗机构、研究密集型的企业和政府。

3. 核心产品

在近3 000种期刊中，其核心产品包括：《柳叶刀》（The Lancet）、《四面体》《细胞》（Cell），教科书《格氏解剖学》，以及全世界最大的摘要和引文数据库 Scopus 等。

2015 年新增 73 种订阅和作者付费刊物（共 170 种），包括跨学科 OA 期刊 Helivon，并扩充了细胞出版社的资源，增加了 Trends in Cancer 和 Cell Systems。

Elsevier Science Direct 数据库（简称 SD）是 Elsevier 出版集团生产的全球最著名的科技医学全文数据库之一。涵盖四大学科领域、24 个学科、3 900 多种期刊、36 000 种图书、1 400 万篇全文文献。全文文章年下载量为 9 亿，是所有学术类数据库中下载量最大的，也是所有数据库中单篇下载成本最低的，平均每篇不足一毛钱，是性价比最高的数据库。目前，中国已有 200 多所高校及中科院、国家图书馆等机构加入 SD 中国集团。

全世界最大的摘要和引文数据库 Scopus 收录了来自全球 5 000 余家出版社的 22 245 种期刊，包含 5 830 余万条数据，每日更新。收录包括：来自 105 个国家 40 种语言内容，3 780 种开放存取期刊，700 万篇会议论文，超过 94 900 种书籍，5 000 多种期刊的在编文章。完整收录 Elsevier, Springer/Kluwer, Nature, Science, ACS 等出版商出版的期刊，自第一卷第一期开始 1996 年以来的记录，包括文后参考文献信息。完整收录国际汽车工程师学会的全部文献，涉及油气资源、塑料、航空航天、电子、交通、HVAC、物理学等。

4. 发展动态

2016 年 12 月，Elsevier 和明尼苏达大学的社区生活研究和训练中心合作开发的 Direct Course 与 Association of People Supporting Employment First（APSE）合作，将就业服务学院的课程（CES）开放给 APSE 的会员。CES 为那些志愿将就业支持作为职业的人提供各种训练课程，这些人可以通过 CES 课程去考取注册就业支持专业人员证书（CESP）。CESP 是全国唯一认证的、全民认可的考试，有一套严格的专业标准以成就杰出的就业支持专业人员。

2016 年 11 月，Elsevier 集团著名的诊断决策支持解决方案 STATdx 公司新推出用户界面翻译功能，用户可从 8 种语言中选择界面语言切换：简体中文、西班牙语、葡萄牙语、葡萄牙语（巴西）、意大利语、德语、法语和日语；同月，Elsevier 将基于 ACCSES 网络向 1 200 家机构提供在线学习课程（DirectCourse curricula），旨在为美国的残疾人提供特殊教育。

2016 年 9 月，Elsevier 推出了 Brexit Resource Centre，该网站免费提供全面

的研究数据，计量指标和其他在线资源，帮助英国境内外的研究人员、机构、资助者和政府决策者监测全民公决对英国研究基地的影响，并基于这些数据进行决策制定。

（二）Springer Nature（施普林格·自然）

1. 发展概况

Springer 是一家总部位于德国的世界性出版公司，出版教科书、学术参考书以及同行评议杂志，专注于科学、技术、数学以及医学领域，是目前自然科学、工程技术和医学（STM）领域全球最大的图书和学术期刊出版社之一。超过 200 位诺贝尔奖、费尔兹奖获得者选择 Springer 发表其科研成果，致力于通过创新的信息产品和服务为科研人员和读者提供高品质的学术资源。

1842 年，Springer 书店由朱利叶斯·Springer（Julius Springer）于柏林创立，不久之后涉足出版。1964 年，Springer 冲出德国，业务向国际发展，在纽约、东京、巴黎、米兰、香港、德里等地设立办公室。2004 年，荷兰出版社"克鲁维尔学术出版社"（Kluwer Academic Publishers）与 Springer 合并，组成"Springer 科学＋商业媒体"（Springer Science＋Business Media）。

2015 年 5 月，霍尔茨布林克出版集团（Verlagsgruppe Georg von Holtzbrinck）将旗下麦克米伦出版公司（Macmillan）的部分业务注入一间新成立的联营公司——"Springer Nature"，合并后，Springer Nature 除了继续出版原 Springer 的刊物之外，还有其他著名的学术期刊，例如《Nature》和《Scientific American》，以及一系列麦克米伦及帕尔格雷夫（PalGrave）的教科书和参考文献。公司每年销售额增加至 15 亿欧元，全球雇员人数达 1.3 万名。

2. 主营业务

Springer 拥有最强的 STM 和 HSS 电子书收藏、图书馆藏，和涵盖最全面的期刊收藏。主要出版医学、生理、生物、数学、物理、化学、地理、情报学、工程、经济、法律、哲学类图书与期刊。国内有朗格与 Springer 科学书店、Springer 发行公司、施泰因科普夫出版公司等 9 家子公司，并在美国、英国、法国、日本、奥地利、瑞士、中国香港等地设有子公司和代表机构。

目前收录了超过 2 500 种英文期刊和近 200 种德文期刊，提供近 20 万种图书的印刷和电子版本，每年提供 2 000 种新的参考书、简介、专著、会议记录、课本及电子书。

3. 核心产品

作为其主力产品，电子期刊全文数据库 Springer Link 于 1995 年正式上线，为读者提供了在线浏览期刊的全新体验。2005 年，Springer Link 第三代界面推出，奉献给客户一个整合了电子期刊、电子图书、电子参考书、电子丛书以及事实型数据库的全新平台，为读者提供便捷的一站式使用体验。2012 年 12 月，Springer Link 再次改版，在第三版的基础上，加入了根据读者调查选出的新功能，例如语义链接和强大的简化检索页面。

目前在 Springer Link 的平台上，涵盖了 3 300 多种期刊，其中大部分是被 SCI、SSCI 和 EI 收录的核心期刊，有超过 600 万篇电子期刊论文，超过 380 万章电子图书，超过 50 万条实验室指南，还包括丛书和参考工具书及海量的回溯内容。

4. 发展动态

2017 年 3 月，Springer Nature SciGraph 宣布要支持开放科学和对研究开放的理解。Springer Nature 启动了 Springer Nature SciGraph，旨在推进和帮助学者。这个全新的平台 Linked Open Data（LOD）整合了来自于 Springer Nature 和其合作伙伴的数据资源，使关于 Springer Nature 出版物的信息分析变得更加容易。

2017 年 2 月，Springer Healthcare 发布了一个全新的医疗教育网站 Medicine Matters。丰富的资源将提供给医疗工作者、专业人员以可信赖的、免费的医疗教育，以促进临床实践，提高健康回报。

2016 年 12 月，Springer 将电子图书按时代划分，推出三种购书打包组合：Vintage（1840—1989），Modern（1990—1999）和 Millennium（2000—2004），使选书、购书更具灵活性，让图书馆购书时更能符合实际需求和预算水平。

2016 年 10 月，Springer Nature 加入帕尔格雷夫与 Springer 的《重要参考文献书》（Major Reference Works）出版项目，以补充该项目，达成覆盖面最广泛的重要参考文献资料。同月，Springer Nature 宣布将"SharedIt"（原名为"free content sharing initiative"，始于 2014 年 12 月，《Nature》杂志出版社旗下所有期刊参与此项目，增加了额外 2 200 万的文章阅读量）内容推广至 Springer Nature 的所有资源以及另外 1 000 多共同拥有及合伙出版的期刊。目前覆盖了 2 300 多种期刊，作者及订阅者可以将文章免费阅读的链接发布在任何地方，包括社媒平台、资料库、网站、学术合作网络或邮件等。

2016年9月，国家自然科学基金委员会（NSFC）与 Springer Nature 集团建立战略合作关系，在科技政策研究、学术活动、开放获取及开放数据等方面开展合作，以促进中国科学事业发展。

（三）Ebsco

1. 发展概况

Ebsco 成立于1944年，是大型文献服务专业公司，提供期刊、文献定购及出版等服务。总部在美国，有5 700名员工，在世界19个国家设有分部，超过10万家组织、机构使用，每天有1亿的在线浏览量。主要服务对象是研究型大学、科学院所、政府部门、大型医疗机构及公司等。

2. 主营业务

Ebsco 开发了近100多个在线文献数据库，涉及自然科学、社会科学、人文和艺术等多种学术领域。Ebsco 连年位列《福布斯》杂志评选的美国最大200个私营公司榜单。

3. 核心产品

EBSCOhost 是 EBSCO 公司为数据库检索设计的系统，有近60个数据库，其中全文数据库10余个。两个主要全文数据库是 Academic Search Premier（简称 ASP）和 Business Source Premier（简称 BSP）。

其他数据库有：EBSCO Animals：自然与动物方面的文献；ERIC：教育资源文摘数据库；MEDLINE：医学资源文摘数据库；Newspaper Source：报纸资源全文数据库，每日更新；Professional Development Collection：教育核心期刊全文数据库；Regional Business News：美国区域商业文献全文数据库；World Magazine Bank：主要英语国家的出版物全文汇总；Communication & Mass Media Complete：通讯和大众传媒全文库；American Humanities Index：1 000多种美国人文学科文献索引。

学术期刊集成全文数据库 Academic Search Premier（简称 ASP），收录期刊近13 600种，同行评审期刊近12 000种，学科主要涉及工商、经济、信息技术、人文科学、社会科学、通讯传播、教育、艺术、文学、医药、通用科学等多个领域。社会科学类和自然科学类期刊各占50%。

商业资源电子文献全文数据库 Business Source Premier（简称 BSP）总收录期刊4 432种，其中提供全文的期刊有3 606种，总收录的期刊中经过同行鉴定的期刊有 1 678 种，同行鉴定的期刊中提供全文的有 1 067 种，被 ISCI & SSCI 收录的核心期刊为 398 种（全文有 145 种）。收录超过 8 000 个案例分析，12 000 多个公司简介，涉及主题范围有国际商务、经济学、经济管理、金融、会计、劳动人事、银行等，著名的如《每周商务》（Business Week）、《财富（福布斯）》（Forbes）、《哈佛商业评论》（Harvard Business Review）、《经济学家预测报告》（country reports from the Economist Intelligence Unit）等。

4. 发展动态

2017 年 3 月，Ebsco Information Services 与世界上最先进的有超过 100 年历史的汽车数据提供商 Motor Information System 合作，共同推出了 AutoMateTM，这是一个提供准确、权威、最新的汽车服务和修理信息的参考数据库。AutoMate 为车主、汽车服务公司和汽车发烧友提供了超过 38 000 家国内及进口汽车、轻型货车、厢式货车及运动型多功能车的有价值的信息。

2016 年 12 月，EBSCO 和 Clarivate Analytics（原为汤森路透的知识产权和科学业务中心）合作，将 BIOSIS Previews™ 和 Zoological Record™ 数据库新增至 EBSCOhost® 平台。BIOSIS Previews，提供了当今最新的生命科学和生物医学研究领域的综合资源，包括期刊、会议、专利、书籍等。

2016 年 11 月，在 H. W. Wilson 基金会的赞助之下，EBSCO Information Services 与位于美国波士顿的 Congregational Library & Archive，及 OhioLINK，现推出免费全文数据库《美国博士论文》（American Doctoral Dissertations™），收录了超过 172 000 篇博硕士论文，还包括 80 000 条从 1902 至今的引用文献，全文尚待收录。该数据库是 2014 年建立的《美国博士论文档案数据库 1933—1955》（American Doctoral Dissertations 1933—1955）的升级版。

2016 年 9 月，EBSCO 有声书与全球领先的数字内容供应商 Findaway 合作，开发 EBSCO Audiobooks APP，用户可以直接在移动设备上获取海量有声书。图书馆终端用户可以直接从图书馆藏中将有声书下载到移动设备上，实现即时听书。同月，EBSCO 与 Mackin 合作，使 EBSCO 电子书可在 Mackin.com 电子商务平台上购买。MackinVIA，免费的电子资源管理系统有 900 万学生用户。

（四）John Wiley（约翰·威利）

1. 发展概况

威利创建于 1870 年，总部在美国，是世界上内容最广泛的多学科在线资源平台之一，涵盖生命科学、健康科学、理工科学、社会与人文科学几乎全学科领域。在全球共有超过5 300名员工，国际业务横跨美国、欧洲、亚洲、加拿大和澳大利亚，亚洲总部位于新加坡，在中国设有北京分公司和上海办事处。

威利在线图书馆，与超过900家学协会合作，拥有超过1 600家同行评审期刊4百万文献资源、930多家回溯期刊、16 000多家在线图书和丛书，160余种在线参考工具书，17种实验室指南，15种化学、光谱、循证医学数据库。

威利在科学、技术、医学和学术出版方面建立了专业出版在线平台——Wiley Inter Science，该平台有1 500种期刊，1.4万种在线图书，以及成百上千的回溯文档集、参考工具、数据库和实验室指南。

2. 主营业务及营收情况

威利是世界范围内科学、技术和医学（STM）类的领先出版商。公司主要出版科学、技术、医学类图书和期刊，专业和生活类图书，大学、研究生等使用的教材和其他教育资料。

Wiley Inter Science中期刊、图书和专业参考书分别采用各自的学科分类。期刊的学科分类：商业、金融和管理、化学、计算机科学、地球科学、教育学、工程学、法律、生命科学与医学、数学统计学、物理、心理学。图书的学科分类：分析化学、物理化学和光谱学、有机化学和生物化学、官能团化学、聚合物、材料科学和工业化学、通信技术、电子和电气工程、无线通信、医学、分子生物学、药学、数学统计学。专业参考书的学科分类：商业、金融和管理、化学、地球和环境科学、工程学、一般科学、生命科学与医学、心理学。

Wiley 2015财年的收入为1 822万美金，2016财年为1 727万美金。数字产品和服务收入上升至总收入的63%，纸质书收入下降至23%。

3. 核心产品

Wiley InterScience是John Wiely & Sons公司创建的动态在线内容服务，1997年开始在网上开通。通过InterScience，Wiley公司以许可协议形式向用户提供在线访问全文内容的服务。其服务具有以下特殊特点：

①Alerts service通过电子邮件向用户提供新刊物的题录信息，所有个人注册用户，无论是否订阅期刊全文，均可享受这种免费服务；

②Early View 是 Wiley 独有的服务，在文章尚未印刷出版之前，先提供给读者在线阅览，这些文章是完整和可被引用的；

③Cross Ref 是创新的多出版商参考链接系统，能允许读者从一篇期刊文章链接到位于不同服务器和不同出版商出版的被引用出版物，也能链接到生物科学核心期刊的医学文摘；

④Mobile Edition 允许 PDA 用户拥有一些 Wiley 最著名期刊的最新信息，使用 AvantGo 免费软件，就能随时收到题录和文摘；

⑤Article Select 使读者可以获取非订购的期刊或电子图书的单篇全文。

所有用户均可免费查阅题录和文摘。注册用户拥有专用个人主页来存贮和管理用户提示、常用的检索指令、期刊和论文，以免重新查询，并能免费阅览在线样刊和从专业参考书中选择的预览资料。订阅团体用户及其授权用户可以获取 PDF 格式或 HTML 格式的全文。文摘有两种表示形式，其一是标准模式，包括期刊和论文题目信息、作者、关键词和文摘全文；其二是扩展模式，在标准模式基础上增加了全文中被引用的参考文献。扩展模式仅对订阅用户有效。

4. 发展动态

2017 年 3 月 22 日，Wiley 宣布 David C. Dobson 加入其董事会。2013 年 2 月，Dobson 作为 CEO 加入了 Digital River，其 30 多年的相关经验使其成为一位卓有成绩的领导者。

2016 年 12 月 Wiley 宣布建立作者服务网站，集团 1600 多本期刊的作者均可在此平台实现出版流程的线性管理。该平台支持出版流程的每一个步骤，从提交、同行评审到定稿、出版。该平台的建立是 Wiley 为实现端对端网络优先出版体验的第一步尝试。同月 Wiley 推出威立光谱实验室（Wiley Spectra Lab）的电脑客户端版本和服务版本，为机构管理分析数据提供更灵活的选择、增强的功能、有效的工具。除了提供 2 300 万光谱参考文献，电脑桌面版本还可让科学家们建立自己的知识库。服务版本更进一步，除了桌面版本的一切功能，还结合了中央存储，以及可提供对整个机构的访问权限。

2016 年 11 月，Wiley 出版集团宣布将把 ORCID iD 应用到大量期刊的稿件提交流程中。威立旗下 500 多本采用 ScholarOne Manuscripts 采编系统的期刊将在作者提交稿件时仅为提交人提供一个 ORCID iD。Wiley 是第一个签署 ORCID's open letter 的重要大型出版集团。

2016年10月，Wiley集团选择了美国版权清算中心（CCC）的Rights Link®平台以实现在每位作者的工作界面对威利旗下期刊和协会出版期刊的自动缴费，包括按页收费、颜色收费、客户封面收费等。

（五）Taylor & Francis Group（泰勒弗朗西斯集团）

1. 发展概况

泰勒弗朗西斯集团拥有长达两个世纪的丰富出版经验，过去二十年来，在此雄厚基础上迅速发展，已成为世界上最大的学术出版集团之一。公司于1798年在英国成立。

2004年，泰勒弗朗西斯出版集团与英富曼资讯集团（InformaPlc）合并，通过出版与商业活动提供专业信息，在国际上展现了新的实力。

泰勒弗朗西斯集团在英国、欧洲、美国、澳大利亚、中国、印度、马来西亚和新加坡均设有办事处。每年出版超过2 500种期刊和5 000种新书。目前已出版的专业书籍达到10万余种。2006年年底推出全新电子平台informa world，该平台涵盖电子期刊、电子书、参考工具书及文摘数据库等，用户可以在最大范围内检索学术信息。

泰勒弗朗西斯亚洲太平洋公司（Taylor & Francis Asia Pacific）在中国代理发行十余家欧洲、美国及新加坡等地区出版社的原版图书，主要涉及人文科学和社会科学。

2. 主营业务及营收情况

广泛涉及人文科学、社会科学、自然科学、经济、金融、商业管理和法律等专业领域。大约1/4的科研出版物是与学协会合作出版的，同时泰勒弗朗西斯集团还投入大量精力促进这些团体的发展。

泰勒弗朗西斯集团一直致力于为研究人员、专业人士、教师、学生等出版重要的第一手资料，提供高品质的资讯与服务，以满足他们日益增长的研究需求。公司的格言是AlereFlammam点燃火炬，照耀人群。

据英富曼资讯集团年报数据，集团2015年收入为1 212 000英镑，2014年为1 137 000英镑，2013年为1 130 000英镑。

在英富曼资讯集团2015年年报中，数据显示，在集团2015年收入（1 212 000英镑）中，美国地区的收入占总收入的42%，中东和非洲地区占到18%，英国及欧洲的收入占12%，世界其他地区占到28%。按类型划分，38%

的收入来自于订阅，21%来自于单位产品销售，20%来自于参展商，13%来自于出席活动的人员，6%来自于捐赠，2%来自于广告。

3. 核心产品

Routledge 在人文科学及社会科学领域拥有 150 年的出版经验，广泛涉及哲学、宗教、历史、语言学、文学、文化、艺术、经济、金融、商业管理、教育、法律、社会学、政治与国际关系、地区研究、体育与休闲等。每年出版大约 2 000 种新书。

CRC Press 拥有近 100 年的出版经验，在科技出版界享有盛誉。出版领域广泛涉及工程、数学与统计、物理、化学、生命科学、生物医学、药学、食品科学、环境科学、信息技术、商业及法学等。每年出版新书近 700 种。其中许多工具书被公认为是各学科中的标准参考著作，例如：《化学与物理手册》（The Handbook of Chemistry and Physics）不断进行修订，以反映学科中的最新成果和信息。

Psychology Press 出版心理学方面的学术书籍，涉及认知心理学、神经心理学、发展心理学、社会心理学、教育心理学、临床心理学等领域。同时出版大量高品质心理学教材和教辅资料，其中包括经典教材《认知心理学》（Cognitive Psychology）和《认知神经心理学》（Cognitive Neuropsychology）等。

Taylor & Francis 以出版科技书籍与参考书著称，在人类工程学、地理信息系统、建筑、土木工程、物理和生物技术等领域尤为突出。

Taylor & FrancisSSH 期刊数据库提供超过 1 000 种经专家评审的高质量期刊，包括来自社会科学与人文科学先驱出版社 Routledge 以及声誉卓越的 Psychology Press 的期刊。其中有 480 种期刊被汤森路透科学引文索引收录；内容最早至 1997 年。该数据库包含 14 个学科：人类学与考古学、艺术与人文、行为科学、商务、管理与经济、犯罪学与法学、教育学、地理、规划、城市与环境、图书馆与信息科学、媒体、文化与传播研究、政治、国际关系与区域研究、公共卫生与社会保健、社会学及其相关学科、体育、休闲与旅游、战略、防御与安全研究。

Taylor & Francis ST 期刊数据库提供超过 310 种经专家评审的高质量科学与技术类期刊，其中超过 78% 的期刊被汤森路透科学引文索引收录；内容最早至 1997 年。该科技期刊数据库包含 5 个学科：环境与农业科学、化学、工程、计算及技术、物理学和数学。

4. 发展动态

2017年2月，Taylor & Francis Group 与 Royal Statistical Society 合作，共同赞助非洲数学科学研究院及其教学项目至少四年。赞助款项将被用来支付 Royal Statistical Society 团队成员在非洲数学科学研究院教授当地研究生学生的旅行费用，这将帮助整个非洲改善日益增长的学术需求。

英富曼资讯集团2015年年报中指出2016年战略规划是持续性或超越性的在学术市场中增长，持续性强化专业的内容，未来将投资于数字化能力建设和消费者洞察。

2016年9月，Taylor & Francis 宣布与出版技术公司 ReadCube 合作。借助 ReadCube 的资源发现服务，超过400万的 Taylor & Francis 期刊文章和书目章节可在 ReadCube 的平台上被发现。通过结合 Taylor & Francis Online 的特点和 Read Cube 的文献管理工具，学者们将享受到更沉浸式的、更丰富的研究体验。支持网页版、桌面版和移动端，Taylor & Francis 的网页阅读体验被纳入 ReadCube 的增强版 PDF 格式（enhanced PDF）中。

（李广宇单位：中国新闻出版研究院；戴铁成、高默冉、周宝荣、金鸽单位：同方知网（北京）技术有限公司）

2016—2017 中国网络游戏出版产业年度报告

中国音数协游戏工委　伽马数据　国际数据公司

2016年，中国网络游戏出版产业收入为827.85亿元，主要呈现以下态势：

从企业维度来看，2016年，腾讯及网易的游戏收入占到中国游戏市场收入的60%。对于其他游戏企业而言，2016年游戏市场竞争较为激烈。从细分市场维度来看，中国游戏产业各个细分市场发展趋势逐渐清晰，客户端游戏与网页游戏市场份额下降，移动游戏继续保持高速增长，并且份额首次超过客户端游戏。

从产品维度来看，随着电子竞技游戏的快速发展，2016年中国客户端电子竞技游戏市场实际销售收入达到333.2亿元，占中国客户端游戏市场实际销售收入的57.2%。

从用户维度来看，客户端游戏用户重新回到正向增长，网页游戏用户连续3年出现下降。

一、中国网络游戏出版产业规模

（一）中国游戏出版类型分布

2016年，国家新闻出版广电总局批准出版国产游戏约3 800款，其中移动游戏约占92.0%，网页游戏约占6.0%，客户端游戏约占2.0%。这反映出移动游戏市场依然是最具市场活力的领域。

图1

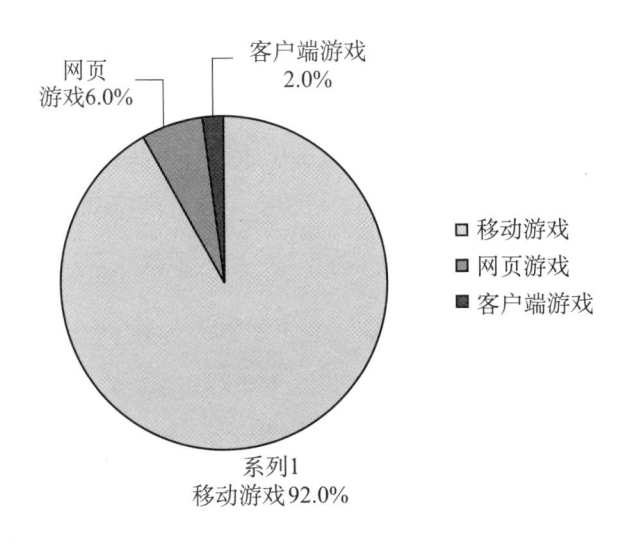

数据来源：GPC and CNG

（二）中国游戏出版地区分布

2016年，约3 800款批准出版的国产游戏中，北京出版游戏数量约占25.0%，上海出版游戏数量约占31.0%，广东出版游戏数量约占5.0%，其他地区约占39.0%。一线城市游戏企业和出版资源集中的优势，促使游戏出版地域"集中"的特点在移动游戏领域继续保持。

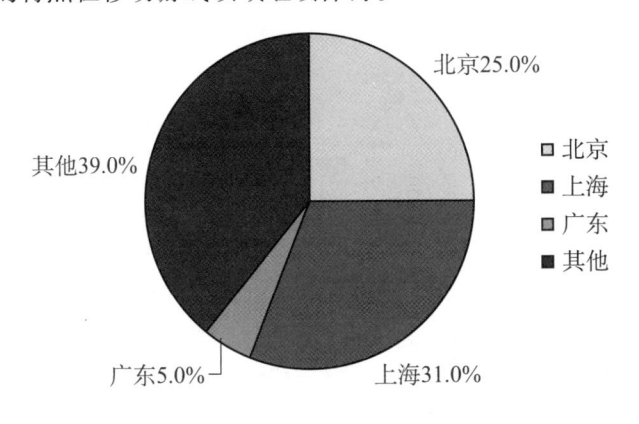

图2

数据来源：GPC and CNG

（三）进口游戏出版类型分布

2016年，国家新闻出版广电总局批准出版进口游戏约260款，其中家庭游戏机游戏约占46.0%，移动游戏约占33.0%，客户端游戏约占19.0%，网页游戏约占2.0%。

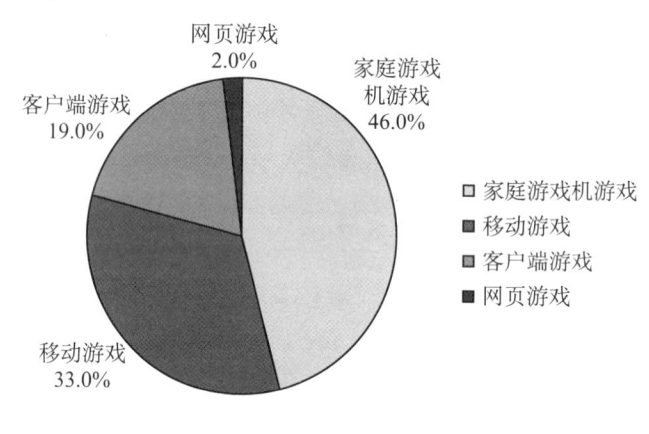

图3

数据来源：GPC and CNG

（四）中国客户端游戏市场规模

2016年，中国客户端游戏市场实际销售收入为582.5亿元，同比下降4.8%。

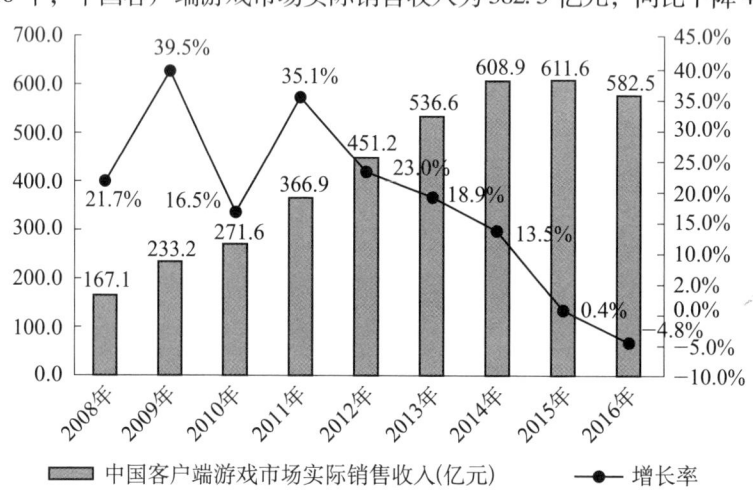

图4

数据来源：GPC CNG and IDC

(五) 中国客户端电子竞技游戏市场规模

2016年，中国客户端电子竞技游戏市场实际销售收入达到333.2亿元，占中国客户端游戏市场实际销售收入的57.2%。

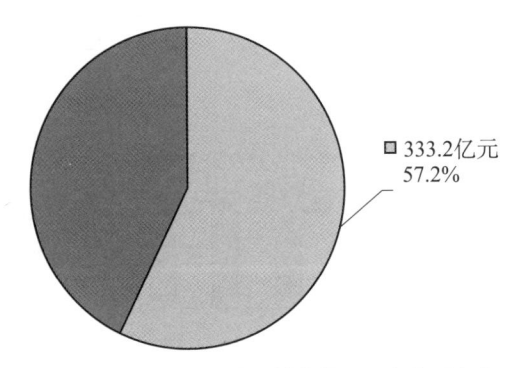

中国客户端电子竞技游戏市场实际销售收入及占中国客户端游戏市场实际销售收入比例

图 5

数据来源：GPC and CNG

从季度收入分布看，客户端电子竞技游戏市场整体保持"稳中有升"的特点，其中第三季度收入达到年度最大值，一方面，多款客户端电子竞技游戏新品集中在上半年推出，推动了收入增长；另一方面，多项客户端电子竞技赛事在第三季度进行决赛，提升了相关游戏产品的关注度，而游戏运营也能借此推出促销活动提升产品收入。

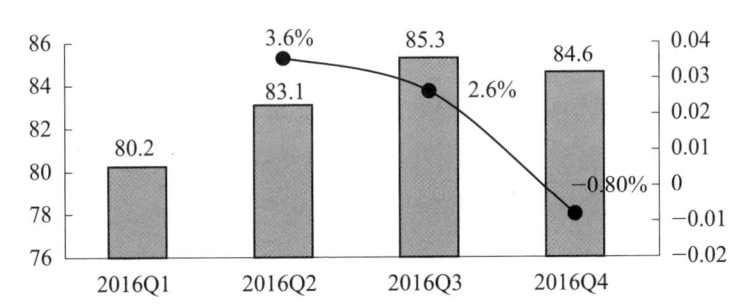

中国客户端电子竞技游戏市场实际销售收入（亿元）
环比增长率

2016Q1: 80.2
2016Q2: 83.1, 3.6%
2016Q3: 85.3, 2.6%
2016Q4: 84.6, -0.80%

图 6

数据来源：GPC and CNG

（六）中国网页游戏市场规模

2016年，网页游戏市场实际销售收入为187.1亿元，同比下降14.8%。

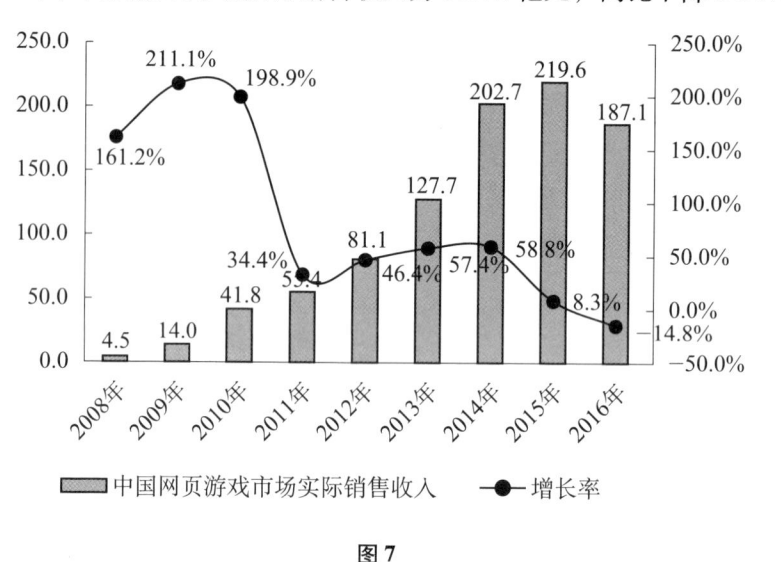

图7

数据来源：GPC CNG and IDC

二、中国网络游戏用户状况

（一）中国客户端游戏用户规模

2016年，中国客户端游戏用户数量达到1.56亿，同比增长1.4%。用户重新回到正向增长，与电子竞技热有关。由于电子竞技游戏对硬件要求更高，客户端游戏重新获得优势，带动了用户的回流。

（二）中国网页游戏用户规模

2016年，网页游戏用户数为2.75亿，连续3年出现下降。

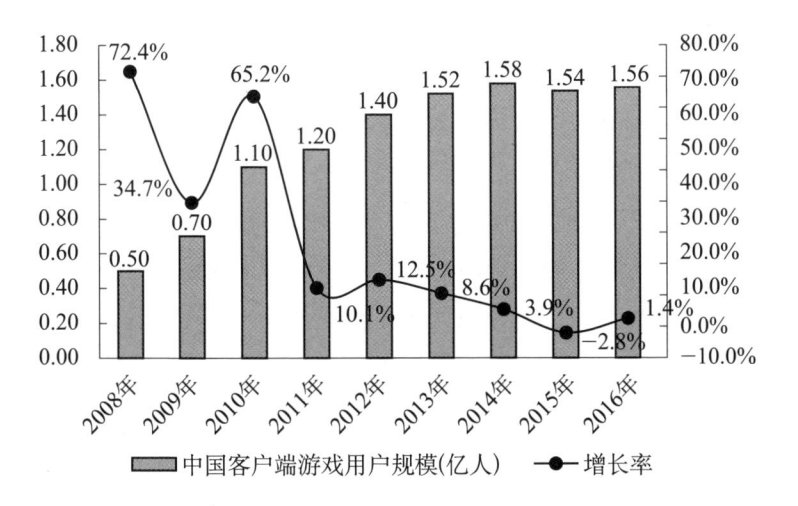

图 8

数据来源：GPC CNG and IDC

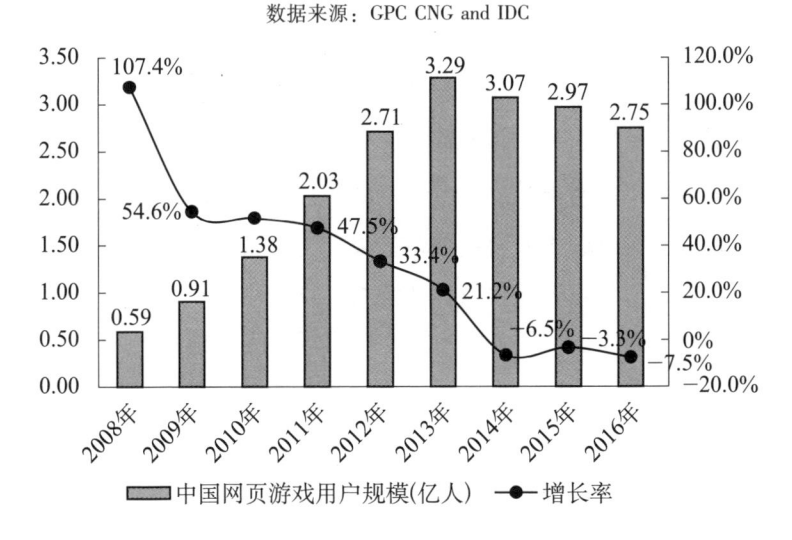

图 9

数据来源：GPC CNG and IDC

三、中国网络游戏产业分析

尽管 2016 年客户端游戏受到移动游戏的大肆冲击，市场份额下降至 35.2%，但市场表现仍然可圈可点。《英雄联盟》《守望先锋》等游戏在 2016

年表现抢眼。客户端游戏提供的游戏体验仍然是中国游戏市场上其他主流游戏产品所无法比拟的,相较于其他主流游戏产品,客户端游戏拥有更加立体的视觉效果、更丰富的玩法以及更丰富的场景等优势。因此,客户端游戏对核心游戏用户的吸引力仍然较高。

以目前客户端游戏市场的情况来看,优秀的客户端游戏产品生命周期较长,一般可达 5—10 年,因此仍然是各大游戏企业收入的最稳定来源。优秀的客户端产品不但能吸引重度游戏用户带来高付费率,同时对提升企业研发能力也有很大帮助。因此,未来中国有实力的游戏企业仍会将客户端游戏产品作为开发的重点之一。在未来优质产品的带动下,市场增速有望回升。

2016 年,中国客户端电子竞技游戏市场相比于其他细分电子竞技市场,已经进入成熟期。市场表现稳定,电子竞技生态逐渐形成,这促进了客户端电子竞技游戏的发展。目前,客户端电子竞技游戏已经显现出强大的生命力,主力产品表现稳定,一些客户端电子竞技游戏新品也得到了认可,促使这一市场收入与份额的持续增长。

但是,虽然客户端网络游戏受电子竞技影响而出现用户回流,用户规模出现增长。但相比于传统的角色扮演类客户端游戏,竞技类客户端游戏用户付费率与 ARPU 偏低,对市场收入增长带动有限,无法抵消角色扮演类游戏用户流失造成的收入减少。此外,不少客户端游戏市场的主力产品改编成同名移动游戏,造成的用户分流,也拉低了客户端游戏市场的实际销售收入。

受限于研发及推广的成本投入,网页游戏在产品质量及获取新用户的能力上不如客户端游戏及移动游戏。同时,由于网页游戏研发门槛较低,导致目前市场上产品良莠不齐。即使有精品产生,市场上随即便会产生诸多模仿品,导致劣币驱逐良币的现象时有发生。

未来中国网页游戏市场将进一步洗牌整合,如三七互娱等大型网页游戏厂商将进一步占据更多的市场份额。尽管网页游戏收入有继续减少的风险,但是若能够保证减少网页游戏核心用户群的流失,网页游戏市场尚有一定的发展空间。

四、年度影响网络游戏出版产业发展的重要事件

2016年2月4日，国家新闻出版广电总局和工业和信息化部发布《网络出版服务管理规定》，并自2016年3月10日起施行。其中第27条内容显示，网络游戏上网出版前，必须向所在地省、自治区、直辖市出版行政主管部门提出申请，经审核同意后，报国家新闻出版广电总局审批；第32条内容显示，网络出版服务单位在网络上提供境外出版物，应当取得著作权合法授权，其中，出版境外著作权人授权的网络游戏，须按本规定第27条办理审批手续。

2016年3月19日，首届全国移动电子竞技大赛（CMEG）新闻发布会在北京举行，会上体育总局体育信息中心主任丁东表示2015年电子竞技市场整体规模已达270亿元，体育总局正在研究探索开放电子竞技赛事竞猜事宜。

2016年4月6日，清华大学设立电子竞技奖学金。清华大学在校学生加入职业战队并成功打入S系列总决赛拿到冠军，将直接奖励100万；拿到国内赛事冠军或其他国际赛事冠军，将奖励10—50万。之后，教育部公布2016年高职招生的13个增补专业，其中电子竞技运动与管理专业赫然在列。

2016年4月27日，由国家新闻出版广电总局和浙江省人民政府主办的第十二届中国国际动漫节在浙江省杭州市举办。同期由中国国际动漫节执委会主办的第十二届中国国际动漫节暨国际动漫游戏商务大会（International Animation Game Business Conference）在4月28日召开。本次大会继续立足于市场，深度挖掘IP价值促进多方联动，致力于构建泛娱乐全球产业链。

2016年4月27日，国家发展与改革委员会（"发改委"）发布《关于印发促进消费带动转型升级行动方案的通知》，在《通知》所附的《关于促进消费带动转型升级行动方案》的第27小项中，明确提及"开展电子竞技游戏游艺赛事活动"。这不仅代表着国家对电子竞技项目的再一次正面认可，更是为电子竞技赛事的举办提供了政府书面支持。

2016年5月24日，为进一步规范移动游戏出版服务管理秩序，提高移动游戏受理和审批工作效率，国家新闻出版广电总局办公厅发布了《关于移动游戏出版服务管理的通知》，实施移动游戏分类审批管理，对于移动游戏受理、申请出版题材内容、变更运营机构手续等做出了具体规定。《通知》自7月1日起施行，此后未经国家新闻出版广电总局批准的移动游戏，不得上网出版运营。新规中特别值得关注的是，出版已批准出版的移动游戏的升级作品及新资料片（指故事情节、任务内容、地图形态、人物性格、角色特征、互动功能等发生明显改变）需要重新进行审批。

2016年7月27日，第十四届中国国际数码互动娱乐展览会（China Joy）在上海开幕。本届展会以"泛娱乐"为主题，900余家企业参展。截至闭幕时，参观总人次为32.55万。国家新闻出版广电总局副局长、中国音数协理事长孙寿山发表题为《融合发展共谱我国数字内容产业新华章》的讲话，展会实现从游戏向泛娱乐的华丽转身。

2016年9月6日，在教育部公布补增的13个专业中，电子竞技运动与管理专业出现在其中，这标志着电子竞技的未来更加规范化，更是细化到了教育层面。除了电子竞技实现"落户"外，国家体育总局已正式批准电子竞技为我国正式开展的第99个体育项目。国际电子竞技联盟已经收到了国际奥委会的回应，他们已在8月份提交材料，根据工作流程，国际奥委会在12月份进行审议。

2016年9月26日，广州审议并原则通过《关于加快动漫游戏产业发展的意见》，出台多项针对动漫产业的鼓励政策，其中还特别提出，将对来落户广州的动漫人才予以奖励。广州市政府常务会议审议并严格通过的《关于加快动漫游戏产业发展的意见》中，提出将奖励第三方品牌授权，鼓励小微动漫游戏企业以及动漫游戏的龙头企业展开产业之间的合作，同时大力鼓励动漫游戏人才落户广州。此外，还规定广州动漫游戏企业有一些IP产品可以和非动漫游戏企业进行交易。达成授权后，广州市将对这些非动漫游戏企业给予一定的资金支持，而对于大家非常关心的动漫游戏人才落户广州的奖励措施等细节内容，还在具体制定中。

五、总结与展望

(一) 总体态势

1. 颁布《"互联网+"行动指导意见》,促进游戏发展

6月24日,国务院总理李克强主持召开国务院常务会议,会议通过《"互联网+"行动指导意见》,部署推进"互联网+"行动,促进形成经济发展新动能。一是清理阻碍"互联网+"发展的不合理制度政策,放宽融合性产品和服务的市场准入,促进创业创新,让产业融合发展拥有广阔的空间。二是实施支撑保障"互联网+"的新硬件工程,加强新一代信息基础设施建设,加快核心芯片、高端服务器等研发和云计算、大数据等应用。三是搭建"互联网+"开放共享平台,提供强公共服务,鼓励国家创新平台向企业特别是中小企业在线开放。四是适应"互联网+"特点,提供创新信贷产品和服务,开展股权众筹等试点,支持互联网企业上市。五是注重安全规范,加强风险监测,完善市场监管和社会管理,保障网络和信息安全,保护公平竞争。

2. 网络出版新规奠定游戏产业有序发展基础

为规范网络出版服务秩序,加强网络出版内容监管,促进网络出版服务健康有序发展,2016年2月,国家新闻出版广电总局、工业和信息化部联合发布《网络出版服务管理规定》,取代了原《互联网出版管理暂行规定》。相比原《暂行规定》,《管理规定》的整体结构与主要内容均做出较大调整。主要体现在四方面:一是厘清网络出版服物等概念表述,强调游戏是网络出版物,明确管理职责;二是科学设定网络出版服务许可的准入条件,规范与鼓励并重;三是细化网络出版服务的从业要求,明确企业社会责任;四是强化事中事后监管要求,推进网络出版服务业规范有序运行。

3. "影游融合""VR游戏""电子竞技""游戏直播"等新兴领域成产业热点

影视与游戏作为当下最热门的两种娱乐形态,两者融合发展,迎合主流用户需求。首先,影游融合为用户提供了更丰富的娱乐方式,游戏借影视播放热度、明星、剧情，降低游戏运营成本，打破 IP 困局，增加用户边际收益。游戏互动、技术优势还能给影视创作注入新鲜血液，丰富想象力，提升影视制作水平。两者融合，可以使 IP 和创意得到最大解放及延伸。其次，游戏为电影奠定受众基础，影视提升游戏的品牌价值。一款优质 IP，不仅可以通过影视和游戏两条产业链攫取多重价值，还可以借助影视、游戏的品牌和粉丝互动，产生"1+1>2"的效益。

2016 年的 VR 游戏成为游戏创业创新的重点领域，不少 VR 游戏团队诞生，而大的游戏企业也成立了相关的部门，布局 VR 游戏研发。VR 硬件的逐渐破局，提升了内容方面的需求，硬件破局为 VR 游戏的发展创造了机遇。

中国电子竞技产业已经形成了综合性赛事、围绕单款游戏的专项赛事、城市赛、商业比赛等多层次的赛事体系，这些不同类型的赛事满足了不同类型的市场需求。赛事主办方既有传统的赛事组织、游戏公司，也出现了相关主管部门、互联网公司、行业组织、直播平台等机构。这既有利于中国电子竞技产业发展多样化，加速电子竞技在不同领域的探索，也降低了整个行业风险，避免"赞助商撤资电子竞技停滞"的现象重现。

作为互联网重要的传播渠道，直播与游戏之间形成了越来越紧密的联系，这种联系不仅在于游戏是直播的内容提供者，更在于两者的双向互动，直播与游戏市场正在加速融合，朝着互联互通的方向发展。具体而言，从两者关系上来看，游戏不再是被动提供素材，而是主动与直播平台联手，使直播成为游戏推广、游戏生态构建的重要一环；游戏直播本身也得以丰富内容，借机推出相关节目、举办直播活动等。

4. 实施品质战略有助于竞争优势的延续

客户端游戏市场，仍然是资金及研发实力较为强大的大中型游戏企业的战场。高品质的客户端游戏产品是大中型厂商稳定的收入来源之一。"品质为王"成为行业共识。一款拳头产品则保证了游戏厂商在用户中的良好口碑，为未来新游戏的上市打下了良好基础。

2016 年，在 FPS 游戏的基础上添加了众多 MOBA 类游戏元素，同时对传统 FPS 游戏强调射击精准度的玩法加以创新，更加突出团队合作的重要性。在当前和未来游戏的研发过程中，企业需保持创新精神，将更多的创造性元素融入到游戏之中，才能取得优秀的业绩。

随着游戏用户数量增长越发减缓，用户成本也在升高。如何更加有效地吸引核心用户成为游戏企业的当务之急。应该积极利用大数据、市场调研等手段确定核心用户群。同时在产品研发方向上，应更加有针对性地瞄准二次元爱好者、军事发烧友以及女性玩家等细分人群，制作一些题材更鲜明、更能满足用户付费心理的产品。

从市场发展趋势来看，未来中国游戏市场竞争将更加激烈，中小游戏企业的生存空间受到进一步压缩。对比国内市场，海外游戏市场拥有较大的增长空间。2016年专注于海外游戏发行运营的企业取得了不错的业绩。中国游戏企业应当更加积极地执行国际化战略，积极将产品推向海外市场。

（二）主要问题

1. VR游戏面临多重挑战

在迎来发展机遇的同时，VR游戏所需要面对的问题也比较突出。其中，付费模式是一个问题。游戏产品没有足够的用户基数就很难靠流行的免费模式挣到真金白银。此外，不同VR设备的不同参数与标准，为VR游戏的研发也带来了挑战。

同时，VR设备昂贵，便携性弱，获取速度慢，使得廉价的眼镜盒正在迅速吃掉VR的入门市场并快速透支着VR的价值概念，无论是淘宝还是亚马逊，用户大量购买的是售价不足200元人民币的眼镜盒，这些低端产品成为了VR硬件的主力。但这些设备性能差，难以满足用户的较高要求，扭曲了用户对VR概念的认知。

2. 唯名唯利困扰游戏直播的发展

游戏直播市场火热也让一些创业者、投资人染上了"网红心态"，创业就是一朝成名、一夜暴富，就是"赚快钱""抢红利"等充满功利性的浮躁思想，在直播领域下尤为突出。主播为吸引眼球，无所不用其极，催生出直播乱象，甚至出现不少违背社会伦理、违反法律的案例。

此外，游戏主播价值也存在虚高的现象，部分主播年薪达到千万，导致主播与平台之间纷争丛生，而还未得到资本支持的新兴平台难以发展，长此以往或将陷入发展怪圈。

3. 电子竞技赢利能力不足

电子竞技产业发展过程中，目前面临着自身赢利能力不足这一问题，模式、人才、经验都存在缺位。这使得电子竞技产业依然需要借助游戏产业、资本市场等外部投入。因而，电子竞技产业缺乏独立性，一定程度仅是一些游戏企业推广产品的运营手段。

（三）未来走向预测

1. VR游戏发展还需努力

目前，为帮助VR游戏提前落地，培养用户习惯，投资商正在大力投资VR体验店，意图通过这种模式解决VR设备的高门槛，比如将体验店建在商场等地方，来加速VR游戏的传播。但这种模式弊端也非常明显，体验差异巨大，收入不抵成本，难以成为VR游戏的最终发展形式。

2. 电子竞技持续加码

2016年电子竞技赛事公布的各项奖金总金额已经大幅超过以前，提升了赛事曝光率，吸引了顶尖的竞技选手参赛，推动赛事快速形成品牌效应，也改善了电子竞技参赛选手、战队的生存环境，有利于整个市场的成熟。

未来客户端游戏及移动游戏都将融入更多的电子竞技元素。此外随着阿里巴巴等大型互联网企业布局电子竞技产业，更多资源的投入将使得电子竞技游戏市场发展更加快速。

3. 网剧网络大电影成为影游融合一个拓展方向

"影游融合"的IP也不仅局限于电视媒体中的影视剧，近年来逐渐出现流向网络媒体的趋势，如火热于网络中的短剧、电视剧、电影因其拥有大量的网友用户关注也成为"影游融合"的高价值IP产品。2016年网络大电影数量达到2 200部，是2015年的3倍之多。值得一提的是，网剧与网络大电影在用户导流方面，拥有更高的便捷性，这有利于相关游戏产品的推广与获取用户。

4. 游戏直播打通游戏互动渠道

2016年，中国游戏直播用户规模突破1亿。游戏直播平台用户的快速增长，与越来越多的游戏参与到直播中来有关。

作为互联网重要的传播渠道，直播与游戏之间正形成越来越紧密的联系，直播与游戏市场正在加速融合。游戏不再是被动提供素材，而是主动与直播平台联手，使直播成为游戏推广、游戏生态构建的重要一环；游戏直播本身也得以借此丰富直播内容，借机推出相关节目、举办直播活动等。

游戏直播与电子竞技形成了越来越紧密的联系，游戏直播平台的观看人数的多少成为了相关电子竞技赛事成功与否的重要判断依据。游戏直播平台不再仅仅是电子竞技赛事的传播者，同时也成为了组织者，不少游戏直播平台直接承办或者参与赛事。

（本文由郑南提供）

2016—2017中国网络（数字）动漫出版产业年度报告

占世伟

"十三五"是全面建成小康社会的决胜阶段，是促进文化繁荣发展的关键时期，也是建设社会主义文化强国的重要时期。中国特色新型工业化、信息化、城镇化、农业现代化同步发展，"一带一路"建设、京津冀协同发展和长江经济带建设等国家重大战略相继实施，文化建设空间更加广阔。居民可支配收入和闲暇时间进一步增多，多样化、多层次的精神文化需求更加旺盛。高新科技的广泛应用催生了文化生产、传播和消费方式的深刻变革。

2016年是第十三个五年规划的开端，文化面临重大发展机遇，也面临诸多挑战。世界范围内各种思想文化交流、交融、交锋更加频繁，综合国力竞争更加激烈，文化安全形势更加复杂，提高国家文化软实力、增强国际话语权的任务日趋紧迫。

在这样的宏观背景下，我国网络（数字）动漫产业也有了更加迅猛的发展。国产原创作品也愈发受到年轻人欢迎，在与"日漫""美漫"的竞争中体现出更强的实力。阅文集团、爱奇艺、网易等巨头企业深度介入网络动漫领域。部分创业者开始探索中国动漫内容与服务出海，在东南亚等地区开拓出一片天地。

一、网络（数字）动漫平台与生产商发展状况

由于各大平台与内容生产方越来越重视移动端，今年的年度报告不再将网

络动漫和手机动漫分别单列，合称网络动漫。

过去一年，网络动漫平台出现五大发展态势。

第一，更多巨头进军网络动漫。以阅文集团为例，重点发力方向之一即是动漫改编。2016年诸多二次元游戏和动画电影的爆发，让阅文看到了年轻用户对于动漫内容的强烈需求。阅文的《择天记》《全职高手》《斗破苍穹》等人气网文改编的动画作品，成绩都非常不错。在进一步提升作品改编质量同时，也希望通过加大动漫衍生，更广泛更深入地融入整个IP产业链。

第二，巨头们介入产业链更加深入。在网络动画领域，各大视频网站除了延续以往对动画版权内容的争夺，还开始深度介入到内容的生产。第一梯队阵容中以优酷土豆为代表的阿里系（2016年4月阿里巴巴正式全资收购优酷土豆集团），投资参与出品了广受好评的《少年锦衣卫》等动画；爱奇艺则重金投资翻翻动漫集团；上海变月文化出品了《口水三国》系列动画；获得腾讯投资的Bilibili，投资了翼下之风、戏画谷等国内动画公司，还参与投资了《秋叶原之旅》《偶像事变》等日本动画，进入制作委员会进军动漫产业。

网络漫画领域，腾讯动漫、快看漫画、咪咕动漫等平台，不再只是提供内容的分发，也深度参与内容的创作，如腾讯动漫，已与夏天岛工作室达成协议，引入小新、大鬼、十尾、腊肉、阿莱夏、盘丝大仙等7位漫画作者，成为腾讯动漫独家签约作者；咪咕动漫也孵化了《极刑·饭》《青柠之夏》和《逆袭吧魔王！》等自有IP。

第三，越来越多的人才和资金流向动漫内容。据产业研究机构三文娱发布的动漫人才报告显示，从事真人影视、游戏行业的人才逐渐进入到动漫领域从事相关的工作，同时相关专业刚毕业的新人开始把动漫行业作为自己的主要求职目标；另外相比于2016年初和2015年，动漫产业部分职位在过去一年的薪资待遇，已经明显上涨。更好的待遇、更宽广的发展空间，以及更高的作品成功率带来的成就感，吸引越来越多的人才流向动漫内容。另一方面，三文娱还统计到，仅2016年完成工商信息变更的动漫行业投资事件就有108起，由于工商信息的滞后性以及美元投资等案例并不体现在国内工商，实际达成的投资远远多于这个数字，相比之下从2010年到2015年只有136起。

融资金额和动漫内容公司的估值也有了大幅提升，如玄机科技获得腾讯近2亿元投资，快看漫画融资2.5亿元。

第四，国产漫画动画内容兴起，原创能力大大提升。腾讯动漫平台出现《妖怪名单》《我叫白小飞》等多部点击量过百亿的漫画，《中国惊奇先生》《王牌御史》《斗破苍穹》《狐妖小红娘》《银之守墓人》《通灵妃》《一人之下》《妖精种植手册》《从前有座灵剑山》《偷星九月天》《人皮衣裳》《妖神记》《通职者》《罗刹大人请留步》等作品浏览过三十亿。快看漫画平台则有《狼族少年》《与爱有关》《我家住进了大魔王》等浏览量过十亿的作品。

网易漫画的数据则显示，尽管其平台已经引进了美日韩超过 1 000 部优质正版漫画，但 95 后、00 后的用户更加青睐国产漫画，点击破亿作品国产原创漫画占比 90% 以上，人气榜前列也多数是国产漫画。

动画方面，《狐妖小红娘》在 2017 年初全网播放量超过 10 亿，在 B 站点击过亿；而腾讯动漫自身的全平台月活跃用户 9 000 万。阅文集团网文改编动画《斗破苍穹》第一季也以近 10 亿播放量收官。

第五，国产动画漫画粉丝也表现出更强的消费能力。国内 ACG 爱好者的消费热情持续高涨，不仅让面向他们打造的《阴阳师》《崩坏》《Fate/Grande Order》等游戏保持在畅销榜前茅，月流水过亿，还让二次元演出、衍生品等领域有了更高的收入。

二、网络（数字）动漫产业的生产规模与市场规模状况

2016 年我国动漫产业产值进一步提升，2016 年整体动漫市场的用户规模已达 3.1 亿，仅网络漫画的用户就达到 9 725 万人；截至 2016 年年底，我国网络（数字）动漫市场营收约为 155 亿元。

《文化部"十三五"时期文化产业发展规划》，将动漫列为 11 个文化产业重点行业，并提出到 2020 年动漫产业产值达到 2 500 亿元左右，动漫创意和产品质量大幅提升，培育一批在国际上具有较强竞争力和影响力的国产动漫品牌和骨干动漫企业，打造 3—5 个具有广泛影响力的动漫展会。

我们从三个部分解读中国数字动漫产业的构成：内容、平台以及衍生服务方（为内容和平台提供数据、营销、变现等服务）。

目前，国内动漫行业从业者主要分布在北京、上海、广州、深圳、杭州、

天津、武汉等一二线城市，其中媒体、编辑、营销、运营等人才主要集中在北京、上海等媒体发达的城市。

（一）内容型公司

内容是数字动漫产业链的源头，也是数字动漫产业链的上游环节，内容的质量直接影响终端用户的购买力。2016年，数字动漫产业链中的内容生产商进一步公司化、专业化和规模化，其中的头部公司开始以资本等方式与巨头结盟，以期在粉丝数量、IP衍生等方面发挥出更大的协力。接受投资的公司类型包括以凝羽动画、米粒影业等为代表的动漫创作公司；以布卡漫画、踏雪动漫等为代表的漫画创作与平台公司；以红龙文化、露娜文化等为代表的动漫文化衍生内容生产制作公司或垂直社区等；以米漫传媒、米炭科技等为代表的通过衍生品、展会、电商等运营动漫IP赢利变现的公司。此外还有虚拟偶像、文化旅游等新兴细分领域的公司，也获得资本的关注，如上海禾念、银河漫游指南、优他动漫等。这一百多家公司，多数是漫画或动画内容生产公司。巨量投资的引入，吸引更多的人才进入动漫行业，并能够获得更高的薪资，有助于提高动漫内容的质量，满足动漫粉丝们的需要。

内容型公司，作为数字动漫内容的生产机构，在数字领域的商业模式主要以版权分销为主，将其作品的信息网络传播权，以许可授权的方式，允许第三方机构或平台在约定的渠道范围内传播，并获得相应的收益。

有二十多家以动画制作为主营业务的公司在新三板挂牌，它们的数据则更直观地体现了当前国内动漫内容公司的经营情况。

表1 中国动画公司业绩表（三文娱不完全统计）

公司简称	2016营收	2015营收	营收增减比例	2016净利润	2015净利润
每日视界	1 868.46	1 973.40	-5.32%	-433.76	50.05
约克动漫	11 710.07	4 116.27	184.48%	1 718.82	528.29
中南卡通	12 441.51	18 033.19	-31.01%	481.66	822.88
鑫时空	1 228.66	862.02	42.53%	212.52	202.19
博润通	2 479.58	482.37	414.04%	265.06	-460.42
紫荆股份	6 547.58	2 175.21	201.01%	2 333.21	551.29
皆悦传媒	1 485.22	1929.17	-23.01%	-292.38	455.70
盛天彩	1 194.87	603.56	97.97%	-926.53	-707.86

续表

公司简称	2016 营收	2015 营收	营收增减比例	2016 净利润	2015 净利润
崇德动漫	5 445.39	3 251.03	67.50%	2 449.10	829.24
欢乐动漫	7 549.57	4 090.22	84.58%	2 665.75	1 546.24
咏声动漫	14 940.90	10 473.73	42.74%	3 114.88	1 670.89
舞之动画	3 532.71	2 187.93	61.46%	−668.44	−342.22
喜悦动漫	2 973.74	1 579.11	88.32%	727.52	459.37
华映星球	1 062.38	898.15	18.28%	−704.01	−474.13
如意通	269.22	525.66	−48.79%	−634.66	−647.95
千年传说	247.03	244.43	1.06%	−276.58	−131.42
大千阳光	1 224.56	1 462.64	−16.28%	60.67	103.05
江通传媒	5 595.33	3 903.96	43.32%	710.05	121.52
精英动漫	3 671.68	2 651.73	38.46%	−43.61	−134.70
金正动画	879.03	525.40	67.31%	−182.52	−439.54

备注：
1. 三文娱制表，数据来自官方文件，单位：万元人民币
2. 本表格采用的是扣除非经济性损益后的净利润

2016 年随着国产动画市场的回暖，许多过去专注动画代工的企业开始转型，纷纷开发起了原创 IP，部分原创 IP 已经开始产生营收。从上表中可以看到，营收较 2015 年有所增长的公司占到 75%。

不过，扣除非经常性损益后能够赢利的公司仅占到 66%，它们多数是面向儿童市场，开发低成本的动画后，围绕动画销售的衍生品收益巨大，或者专注于动画发行，代理国内国际的动画剧集和动画电影；或者仍以代工为主要业务，无需面临原创 IP 的风险。而像舞之动画等面向青少年、成人动画市场，开发原创 IP 的公司，相较 2015 年，其净利润还在进一步亏损。

除此之外，还有许多优秀的动画制作公司尚未上市或挂牌新三板，它们的经营模式和收入结构与前面两种不尽相同，各有盈亏。

总的来说，动画公司们无一不想抓住 IP 的风口，年报中几乎全都提到计划或已经在大力开发原创动画，但原创动画回收周期相对较长，部分动画公司年报中提到的动画电影作品，将陆续在今明两年里上映，还有许多在制作中的动画剧集也各自拟定了上线时间。

（二）平台型公司

2016 年的数字动漫平台商，已经逐渐从群雄逐鹿的局面，演化成寡头出现

的格局。腾讯、阿里巴巴、百度系视频公司均已参战，哔哩哔哩和AcFun等与BAT系视频公司展开激烈的动画版权争夺战与微妙的合作。网易、三七互娱、昆仑万维等游戏公司则为了泛娱乐进程而投入重金抢购版权，或投资平台，或与平台深度合作。

平台型公司主要有三种运营模式：

①广告模式，主要体现为动漫类网站，通过搭建动漫内容发行平台，采购优质的动漫版权内容，吸引网站流量，增加用户黏度，通过广告销售的模式实现收入。

②付费下载模式，主要体现在电信运营商，通过动漫基地的建立，搭建基于手机的动漫内容发行平台，实现手机WAP网站、手机客户端以及多元化数字动漫衍生品的产品传递，通过让手机用户付费下载的方式实现赢利。

③游戏联运的模式，主要是在动漫平台开通游戏频道，将平台用户引入游戏频道，通过游戏内道具付费的模式对用户进行收费，平台与游戏厂商以一定的比例进行分成。

漫画平台竞争也十分激烈。在腾讯原创动漫平台和有妖气原创漫画梦工厂外，快看漫画、网易漫画、爱奇艺漫画等强有力的平台方也加入竞争行列。

腾讯动漫超过5万位作者在平台上投稿，在线连载动漫作品总量22 600部，有超过300部漫画作品点击率过亿，其中30部漫画作品阅读量过10亿，有13部动画作品播放量过亿，动画总点击数超过100亿。平台月活跃用户数9 000万、单日图片点击数超过10亿。腾讯互动娱乐动漫业务部总经理邹正宇表示，在2016年腾讯动漫回馈给内容创作者的总金额已经超过3.7亿元。腾讯动漫还引入小新、大鬼、十尾、腊肉、阿莱夏、盘丝大仙等7位优质漫画作者，成为独家签约作者，要为其提供更好的创作条件和回报空间。据快看漫画公布数据显示，截止到2017年2月17日，其总用户量已经达到了8 926万，月活数量为3 062万，日活数量为937万。平台连载漫画作品超过1 000部，签约漫画家500余位。其中关注人数超过100万的作品达到130多部，点赞上百万的作品有282部，热度上亿的作品近300部，而漫画作品有超过100万册实体出版物。

同时，各大平台在IP衍生方面，也投入了更大的精力。有妖气原创漫画平台在通过"现金+股票"的交易方式被奥飞娱乐收购之后，将《端脑》《神明之胄》《雏蜂》《馒头日记》《死灵编码》《熊猫手札》《镇魂街》等更多的漫画作品改编成了动画,并计划将《端脑》《镇魂街》《雏蜂》《虎X鹤》《妖闻录》《以彼之名》《开封奇谈》《幻想女仆》《记忆分裂》《以彼之名》《超能领域》《暴走武林学园》《无视者》《桃花缘》《球娘》等改编为真人影视剧,《十万个冷笑话》《雏蜂》《拜见女王陛下》《虎X鹤》《镇魂街》等IP被售出了部分游戏改编权。

腾讯动漫也宣布,《狐妖小红娘》将与果派合作改编为真人影视剧,并将由南派三叔(果派首席IP架构师)和果果(果派首席内容官,代表作《花千骨》)担任剧本监制,白一骢(果派首席制作官,代表作《老九门》)担任制片人。《一人之下》的真人电影则将由著名电影人徐静蕾担任监制,《一人之下》的手游制作将由曾与万代南梦宫娱乐共同制作《火影忍者》手游的金牌团队腾讯互动娱乐魔方工作室群担纲。

2016年年末,快看漫画就对外宣布已有《快把我哥带走》《单恋大作战》《零分偶像》等6部漫画作品将要影视化。网易漫画的人气漫画作品《我才不会被女孩子欺负呢》改编的网络真人剧也在2017年初开拍。

平台与平台之间,也开始了更多的合作,比如腾讯动漫将与凤凰娱乐共同打造金庸经典武侠漫画世界,正版金庸武侠漫画如《天龙八部》《笑傲江湖》等作品,未来均会在腾讯动漫平台独家首发。

随着平台型公司的发展,授权和游戏联运的模式逐渐成为平台型公司的主要收入来源。

互联网平台的商业模式,以有妖气为例,平台业务收入包含网站广告收入、阅读充值收入、无线业务收入(APP端广告业务)、游戏联运收入。再有版权(IP)运营收入,主要包括动画片广告收入、视频播放授权收入、游戏授权收入、影视授权收入、消费品授权及品牌合作收入等。

有妖气建立了一套IP运营管理体系,包含IP培育体系、IP开发体系及IP授权体系,并为企业构筑了IP资源库和IP授权库。

其中,IP培育体系主要是培养原创漫画作者和读者用户、获得IP知识产权,并推广"有妖气"原创漫画平台,构建和发展IP资源库。作者将作品上传至"有妖气"原创漫画平台,经网站平台编辑人员的合规性审核之后在平台发布;平台利用大数据分析技术对作品的读者阅读行为数据进行收集和分析,从而实现对 IP 作品的分级管理，将作品分为 S 级、A 级和普通级。在作品分级的基础上，通过平台积累的数据分析出有潜力的作品之后，有妖气通过三种方式取得作品的知识产权：①通过签署授权协议获得相应的授权（"协议取得"）；②少量著作权为通过协议受让取得（"受让取得"）；③通过用户上传作品进行一般性发布取得（"上传取得"）。

以运营商平台为例说明，运营商平台主要是中国移动咪咕动漫、天翼爱动漫（中国电信动漫运营中心）和中国联通沃动漫。

针对手机动漫业务，中国移动动漫基地开发了两类产品形态，分别为阅读型产品和应用型产品。

阅读型产品，即将原始动漫内容直接移植到手机平台上，让用户进行观看，主要产品体现为手机动漫杂志、手机漫画、手机动画等。此类产品的收费模式主要分两种，一种是点播计费模式，一种是包月模式。应用型产品，即将动漫元素通过植入到传统手机应用中而形成的手机产品，也称之为数字动漫衍生品，其主要产品体现为手机彩漫、手机彩像、手机桌面、手机动漫主题等，此类产品的收费模式同样分两种，一种是点播计费模式，一种是包月模式。以上两类产品均可通过中国移动动漫基地搭建的手机 WAP 网站、手机客户端渠道获得，手机用户可直接在 WAP 网站或客户端上操作，进行下载付费。

咪咕动漫除了原有的商业模式，如通过彩信、WAP、Web 及客户端等方式为用户提供丰富的动漫产品，对动漫产品进行运营并加入用户参与元素，为个人用户提供动漫内容的渠道等，还深度介入了动漫产品本身。中国电信的天翼爱动漫，则在 2017 年初成功注入中国电信集团旗下的上市公司号百控股，开始了更商业化的运作。

爱动漫立足动漫内容分发，通过自有平台、外部合作平台等渠道引导用户付费订购或者点播产生收入，并与内容提供方进行分成。此外，爱动漫还通过提供视频广告代理服务、动漫实物衍生品电商服务取得收入。爱动漫业务通过与动漫内容提供方合作，同时，通过原创动漫画平台"画客"，切入版权交易、衍生品运营领域，布局并整合产业链上下游。

截至 2016 年 3 月 31 日，爱动漫平台已经聚集高清动画 50 万分钟，高清漫画 190 万篇，聚合内容合作伙伴超 300 家，原创作者超 1 000 人。截至 2016 年 9 月底，爱动漫平台注册用户为 1.63 亿，"爱动漫"客户端的注册用户数达到

4 602.90 万，2016 年 1—9 月月均活跃用户数达到 146.08 万，月均观看量 5 819.17万次。

2016 年前 9 个月，爱动漫的动漫画阅读收入为 1.7 亿元，收入前十的动漫产品包分别为：爱动漫 VIP 会员、文礼精品包、动作精品包、精品包经典大作、纷享包、奇趣精品包、西子精品包、城市漫生活、幽默精品包、台湾文化精品包。

天翼爱漫画还开展了 IP 运营业务，截至 2016 年 9 月 30 日，爱动漫已签署了《前夫大人请走开》《逆天仙帝》《妙手天医在都市》等 3 部自主 IP 版权的业务合同，相关漫画完成后的版权由爱动漫所有。

中国联通的沃动漫与新华网联合打造了专业化动漫衍生品垂直电商新淘商城，重点运营正版、精品、稀缺型动漫周边产品，全面支持联通"话费购"消费，联通 2G/3G/4G 用户在商城购物时，可通过"话费购"方式为个人账户充值相应面额的电子券，金额将直接在用户手机话费账户中扣除，电子券则可以用来购买商城里的动漫周边实体产品与数字产品。沃动漫另外还有"沃家英语""沃漫天下""炫影彩信"等众多手机与动漫融合业务。

（三）衍生服务型公司

在众多平台和内容原创公司之外，还有许多为它们提供服务的公司。大致可以分为：资讯类动漫网站、运营型公司、衍生品公司。

1. 资讯类动漫网站

资讯类动漫网站以展示动漫行业的资讯信息和分析研究为主，为动漫爱好者、动漫行业从业者提供信息共享的资讯平台，其宗旨是为中国动漫传导先进的文化理念和产业意识，搭建跨媒体一体化的产业运营平台。以三文娱为例，它关注新文化新娱乐新内容产业，做有趣味有营养有梦想的报道，为动漫与文化娱乐创意人提供了大量的深度研究文章，持续分享新闻报道、案例分析与行业报告，也有专业人士在线上线下的探讨。它希望用媒体来嫁接有关部门、企业、专业院校（教学基地）、动漫人才、跨行业公司等多方面资源，为中国动漫的发展贡献力量。在 2016 年，三文娱还为行业推出了更多服务，通过 IP 库让动漫公司有了展示作品的平台，"动画酱赛事"则让很多动画人才有了崭露头角的机会。

2. 运营型公司

运营环节在整个数字动漫产业链当中扮演着非常重要的角色，在目前中国数字动漫产业中，有两种类型。

第一种类型公司为版权代理公司，属于传统的版权贸易公司，通过资金采购动漫作品数字领域的使用权，然后通过版权分销的模式，进行数字渠道的版权销售工作。新三板挂牌公司杰外动漫就是典型代表，它一方面通过自有渠道获得国内外动漫企业的授权（包括动画片授权、动画电影授权等），然后组织策划、营销推广，将版权授予不同渠道的客户。如它获得了双叶社《蜡笔小新消消乐》手机游戏的开发权，然后授权给北京精麦通无线信息服务有限公司开发和运营这款游戏，游戏上线后杰外动漫获得相应比例佣金。杰外动漫将《蜡笔小新》电子漫画授权给炫果壳（北京）信息技术有限公司在中国移动阅读基地上线，授权给花火（厦门）文化传播有限公司将此漫画书在中国移动动漫基地上线。

这一类型公司，在2016年已经更深入地参与到数字动漫内容创作当中来，与内容公司的边界变得模糊。如杰外动漫除了代理原有的动漫节目外，在2016年还增加了幼教节目的产品线，引进了《巧虎》《躲猫猫》等海外优质幼教节目，并且增加了动画节目的投资制作业务，加大自有版权的项目投入。2016年杰外动漫通过参与投资获得了逗岛（Dooodolls）、斗龙战士（Dino Warrior）两部拥有自主知识产权的动画作品。这些投资制作业务将成为公司新的赢利增长点，进一步增强核心竞争力。

第二种类型运营公司，也被称为经纪或发行公司，据三文娱归纳，目前已经衍生出多种运作方式。其中相对传统的一种是经纪公司签作者，作者以员工的身份加盟公司，收入主要是拿公司开的工资，作者创作的作品著作权归属公司。第二种模式则是以公司的编辑团队为核心，公司对IP从初期创作到后期开发，都进行了较为充分的立项（如故事大纲和世界观设定等）之后，与"外包"的作者只是就某一部或几部作品与公司签约，作品的著作权归属公司，或者共享。第三种模式则是作者凭借自身作品"战略加盟"公司，对作品的后续开发及具体分成有发言权，作品的著作权归公司和作者共有——作者既是创作者，也是公司的经营者。第四种模式，即经纪公司对要自己开公司的作者进行投资，大家换种方式进行合作——这是借鉴了影视行业的金融玩法。

在这四种模式之外，还有一种处在 CP 和平台之间的运营公司，其角色类似于纯粹的电影宣发公司，即其本身并不持有 IP，但利用产业信息的不对称，专门从事漫画、动漫作品的发布对接、宣传营销业务。

从 2016 年开始，随着行业规则的透明化，原创作者与平台之间的合作更加直接，特别是许多原创公司的发展壮大和平台深度介入内容生产，信息不对称给运营型公司带来的发展空间已经极为有限。

3. 衍生品公司

2016 年开始，兴起了许多为动漫 IP 提供变现服务和更亲密触达粉丝的服务的公司，分为授权消费品的公司、虚拟偶像公司以及游戏或影视等其他行业变现端的公司。

消费品公司在 2016 年有了比较大的变化。有一批公司在运营品牌 IP 的手段和渠道上更为多样，并试图跟紧 IP 经济及互联网科技的发展步伐，将这些全新的概念和技术化为己用。更有一批公司开始将眼光投向泛娱乐方向，利用现有 IP，通过成立子公司、投资、收购等各种方式，开拓动漫、影视、游戏等的制作和 IP 运营业务。除了收购有妖气的奥飞外，直接剥离玩具制造业务的骅威文化、游戏开发风生水起的星辉娱乐、投资了二次元小说和直播等各类泛娱乐平台的美盛文化等公司都找到了各自转型发力的方向。

表 2 动漫公司 2016 年业绩（衍生品部分，三文娱非完全统计）

公司简称	营业收入	扣非净利润	现金流量净额
奥飞娱乐	3 360 668 382.81	339 273 704.48	185 950 956.40
星辉娱乐	2 393 272 593.58	426 412 561.02	191 935 471.80
骅威文化	812 274 603.85	223 539 163.91	296 069 548.02
高乐玩具	403 507 350.39	34 224 249.35	91 919 163.66
美盛文化	633 157 304.38	73 761 484.04	38 327 489.71
群兴玩具	250 703 064.46	876 147.54	53 232 312.71
小白龙	171 806 333.85	18 304 101.05	21 716 334.80
童石网络	108 633 844.58	15 122 925.74	-91 278 290.70
蓝帽互动	62 632 761.84	16 958 843.91	13 079 996.14
星原文化	58 102 750.03	3 551 470.26	-6 052 179.44
金添动漫	191 316 367.95	5 434 349.81	21 648 617.06
智高文创	99 294 090.46	546 954.26	-17 126 217.67
梦之城	45 101 420.97	-11 456 500.73	-26 210 070.04
芝兰玉树	58 959 520.58	-47 417 725.84	-64 329 304.98

续表

公司简称	营业收入	扣非净利润	现金流量净额
轩创国际	15 132 355.63	1 752 459.45	-4 437 685.37
精英动漫	36 716 844.40	-436 145.24	1 646 553.68
凯迪威	161 058 497.78	20 550 746.99	6 954 416.12
亲宝文化	6 791 111.45	-2 841 357.85	188 363.87
亲子企鹅		年报推迟公布	
唯诺冠	169 883 158.39	22 579 215.61	8 685 469.36
利美隆	109 565 326.30	12 569 567.34	-2 338 902.96
泡泡玛特	88 118 495.91	-12 332 451.74	-9 058 268.34
银太郎	35 217 160.56	-821 060.56	-8 334 911.96

备注：
1. 三文娱制表，数据来源于官方年报文件。单位：元人民币
2. 本表格采用的是扣除非经常性损益后的净利润

消费品中的手办厂商，比如 ACTOYS、末那工作室、北裔堂创作联盟、开天工作室等，也开始与国内原创 IP 的一起成长，不过普遍尚处于市场培育期。目前国内手办行业厂商，数量少，圈子小，量不大，部分产品成本和利润持平，只有少部分优质 IP 会给厂商和 IP 方带来可观的利润。

国内的虚拟偶像，以洛天依为例，从登上电视荧屏，到与时尚杂志合作，再到进行万人现场演出，2012 年出道的她缔造了很多个中国虚拟偶像的第一次。目前有了嫣汐、乐正绫、言和、星尘、夏雨遥等更多个中文虚拟歌手存在，他们在近年获得资本的支持后，开始进行商业化探索，从传统偶像的专辑、周边、演唱会、代言，到结合 VR、AR 等新技术游戏。

三、年度影响网络（数字）动漫出版产业发展的重要事件

2016 年的网络动漫出版大事件主要在投资方面。

（一）腾讯动漫 1 亿元售出《从前有座灵剑山》等多项 IP 授权

凯撒股份 2016 年 3 月 22 日公告宣布，以总额 1 亿元授权金，获得腾讯动漫《从前有座灵剑山》《银之守墓人》《我的双修道侣》等若干个 IP 的改编授权。这次授权，包括这几个 IP 在中国大陆地区（不含港澳）的移动游戏、网

页游戏、电视剧（含网络剧）的改编开发、发行和运营权，有效期2年。凯撒股份将先行支付20%预付款，剩余80%的款项将在协议有效期内按照单个合作IP在腾讯动漫平台上线进度所涉及的授权金进行支付。

（二）夏天岛融资5 000万元、鲜漫融资1 650万

华策影视2016年上半年投资鲜漫1 500万元人民币，增资后持股10%；投资杭州夏天岛2 500万元，投资完成后持股5%，已经投出1 250万元。夏天岛彼时拥有夏达、小新等数十位知名漫画家和《长歌行》《狐妖小红娘》等数十部人气漫画作品。鲜漫的作品有《从前有座灵剑山》漫画等，被认为是国内实力TOP10的漫画创作公司．

（三）艾尔平方融资2 550万，绘梦动画获得腾讯等上亿元投资

2016年11月，艾尔平方披露几个月前完成了2 550万元A轮融资，资金将主要用于原创动画IP的开发和公司产能提升。艾尔平方为有妖气制作了《十万个冷笑话》漫画改编动画、《镇魂街》漫画改编动画等作品。绘梦动画在2016年底成功获得腾讯与天津梧桐树上亿人民币投资。绘梦动画此前获得过创新工场、B站、乐元素、景林等投资机构与公司的投资，并与腾讯动漫、有妖气、爱奇艺等平台达成合作，出品多个动画作品。

（四）腾讯投资玄机科技近2亿元，收购天闻角川41%股份

2016年9月5日，日本角川集团宣布腾讯已经从中南出版传媒集团收购天闻角川41%股权，成为第二大股东。未来腾讯将引进天闻角川的漫画、轻小说等作品。2017年春节前夕，玄机科技完成了来自腾讯等资方的近2亿元投资，估值接近20亿元。

（五）昆仑万维投资网红漫画家使徒子的公司

2016年9月20日，昆仑万维发布公告，已于9月19日以子公司西藏昆诺赢展创业投资有限责任公司为主体，与北京徒子文化有限公司签订协议，向后者增资700万元，取得10%股权，以700万元价格取得徒子文化创始人使徒子

（谭青硖）和王磊的增资后 10% 股权。

（六）夏达声明将离开夏天岛

2016 年 12 月 11 日下午，漫画家夏达在微博发布长文表示身体不适，《长歌行》连载暂停，并对离开夏天岛的决定做出了说明。夏达说，由于自己不懂法律知识，2007 年时她与夏天岛签下的条约中权利和义务极度不对等，至今她没有拿过来自夏天岛的任何工资及签约金，所有的收入都来自作品刊载平台给出的稿费、版税以及作品授权金——而这其中，夏天岛还会分走一大部分。夏天岛事件引发了业内热烈讨论，以及诸多漫画工作室与旗下签约作者之间合作方式的变革。有人认为这是一个信号，说明漫画家的成长成熟与旧规则的矛盾被抬到了公众的视野，至于是否好转，还需要行业每一个从业人员重新梳理自己的身份地位。也有人认为夏天岛属于个案，行业内的大部分公司或团队早在纸媒时代就有了与作者更完善更合理的合作方案。

（七）快看漫画融资 2.5 亿，知音动漫增资 5.67 亿元

2017 年新年伊始，快看漫画宣布了 C 轮融资 2.5 亿元的消息，本轮融资由天图资本领投，红杉资本、今日头条、光信资本、亦联资本跟投。融资后的快看漫画将把更多精力和资金投入到服务优秀作者、孵化实力 IP、提升用户体验、打造优质内容等方面。2017 年 3 月初，湖北知音动漫有限公司完成了增资扩股，募集资金 5.67 亿元出让 52% 股份。

这几起事件说明，漫画平台在去年一年里有了更高的关注度，在用户和收入数据上也有了突破。

四、总结与展望

（一）总体态势及存在问题

中国动漫产业已经进入高速发展期，无论 Web 端还是手机端，产业链各环

节的竞争合作更加密切，正在呈现出新的发展趋势，碰撞出新的运营模式和商业模式。这主要表现在网络巨头不断进入网络动漫领域、深度参与产业链各环节、资金流和人才流不断涌入、国产动漫内容突破传统二次元局限、动漫粉丝消费意愿和能力增强。

诚然，我国网络动漫市场繁荣背后也隐藏着诸多问题。一是富有创意的精品内容缺乏。虽然资本热潮涌动，国内读者和消费者的需求高涨，但动漫行业高端创意人才仍然匮乏，创作技巧仍需锤炼，内容环节的发展水平直接决定着整个产业的发展水平。二是商业模式仍不明晰。如本报告前述的衍生服务型公司，当中创业公司多数仍在探索。这些问题使国产原创内容在人气和收入的形式和体量等多方面相对于国外都有较大差距。

（二）发展建议

面对着当前发展所存在的一系列问题，我国动漫行业要实现良性、快速的发展，必须从以下几个方面努力。

首先，要建立更有效的知识产权保护体系，动漫产品的核心是动漫原创创意的知识产权，产业发展的前提是动漫的创意版权能被有效保护。

当前各大平台对漫画动画等版权内容的保护，相比于三五年前，已经有很大改观。不过，在某些网盘和在线视频网站、漫画网站仍有不少侵权内容，或者纵容平台用户以 UGC 自发上传模式来分享盗版内容。国家有关监管方需要进一步加以打击。

其次，产业扶持政策需持续加强，特别是动漫创业公司的法律法规和资金扶持。虽然当前国内有多个城市都对动漫产业有着扶持政策，还有不少"动漫之都""漫画之乡"与"动漫发展城市基地"，不过有关部门仍需加强对动漫企业的奖励与扶持，特别是进一步促进产业中市场化公司的发展。

再次，重视动漫从业人员的培养，促进动漫专业人才多进行实践，推进校企合作。

目前，"动画酱"就在积极推进各大美术院校和综合类高校与动漫企业的互动，在中国传媒大学、中国美术学院、广州美术学院、四川美术学院、鲁迅美术学院等地，举办了动画创作比赛，邀请多位知名动画导演作为评委，选拔动画创作人才。三文娱也邀请动漫堂、网易漫画、若森数字、分子互动、柏言映画、声影动漫、天工艺彩、十二栋、中影年年、北斗企鹅、徒子文化等优秀动漫企业，进入校园做宣讲和现场招聘，向学生群体传授技能技巧，并分享动画人的职业发展前景。希望有更多的力量加入活动中，共同推进人才的培养。

附　录

国外网络（数字）动漫发展状况及启示

1. 日本电子漫画悄然崛起

随着移动终端和互联网的普及，人们逐渐形成在手机上阅读的习惯。即便是有着悠久纸漫历史的日本也未能免俗。在20世纪90年代中期达到巅峰之后，日本纸漫市场就一直在走下坡路并已持续负增长15年之久，而与此相对，日本电子漫画正悄然崛起。

根据日本全国出版协会发表的2016年日本漫画（纸＋电子）市场统计，2016年日本漫画销售总额为4 454亿日元，比2015年销售额微增0.4%。其中电子漫画销售额飞速增长，达1491亿日元，比前年增加27.5%；而纸质漫画销售额持续下滑，自1984年后32年来首次跌破3 000亿日元，为2 963亿日元，较前年减少9.3%。

日本业内认为，纸媒的衰落，根本原因是年轻读者的缺失；电子漫画则肩负着替代纸媒将年轻读者引入漫画市场的使命。而那些由于人气作品连载结束而流失掉的漫画读者，也需要通过电子媒体重新加入到漫画市场中。

与此相比较，美国的数字漫画市场份额反而出现了下滑，原因是北美地区数字漫画的价格远没有低到让读者抛弃印刷漫画；而数字漫画新付费方式的改变，也让不少用户与其渐行渐远。归根结底，美国的数字漫画渠道更多是渠道甚至管道，未能把控有影响力的IP，因而在市场格局中也缺少影响力。

2. 韩国政府如何扶持动漫产业

与中国一样，韩国动漫也是深受日本和美国影响，而且受限于本土市场狭小，更难以培育出大的动漫公司。韩国政府也早早出台各种政策，来扶持本土的动画漫画内容。

韩国文化产业振兴院是为了提高本国动画竞争力而开展的项目，从2012

年至2016年的5年间共提供了556亿韩元的预算援助，致力于挖掘优秀的韩国国产动画，在动画制作、剧本企划开发、样片、新媒体、短篇作品、动画推介播放、节目制作、海外出口、亚洲动画峰会和海外展示市场的参与等方面给予援助。

首尔产业振兴院动画部1999年5月设立，为了四大主要文化产业（动画、网络漫画、角色形象和游戏产业）的发展以及对文化产品的成功发掘，正在进行各种援助事业，包括：①新文化产品的创作和以发掘优秀创作人才为目标的援助；②为优秀产品打开国内市场而举办展示会、洽谈会；③为提高国内动画作品的完成度，运营和管理专门进行后期创作（高清影像编辑，录音编辑）的工作室，和提供角色形象原型相关创意以及可以进行3D打印的创作室；④针对有实力的动画企业，为其提供共享的企业入驻空间"创作援助室"。

韩国京畿文化产业振兴院（GCA）与动画相关的援助事业大致分为投资和制作援助、金融援助、入驻空间和设备援助、出口援助、人才培养、地区庆典援助、文化基础扩大等方面。

韩国漫画影像振兴院提供的扶持主要是体现在寻求实现网络漫画全球化的跳板、培养人才资源、推进漫画系统的多样化、打造富川的漫画城市形象等各领域中。

（作者单位：北京创艺天地科技有限公司）

2016—2017 中国网络社交媒体出版产业年度报告

张孝荣

一、中国网络社交媒体发展概况

网络社交媒体是网民彼此之间用来分享信息的工具和平台，也简称社交媒体，随着微博与微信的发展，目前已经成为互联网的主流应用。据中国互联网络信息中心（CNNIC）发布的《中国互联网络发展状况统计报告》显示，社交媒体大致包括即时通信、视频音乐、博客、微博、社交网络、论坛、移动社交这几类平台。本报告主要关注博客、微博、自媒体、短视频、视频分享类网站的发展情况。在下文中，前三者统称博客类应用，后二者统称网络视频。另外，因网络电台、移动K歌等音频社交媒体发展迅速，本文也会对此加以介绍。

从整体来看，2016年的中国网络社交媒体继续保持稳定发展的趋势。博客类应用继续处于成熟发展阶段，用户规模达到天花板；微博用户数量在2015年触底后回升，自媒体迅猛发展；网络视频步入平稳发展期，整体用户规模稳中有升，移动短视频领域增长迅猛，自制节目和视频自媒体数量增加；值得一提的是，音频类社交媒体迅速发展起来，在社交媒体中占得一席之地。

（一）博客类应用发展概况

1. 微博用户呈现回升态势

根据微博发布的2016年全年财报显示，截止2016年12月，我国微博用户规模为3.13亿，而2015年微博用户量为2.30亿，2014年为2.49亿，2013年为2.81亿。回顾2013年以来我国微博用户量的变化，其规模在经历了2013—2015年的持续下降后在2016年有了一定程度的回升，2016年比2015全年则上升了26.52%。2014年微博网民使用率较2013年的45.5%相比下降到38.4%，下降了7.1%，2015年该数字继续下降至31%，这一数字在2016年又回升到37.1%。相比其他各类互联网应用如即时通信、网络视频、博客等的用户规模都呈现出正增长的情况，微博在各类社交应用中的竞争力和吸引力在经历了一个下降过程后又重新吸引到用户的注意力。

从手机微博用户来看也有相同的趋势，手机微博用户规模从2014年1.71亿下降至2015年1.62亿，全年下降5%，网民使用率也下降3.4%；这一数字在2016年回升为2.40亿，所占比例也提高到了34.6%，提高了5.7%。用户量的回升对于微博来说具有重要意义。在2016年，直播、视频相关业务在移动互联网的快速发展迅速引爆全行业，尤其是网络红人在2016年上半年的爆炸式发展，都是微博作为社交媒体的平台性作用不断凸显的结果。微博在2016年月活用户明显增长，各大行业领域的覆盖面不断扩大，在新闻舆论、综艺娱乐等方面继续保持绝对影响力；同时，在视频、旅游、体育等领域也得到进一步的延伸，微博的平台性作用进一步彰显。

某种意义上，微博这一年的全面复活，或许是这一年内"网红经济"风口和"直播""短视频"等风口以及自身扎实运营等多重效应的综合结果。

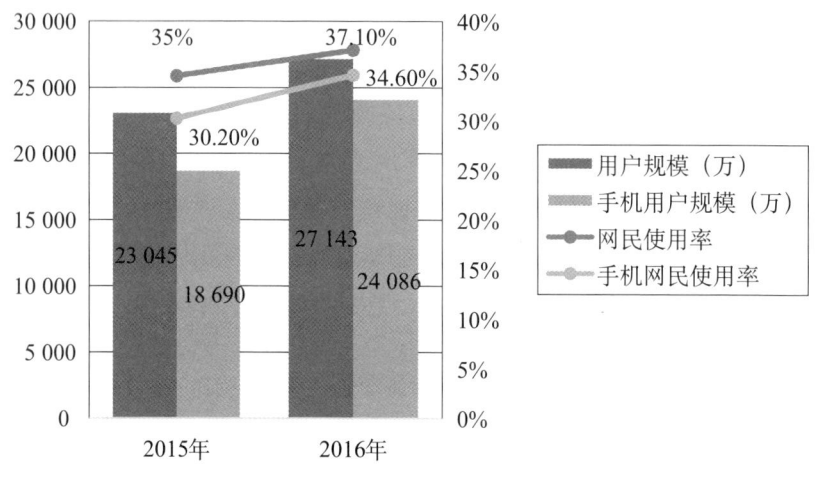

图1 2015、2016年微博用户规模（万人）及用户使用率

数据来源：CNNIC中国互联网络发展状况统计调查

2. 文字自媒体："精英化"趋势明显

2016年自媒体平台进一步呈现出明显的优胜劣汰趋势，高质量的账号及作者逐渐从数量庞大的自媒体中脱颖而出，而质量不佳或疏于管理的自媒体将逐步面临被淘汰的境地。

自媒体的爆发式发展具体有以下三个表现：第一是微信公共号订阅总量激增。据腾讯数据显示，微信公众号的数量已经达到1 777 万，增长率为32.1%，并以每天1.5万个的速度增加，八成微信用户表示会关注公众号，而在2016年年底，微信用户量已达到8.89亿，首次超越了8.69亿用户的QQ，微信已然巩固了其"中国最大的即时社交应用"的地位。此外，科技思想类自媒体平台和微信公众号"精英化"趋势明显，迅速的增长和迅速的淘汰都已成不可逆转的态势。

各自媒体企业认为2015—2016年是自媒体从量变到质变的重要阶段。激烈的竞争将会对自媒体和自媒体平台的运营和管理带来巨大的挑战，但是在大浪淘沙后，将会有一批优质的自媒体凸显，相关的社会监管体制也会迅速完善，并且为媒体行业的运行模式和管理理念带来彻底的革新。

3. 博客相关统计暂停更新，或稳中有降

与2014年相比，2015年空间/博客的总用户数量稍有提升，达到47 457 万人，但是网民使用率有所回落，下降到71.1%。由此看出，虽然大多数网民依旧依赖博客和个人空间来进行网络互动，但是总体用户规模较为稳定，上升空间较小，在使用率方面更是难以提高。而到了2016年，以CNNIC为代表的调查机构已不再对博客网站用户规模进行调查和数据更新。根据主要博客网站和Chinaz站长之家的数据显示，现阶段博客网站，特别是活跃网站的数量减少，网站排名也有所下降，但仍然拥有一定市场。博客用户中最受欢迎的用户几乎均属于股市分析领域或明星名人领域，股市分析类博客的博主发帖频率较高，基本可以维持在每日发帖；而普通用户发帖频率则相比之前有很大下降。

（二）网络音视频行业发展概况

1. 网络视频用户规模稳中有升，行业持续平稳发展

自2008年以来，网络视频行业的用户规模一直呈增长趋势，截止到2016

年 12 月，网络视频用户规模达 5.4455 亿，比 2015 年年底增加了 4 000 余万人，用户使用率为 74.5%，上升了 1.3 个百分点，已经成为第一大休闲娱乐类互联网应用。从用户规模的增长率来看，2008—2013 年，网络视频用户规模以年均 14% 以上的速度在稳步增长，达到一定程度后，近两年的增长速度有所放缓。2015 年以知识产权为核心的网络娱乐产业链展现出巨大的商业价值，用户规模和增长率均获大幅提升，2016 年上半年网络视频用户规模在高位基础上持续增长。

截至 2016 年 12 月，手机网络视频用户规模为 4.998 7 亿，使用率为 71.9%，比 2015 年底增长了 6.5 个百分点，网络视频用户持续向手机端转移，手机视频用户的增长依然是网络视频行业用户规模增长的主要推动力量。从用户规模的增长率来看，手机网络视频用户在 2012 年、2013 年得到迅猛增长，2014 年用户达到一定规模后增速放缓，但增长率仍保持在 10% 以上。

2. 手机坐稳"网络视频收看第一终端"宝座

截至 2015 年 6 月份，手机已经超越 PC 成为用户观看网络视频节目的第一终端。2016 年这一地位得以延续。76.7% 的网络视频用户选择用手机收看网络视频，使用率比去年增加了 4.8%，成为网络视频的第一终端。其次是台式电脑/笔记本电脑，视频用户的使用率为 54.2%，相比去年锐减了 17.0%，平板电脑、电视的使用率与 2014 年相近，都稳定在 23% 左右，是移动端、PC 端这两类主要收看设备的补充。

智能手机、家庭 Wi-Fi 和第四代移动通信技术（4G）投入使用带来网络环境的不断升级，加之在移动端能填补用户碎片时间、随时随地唾手可得的优势，推动了移动视频用户的快速增长。2016 年，我国智能手机出货量达到 4.65 亿部，智能手机用户规模达 6.46 亿。4G 网络提高了手机网速和稳定性，大屏手机和高清显示技术也有助于高质量影音图像的呈现。此外，目前支撑移动视频的主要内容（电视台的综艺节目、国产电影、海外引进的版权内容以及自制内容等）均具有较好的质量。随着国家新闻出版广电总局对海外剧引入政策的收紧，自制剧或自制综艺节目内容比重将有所提升。

3. 短视频出版行业发展迅速，用户规模庞大

短视频指一种视频长度以秒计数、主要依托于移动智能终端实现快速拍摄和美化编辑，可在社交媒体平台上实时分享和无缝对接的一种新型视频形式。

它融合了文字、语音和视频，可以更加直观、立体地满足用户的表达、沟通需求，满足人们之间展示与分享的需求。短视频的时长一般控制在五分钟以内，内容生产流程简单、制作门槛低、发布方便，同时又不失专业化水准。短视频不是视频网站的缩小版，而是社交的延续，成为信息传递的一种方式。一方面，用户通过参与短视频话题突破了时间、空间、人群的限制，让用户更有参与感；另一方面，社交媒体为用户的创意和分享提供了一个便捷的传播渠道。

短视频应用在美国最先出现，以 Instagram 为代表的平台在年轻人群中风靡。国内代表性的短视频平台包括美拍、小咖秀、FaceU、小红唇等工具型 APP 和秒拍、快手等综合型 APP。用户可利用自己创作并拍摄的时长较短的视频与他人进行社交活动。目前，除了拥有秒拍、小咖秀、一直播的一下科技进入 D 轮融资、美图公司进入 C 轮融资外，短视频行业的公司大多处于 A、B 轮融资阶段，2016 年全行业共有 43 起融资。

4. 网络自制剧渐成规模，自制综艺节目数量激增

资本驱动以及"一剧两星"市场环境变化下，互联网自制剧迎来一轮创作浪潮。根据各大视频网站公布的自制剧名单，2015 年投资在 2 000 万元以上的网络剧接近 20 部，其中不乏投资 5 000 万至 1 亿元的作品。投资加码、专业制作力量涌入，"网络出品"正经历从量变到质变的过程。网络剧在各大视频网站上播出，逐渐收获越来越高的点击率。

另一方面，2016 年，网络自制综艺延续了上一年迅猛增长的势头。据《2016 年腾讯娱乐白皮书》数据显示，2016 年网络自制综艺节目数量高达 111 部，而且节目类型涵盖语言、音乐、户外、生活实验、亲子等多方面，呈现出更加多元化趋势。

表 1　2016 年网络综艺节目播放量 TOP10

节目	播出平台	播放量（亿）
《爸爸去哪儿4》	芒果、优酷	20.61
《火星情报局 I》	优酷	10.47
《明星大侦探》	芒果	8.90
《暴走法条君》	优酷	8.04
《约吧大明星》	腾讯	7.94
《黄金单身汉》	芒果	7.64

续表

节目	播出平台	播放量（亿）
《偶滴歌神啊3》	爱奇艺	7.07
《作战吧偶像》	腾讯	6.81
《妈妈是超人》	芒果	6.72
《拜托了冰箱2》	腾讯	6.30

数据来源：《2016腾讯娱乐白皮书》

由上表所示，自制综艺中，芒果TV、腾讯视频和优酷在数量上呈现出近乎三足鼎立的状态，分别以三档左右的节目占据榜单，芒果凭借地面卫视的优势更胜一等，优酷发力势头明显紧随其后，腾讯也不甘示弱；此前一直遥遥领先的爱奇艺在本年度自制综艺节目板块获得的成绩一般，前十名中仅占一档，平台间竞争异常激烈。

从节目内容和题材来看，综艺节目则呈现出多元化、差异化的趋势。近年来，观众对自制节目内容的要求越来越高，早期的娱乐播报、搞笑综艺、资讯盘点等节目类型早已不能满足他们的要求，多元化、差异化的内容才能吸引他们的注意。为此，在2015年，各视频网站都积极加强了自制节目类型的多样性，开始覆盖访谈类、互动类、脱口秀、真人秀等多种类型，呈现多元化和差异化发展：明星真人秀仍占较大比重，占比达30%；素人真人秀作为一匹黑马突出重围，占比高达39%；访谈、音乐、脱口秀等其他综艺节目类型占比31%，这说明自制综艺市场呈现出全面开花、素真霸屏的局面。而到了2016年，语言类综艺节目势头迅猛，偶像养成类节目数量激增，与直播相结合的"直播+综艺"模式发展迅速，并且借着里约奥运会的热潮，高人气的体育明星参与各类真人秀也成为常态。数据显示，孙杨、傅园慧和张继科成为2016奥运明星中参与综艺节目最多的选手，人气最高的孙杨参与了十余档综艺，通过这些综艺节目观众既对喜爱的体育明星有了更多了解，体育运动也在年轻群体中更加流行起来。

5. 音频出版社交媒体崛起

音频出版社交媒体主要包含电台类在线音频平台、移动K歌类应用和带有社交功能的音乐播放类应用，其中，由于音乐播放类应用中社交功能处于辅助地位，属于弱社交范畴，暂不关注。本文中的音频出版社交媒体主要指以"PGC+UGC"模式辅助提供社交服务的电台类在线音频提供平台和移动K歌类应用,下文简称音频媒体。根据对这两类平台数据的评估和测算,2016年音频媒体的用户覆盖量约为3—4亿,其中活跃用户约为5 000—6 000万。

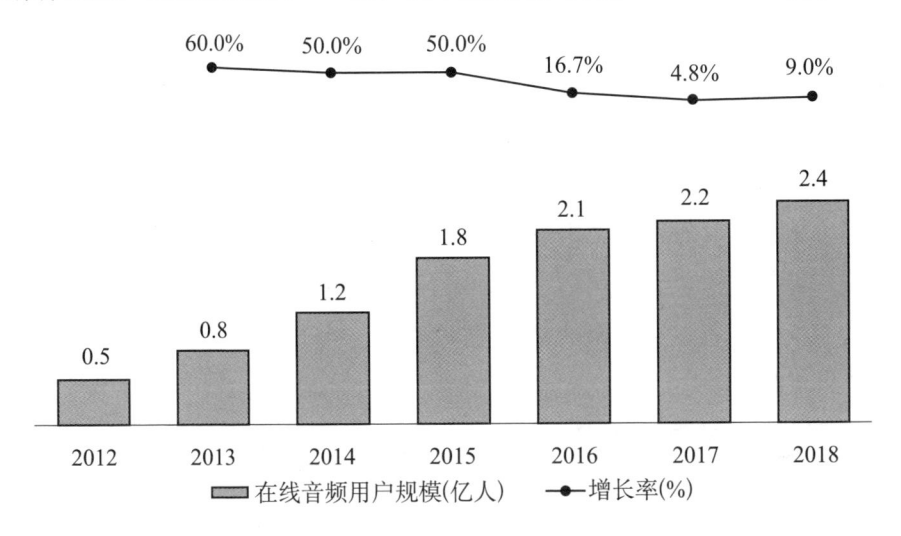

年份	在线音频用户规模(亿人)	增长率(%)
2012	0.5	—
2013	0.8	60.0%
2014	1.2	50.0%
2015	1.8	50.0%
2016	2.1	16.7%
2017	2.2	4.8%
2018	2.4	9.0%

图1 2012—2018年中国在线音频用户规模及增长率情况

来源:综合互联网公开信息及专家访谈,根据艾瑞统计模型核算,仅供参考

月份	月度活跃设备数(万台)
2016.1	3 821.3
2016.2	4 338.0
2016.3	4 644.1
2016.4	4 842.1
2016.5	5 230.6
2016.6	5 295.8
2016.7	5 407.7
2016.8	6 851.3
2016.9	9 115.4
2016.10	10 047.5

图2 mUserTracker-2016年1~10月在线音频类APP的月度活跃设备数

注释:1. 数据由12个主流音频APP进行用户去重所得,仅供参考
2. 艾瑞于2016年10月10日,发布mUserTracker 3.0 Beta版,由于增加了一批在线音频类APP的分拣,因此9—10月的数据具有较高的增幅,仅供参考
来源:mUserTrcker,2016. 11,基于日均400万手机、平板移动设备软件监测数据与超过1亿移动设备的通讯监测数据,联合计算研究获得

在线音频是指除完整的音乐歌曲或专辑外，通过网络流媒体播放、下载等方式收听的音频内容，主要包括播客节目、有声书以及网络电台三个主要的实现形式。内容上涵盖了新闻播报、脱口秀、评论访谈、相声评书、广播剧、教育培训等多个类型。2012—2015 年，伴随移动上网设备数的快速增长以及音频平台的刺激，行业迎来用户规模的爆发性增长。进入 2016 年后，移动上网设备在中国互联网用户中的普及基本完成，中国在线音频用户进入平稳增长期。行业竞争从用户行为普及向用户争夺和平台黏性、活跃度培养转移。从 2016 年 1 月到 2016 年 10 月，在线音频类 APP 的活跃设备数从 3 821.3 万台激增至 10 047.5 万台，其中 2016 年 8 月后急剧增加，预计 2017 年一季度将达到 1.2 到 1.5 亿台左右。

6. 弹幕视频网站发展概况

从 2014 年开始，垂直领域的社交产品开始发力，社交媒体正在从"大众社交媒体"或"综合性社交媒体"进入"小众化社交产品"时期，出现了许多基于人的不同兴趣、爱好、需求而生的小众化的社交产品，其中就包括弹幕社交产品如 A 站、B 站等。

弹幕视频网站起源于日本的 NICONICO，弹幕是指大量吐槽评论从屏幕飘过的效果。弹幕文化给观众提供了一个互动的窗口，观众参与度更强，对视频网站来说弹幕提升了自身的吸引力和用户黏度，对用户来说增加了观看视频时的趣味性。后来国内出现了第一个模仿者 AcFun（俗称 A 站，现属奥飞动漫旗下）以及 A 站的改良者 bilibili（俗称 B 站，现属 SMG 旗下），后者是当前国内最大、最成功的弹幕视频网站。

此外，爱奇艺、优酷等主流视频网站的部分视频也已支持弹幕功能。

（三）收入规模

1. 博客与微博收入规模

博客和微博行业的收入主要依然来自于网络广告收入。博客方面，收入主要集中在新浪、腾讯和网易三家，新浪优势依然明显。但目前已经没有相关数据。

在 2016 年，新浪微博净营收 6.558 亿美元（折合 45.3 亿元），同比增长

37%，其中广告营收约为 5.71 亿美元，同比增长 42%。上市以来新浪微博广告营收不断上升，2014 年微博的收入增长迅速，全年净营收达 3.34 亿美元，同比增长 77%，；2015 年微博净营收 4.779 亿美元，同比增长 43%。2016 年，新浪微博进一步保持赢利，赢利空间持续上升。

2. 网络视频产业收入规模

有数据显示，2016 年在线视频行业市场规模约为 609 亿元。推动网络视频行业迅速发展的主要因素如下。

（1）在内容层面，各大视频网站将自制剧提升到战略高度

国家新闻出版广电总局网络司网络视听节目备案库数据显示，2016 年 1 月 1 日—11 月 30 日，视频网站备案的网络剧为 4 430 部，共计 16 938 集，节目数量与 2015 年（1 月 1 日—9 月 30 日，总局备案库网络剧为 549 部，共计 6 658 集）相比呈现井喷式增长；备案的网络电影（含微电影）为 4 672 部，网络综艺节目有 618 档，共计 6 637 期，均远超以往。网络视频中，IP 是各大网站关注的焦点。数据显示，2016 年度热门电视剧前 15 中，大部分是 IP 剧，这也让网站一掷千金，大手笔购买 IP 剧和综艺节目，如 8.1 亿的《如懿传》、800 万美元的韩国版《步步惊心》等。根据剧星传媒的统计数据，2016 年 TOP20 网剧播放总流量突破 413 亿，远远超过 2015 全年累计 229 亿的播放量。其中播放量在 20 亿以上的网剧为 6 部，占比 30%；播放量在 10 亿以上的网剧为 15 部，占比达到 75%。

（2）在播出模式上，新台网共赢模式逐渐规模化

视频平台逐渐形成自己的排播系统，网站付费会员为"好看""先看"付费，不仅能缩短从内容生产到播出的周期，也有利于制作公司加速商业投入的回报。付费首播舆论助推电视剧的收视率，台网跟播则再次扩大电视剧的关注度，一方面实现用户覆盖互补，另一方面也实现了台网的相互导流。

2016 年自制反输更成常态，从《他来了请闭眼》《我去上学啦》《爱上超模》到《偶滴歌神啊》《如果蜗牛有爱情》《老九门》《九州天空城》《鬼吹灯之精绝古城》等，自制反输项目数量逐渐增多。视频网站不再是内容的承载者，更成为了内容的制造者。各家视频网站纷纷参与项目制作投资影视剧和综艺项目的开发。乐视有《好先生》《翻译官》等，腾讯有《择天记》《青云志》等，不仅平台优先获得独播版权，《青云志》更成为湖南卫视周播剧场暑期重档先网后台的先例。2017 年优酷也揽下《军师联盟》《武动乾坤》《赢天下》

三部独播大剧并签署了先网后台的"不平等条约"。

（3）在商业模式上，会员付费收入增长强劲，网络视频生态圈逐步形成

一方面，广告营销作为网络视频市场的最主要收入来源在 2016 年保持稳定增长，移动营销、内容营销、程序化购买、跨屏营销等针对广告主不同营销需求的投放方式不断释放网络视频平台的营销价值，会员付费等增值服务后劲十足，网民付费观看行为已成常态，各大视频网站通过大剧排播模式创新、VIP 会员内容的有效开拓，积极拓展会员服务在网民中的渗透；另一方面，以网络视频为核心，辐射直播、商城、游戏、文学、社交、电影票务等多种服务的视频生态圈正逐步形成，为消费者提供一站式的体验和服务，带动整个数字娱乐市场上下游产业的繁荣。

根据中国网络视听节目服务协会日前发布《2016 年中国网络视听发展研究报告》，2016 年网络视频付费用户比例为 35.5%，与 2015 年的 17% 相比剧增 108.8%；付费模式以包月为主，有 63% 的用户选择包月，这个比例比 2014 年增加 2.8 倍。不过，《报告》中的调查显示，付费的前景不容乐观。最近一年内没有购买过视频网站付费服务的用户中，有 57.7% 的用户表示坚决不会付费，仅有 3.2% 的用户表示肯定会付费。事实上，不愿付费的用户中，有 71% 的人表示可以等免费再看，而另外的用户则表示可以找到免费资源。

（4）在市场格局上，BAT 三家独大，马太效应日趋显著

网络视频的竞争在烧钱的前提下，呈现了明显的分化。2016 年，网络视频行业的角逐主要在爱奇艺、优酷、腾讯视频之间展开，这三家的市场份额总共占据 70% 以上份额。而第二梯队搜狐视频、乐视视频、芒果 TV、暴风影音、聚力传媒等市场份额在 25% 以下，差距明显。内容版权方面，BAT 抢到了大部分头部内容，独播内容运营与自制内容创作能力的表现都非常亮眼。此外，BAT 在付费用户比例上全面领先，在流量入口中也占据了明显优势，尤其是移动端。《报告》显示，最受欢迎的移动 APP 依然是 BAT 控制的爱奇艺、优酷、腾讯视频，其他视频 APP 安装率 15% 以下，经常使用率低于 4%。从整体行业来看，用户规模与营收规模息息相关，呈现倒三角形的行业集中度。随着内容竞争愈加激烈，未来视频行业马太效应将更加明显，新进者缺乏资金和用户积累，将逐渐减少。

二、主要服务商发展情况

（一）博客类应用服务商发展概况

1. 大型网站退出博客类领域竞争，自媒体博客显端倪

2016年，除了新浪博客，大型门户网站的博客频道如网易博客、搜狐博客、腾讯博客等均已退出博客领域竞争。同时，专业性较强的博客频道如博客园、CSDN博客排名与2015年3月相比仍位居前十名。资讯阅读类博客（如博客中国、爱范儿、喷嚏网）和软件类博客（如异次元软件、小众软件）排名略有上升。

与2016年3月相比，2017年3月，除新浪博客仍稳居排行榜第一外，其余大型网站博客应用都已退出排行榜，这也成为自媒体和一些小型博客进入排行榜的主要原因。资讯类博客由于满足了用户在碎片化时间阅读消遣的需要，以及给用户带来新鲜资讯的功能，逐渐占领2016年博客应用排行榜。科学网博客和CSDN博客的发展，体现了用户对专业性咨询和学术资源需求的增加。而FC2博客等一些小型博客网站进入TOP15排行榜，这些博客网站的质量不高，影响力也不大，实质上反映的是大众化博客行业的逐渐衰落。

从博客所关注的行业角度上来看，2016—2017年博客网站的发展中，关注行业呈现多样性和分散性并存的特点，其中IT及创业相关、资讯类及个人生活类为主要发展方向。在统计Chinaz.com博客网站排行榜前30名中，我们看到关注互联网创业及IT行业和个人生活类博客的各有6家，占比分别达到20%，另外专注分享碎片化资讯类的博客数量也有所提升。博客园和CSDN网站仍然保持了十强地位，并双双进入TOP5，说明互联网IT行业仍是博客网站当前的主流关注点。

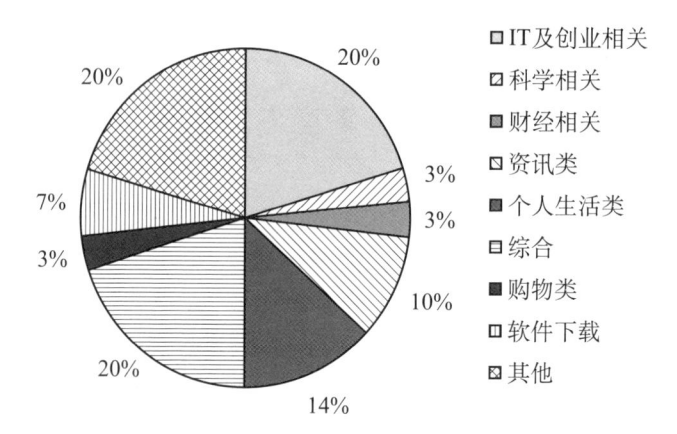

图 3　2016 国内主要博客服务商行业分布

数据来源：chinaz.com 网站排行榜　2017.03.19

2. 轻博客进一步萎缩

2015 年轻博客进入萎缩状态，目前轻博客发展呈现出网易 LOFTER 一家独大，其余轻博客陆续退出市场的局面。2016 年后，轻博客陆续开发移动端业务后其行业发展的回暖迹象也并未持续。从 2017 年 3 月 19 日站长之家（chinaz.com）博客网站排名来看，仅 LOFTER 保持在前五，人人小站已下降到 18 名，其他轻博客已不在 30 名榜单之内，这说明轻博客也将逐渐与博客一起走向下坡路。

在所有轻博客中，网易 LOFTER 持续三年表现稳定。网易 LOFTER 将其定位为"国内最优质的图片社交软件"，以图片分享社区为切入点，成为用户分享摄影作品、交流摄影经验的平台，并着重提升视觉效果，满足了年轻用户对于时尚艺术品位的追求，除了摄影爱好者，还吸引了许多二次元用户。但是建立 5 年多以来，LOFTER 尚未明确地引入赢利模式，因此未来更长时间的发展趋势仍需要进一步观察。

3. 新浪微博：线上社区的积极转型

根据新浪微博数据中心发布的《2016 年度微博用户发展报告》，截至四季度末，微博月活跃用户达到 3.13 亿，同比增长 33%，其中 90% 为移动端用户；日活跃用户达到 1.39 亿，同比增长 30%。目前微博自媒体作者数量超过 900 万，每月活跃的自媒体作者数量超过 200 万。2016 年，微博中间交易额有所增长，包括购物、充值、粉丝头条、打赏、付费阅读、微博会员以及送花等方式的交易额均有增长。2016年微博增值服务营收为8 480万美元,同比增长12%。

2016年微博的收入取得了大幅度增长,全年广告收入为5.71亿美元,同比增长了42%,广告收入的增长成为微博赢利的重要推动力。

从收益看,进入2015年以来,门户广告营收、微博广告营收、门户其他应收、微博增值服务营收所占新浪总体营收规模的比例几乎保持不变,但从绝对值来看,门户及微博的广告收入均稳定提升,但上升速度不快,说明新浪需要寻找新的利润增加点来提升其营收能力。

微博活跃用户规模保持了良好的增长势头,2016第四季度达到3.13亿,同比增长33%。但与第三季度相比,环比增长5.4%,从环比增长率来看,自从2014年开始环比增长率下滑后,只有2015年第一季度环比增长率达到10%以上,其他季度增长率稳定在5%左右,与2014年之前状况相比发展较慢。

新浪微博已经成为国内微博客行业的垄断者,用户的规模已经趋于成熟。对于未来的微博而言,进一步发展的机遇很多,广告、游戏、搜索、无线增值、电子商务及内容收费都可能成为其积累用户和增加赢利的增长点。吸引新用户和保持用户的活跃度仍然是微博面临的挑战,而面对诸多的发展选择,微博更需要培育自己的核心竞争点,明确战略方向,提升运营能力。

(二) 微信、今日头条等自媒体平台大浪淘沙

自媒体平台在2016年继续得到发展,除去腾讯系和今日头条之外的大多数资讯客户端增长趋于平缓。自媒体马太效应愈发凸显,更多优质自媒体将被投资,内容的产出还是依赖平台的多元和传播形式的多样。

1. 微信平台持续增长

(1) 微信超越QQ成为腾讯第一大平台

腾讯年报显示,2016年微信的月活跃用户达到8.89亿,比去年同期增长28%,首次战胜了QQ(8.69亿),意味着微信正式翻盘QQ成为腾讯第一大平台,不过受制于人口红利的渐渐消失,微信历史上首次同比增速低于30%。

(2) 微信红包大爆发

根据财报,截至2016年12月,腾讯移动支付的月活跃账户及日均支付交易笔数均超过6亿。农历新年除夕的24小时期间,全球4.2亿人使用微信红

包，微信红包收发数量达 140 亿，较去年同期增长 76%。

（3）网络广告收入继续增长

2016 年微信网络广告业务的收入同比增长 77% 至 2016 年第四季的 51.68 亿元，主要受来自微信朋友圈、移动端新闻应用及微信公众账号广告收入的贡献增长所推动。

微信的发展也带动了腾讯的网络广告业务。凭借微信朋友圈、微信公众账号的广告收入以及移动新闻端广告的增长，腾讯的网络广告业务收入同比增长 54% 至 269.70 亿元，效果广告收入增长 81% 至 157.65 亿元。

（4）微信全面铺开商业化布局

微信的商业化布局全面展开，增值服务、游戏、营销、电商等各领域均取得了明显进展。微信不断地将人们线上与线下的生活相连接，使得互联网与传统产业相结合，渗透到生活的各个方面。微信在 2016 年第一季度关闭了导入 QQ 联系人的功能，将连接用户购物、出行等生活服务需求作为主要发展方向。

目前微信的用户使用率已经基本达到高峰，未来用户规模拓展的空间不大，其发展方向也将由满足用户的基础社交需求，转向对更多新业务的探索。微信的多功能趋势将更加明显，从单一服务向平台化模式发展，成为连接起娱乐、购物、缴费、金融等多领域服务的综合性平台。

2. 今日头条：与算法共舞

截至 2016 年年底，今日头条日活用户 7 800 万，月活用户 1.75 亿，单用户日均使用时长 76 分钟。

截至 6 月 30 日，各类头条号总数达到 16 万个，相比 5 月同期增长 23%。其中各类自媒体数量超过 12 万个，企业、媒体、政务等机构账号超过 4 万个。

3. 小米："一点资讯"不止一点

截止 2016 年 11 月，一点资讯日活跃已达到 4 800 万，相比年初的 2 480 万提升近 100%，用户使用时长达到 55 分钟，IOS 次日留存率达到 50%，人均阅读 20 篇文章，现有 365 个兴趣频道，一点资讯入驻自媒体超 10 万家，日更新内容超过 50 万篇。通过与小米、OPPO 等优质渠道的战略合作，一点资讯得以融入大量年轻、健康、富有活力的用户流量，完善大数据标签体系。

4. 百度号：依托百度强大背景快速发展

百家号是百度公司为内容创作者提供的内容发布、内容变现和粉丝管理平台。百家号于2016年6月份启动并正式内测，9月份账号体系、分发策略升级，广告系统正式上线，9月28号正式对所有作者全面开放。2016年10月12日，百度公布旗下自媒体平台百家号数据情况，自6月推出以来，累计注册用户数达105 083个，通过账户数21 708个。收益分成情况方面，32位作者收入超过1万元，253位作者收入超过3 000元。此外，单篇文章收入最高6 013元，796篇文章收入超过1 000元。

而在PC端，除去百度号之外，各大门户网站开设的自媒体平台占据了一定优势位置，包括腾讯大家、搜狐自媒体、网易自媒体、360自媒体等。各大自媒体平台陆续对外开放注册，百度号、网易自媒体、腾讯自媒体、凤凰自媒体、一点资讯、新浪自媒体等自媒体平台相继开放申请。

2016年宣布获得过单轮超1 000万融资的"自媒体"项目就有37家，早期投资单轮额度超过1 000万的项目，估值多半在1亿以上。

（三）音频出版社交媒体异军突起

2016年，主要网络音频社交媒体都已从单一播放内容的工具转变为音频社交平台，其特点主要包括：①内容都推行PUCG战略，以丰富的内容形式和精准推送分层直面用户需求，以优质内容引导用户付费；②推出直播功能，将其作为网络音频社交媒体的社交功能的基础，并以此带动粉丝经济；③联合硬件生产商推出各自的音频或车载硬件，并与汽车生产商以预装软件的形式进行合作，移动端车载端同时发力。

目前国内较为活跃的在线音频平台包括喜马拉雅FM、荔枝FM、蜻蜓FM、多听FM、考拉FM、凤凰FM、阿基米德FM、企鹅FM和懒人听书等十余家。

此外，在线音频聚合类服务平台还包括腾讯旗下的企鹅FM、用户规模超过5 000万的大型网络音频APP多听FM等。除上文提到的以提供在线音频服务为主要目的的APP外，以全民K歌、唱吧为代表的移动K歌类平台也成为音频社交媒体的重要组成部分。目前，唱吧、全民K歌在移动K歌领域处于双寡头地位，其中唱吧的用户占有量稍高，排在第三位的天籁K歌约占有5%—6%的市场，其余各平台均未超过5%。

根据易观2016年前三季度发布的数据，一季度，中国移动K歌市场的用户规模为5 701.6万人，较上年同期增长43.5%。"唱吧"的用户渗透率在

2016年前三季度分别为65.2%、54.8%、53.6%，一直稳居第一但稍有下降；"全民K歌"则分别为46.3%、38.2%、43.0%，居于第二；酷我K歌在第一季度以11.6%的用户渗透率居于第三位，但在二、三季度迅速下滑至不足5%，并被"天籁K歌"后来者居上，同样后发制人的"爱唱"在第三季度也取得了较快的发展。

从中国主流移动K歌应用的人均行为分析数据来看，唱吧、全民K歌、爱唱三款应用的人均单日启动次数超过5次，其中唱吧的人均单日启动次数最多，每人每天启动次数的均值为6.1次；唱吧、全民K歌、爱唱、移动练歌房、演唱汇五款应用的人均单日使用时长数据表现突出，均在30分钟以上。其中，爱唱和唱吧的人均单日使用时长表现抢眼，分别高达56.82分钟和56.50分钟。

K歌应用多是异步社交，直播模式的嵌入使得移动K歌应用"实时互动"的社交功能与K歌体验相得益彰，也大大提升了K歌用户参与感和平台黏性。K歌应用中嵌入直播模式主要有秀场与音频直播两种形态。唱吧的直播模式独立于唱吧直播间产品中，爱唱则是将秀场纳入K歌产品中，推出以视频直播形式为主的音乐娱乐原创真人秀节目《爱唱红人馆》。酷我K歌、天籁K歌等应用推出的则是音频直播间的K歌功能。另外，视频合唱功能几乎已经成为各类移动K歌应用的必备功能，社交功能的设置与强化带来了以人均单日启动次数和人均单日时长为表征的用户黏性数据的提升。

（四）主要网络视频服务提供商

2016年主要的网络视频服务提供商包括以YY语音、花椒直播为代表的网络直播类网站，以BAT旗下的优酷土豆、爱奇艺和腾讯视频为代表的播放平台类网站及以AcFun、Bilibili为代表的弹幕视频类网站。网络视频行业现已成为互联网行业中占比高、增长快、发展比较稳定的类目之一，其发展前景良好，成熟的发行制作模式正在探索中逐渐明晰。

1. 网络直播类

2016年，多家直播平台与电商等行业跨界合作，行业垂直细分领域崛起。游戏赛事类直播、泛娱乐类直播、垂直类直播爆发式增长，其代表企业主要包括YY语音、花椒直播、一直播、映客直播，以及主打游戏的虎牙直播和熊猫

TV等。

ME直播是2016年2月上线的实时的视频直播互动APP，基于移动端设备，实现实时视频直播，具有录制视频上传、弹幕互动和动态点赞等功能。3月，欢聚时代向知牛财经注资10亿，向金融股票行业的垂直行业细分迈出第一步。5月，一直播上线，支持微博直播功能。6月，淘宝、蘑菇街、聚美直播上线，途牛影视与花椒达成战略合作，直播平台与电商购物平台和旅游平台的跨界合作范围更加广泛，"直播+"的概念更多地得到实践。7月，苏宁直播上线。

由于2016年直播平台大多数倾向于扩大用户数量，因此门槛较低，主要为UGC内容的泛娱乐类直播平台占据了超过半数的比例，达到51.1%；垂直类直播位列第二，占27.8%；其次是游戏类直播平台，占比18.0%；最后是版权类直播平台，由于数量较少且直播资源相对稀缺，门槛高，仅占3%。

此外，2016年的网络直播行业，资本与互联网巨头双重追捧形势全面铺开。2016年1月，映客直播获昆仑万维8 000万A+轮融资；乐视3亿元收购章鱼TV；2016年3月，腾讯4亿领投、红杉资本和南山资本跟投斗鱼TV，易直播完成6 000万A轮融资；2016年4月，触手TV获得2 000万美元融资；2016年5月，IT直播联合北京摩游世纪科技有限公司在大陆成立公司，获得乐体创投和未名资本的1.5亿元融资。BAT及其他大型互联网公司也在2016年大规模布局直播行业，百度百秀、腾讯直播、优酷内置直播、淘宝直播、爱奇艺奇秀等直播平台纷纷上线。

2. 爱奇艺PPS

2016年2月12日，百度宣布公司董事会收到公司董事长兼CEO李彦宏和爱奇艺CEO龚宇的初步非约束性收购提议，计划收购爱奇艺100%的股份，排除现金及负债交易，该交易为爱奇艺估值28亿美元。

2016年2月26日，爱奇艺直播了Angelababy上海生日会及Angelababy粉丝团十周年纪念会，累计在线观看人数占爱奇艺娱乐生日会总观看人数的23.25%，排名第一。韩剧《太阳的后裔》让许多爱奇艺的用户们心甘情愿成为付费会员。此外，爱奇艺的自制大剧《老九门》成为史上首部破百亿播放量的网剧，多部自制剧和自制综艺大热，如《废柴兄弟4》《最好的我们》《灵魂摆渡2》《奇葩说》等，这些节目甚至反向输出到电视台。

2016年7月25日，李彦宏和龚宇代表买方财团致信百度董事会，宣布撤回2016年2月提出的爱奇艺私有化要约。这封信中表示，买方财团在与三名独立董事组成的特别委员会进行了多轮沟通谈判后，由于在交易结构和购买价格等方面未能达成一致，买方财团决定撤回要约，终止收购百度所持有的全部80.5%爱奇艺股份的计划。

2016年12月1日，爱奇艺"新电影主义"自制网络电影战略合作发布会在京召开。发布会上，爱奇艺高级副总裁杨向华与索尼影视娱乐北京代表处首席代表、大中华区发行销售及制作副总裁黄黛共同宣布双方达成战略合作，未来双方将合作开发一系列电影项目。

3. 优酷土豆

2016年1月19日，合一集团（优酷土豆）与阿里百川联合发布"合一百川创业加速计划"。通过融合文娱与电商，以平台资源支持、资金投入和人才培训等扶持方案，为创业者提供支持。

2016年，优酷土豆自制综艺和剧集的数量也呈现井喷局面。网剧如《十宗罪》《整容季》《国产大英雄》，综艺如《火星情报局》《鹿晗么么哒》都是合一自制影响力颇大的节目。同时，在2016年，合一取得《微微一笑很倾城》的网络播放权，也吸收了大量的该剧粉丝成为合一的付费用户。

2016年10月31日，阿里巴巴CEO张勇通过内部信形式宣布，正式筹建阿里巴巴文化娱乐集团，同时宣布，古永锵不再担任优酷土豆董事长兼CEO，将出任阿里大文娱战略和投资委员会主席，负责筹集大文娱产业基金。

4. 腾讯视频

2016年腾讯视频的三大核心战略是"自制""版权"和"用户体验"，同时基于此为合作伙伴提供更广阔的营销空间。电视剧方面，包括《诛仙》《一路繁花相送》《幻城》《锦绣未央》《麻雀》《小别离》《寂寞空庭春欲晚》和《劣质好先生》等几十部年度大剧都被腾讯视频收入囊中。其中由畅销网络小说改编而来的《幻城》《诛仙》被人们视作时下的顶级IP。并且，腾讯视频将与TVB合作，为港剧迷们提供包含600集当年新剧在内的共2 500集剧集。同时，腾讯视频旗下的企鹅影业宣布将携手TVB，共同打造顶级网剧《使徒行者2》。电影方面，腾讯视频宣布与派拉蒙达成合作，从2016年4月后的派拉蒙最新电影将在腾讯视频好莱坞影院独家播放，这包括《星际迷航：超越》《忍者神龟：脱影而出》《侠探杰克2：永不归》《碟中谍5：神秘国度》及《终结者：创世纪》等；自制剧方面，企鹅影业曾经宣布了8部顶级品质网络剧的计划，比如联手导演李少红、编剧严歌苓的《妈阁是座城》，联手金牌制片人侯鸿亮联手的《如果蜗牛有爱情》，联手《花千骨》制片人唐丽君的《重生之名流巨星》，以及顶级IP《鬼吹灯》等；自制综艺节目方面，腾讯视频自制综艺的类型更加丰富，六大类节目组成的大阵营，基本覆盖了包括真人秀、美食类、时尚类、语言类、音乐类、亲子类在内的所有综艺类型。

5. 主要弹幕视频网站现状

AcFun 取意于 Anime Comic Fun，一般称 A 站，正式开设于 2007 年 6 月，最初为动画连载性质的网站，2008 年 3 月转职为全弹幕视频网站，停止对连载动画的更新。其系统基本仿制 NICONICO 制作，提供视频观看者在视频中评论的功能，评论会以字幕的形式出现在视频上，被称作"弹幕"。AcFun 是国内弹幕网站的鼻祖。

虽然是国内最活跃的二次元视频网站之一，但是 A 站弹幕网络的赢利情况则很不好看。公开资料显示，2015 年弹幕网络资产总额 2 122 万元，负债 1.16 亿元，营业收入 363 万元，净利润亏损 1.13 亿元。2016 年 1 月—9 月，资产总额 3 625 万元，负债总额 1.47 亿元，营业收入 71.37 万元，净利润亏损 1.46 亿元。

目前 A 站产品分为线上和线下两部分：线上产品包括 WEB 端、H5 页面端和手机端 APP 三个平台，是目前 A 站的主要业务；线下服务包含弹幕影院、线下演艺、漫展和校园活动等，通过线上线下互动，提升用户体验和增加变现渠道。

Bilibili（哔哩哔哩）是国内一个动画、游戏相关的弹幕视频分享网站，也被称为 B 站，是由原 A 站网友"⑨bishi"于 2009 年 6 月 26 日创建。其前身为视频分享网站 Mikufans，建站初衷是因为 A 站在运行时经常不稳定，创立者想为用户提供一个稳定的弹幕视频分享网站。2010 年 1 月 24 日正式更名为 bilibili，并用于有别于 A 站等视频弹幕网站的弹幕系统。

B 站作为主要的二次元文化阵地，已经超越 A 站，发展成为国内最大的弹幕网站。2016 年 9 月的公开数据显示，B 站拥有超过 1 亿活跃用户和 100 万活跃的 UP 主（视频创造者），包含 7 000 多种热门文化圈，日均 1 000 多原创音乐投稿。来自 B 站联合调研公司的统计数据显示，在人群画像方面，0 到 17 岁的用户是 B 站用户的绝对主流，接下来是 18 到 24 岁的用户，25 岁以上的用户加起来不到 10%。在北上广的大学生和中学生里面，B 站的用户超过 50%。

在 B 站，弹幕是一种社交途径，满足了用户的归属感、存在感和参与感。虽然网络观看视频通常意味着单人单屏，但是越小众冷门的文化，人就越渴求"同好"，正因如此，弹幕这种切中二次元用户的垂直内容可以在 B 站上赢得一席之地，继而扩散影响力。和优酷土豆、乐视、爱奇艺等同样引进日本动画版权并播放的视频站点不同，B 站的用户黏性极高，因为在 B 站所有视频默认开启弹幕，这是对用户的一种天然的筛选。高度认可弹幕文化的用户在使用 B 站的过程中形成了自己的亚文化社群，对 B 站有强烈的依附感，很少去其他没有弹幕功能的视频网站，而即使其他视频网站开启了弹幕功能，社群氛围也与 B 站大相径庭，无法让原 B 站用户获得同等体验。对于不少 90 后来说，B 站可能是他们主要甚至唯一观看视频的网站。

三、2016 年社交媒体行业发展特点

（一）博客类应用的发展特点

1. 博客与个人空间

博客已经进入了成熟的发展阶段，用户规模上升空间不足。与此同时，在微信和微博客等其他社交媒体方式的冲击下，博客和个人空间的使用率难以提升。如何保有现阶段的用户量使之不再流失，是博客面临的主要问题。

以 QQ 空间为代表的个人空间呈现出"分众化"趋势，据 QQ 空间发布的数据，2015 年 9 月，QQ 空间活跃用户中，51% 为 90 后用户，32% 为 95 后用户。核心用户定位向年轻人方向转变，与之相适应，个人空间的产品功能设置也需要随之发生变化。QQ 空间目前的营利主要有会员、游戏和广告三方面的收入来源，也积累了数量大且稳定的用户群体，但是由于核心用户为未成年人和大学生群体，尤其是未成年人的消费能力不足，因此其商业化的道路仍需进一步探索。

2. 微博全面复活

据 2016 年微博发布的第四季度财报中显示，截止到 2016 年 12 月 31 日，微博月活跃人数已达到 3.13 亿，较 2015 年同期相比增长 33%；其中 12 月份移动端在 MAU 总量中的占比为 90%；9 月的日活跃用户达到 1.39 亿，较去年同期增长 30%。

在 2015 年的几乎整个互联网圈内，微博都是一款被大量唱衰的产品。但是到了 2016 年，微博开启了它的全面复活——无论从活跃用户数据还是财报，微博在这一年内都呈现出一种捷报频传的状态。

2016 年，直播、视频相关业务在移动互联网的快速发展迅速引爆全行业。尤其是网络红人在 2016 年上半年的爆炸式发展，都是微博作为社交媒体的平台性作用不断凸显。微博在 2016 年月活用户明显增长，各大行业领域的覆盖面不断扩大，在新闻舆论、综艺娱乐等方面继续保持绝对影响力；同时，在视频、旅游、体育等领域也得到进一步的延伸，微博的平台性作用进一步彰显。

某种意义上，微博这一年的全面复活，或许是这一年内"网红经济"风口和"直播""短视频"等风口以及自身扎实运营等多重效应下的综合结果。

3. 微信公众号借助自媒体、知乎、直播平台等

微信公众号是开发者或商家在微信公众平台上申请的应用账号，该账号与 QQ 账号互通，通过公众号，商家和个人可在微信平台上实现和特定群体的文字、图片、语音、视频的全方位沟通、互动，进而形成了一种主流的线上线下微信互动营销方式。

《2016 年度微信公众号数据洞察报告》显示，2016 年微信公众号数量达到 1 777 万，较 2015 年增长 32.1%，预计 2017 年将超过 2 000 万。数据显示，在使用用途方面，52.3% 网民使用微信公众号获取最新资，各行业微信公众号不断增多，网民已将公众号内容作为了解信息主要途径之一，其次是学习知识的 26.5% 和方便生活的 15.8%。在不同行业微信公众号中，休闲娱乐类微信公众号文章以 23 735.6 次阅读量居于首位，而汽车类微信公众号以 79.3 的点赞数获得用户较高认可。在超过 1 200 万个微信公众号中，60% 的微信公众号坚持更新内容，受用户持续关注微信公众号占比仅为 10%。65.2% 网民因微信公众号推送内容少而退订，57.9% 网民因微信公众号更新频次低而退订。

2016 年作为内容创业元年，公众号流量红利催使大批个人主体入驻。与此

同时，自媒体大号进入品牌树立、变现的队伍之中。微信公众平台的上线完成了 APP 到平台的转身。2016 年原创和优质内容成为运营小编的关键绩效指标，内容质量成为公众号的主要筹码，决策用户流量导向。

整体上，公众号运营效果两极分化明显，大号在内容质量以及粉丝基数上占据绝对优势，腰部和底部公众号上升空间大，但也面临淘汰挑战。

随着公众号阅读量的降低、获客成本的上升，公众号的推广更多借助今日头条中等自媒体内容推送平台。2016 年用户使用时间最大的变化是自媒体内容推送平台以及快手、花椒等直播平台更多地占用用户的时间。据报道，快手等直播平台使用量火爆增长，用户量直逼 4 亿。巨大的流量更易于公众号增加粉丝量。同时知乎、百度派等网络问答社区氛围友好与理性，连接各行各业的精英。用户分享着彼此的专业知识、经验和见解，阅读这些网络社区文章都是带着需求来的，便于公众平台更精准地吸收潜在客户。

（二）网络视频行业的发展特点

截至 2016 年 12 月，中国网络视频用户规模达 5.45 亿，较 2015 年底增加 4 064 万人，增长率为 8.1%；网络视频用户使用率为 74.5%，较 2015 年底提升了 1.3 个百分点。其中，手机视频用户规模为接近 5 亿，与 2015 年底相比增长 9 479 万人，增长率为 23.4%；手机网络视频使用率为 71.9%；相比 2015 年底增长 6.5 个百分点。随着 4G 网络的进一步完善以及手机资费的下调，网民在微信、微博等主 APP 上观看短视频的行为变得更加普遍。

2016 年，在国家相关部门的监管下，网络视频行业整体朝着健康有序的方向发展，主要呈现以下三方面特征。

1. 自制剧提升到战略高度，自制内容更加精品化

在内容层面，各大视频网站纷纷将自制剧提升到战略高度，自制内容朝精品化方向发展。国家新闻出版广电总局网络司网络视听节目备案数据显示，2016 年 1 月 1 日—11 月 30 日，视频网站备案的网络剧为 4 430 部，共计 16 938 集，节目数量与 2015 年相比呈现井喷式增长。此外，网络自制节目在专业性、观赏性、艺术性上也有显著提升，品牌意识、精品意识增强，部分网络剧跻身年度热剧排行。

2. 新台网共赢模式逐渐规模化

在播出模式上，基于视频网站的优质内容，视频平台收费首播、台网免费后播的新台网共赢模式逐渐规模化。视频平台逐渐形成自己的排播系统，网站付费会员为"好看""先看"付费，不仅能缩短从内容生产到播出的周期，也有利于制作公司加速商业投入的回收。付费首播舆论助推电视剧的收视率，台网跟播则再次扩大电视剧的关注度，一方面实现用户覆盖互补，另一方面也实现了台网的相互导流。

3. 付费模式增长强势，网络视频生态圈逐步形成

在商业模式上，会员付费收入表现出强劲的增长趋势，网络视频生态圈逐步形成。一方面，网络视频行业广告收入增长疲软，会员付费等增值服务后劲十足，各大视频网站通过大剧排播模式创新、VIP会员内容的有效开拓，积极拓展会员服务在网民中的渗透；另一方面，以网络视频为核心，辐射直播、商城、游戏、文学、社交、电影票务等多种服务的视频生态圈正逐步形成，为消费者提供一站式的体验和服务，带动整个数字娱乐市场上下游产业的繁荣。

四、2016社交媒体年度大事

（一）网易论坛关停

2016年9月，网易论坛发布公告称，因网易传媒业务发展需要，网易论坛将于2016年10月19日停止服务。这也是继关闭网易社区、网易微博服务后，网易关闭的又一项传媒服务。至此，从1999年上线开始运营至今，走过了17年岁月的网易论坛正式作古。

网易论坛的关停，某种意义上是传统PC端社区在移动互联网时代全面失势的一个缩影而已。在过往的PC时代，天涯、猫扑、西祠、新浪、网易等等论坛和社区承载了大量用户的在线交流和娱乐，但到了移动时代，随着用户时间大量被手机占据，以及移动应用的越发丰富，PC时代的这些老牌社区们开始纷纷失势。

无论天涯、猫扑，乃至被出售的开心网以及早已淡出主流视野的人人网，都是这一大时代背景下的牺牲品。它们都在用自己的切身经历证明着——PC时代的社区，与移动时代的社区，一定是两种截然不同的东西，要想从PC端顺利迁移到移动端，挑战将是巨大的。

（二）知识付费崛起成趋势

2016年5月15日分答上线，借助王思聪打造了第一波品牌攻势，李银河、周国平、罗振宇、汪峰、章子怡等众多明星大咖及健康领域、理财领域、职场领域等名人答主在分答付费语音平台回答各类问题。上线仅42天，吸引超过1 000万授权用户，付费用户超过100万，33万人开通了答主页面，产生了50万条语音问答，交易总金额超过1 800万，复购率达到43%，分答每日付款笔数超过19万次。果壳网、分答创始人姬十三在"邂逅分答42天"发布会当天向数百家媒体公布在行&分答获得A轮融资，估值1亿美金，成功为知识付费时代拉开大幕。紧接着6月成功上线，马云成为了李翔商业内参的第一个订阅者。

2016年，在行、知乎、分答、喜马拉雅等纷纷探索付费咨询、付费音频、付费直播等形式，开启了以"知识"作为贩卖物的有偿共享经济模式。2016年是属于认知盈余和知识付费的一年。相比于产品层面的成功，更让人在意的是知识付费的方式开始多元化、有价知识的层面开始增加，以及"认知"作为一种商品开始脱离知识单独产生市场。

众多平台、行业明星、媒体，以及认知盈余的内容生产者与"拥趸"，都在高调唱兴这个商业模式的可行性。由于知识与认知这种商品的虚化本质，这种模式甚至很难被市场证伪。因此这个产业必然是个长风口，很难集中爆发，但一直有新故事可以讲。在可预料的2017年，认知盈余产品必然又有大规模的发展。

（三）网络直播行业监管洗牌

2015年12月9日，微博V影响力峰会召开。微博作为最大的社交媒体平台之一，产生了众多的微博大V。微博副总裁曹增辉发表了主题演讲。《垂直大V发展状况》的数据显示，2015年前11个月，内容作者在微博上累计获得收入超2亿元。曹增辉称2016年微博将为内容作者带来超过4亿元的收入。

（四）全民直播兴起

2016年5月有两件事狠狠地刺激了业界的神经。一是欧莱雅在美拍平台上，通过巩俐等明星直播戛纳电影节，吹响了娱乐明星进军直播圈的号角。二是小米通过直播发布了小米无人机，在各个平台上观看的总人数累计达到1 092万。在业内人士目瞪口呆还没缓过劲来的时候，被视为业外人士的王健林又直播了私人飞机斗地主。

2016年被誉为"中国网络直播元年"，资本市场对网络直播的态度，从最初的怀疑观望到现在的执着狂热，从5月开始，获得融资的直播平台上了三位数，到年底已经达到四位数。映客、花椒等直播平台都获得了极大的关注，同时微博、陌陌等社交媒体也大力布局直播。尽管各大直播平台还是个人秀场直播占据主要内容，但在一些专业领域手机直播正在渗透。相对于传统直播，虽然其专业度比不上传统直播，但手机直播更迅速、更便捷，将直播的主动权交到直播者自己的手上，在突发事件的报道上更具优势。

（五）短视频UGC内容井喷

2016年，短视频在流量（消费端）、产量（生产端）和资金量（投资端）都出现了井喷现象。UGC的爆发同样惊人，快手每日上传短视频量超300万，假如以每个视频3分钟算，可以播放超过6 000天。社交分发和智能算法分发的加入，一举解决了短视频的分发难题，将短视频从小圈层中解放出来，获得新天地。

根据《2016短视频内容生态白皮书》显示，2016年短视频内容创业方面已发生超过30笔融资，融资的轮次多是天使轮和A轮，额度基本都在千万级以上。今日头条提供的数据显示，2016年以来国内各类短视频相关创业项目的融资规模达到53.7亿。其中包括完成一亿元B+轮融资的"一条"、5 000万元A轮融资的"二更"等醒目的案例。

10月，新榜公布的头条号自媒体榜单TOP20，有13家已涉足短视频，半年前仅为8家，一年前只有2家，短视频成为自媒体大号的标配。9月份，今日头条宣布拿出10个亿，扶持短视频。腾讯QQ也在腾讯全球开发者大会上宣布拿10亿扶持短视频内容创业者。与微博深度合作的一下科技不甘落后，融资 5 亿美元之后，要拿出 10 亿扶持短视频业务。12 月 12 日，微信发布最新 6.5.1 版本，朋友圈中短视频由 6 秒增加到 10 秒，这个超级 APP 首次允许用户选择相册内的本地视频，并且视频长度如果超过 10 秒，微信会提示并提供编辑工具以截取。互动性增加的玩法已经吸引影视圈人狂热刷屏体验，显示出未来很多可能性。

2016 年迎来更大一拨 4G 手机换机潮，游戏培养起来的付费用户增加，短视频流行有了更大的硬件和用户基础。进入 2016 年，短视频内容生产者的价值显现，在低门槛和高质量的双重要求下，短视频成为内容创业者的新入口。短视频领域的市场化和商业化还太低，大伙都在跑马圈地，还不到你死我活的地步。

在视频传播碎片化、创作环境宽松和社交网络发达的背景下，用户重新成为视频内容创作主体，UGC 逐渐成为用户主导的网络视频主流内容形式。具有及时传播、表现丰富、成本低廉等优势的短视频从长视频的辅助补充进化为与之分庭抗礼的视频内容形式。而强调用户实时互动参与、切入多个垂直场景的移动直播开始成为 UGC 内容新浪潮。

移动视频内容创业的火爆，从侧面折射出了互联网经济的价值正在从早期的工具属性转向内容为王，这个过程为多样化商业模式的诞生创造了条件，而新的模式正在一步步完成对传统商业模式的迭代和消费升级。

五、总结与展望

（一）博客类应用发展的总结与展望

回顾过去的一年，博客类应用用户数量、广告收入、自媒体领域均表现良好。

在移动和社交层面领域，用户规模不断扩大，用户数量快速增长，用户活跃度持续提升。其中微博的用户规模、活跃度和收入均呈现回升态势。2016 年，微博开启了它的全面复活——无论从活跃用户数据还是财报，微博在这一年内都呈现出一种捷报频传的状态。2016 年，直播、视频相关业务在移动互联网的快速发展迅速引爆全行业。尤其是网络红人在2016年上半年的爆炸式发展，都是微博作为社交媒体的平台性作用不断凸显。

微信公众号数量达到1 777万，较2015年增长32.1%。微信的商业化布局全面展开，增值服务、游戏、营销、电商等各领域均取得了明显进展。微信不断地将人们线上与线下的生活相连接，使得互联网与传统产业相结合，渗透到生活的各个方面。微信在2016年第一季度关闭了导入QQ联系人的功能，将连接用户购物、出行等生活服务需求作为主要发展方向。

在收益上，广告收益依然是博客类应用的主要收益，2016年新浪微博净营收6.558亿美元（折合45.3亿元），同比增长37%，其中广告营收约为5.71亿美元，同比增长42%。2016年微信网络广告业务的收入同比增长77%至2016年第四季的人民币51.68亿元，主要受来自微信朋友圈、移动端新闻应用及微信公众账号广告收入的贡献增长所推动。凭借微信朋友圈、微信公众账号的广告收入以及移动新闻端广告的增长，腾讯的网络广告业务收入同比增长54%至269.70亿元，效果广告收入增长81%至157.65亿元。

博客已经进入了成熟的发展阶段，用户规模上升空间不足。与此同时，在微博、微信和微博客等其他社交媒体方式的冲击下，博客和个人空间的使用率难以提升。门户类网站的博客频道除新浪博客之外均已排名十名开外，基本退出竞争市场；自媒体博客和专业性博客还占据一席之地。如何保有现阶段的用户量使之不再流失，是博客面临的主要问题。

作为新技术下的新媒介，商业逐利的本性致使商业资本大量进入微信，微信也会和微博一样摆脱不掉商业化、赢利化的命运。探寻适当的赢利模式和赢利途径是微信将来亟须考虑的问题。任何媒介的商业化都需要冒一定风险，商业化就意味着广告，广告的出现就意味着和用户使用产品的初衷相违背。如何在用户使用的满意度和忠诚度与商业化之间寻求平衡点，是微信走上商业化道路需要考虑的问题。而对微信而言，如何利用公众平台挖掘自己用户的价值，为这个新的平台增加更优质的内容，创造更好的黏性，形成一个不一样的生态，是更重要的方向。

微博正在成为各大内容聚合和传播的首选平台，而越来越多的内容又为微博带来更多活跃用户，这种正向效应引发的内容聚合和传播价值，目前看来是无可替代的，所有内容制作者都不能不重视微博平台的价值。直播是2016年最火爆和最重要的内容机会,结合越来越成熟的短视频,2017年微博最大的机会显然在这两个领域的商业化中变现。不管是秀场模式、综艺模式还是短视频的新闻模式,都会迎来微博新的爆发点,而微博与一直播、秒拍的组合,也会成为行业最重要的格局力量。2017年对微博来说是求稳固、求发展的一年,前途广阔但挑战尚存,如何延续2016年的二次崛起,这一年将是关键。

(二) 网络音视频行业发展总结与展望

2016年,网络音视频行业继续保持快速发展势头。在平台方面,视频播放平台类网站的发展已经逐渐趋于成熟,探索成熟的内容制作新模式已经成为各视频网站竞争角逐的焦点。这一年,网络自制剧和自制综艺质量优良,各主要视频网站都纷纷拥有自己的王牌节目并打造属于自己的品牌矩阵,向台网输出、与电商合作、试水购物狂欢节、引进国外热播作品版权、开放更多付费功能等行为让其付费用户规模继续快速上升。BAT仍然是网络视频领域的最大赢家,依托湖南卫视这棵"大树"的芒果TV也后劲十足,将已有资源充分调动起来,分得一杯羹。

短视频行业是2016年快速崛起的另外一个行业。从Instagram引进而来的短视频经过国内相关媒体的改造,形成了以美拍、小咖秀为代表的工具型媒体和以秒拍、快手为代表的平台型媒体共同占据短视频行业主要阵地的局面。短视频以其碎片化的信息传输方式、丰富的创作方式和素材、简便的拍摄制作过程深受社交媒体用户的喜爱,处于成长期的短视频行业也能够容纳更多竞争者的加入。

音频社交媒体主要包括电台类应用和移动K歌应用。电台类应用以其不需要占用视觉注意、适合收听长时间或连载节目等特点在车载市场中有天然优势,基本进入稳定发展局面。移动K歌类应用中,全民K歌和唱吧两个应用占据了本行业中的寡头地位,挖掘出了一批素人明星。音频社交媒体的存在一定程度上延续了广播的存在并弥补了其不足,未来仍有一定的发展空间。

此外,弹幕视频网站的发展方向也逐渐明晰。尽管对于整体市场而言,弹幕网站的受众相对较少,但在年轻一代(95后乃至00后)人群中,弹幕网站的使用率非常高,未来也将延续这一趋势。无论在音频行业还是视频行业,移动端的使用率都已超过PC端并延续这一趋势。如何在移动端开发更多精彩、方便的功能，对于主要厂商来说十分重要。

而在内容方面，发力原创、开掘素人是所有音视频社交媒体平台发展的重点方向。新媒体时代，人人都能够成为信息的生产者和传播者，只要能够制作出精彩的内容，深耕任何领域都将有所收获。

2016—2017 中国移动出版产业年度报告

闫 鑫

一、移动出版产业发展概述

据市场调研机构 Counterpoint 针对全球手机市场的最新调研显示，2016 年全球智能手机出货量接近 15 亿台，其中，中国品牌手机在 2016 年的出货量达到了历史新高，为 4.65 亿台，贡献了接近全球出货量的 1/3。[①]

据中国互联网信息中心（CNNIC）发布的《第 39 次中国互联网络发展状况统计报告》显示，截至 2016 年年底，中国网民规模达到 7.31 亿，全年新增网民 4 299 万人，互联网普及率超五成，达到 52.3%，较上年提高了 2.9 个百分比。其中，中国手机网民规模达 6.95 亿，较上年新增 7 550 万人。网民中使用手机上网人群占比由 2015 年的 90.1% 提升至 95.1%。这说明，我国网民的上网终端进一步向手机端集聚。

近些年，移动互联网持续高速发展。由原来的 2G 到 3G，再到现在的 4G 已经普及且远超人们预期的同时，运营商们已经开始布局 5G 网络；加之 WiFi 热点的进一步覆盖，以及智能移动设备的不断普及，都催生着中国移动互联网的快速发展和进步。人们已经越来越习惯移动互联网给生活带来的各种便利，手机阅读、手机支付、手机直播等新兴生活方式也早已融入移动用户的日常。2016 年，移动互联网的发展依旧是带动移动出版产业发展的双翼，为移动出版

---

① 2016 年中国智能手机出货量达 4.65 亿部［EB/OL］. http://money.163.com/17/0205/12/CCGS5HJB002580S6.html

的发展奠定坚实的基础。

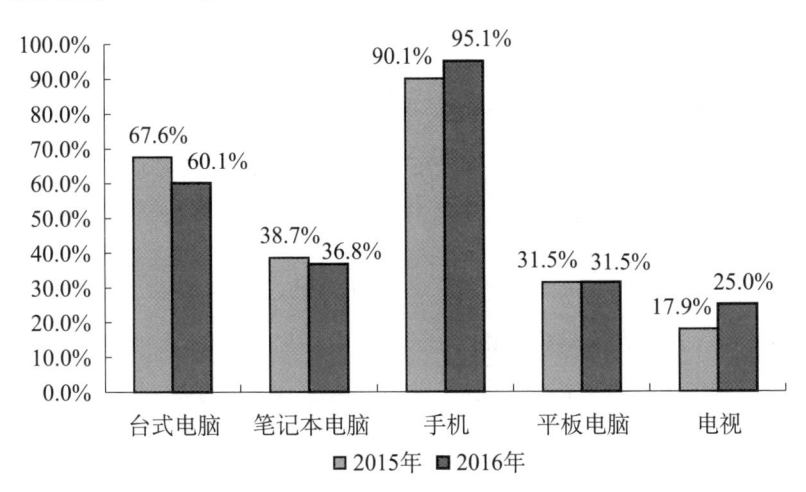

图1 2015—2016年我国网民互联网络接入设备使用情况

（一）国家利好政策纷纷出台，助力移动出版新发展

2016年，"互联网+"行动计划的稳步实施、"全民阅读"的备受瞩目和重视，使得移动出版继续受到国家的高度重视。政府出台的一系列利好政策，为移动出版的繁荣发展创造了良好的发展空间，这些政策的落地与实施，助力移动出版迈向新的发展高度。

2016年4月19日，习近平总书记在网络安全和信息化工作座谈会上指出，要让亿万人民在共享互联网发展成果上有更多获得感。他指出，推进"宽带中国"战略步伐坚定，降低应用成本措施有效，让13亿多人民有了用得上、用得起、用得好的信息服务，并借助强劲"网动力"，亿万人民在共享互联网发展成果上获得感越来越强。

一系列相关政策出台，助力移动出版发展。为规范网络出版服务秩序，加强网络出版内容监管，促进网络出版服务健康有序发展，2016年2月，国家新闻出版广电总局、工业和信息化部联合发布《网络出版服务管理规定》，取代了原《互联网出版管理暂行规定》。相比原《暂行规定》，《管理规定》的整体结构与主要内容均做出较大调整。2016年5月，为规范移动游戏市场秩序，提高游戏出版审批效率，国家新闻出版广电总局发布《关于移动游戏出版服务管理的通知》。7月，国家版权局联合国家网信办、工信部、公安部正式启动

"剑网2016"专项行动。12月，国家新闻出版广电总局下发《关于加强微博、微信等网络社交平台传播视听节目管理的通知》，进一步规范互联网视听节目的传播秩序，加强微博、微信等网络社交平台（含微博账号、微信公众号）面向公众传播视听节目的管理。这些政策的落地实施，为移动出版的发展奠定了坚稳的基石，使移动出版发展有章可依。

（二）以IP为核心的泛娱乐产业布局加快，推动移动出版业继续发展[①]

"泛娱乐"的概念最早由腾讯公司于2011年提出，2012年腾讯公司推出泛娱乐战略，并在此战略上逐步构建了一个打通游戏、文学、动漫、影视、戏剧等多种文创业务领域的数字内容新生态，初步打造了"同一IP、多种文化创意产品体验"的创新业态。多家企业以此开展深入布局。

2016年，以IP为核心的泛娱乐产业，在网络游戏、网络文学、网络影视、网络动漫、网络音乐等多元文化娱乐、泛娱乐业态中，广泛互联，深度融合，形成了一个更为规范、完整的网状价值链生态圈。

网络文学是诸多重要IP的培育场，是数字内容产业的重要一环。2016年改编的影视、游戏等作品中，有大量的作品根据网络文学改编而来，票房不俗的影片《九层妖塔》《寻龙诀》均改自阅文小说《鬼吹灯》。《盗墓笔记》《择天记》等一大批改编自同名网络小说的电视剧收视飘红，占据了影视圈的半壁江山。以最近热播的玄幻大剧《择天记》为例，该剧上线当天就创造了周播的收视新纪录，而收视的火爆也反哺了《择天记》的原著网络小说的阅读，自电视剧播出以来，QQ浏览器平台上《择天记》原著小说的阅读量也呈现出明显增长的趋势。[②]再如无锡七酷网络科技有限公司出品的仙侠类网页游戏《我欲封天》，由网络文学作者耳根先生授权，改编自当时起点月票排行第一的《我欲封天》小说。

2016年，影游联动继续在IP领域大放异彩。根据热门游戏IP改编的电影《魔兽》大获成功，全球获取近30亿元人民币的票房。移动游戏《倩女幽魂》与电视剧《微微一笑很倾城》实现双向剧情植入，影视与游戏深入融合。另据

[①] 本部分内容参考了由三七互娱和工信部联合发布的《2017年中国泛娱乐产业白皮书》。
[②] 版权意识觉醒，移动阅读平台迎来下一个风口？［EB/OL］. http://district.ce.cn/newarea/hyzx/201704/26/t20170426_ 22369827. shtml

游戏工委数据显示，2016年影游联动基于影视开发的移动游戏实际销售收入89.2亿，占总移动游戏市场实际销售收入的10.9%。数量也明显增多，预计超过数十款，其中有多款最高月流水破亿。

2016年，以IP为核心的数字内容产生态圈业已形成，对其IP价值的深度开发和衍生品形式的丰富，整合了上下游产业链的资源，带动了移动出版各个领域的加速融合与发展。未来，大数据技术的应用和粉丝经济效应的发挥，将铸造出更大的价值，也会继续推动移动出版的繁荣发展。

（三）VR、AR等新兴技术与出版产业交融，促进行业新的发展

技术是产业创新的助推器，是移动出版业转型升级、融合发展的重要支撑，出版行业的未来将与科技改变交融在一起。

2016年被称为VR、AR元年，众多资本纷纷投入相关行业领域。2016年，VR、AR等新兴科学技术更加成熟和完善，这些技术逐步应用到出版乃至移动出版行业，为行业注入新鲜血液和活力，促进了行业新的发展生机。

2016年，国内已有多家出版集团对VR、AR数字出版展开布局，探寻新的出版增长点。吉林出版集团提出了打造"立体派融媒体互动阅读新体验"的口号，打造立体的与智能终端互动的少儿科普百科图书，该集团"立体派"图书分为四大系列：一是AR系列，运用AR技术制作的图书；二是VR系列；三是3D仿真玩具系列和3D立体手工系列；四是3D视野系列和3D红蓝视差系列。该集团新媒体目前拥有4个专业平台12个系列的AR、VR类等产品。北京少年儿童出版社出版的《大开眼界·恐龙世界大冒险》是一套与VR技术结合的拥有4D体验的少儿科普丛书，戴上眼镜，拿起手机，可以随时开启一场与恐龙亲密接触的惊奇旅行。目前，VR、AR图书以儿童图书为主，其互动性、可玩性强很博儿童眼球。未来，VR、AR阅读适用范围将进一步拓展或向自然科学、医疗教育等专业领域图书探索。

2016年，VR、AR成为移动游戏领域行业关注焦点，这些技术正处于市场培育阶段，其在技术及终端等方向的突破，将有利于促进移动游戏内容和交互方式的创新。在移动视频领域，VR、AR技术也被寄予厚望，视频VR将通过全新的交互模式重塑用户视频观看体验。2016年，芒果TV推出的《歌手4》节目，就引入了VR版本，取得了不错的反响。从2014年开始，暴风科技、乐

视等视频厂商通过头显、眼镜等虚拟现实设备的研发销售实现在资本证券市场不断走强。还有 VR 直播也广受好评,"草莓音乐节"于 2016 年推出 VR 直播,吸引了众多粉丝观看。

(四)"二次元文化"引爆移动出版,成为现象级话题

"二次元"文化从日本引进,近年来在年轻人群体中逐渐风靡。传统意义上,二次元文化包括 ACGN 四个部分:A 即 Animation,动画;C 即 Comic,漫画;G 即 Galgame,带有美少女元素的日系游戏;N 即 Novel,轻小说,一般篇幅较短。随着国产动漫的快速发展,"二次元"的概念和范围逐步扩展,中国的"二次元"粉丝群体规模快速扩张,加上二次元粉丝的核心群体——90 后和 00 后的消费能力快速提升,二次元文化和 IP 正在逐步主流化。据咪咕动漫研究,2016 年我国的核心二次元用户将超过 8 000 万人,二次元用户总人数将突破 3 亿[①]。

2016 年,"二次元文化"引爆出版行业,成为一种现象级话题。就移动阅读领域而言,各家都已经开始向二次元布局。掌阅与国内多家动漫内容方签约合作,并持续引进日韩漫画。阅文集团 IP 动画改编业务已初具规模与成效,截至 2016 年第三季度,已经推出了《女娲成长日记》和《择天记》第二季、《全职法师》共三部动画,均获得不俗的市场反应。咪咕阅读举办"全民星计划"——二次元小说征文大赛,主打大学生群体。此外,2016 年二季度爱阅读成立原创小说网站"米汤中文网",网站以二次元、轻小说、同人文体裁为主,专注 90 后和泛 90 后的作者和阅读人群。二次元内容正成为各大文学平台的标配。

从移动游戏领域而言,2016 年,在网易首款二次元大作《阴阳师》以及 bilibili 的《FGO》、米哈游的《崩坏 3》的强力表现下,不少中小厂商似乎看到了新的曙光,纷纷引进海外二次元游戏,并且针对国内玩家进行了有针对性的打磨,投入该市场领域。

二、移动出版产业发展现状

2016 年,移动互联网应用的使用愈加深入到人们的生活,从第 39 次《中国互联网络发展状况统计报告》可以看出,2016 年中国网民各类手机互联网应

---

① 摘自由三七互娱和工信部联合发布的《2017 年中国泛娱乐产业白皮书》。

用使用率TOP10名单与2015年一致，仅排名有所变化。

2016年我国网民各类手机应用使用率TOP10依次是：手机即时通信、手机搜索（上升一位）、手机网络新闻（下降一位）、手机网络视频（上升一位）、手机网上支付（上升一位）、手机网络音乐（下降两位）、手机网络购物、手机地图和手机导航、手机网络游戏、手机网上银行。

此外，从《报告》中我们可以看出：第一，手机即时通信、手机搜索和手机网络新闻依旧稳居前三，手机即时通信网民使用率超九成，达到91.8%，手机搜索和手机网络新闻使用率均超八成，分别达到82.7%和82.2%；第二，TOP10手机应用中，除手机网上银行，其余九个手机应用的网民使用率均超50%；第三，TOP10手机应用中，手机搜索、手机网络视频、手机网上支付、手机网络购物、手机地图和手机导航、手机网络游戏、手机网络银行七个应用的网民使用率增长率均超过了20%；第四，手机在线教育课程、手机网上订外卖虽均不在使用率TOP10之列，但其全年增长率分别达到了惊人的84.8%、86.25%，值得引起关注；第五，受手机网上支付、网络购物、网上银行等移动商务应用的影响，手机网络音乐、手机网络文学等均相应地有所下降，但用户规模和网民使用率依旧保持着良好的发展态势。①

表1　2016年我国网民各类手机应用使用率TOP10

排名	手机应用	2016年网民使用率	2015年网民使用率	全年增长率
1	手机即时通信	91.8%	89.9%	14.5%
2	手机搜索	82.7%	77.1%	20.4%
3	手机网络新闻	82.2%	77.7%	18.6%
4	手机网络视频	71.9%	65.4%	23.4%
5	手机网上支付	67.5%	57.7%	31.2%
6	手机网络音乐	67.3%	67.2%	12.4%
7	手机网络购物	63.4%	54.8%	29.8%
8	手机地图和手机导航	62.0%	54.5%	27.6%
9	手机网络游戏	50.6%	45.1%	25.9%
10	手机网上银行	48.0%	44.6%	20.5%

（一）移动阅读

2016年是中国移动阅读市场稳定发展的新纪元，国家持续关注并重视网络

---

① 参见中国互联网络信息中心：第39次《中国互联网络发展状况统计报告》，2017年1月。

文学的发展，版权市场逐渐规范化，市场版权意识进一步觉醒，用户的付费阅读习惯逐步养成并适应，IP运作日臻成熟，都为移动阅读健康稳定发展营造了良好的环境。据易观智库数据显示，2016年中国移动阅读市场规模达到118.6亿元人民币，同比增速为17.4%。

2017年4月，《第十四次全国国民阅读调查报告》发布，相关数据显示，我国国民的阅读终端继续进一步向移动端转移。2016年，我国成年国民手机阅读接触率达到66.1%，较2015年的60.0%上升了6.1个百分点。有62.4%的成年国民在2016年进行过微信阅读，较2015年的51.9%上升了10.5个百分点。从微信阅读使用频次与时长来看，2016年我国成年手机阅读接触群体的微信阅读使用频次为每天3.29次，较2015年（2.67次）增加了0.62次。2016年我国成年国民人均每天微信阅读时长为26.00分钟，较2015年的22.63分钟增加了3.37分钟。

从移动阅读的整体市场来看，根据易观发布的《中国移动阅读市场季度监测报告2016年第4季度》数据显示：从主流移动阅读APP活跃用户渗透率情况来看：2016年第4季度中国移动阅读市场活跃用户中，掌阅iRreader以21.4%的用户渗透率位居行业第一；QQ阅读达到20.60%，位居行业第二；排名第三的是咪咕阅读，渗透率为11.44%。渗透率排名第四到第十的依次是书旗小说、天翼阅读、多看阅读、熊猫看书、爱阅读、网易云阅读和塔读文学。从主流移动阅读APP活跃用户规模情况来看：2016年第4季度中国移动阅读市场活跃用户中，掌阅iReader依然保持活跃用户规模优势，以6 200.14万的活跃用户规模排名第一；QQ阅读达到5 969.29万，位居第二；咪咕阅读活跃用户规模在4季度增长明显，达到3 315.96万；其余产品的活跃用户规模均在2 000万以下。

国家利好政策明朗，全民阅读全面提速，促进移动阅读继续发展。2017年，"全民阅读"连续四年写入政府工作报告，且由前三年的"倡导"转为"大力推动"，阅读受到政府前所未有的高度重视。《公共图书馆法案草案》《全民阅读促进条例》等被列入国务院2017年立法工作计划。国家新闻出版广电总局制定了首个国家级"全民阅读"十三五"时期发展规划"。此外，29个省（自治区、直辖市）提出了促进阅读行业发展的政策，20个省（自治区、直辖市）出台政策推动数字阅读发展。这一系列政策的出台与实施，无不为移动阅读扎实、深入、有效地发展奠定了重要基础。

阅读 IP 的价值继续被深入挖掘，精品内容成为移动阅读发展的核心竞争力。据了解，2016 年电视剧网络点击量 TOP10 中，有五部作品均来自网络文学，这些作品一经播出，受到观众的众多好评，分别是《青云志》《欢乐颂》《微微一笑很倾城》《老九门》和《亲爱的翻译官》。2016 年，塔读文学与多家阅读平台深入合作，聚合更多用户，合理进行 IP 开发，在内容以及平台上加大合作。QQ 阅读背靠阅文集团，内容输出源源不绝，据了解，阅文集团旗下作者与作品成绩屡次创造行业记录，2016 年单部作品全网订阅人次过亿的作品超三十部，日销过万元近千部。掌阅 iReader 联合完美时空、蜻蜓 FM 作为主办单位，以及其他二十二家知名出版社，展开全国范围内的文学创作大赛，进而挖掘具有优质 IP 价值的作品进行精品内容储备。

付费阅读将成为未来移动阅读发展的必然趋势。据《第十四次全国国民阅读调查报告》显示，就手机阅读花费来看，手机阅读接触群体中有 25.2% 的人能够接受付费阅读。2016 年，手机阅读接触群体人均花费在手机阅读上的费用为 16.95 元，较 2015 年的 11.19 元有所上升。另外，随着移动互联网人口红利的消失，90 后、00 后这群从小就生长于互联网环境下的用户，给移动阅读带来了更多的机会，他们对自己喜爱的事物具有更强烈的付费意愿。随着相关版权法律法规的完善，以及人们付费阅读习惯的养成，付费阅读将进一步正规化、常态化。

（二）移动游戏[①]

2016 年，我国移动游戏类型多样化、移动端成本降低，以及 IP 效应带来的一系列效果，使得移动游戏行业得到了前所未有的快速发展。据中国音数协游戏工委、伽马数据、国际数据公司（IDC）共同编写的《2016 年中国游戏产业报告》显示，2016 年我国移动游戏实际销售收入达到 819.2 亿元，超过了 PC 端游戏，同比增长 59.2%；移动游戏用户数达到 5.28 亿，同比增长 15.9%。

---

① 本部分内容主要参考 DateEye 发布的《2016 年中国移动游戏行业年度报告》，中国音数协游戏工委、伽马数据、国际数据公司（IDC）共同编写的《2016 年中国游戏产业报告》以及 Talking Data 发布的《2016 年移动游戏行业报告》。

移动游戏市场依然是中国游戏市场最具活力的领域。据《2016年中国游戏产业报告》显示，2016年，国家新闻出版广电总局批准出版国产游戏约3 800款，其中移动游戏约占92.0%，网页游戏占约6.0%，客户端游戏约占2.0%。

从移动游戏类型来看，2016年，角色扮演类游戏占据最大市场份额，占比达到66.8%。其次是卡牌类游戏，占比13.5%，占据第二位。此外，也有新的游戏类型出现，如体育类《中超风云》、休闲类《球球大作战》、卡牌类《部落冲突：皇室战争》等。

据 Talking Data 发布的《2016年移动游戏行业报告》显示，2016年移动游戏用户使用4G占比增速较快，相比2015年同期，移动游戏用户使用WiFi和4G联网比例进一步提升，其中4G网络占比由7%提升到19%，增长171.4%。

2016年电竞产业持续火爆，同时也得到国家扶持。移动电竞的蓬勃发展，使得整个产业生态迅速构建。2016年，中国移动电子竞技游戏市场实际销售收入达到171.4亿元，占中国移动游戏实际销售收入的20.9%。移动电子竞技成为电子竞技市场增长的主要推动力，其电子竞技产品的爆发，预示着移动电子竞技时代的到来。围绕移动电子竞技的赛事组织显著增多，并呈现"抱团"的特点。例如，乐竞传媒（Nice TV）联合PLU、英雄体育、TGA移动大奖赛等，将多方业务捆绑、赛事整合成立VSPN等。

移动游戏能多年保持快速增长有多种原因，如移动游戏类型不断丰富、移动游戏门槛低、智能手机的普及等，此外，影游联合、VR游戏、电子竞技、游戏直播、二次元游戏等行业热点、新兴领域的不断出现，更是为移动游戏注入了新的活力，促使其在中国游戏产业的大背景下快速稳定发展。但是，也是存在一些问题的，如目前国内移动游戏质量参差不齐，游戏产品质量的混乱造成了整体市场"一日玩家"比例持续高涨；2016年市场游戏类型的多元化以及有资金实力的厂家对精品游戏注重程度日益加深，同时具有IP效应的游戏也对以往一些中小CP的产品的玩家进行了掠夺，因此出现了较为严重的玩家分流情况，导致竞争力较弱的产品出现较高的玩家流失率，影响了市场整体的留存数据。

（三）移动音乐本部分内容主要参考艾媒咨询发布的《2016—2017年中国移动手机音乐客户端市场研究报告》

据艾媒咨询发布的《2016—2017年中国手机音乐客户端市场研究报告》

显示，2016 年，中国手机音乐客户端用户规模达到 4.72 亿，较上年增长 7.27%。2016 年第一季度到第二季度、第二季度到第三季度的用户规模增速均为 1.8%，第三季度到第四季度为 1.51%，可见中国手机音乐客户端用户规模增长速度有所放缓。同据艾媒咨询数据，2016 年我国移动音乐市场规模为 461.7 亿元。

从中国手机音乐客户端下载量来看，截至 2016 年第四季度，排名前三的客户端分别是酷狗音乐、QQ 音乐和酷我音乐，下载量分别为 28.4%、16.0% 和 13.9%；排名第四到第七的依次是阿里星球、网易云音乐、百度音乐和多米音乐。从用户满意度来说，酷我音乐评分最高，为 8.7 分；酷狗音乐和网易云音乐分居第二、三位，分别为 8.4 分和 8.2 分；其余客户端中，虾米音乐 7.7 分，QQ 音乐 7.5 分，百度音乐 7.3 分，阿里星球 7.0 分，均超过 7 分。

根据艾媒咨询提供的数据可以看出，用户的付费听音乐习惯逐渐养成。在对 2016 年中国手机音乐客户端在音乐领域内消费情况调查显示，有 26.7% 的用户购买数字音乐专辑，有 19.9 的用户是手机音乐客户端的付费会员，有 13.5% 的用户购买过线上演唱会门票，有 12.2% 的用户购买过音乐流量包，同时，8.6% 的用户进行过线上打赏歌手的行为。而另外的调查显示，近六成用户愿意在网络音乐服务上消费，用户月平均消费金额在 10—30 元区间的比例为 45.1%，远高于 10 元以下的占 18%。艾媒咨询认为，用户对于网络音乐消费的金额比以往稍微提高，是用户付费听音乐习惯养成的良好现象。

2016 年是音乐版权争夺的大年，在国家法规严格把控下，各大厂商纷纷与各大唱片公司合作，用内容资源抢占用户，与此同时，版权费用使厂商运营成本节节上升。为减少高昂的版权费用，阿里巴巴宣布将虾米音乐与天天动听合并为阿里音乐；QQ 音乐与中国音乐集团（酷狗音乐、酷我音乐等）合并成为腾讯音乐娱乐集团，调整架构、设立六大业务线、建立共享版权资源等合作关系。此外，2016 年，手机音乐客户端用户趋近饱和，因此，维护已有用户、加强客户端使用体验是使这批留存用户升级为消费用户的关键。

（四）移动动漫

根据 Analysys 易观千帆监测数据显示，2016 年第四季度中国移动动漫市场整体活跃人数达到 4 683.77 万。腾讯动漫和快看动漫的活跃用户数均超过了

1 000万，分列第一、第二位，前者的活跃用户数高达 1 231.62 万，后者为 1 120.03万。排名第三的是咪咕漫画，活跃用户数为 678.55 万，主要得益于其举办的"M-LIVE 咪咕次元公演"。活跃用户数排名第四到第十位的分别是：有妖气漫画、布卡漫画、漫画岛、爱动漫、暴走漫画、可米酷漫画以及漫画之家。

从人均单日使用时长来看，腾讯动漫以48.33 分钟、爱动漫以48.08 分钟、动漫之家以 47.96 分钟占据前三甲；拉风漫画（44.57 分钟）、快看漫画（44.46 分钟）、腐次元（44.09 分钟）、菠萝饭（41.55 分钟）和追追漫画（41.5 分钟）均超 40 分钟。从人均单日启动次数来看，腐次元、菠萝饭和快看漫画排前三名，分别为 6.5 次、6.4 次和 6.3 次；动漫之家5.7 次，爱动漫、网易漫画均为 5.6 次，腾讯动漫、追追漫画均为 5.5 次，拉风漫画、漫画人均为 5.3 次。

近年来，随着国家监管力度的加强及对内容监管越抓越严，移动动漫行业已启动正版化策略，各平台也都积极配合并有所改善，但是由于诉讼周期长等原因，平台之间关于盗版的问题依然存在。一方面，据易观了解到，2016 年第二季度，多位漫画作者在公开渠道表示与公司、工作室签订的合约存在不公平问题，双方矛盾点主要存在于著作权的所有权归属。另一方面，平台与平台之间也出现版权纠纷，2016 年 7 月，法院判决"漫画帮"非法传播腾讯动漫《狐妖小红娘》《2B 家庭欢乐多》等 5 部作品侵权成立，赔偿32.3 万元人民币。

当然，各平台已逐渐意识到问题的严重性，纷纷加大对动漫作品的维权力度，以便更好地维护原创作者、相关权利人和读者的权益。例如漫画岛已经与冠勇科技旗下快优知识产权达成战略合作，为自家平台上的漫画版权保驾护航，为相关企业做了很好的表率。

（五）移动视频[①]

2016 年，随着网络视频市场的成熟和移动技术的突飞猛进，移动视频市场也得以继续发展。与此同时，网络视频用户向移动端进一步渗透，移动视频市场基础进一步得到夯实。根据易观智库发布的《中国移动视频市场年度综合分

---

① 本部分内容主要参考易观智库发布的《中国移动视频市场年度综合分析 2017》。

析2017》报告显示，2016年中国手机网络视频用户达到约5亿人，手机网络视频用户占手机网民的比例为71.9%，手机网络视频用户占网络视频用户比例更是高达91.8%。

2016年移动视频头部应用优势较为明显，千万级的视频应用竞争异常激烈。据易观发布的数据可知，用户规模达到亿级的移动视频应用主要有三个，即爱奇艺、腾讯视频、优酷土豆。2016年12月，这三个视频应用的阅读活跃用户规模分别达到了22 047.9万、21 332.2万、13 840.4万。达到千万级活跃用户的网络视频应用更是不胜枚举，如快手、乐视视频、芒果TV、搜狐视频、暴风影音等。

另据易观数据显示，2016年12月移动综合视频用户人均单日使用时长前三位的分别是PPTV聚力、暴风影音和爱奇艺，人均单日使用时长分别是109.92分钟、101.94分钟和98.55分钟。第四到第十位的分别是：搜狐视频、腾讯视频、优酷视频、土豆视频、乐视视频、咪咕视频和芒果TV。

据易观数据显示，2016年中国网络视频付费市场继续增长，预计付费用户达到6 245万人，市场整体收入规模达到107.9亿元人民币。随着人口红利逐渐削减，网络视频平台将通过深入挖掘用户价值形成更多元化的商业模式，移动视频内容和产品生态不断丰富完善，用户在移动视频平台黏性的增长和移动支付的便捷将促使移动端成为网络视频付费的主要来源。2016年11月腾讯视频宣布付费会员数量突破2 000万，一年内增长近300%。与此同时，移动视频平台也在探索更多的付费内容资源，用户将从内容、服务等向更多范围延伸，在提供内容服务的基础上，围绕用户娱乐、生活场景开发丰富的增值服务，并与游戏、电影等关联挖掘新的消费点。

综合视频在移动视频各细分市场中保持领先地位，活跃用户规模遥遥领先于其他移动细分视频应用，人均使用时长比第二名多出超过7个小时。短视频、移动直播是近两年新出现的、针对移动端特性的细分视频领域，短视频综合平台、娱乐直播在用户规模上分列第二、三位。

2016年，移动视频市场围绕用户视频生产消费行为继续分化发展，短视频、直播、VR等新形态内容丰富了整体视频内容生态，但具体来说，这些新网络视频风口出现而市场格局并未完全确立，厂商采用定位调整、资源整合、内容培育、产品创新等动作在新的商业环境中持续升级，寻找更精准的服务用户需求并再次激发竞争活力，而这也将成为未来网络视频市场的新常态。

（六）移动地图[①]

据艾媒咨询发布的《2016—2017年中国手机地图市场研究报告》显示，截至2016年第四季度，手机地图用户累计达到6.64亿人，增长率为1.53%。据此可以看出，手机地图市场逐渐趋于饱和状态。但是，从手机地图与人们生活的关联性及密切性来看，其未来受关注的程度不会降低。

从市场份额占比情况来看，高德地图、百度地图、腾讯地图位居前三位，其占比分别为34.3%、29.9%、13.1%；从手机地图应用活跃用户占比来看，高德地图、百度地图和腾讯地图依旧排名前三，分别为14.6%、11.6%和8.8%。从手机地图用户的黏性指数来看，高德地图的黏性指数为8.8，位居首位；百度地图为8.5，排名第二；排名第三的是搜狗地图，黏性指数为7.8。易观认为，高德地图依托阿里资源，为用户提供智能化、个性化的地图服务，用户好感度与用户黏性较高。

2016年，各手机地图应用平台尝试各种新的功能，但是，路线规划与定位导航功能依旧是手机地图用户的核心需求。66.2%的用户使用手机地图是为了查询路线信息，61.2%的用户是为了定位和导航，而仅有36.6%的用户用手机地图查询周边生活信息，11.1%的用户用手机地图记录出行轨迹。与之对应的是用户选择手机地图的影响因素分布，有关数据显示，定位导航准确、信息更新及时、操作更便捷等核心功能分别以61.2%、56.5%和50.6%的占比位列前三位，这与使用功能的分布数据是吻合的。

随着用户使用手机地图频率的提高，手机地图已开始从单一的地图工具，逐步成为用户连接互联网的重要入口，深入到人们生活的方方面面。2016年，中国手机地图用户查询信息分布排在前四位的分别是餐饮、银行、休闲娱乐和酒店，这四类的占比分别为52.2%、50.7%、38.8%和36.0%。

（七）移动教育[②]

与PC端相比，移动教育能提供个性化的学习场景，借助移动设备的触感、

[①] 本部分内容主要参考艾媒咨询《2016—2017年中国手机地图市场研究报告》。
[②] 本部分主要参考第39次《中国互联网络发展状况统计报告》中关于在线教育的部分内容。

语音输出等方式，构建出更加个性化的人机交互场景，提升学习本身的趣味性，尤其题库类、数字阅读类、音频类在线教育产品，更适合从移动端切入。长远来看，基于移动终端、拥有优质教学内容、能寓教于乐的教育产品，在市场上更有优势。①

2016 年，移动教育正逐步发展成为在线教育的主流。《第 39 次中国互联网络发展状况统计报告》显示，截至 2016 年 12 月，中国手机在线教育用户规模为 9 798 万人，与 2015 年底相比增长 4 495 万人，增长率为 84.8%；手机在线教育用户使用率为 14.1%，比上年增长 5.5 个百分点。此外，2016 年手机在线教育用户占到中国在线教育用户的 71.2%，2015 年这一比例仅为 48.1%。

2016 年，中国在线教育的重点领域均有不同程度的发展。第一，中小学在线教育发展突飞猛进，2016 年中小学教育在线教育重点领域用户使用率超过五成，达到 53.4%，而 2015 年这一数据仅为 37.7%，增长率达到了 76.9%。中小学互联网设施的完善为在线教育的实施提供了基础，与此同时，年轻教师对互联网教育的接受程度高，更容易进行在线教育推广。第二，在线职业教育需求旺盛，接受程度较高。2016 年中国在线职业教育用户规模为 4 713 万人，网民的使用率为 34.4%。随着中国经济的飞速发展，对人才的各项要求进一步严苛，现今的人才数量和结构远不能满足市场的各种需求，在线职业教育便成为在线教育乃至移动教育待开发的新蓝海。此外，2016 年在线教育中语言教育、大学生研究生教育的用户使用率也均比上年有所提高，前者 2016 年的使用率为 28.6%，提高了 15.6 个百分点，后者 2016 年的使用率为 17.2%，提高了 8.2 个百分点。

另据艾瑞咨询数据显示，2016 年前三个季度，国内移动教育企业细分领域融资分布情况：排名第一的是中小学教育，占到了 23.2%；其次为职业技能教育，占比为 21.1%；语言学习排第三位，达到了 17.9%；此外，语言教育、高等教育以及学前教育的占比也都超过了 10%，分别为 12.6%、10.5% 和 10.5%。

但是，有一点需要引起我们的注意，已有更多的人意识到使用移动设备特别是手机直接进行正式的学习缺乏可行性。一方面，不少在线教育企业的手机 APP 已经转型为 PC 端学习的辅助工具；另一方面，诸多移动教育产品都在做

---

① 在线教育边界不断扩大，移动教育成为主流［EB/OL］. http：//it. people. com. cn/n1/2016/0803/c1009-28606892. html

泛教育类的 O2O 平台，同样不直接提供教育内容，形式上更加符合移动平台的自身属性。

三、年度影响移动出版产业发展的重要事件

（一）优秀网络文学原创作品推介

2016 年 3 月 21 日，由国家新闻出版广电总局组织开展的"2015 年优秀网络文学原创作品推介活动"公布推介作品名单，遴选出《烽烟尽处》《芈月传》《星星亮晶晶》等 21 部作品。推介活动展示了总局将通过优秀作品的示范作用，引导网络文学坚持为人民服务、为社会主义服务的根本方向，自觉践行社会主义核心价值观，始终把创作生产优秀作品作为中心环节，推出更多人们喜闻乐见的优秀作品。

（二）《关于移动游戏出版服务管理的通知》

2016 年 5 月，为规范移动游戏市场秩序，提高游戏出版审批效率，国家新闻出版广电总局发布《关于移动游戏出版服务管理的通知》，要求实施移动游戏分类审批管理，特别是对数量众多的休闲益智类国产移动游戏，采取游戏出版服务单位负责内容把关，出版行政管理部门对把关结果进行审查，有别于其他类型游戏的前置内容审查，最大限度压缩时限，提高审批效率。

（三）"剑网 2016"专项行动正式启动

2016 年 7 月 12 日，国家版权局联合国家网信办、工信部、公安部在京召开新闻发布会，宣布正式启动"剑网 2016"专项行动。专项行动从 7 月开始，利用 5 个月的时间，突出整治未经授权非法传播网络文学、新闻、影视等作品的侵权盗版行为，保障有关权利人的合法权益；重点查处通过智能移动终端第三方应用程序（APP）、电子商务平台、网络广告联盟、私人影院（小影吧）等平台进行的侵权盗版行为，维护网络版权正常秩序；进一步规范巩固去年专

项行动取得初步成效的网络音乐、网络云存储空间、网络转载作品的版权秩序，营造网络版权良好生态。

（四）中国网络文学版权联盟成立

2016年9月19日，由33家单位共同发起的中国网络文学版权联盟宣布成立，并发布《自律公约》。33家联盟成员包括掌阅科技股份有限公司、阅文集团、咪咕数字传媒有限公司、阿里巴巴文学网、北京红袖添香科技发展有限公司、起点中文网等。联盟成员共同承诺：坚持网络文学正确导向，坚持社会主义核心价值观，大力弘扬主旋律，传播正能量；增强版权保护意识，坚持"先授权、后使用"的版权保护原则，切实尊重网络文学著作权人的合法权利；积极配合政府部门开展网络反盗维权活动，努力营造良好的网络文学版权保护社会氛围等。

（五）国家新闻出版广电总局发布微博、微信等网络社交平台传播视听节目的管理规定

为进一步规范互联网视听节目的传播秩序，加强微博、微信等网络社交平台（含微博账号、微信公众号）面向公众传播视听节目的管理，2016年12月，国家新闻出版广电总局下发《关于加强微博、微信等网络社交平台传播视听节目管理的通知》。《通知》要求，利用微博、微信等各类社交应用开展互联网视听节目服务的网络平台，应当取得《信息网络传播视听节目许可证》（AVSP）等法律法规规定的相关资质；利用微博、微信等各类网络社交平台传播的电影、电视剧，相关影视剧应当具有《电影片公映许可证》或《电视剧发行许可证》；利用微博、微信等各类网络社交平台传播的网络剧、网络电影、新闻节目、纪录片等视听节目，节目内容应当符合互联网视听节目管理的相关规定。

四、总结与展望

（一）主要问题

从移动出版发展的态势来看，到目前为止，移动出版在发展过程中可能遇

到如下瓶颈及问题。

1. 人口红利消退使得用户规模发展面临瓶颈

移动出版经过前几年的爆发式增长，经历了从 PC 端到移动端转移的强势发展，人口红利逐渐消退，用户规模的发展将遭遇瓶颈期，同时也不排除移动端用户可能回落的态势。这就需要各企业迅速反应，采取恰当有效措施，用优质的产品和服务来稳定现有用户，以此应对人口红利消退所带来的用户减少。再者，面对饱和的市场情况，移动出版市场企业间的竞争会愈加激烈，抢夺市场和用户会变得更为困难。

2. IP 价值评估体系亟待建立

在移动出版发展的大背景之下，各方都在加快泛娱乐化的建设布局，涉及游戏、文学、影视、动漫等众多行业领域，要想得到真正的发展，IP 是关键，而"精品 IP"则是发展的重中之重。但是，我们担忧的是，各方企业为迅速实现利益，是真正地去挖掘 IP 还是为迎合受众现实条件下的一时之需？这种情势需要看清并且明朗化。如一些公司并不了解 IP 的运作体系，只是唯名气论，或者看数据来决定购买怎样的 IP，而忽略内容本身的价值。到底什么是精品 IP，真正的精品 IP 是否能够得到充分的挖掘和利用，这点需深入思考。

3. 利用先进科技发展行业的同时要思索"适应性"

先进技术与行业的深度融合，为移动出版提供了新的发展思路，与新兴科技相结合是移动出版发展的方向。但是，在努力朝着这个方向发展的同时，要考虑行业与科技融合的适应性，注意一些行业限制及目前已经面临的问题。例如，图书的出版加上 AR、VR 技术固然令用户体验更好，但是我们要特别注意技术合作方的稳定性和成熟度，否则就会带来被迫大批召回图书，甚至被迫关闭整条产品线的惨痛教训。

4. 版权保护及内容审查难度继续加大

随着泛娱乐产业的加快部署，移动出版产业领域的内容不断更新和增加，这也使得移动出版面临愈来愈多的问题，一是量大，二是分散，三是隐蔽。从版权保护的层面来看，海量盗版行为的出现，可能会使企业无暇顾及，加大维权难度；同时，权责划分不明晰，面临问责主体相互推诿的问题；再者，移动出版传播范围极广，也使得侵权的方式极具隐蔽性，难以进行把控。当然，这三个问题造成的最直接的后果便是极大地增加了主管部门的审查难度，使得内容审查漏洞极易出现。

5. 适应行业发展的高端复合人才仍然缺乏

移动出版是新兴产业，人才是移动出版实现发展的关键所在。我们需要既懂出版又懂技术的高端复合型人才，同时还应适应移动出版产业发展的自身特点，但是目前这方面的人才是极为缺乏的，而移动出版想要得到发展，就必须解决人才短缺的现实问题。

（二）未来展望

我国网络的加快建设，进一步优化了移动出版的使用条件；虚拟现实等新兴技术在移动出版领域的应用，为用户带来了全新的消费和体验模式；大数据和云计算的逐步成熟，使得用于阅读的多屏互动、智能推荐等需求可以得到很好的满足；流量资费的持续下降和智能手机的更加普及，都为移动出版的更好发展带来可能。

1. 政策支持推动移动出版向好发展

从互联网络大的发展背景来看，国家大力支持移动互联网络的建设，光纤网络和移动4G网络的全面普及、5G网络的加快布局，从硬件上为移动出版的发展提供了基础设施保障；从移动出版各细分领域来看，国家出台各项政策进行相关扶持，如《关于移动游戏出版服务管理的通知》《关于加强微博、微信等网络社交平台传播视听节目管理的通知》等的相继出台，都为移动出版的向好发展提供了政策支持。

2. 各企业平台注重精品IP的培育与孵化

在数字内容产业发展大潮下，移动出版想要得到发展，内容仍然是关键，而加快精品IP的建设便为重中之重。值得欣慰的是，各相关企业平台都十分重视精品IP的培育和孵化，不是将想法停留在纸面，而是不折不扣的行动派，如一些出版单位对IP的挖掘，不是限于眼前的利益，而是着眼于未来，耐心对作者进行培养，包括对许多前期内容的把控等都做得很到位。精品IP不是寻找来的，而是一点一点开发出来的，这需要企业能在浮躁的激烈竞争环境之下，稳住心态，抓准机会，调整战略，深耕精品IP。

3. 新兴技术与移动出版结合为行业发展注入新鲜血液

几年前 VR、AR、AI 等新兴技术与移动出版的结合还只是设想，几年之后的现在，这些技术与移动出版的结合便成为了现实，不仅实现了相关应用，更是进行了深入的合作。新兴技术与移动出版的融合发展，为移动出版的产品形态、发展方向等提供了新的发展思路。VR、AR 等新兴技术应用在移动阅读、移动游戏、移动视频等细分领域，不仅实现了内容和交互方式的创新，更是优化了用户体验，为其带来不同的现实感受，得到更为周到的用户服务。新技术与出版的融合必将为移动出版业注入新鲜血液，促进移动出版更好发展。

4. 完善移动出版产业，发展财税政策

移动出版产业的快速发展，不仅可以同时促进游戏、影视、动漫、文学等多种文化产业的共同发展，更有利于创造各文化产业间新的融合模式，在拉动新经济增长的同时，推动社会主义文化发展繁荣。因此，有必要对泛娱乐经营企业采取支持性的财税政策。可以将具有较强技术研发能力的泛娱乐企业逐步纳入高新技术企业，享受减免所得税等支持性政策；另外，可以允许培育创造优质 IP、多业态融合发展的泛娱乐企业，享受类似动漫产业的财政支持政策和税收优惠政策。在完善的财税政策支持下，移动出版会有更广阔的发展空间。

5. 移动支付带动移动出版迈向新发展

2016 年，人们更加习惯移动支付给生活带来的各种便利，用手机进行支付已经变成了一种生活常态。据《第 39 次中国互联网络发展状况统计报告》数据显示，截至 2016 年 12 月，我国手机网上支付用户规模增长迅速，达到 4.69 亿人，年增长率为 31.2%，网民手机网上支付的使用比例由 57.7% 提升至 67.5%。手机支付向线下领域的快速渗透，极大地丰富了支付场景，消费者在饭馆、超市、便利店等线下实体店使用移动网络支付工具习惯初步养成，出门"无钱包"时代悄然开启。移动支付的快速普及和应用，为移动出版的发展奠定了一定的基础和条件，也为移动出版迈向新发展提供了一定的思考空间。

（作者单位：中国新闻出版研究院）

2016—2017中国数字印刷与按需印刷（出版）产业年度报告

郭春涛　刘泽辉

一、数字印刷与按需出版产业状况

（一）国外市场发展状况

在国外，数字印刷普遍用于商务印刷和小量书刊印刷、小批量或者礼品用包装标签印刷。数字印刷是传统印刷的补充和完善，但又不仅如此，数字印刷还能带来更多增值内容。比如说，采用可变数据印刷的个性化直邮广告可以使目标用户的回复率增加34%，使客户重复定购率增长48%，平均订单数量增长25%，目标客户回复时间加快35%，销售及利润增长32%。也正是看到可变数据印刷在销售中的促进作用，越来越多的行业、企业用户选择数字印刷。通过采用个性化的可变数据印刷广告，美国Atuo Nation企业销售公司的客户保持率提高了70%。此外，数字印刷也得到了物流行业的重视，物流行业和快印服务行业已经展开紧密融合。物流行业和快印服务行业已经展开了紧密融合：UPS收购了Mail Box公司6 000家店面，FedEx收购Kinkos全球的1 100家快印店——因为目前物流行业有80%为印刷品，而这么做完全可以通过网络传输，在目标地印刷，这无形中节约了成本，更提高了物流效率。

国际权威调查组织史密瑟斯·皮尔发布的研究报告《数字印刷与传统印刷的未来》中指出，2016年全球印刷总量并没有发生大的变化，其中2016年数字印刷为对全球印刷市场的贡献率为9%，预计2020年将达到17.6%。

1. 图书出版

尼尔森研究公司曾发布报告称，2014 年，英国在线图书的销售量首次超过传统渠道的图书销量，这一趋势进一步损害了出版商的赢利能力。因为电商的销售往往集中在像亚马逊之类的单一卖方，这样会使电商平台拥有更多的资源或者权利向出版商压低图书价格。

出版商同样正在寻求新的商业模式。例如长尾出版模式，出版商拥有大量长尾版权，然而这些选题的需求读者群体却十分有限，并不适合进行大规模的印刷发行，从而使读者不得不在二手市场寻找这些书目。数字印刷设备的出现可以使出版商通过这些长尾版权重新赢利，因为数字印刷模式不仅可以节约时间成本，而且可以实现一本起印。实际销售中，长尾选题在按需印刷的基础上已经收到了越来越多的订单。

值得一提的是，网络不仅为读者与出版商的沟通提供了一个重要的交流工具，使读者可以搜寻一些选题模糊的专业类书籍，而且网络印刷软件允许出版商通过网络将手稿传送到印刷厂，极大地节约了时间成本。这种快速响应的模式可以使出版商更容易抓住一些有时效性的选题。

2. 教材印刷

可变数据印刷模式更多的是应用于教育图书行业。网络印刷接口连接到数字印刷机，使教师可以为学生设计除了教学大纲之外的个性化定制教材。这种增值选项在教材印刷市场越来越受欢迎，并且市场规模越来越大。

图书印刷将见证由传统印刷转向数字印刷最为激进的 10 年。2010 年，数字印刷的图书印刷市场只有 14.2% 的份额，但据史密瑟斯·皮尔研究所的分析，这一比例将在 2020 年将上升到 46.1%。虽然可变数据印刷技术大约只占该体量的 5%，然而如何将该技术集中于利润率最高的部分是当下最值得思考的课题。

3. 报纸印刷

据史密瑟斯·皮尔研究所公布的数据，冷固型胶印印刷技术仍然是报纸印刷技术的主流，2016 年该技术在报纸印刷市场的比例为 84%，达到 417 亿美元。喷墨和碳粉印刷只占有 3.7% 的市场份额，其贡献可忽略不计。但个性化促销正帮助报纸的数字印刷寻求到新的发展模式。

根据数字印刷技术调整发展策略的案例同样屡见不鲜，德国印刷设备制造商曼罗兰提供了一种新型印刷解决方案，通过可变数据印刷模式灵活调整喷墨单元，可以打印一些针对特定区域的促销或优惠券，吸引当地的广告商，比如连锁咖啡店各个分支的个性化代金券。

德国《图片报》采用了相同的选择，通过数字打印机在报纸上为一些读者添加唯一优惠密码，这些用户将在购买电子报的时候获得优惠，从而帮助习惯于阅读纸质报纸的读者顺利过渡到电子阅读上。这些模式的客户流量将帮助数字印刷提升市场竞争力，预计到2020年，在报纸印刷市场，数字印刷规模将达到22亿美元。

（二）国内市场发展状况

1. 概　况

近几年，在国内外需求减弱、运营成本上升、竞争日趋激烈、环保要求更高的大背景下，中国印刷业逐步进入深度调整期，印刷企业普遍感到经营压力越来越大。但在宏观形势上，经济基本面和社会大局基本稳定，经济发展稳中有进、稳中有好，实现了"十三五"良好开局。

随着新一代数字印刷技术、信息技术的广泛应用，以及印刷与相关产业的深度融合，人们对数字印刷的市场探索更加深入。江苏凤凰、虎彩集团、当纳利、中图公司等一批企业的数字印刷商业模式都在快速发展。比如虎彩集团与京东合作，通过大数据分析发现读者有效阅读需求，挖掘断版书印刷发行市场。山东绿爱公司在糖果包装上创新性的采用个性化定制，并融入广告，受到市场欢迎。

2. 区域盘点

目前中国数字印刷市场已经形成了三大发展区域，其中包括以广东为中心的珠三角印刷产业带、以上海和苏浙为中心的长三角印刷产业带、以京津为中心的环渤海印刷产业带。

（1）广　东

广东是内地最先接受并践行数字印刷理念的地区之一，与北京、上海并列为三大数字印刷重地，其市场发展情况可谓全国数字印刷市场领先水平的缩影。

① 广州数字印刷市场区域扫描。

早在20世纪90年代初，数字印刷概念兴起之时，广州即出现了以"天意"为代表的国内最早的一批数字印刷企业。广州是图文办公产业的发祥地，亦是全国最大的办公设备及耗材集散地，早期OA设备供应商、代理商也纷纷加入图文快印这一领域，广州大洋数码快印有限公司即是其中的代表之一。

广州数字印刷企业逐渐呈现分层发展的态势，企业间实力差距拉大，甚至出现两极分化。其中第一梯队的数字印刷企业，包括拥有30多家直营连锁店、实现跨区连锁服务的天意有福，拥有20余家门店的大洋图文，积极打造数字印刷工厂的广州广森数字印刷公司。这3家企业在广东省乃至全国数字印刷市场范围均具有一定的影响力，值得一提的是，它们的业务侧重各不相同，天意有福以商业快印、个性化影像业务著称；大洋图文在工程图文领域占据着绝对的市场份额；而广森数码以商业印刷为主营业务的同时，在菜谱等细分领域一直深耕细作。在某种意义上说，在全国数字印刷市场中，广州是业务领域细分最为明确的市场，除第一梯队的3家数字印刷企业外，亦有一些数字印刷企业表现出极大的发展潜力，如广州汇腾图文中心已铺设10余家门店，广州美晶图文快印中心也已开设5家门店，这些数字印刷企业近几年均成长迅速。

一些数字印刷企业在拓展经营业务的同时，在商业模式上的创新已初见成效，或是正在探索着适合新环境的企业发展路径。

其中，最引业内人士瞩目的当属2015年1月在新三板挂牌上市的有福科技股份有限公司（天意有福），这一动作使其成为国内首家登陆新三板的数字印刷服务商，被誉为新三板数字印刷第一股。天意有福登陆资本市场可拓宽其融资渠道，完善公司资本构成，引导公司规范运营，还可以稳定地吸引优秀人才，提升企业社会形象等。可完成企业从"加工制造业"向"服务制造业"的转型，这对于具有上市意愿的数字印刷企业而言，或许是一条可供参考的发展路径。

走资本道路的数字印刷企业仍属少数，更多的企业是在探寻适合当下市场环境并能发挥企业自身优势的商业模式，如构建"数字印刷工厂"。这里所说的"数字印刷工厂"，并不是以往所说的"前店后厂"模式，而是打造真正的数字印刷生产基地，通过与其他快印门店合作，汇集门店的订单进行集中生产。

②深圳数字印刷市场区域扫描。

八卦岭是深圳印刷业的招牌，也是中国具有代表性的印刷产业群，最鼎盛时期曾聚集1 000多家印刷企业，但目前深圳传统印刷企业正面临着严峻的考验，令深圳数字印刷业也无可避免地受到波及。八卦岭一带贴有"A3单面彩色打印降至0.6元"的海报。据透露，"从2014年开始，明显感受到深圳数字印刷业陷入了价格战的漩涡，同质化竞争严重，为了以更低的价格争取客户，只能在墨水、设备上降低成本，但如此一来，产品品质无法保证，产品附加值极低，又进一步加剧了价格战的态势"。此外，近几年深圳房价、店面租金的暴涨，也给通常在街边设置门店的数字印刷企业又一重击。面临业务需求骤减和运营成本剧增的双重压力，如何找到新的利润点、打造自身差异化竞争优势，成为当下深圳数字印刷业的首要课题。

面对深圳严峻的数字印刷竞争环境，一些企业已经意识到单纯依靠印量获得赢利会愈发艰辛，一方面印量的增加会加快设备折旧速度；另一方面，行业内的利润空间已经相对透明，且利润日趋稀薄。在此情形下，打造企业的核心竞争力和服务的差异化发展路线才能从低价的漩涡中解脱出来。

目前，深圳数字印刷业开始尝试高新技术应用，如深圳国彩数字印刷有限公司尝试运用AR技术来提升企业的差异化竞争优势。

纵观深圳数字印刷市场，传统印企的身影不可忽视，如前文提到的国彩数字即是一家拥有20多年传统印刷经验的企业，也正因如此，国彩数字在数字印刷运营中或多或少都有传统印刷思维，如严格管理图像质量，为客户提供从印前设计、印刷到印后加工的一站式印刷解决方案。除此之外，一些实力强劲的传统印刷企业在数字印刷领域也表现出强大的竞争力，其通过引入高端数字印刷设备，或满足自身打样、短版业务需求，或探索将数字印刷个性化优势与传统印刷批量生产相结合的经营模式。

通常而言，传统印刷企业具备进入数字印刷领域的先天条件，因为它们有多年的客户资源，有行业管理经验，精通印前、印后处理，同时还具备一定的原始资金积累及融资基础，一些对于数字印刷企业而言的"大"设备，对于传统印企来说可能只是"小"投入。因而为突破传统印刷高成本和工业化生产的限制，传统印企往往选择自己引入数字印刷设备。

此外，一些包装等专业细分领域的传统印刷企业引入数字印刷设备，其中一个重要原因是数字印刷企业的产品质量无法满足其需求。据某包装印刷企业人介绍，包装印刷的生产流程通常为先打样后生产，在现今多样化的行业背景下，产品款式越来越多，每单数量越来越少，这种情况下胶印打样工作变得越发繁琐、成本昂贵，对于资源也是一种浪费，而鉴于包装企业对产品品质的苛刻追求，平价数字印刷设备的印刷质量通常无法满足包装产品的要求，故只能自己引入高端数字印刷设备，开始尝试用数码打样代替传统胶印打样。

③ 佛山数字印刷市场区域扫描。

佛山的数字印刷业发展速度快，企业多以连锁形式扩张，粗略统计佛山大大小小的数字印刷企业数量高达 1 000 家，市场的总业务量约为广州地区的 1/10。

近些年，与广州情况相似，佛山数字印刷市场亦呈现产能过剩、市场饱和的局面。在过去，因地缘优势，有部分广州的数字印刷业务会流入佛山，但如今伴随广州地区产能的逐步提升，广州数字印企已出现"吃不饱"的现象，逐渐失去业务"外援"的佛山数字印刷市场，竞争激烈程度可想而知。

对于佛山数字印刷业而言，本地数字印刷市场的"小"既是局限，也蕴藏着发展突破的机遇。局限在于，无法如广州数字印刷企业那般，依据大市场建立实力雄厚的巨无霸型数字印刷企业；但换一种思路，小市场中的企业更易实现互通合作，共同打造和谐稳定的市场环境。目前，佛山地方组织的"佛山快印同行交流会"已成功举办 3 届，该交流会的目的在于加强技术交流，增加同行间了解，促进同行互信，最终达成企业间的合作，打造地方利益共同体。2016 年 5 月，中国印刷技术协会数字印刷分会佛山会员俱乐部正式成立，该组织的成立将为佛山当地数字印刷企业搭建起更好的交流平台。在市场环境不尽如人意的情形下，企业间的抱团合作，无疑将为佛山数字印刷业的发展注入新的活力。

在促进企业间合作的同时，佛山数字印刷企业也在积极探索适合当下市场环境的发展模式。比如，鉴于广州有多家数字印刷生产中心的情况，许多佛山数字印刷企业决定采用"借力打力"的方式——通过与生产中心合作来逐步削减企业在生产端的投入，将更多的精力转向提升门店的服务，让企业向轻资产模式转型。无论是广州还是佛山的数字印刷企业，均已达成"在从生产到终端服务这条利益链条上，大家明确定位自己的角色，各司其职，各取其利"的共识。相信通过企业间的资源对接、互助合作，将推进广州及佛山地区数字印刷业的良性发展。

值得一提的是，曾利用4年时间将营业额突破6 000万的彩印通印刷有限公司也坐落于佛山市。2016年1月，服务众包平台猪八戒网首轮出资5 000万与纳斯达克上市企业浙江胜达集团、佛山彩印通三方共同组建互联网印刷平台"八戒印刷"。可以想见，如若具有资本和资源优势的八戒印刷加入到数字印刷市场中，可能会对佛山、广州，乃至广东省数字印刷格局产生较大的影响。

④ 中山数字印刷市场区域扫描。

中山数字印刷业的发展速度较慢，业务略显单一，主要以商业印刷为主，而个性化影像、菜谱等细分领域业务因需求量的制约，均难以推进。此外，因中山建设工程已采用电子招标的投标形式，导致其工程标书类业务也较少，中山数字印刷市场扩张得较为迟缓，缺乏生气。

与深圳市场类似，在过去，中山传统印企与数字印企之间的业务往往泾渭分明，鲜少交集。但有企业表示，因大环境不理想，近几年已开始尝试与传统印厂建立合作，且效果不错。总体看来，中山数字印刷企业的经营模式还有待突破，未来如若借势传统印厂的实力，实现二者协同发展，也许会迎来另一个业务上升空间。

(2) 北　京

提及北京数字印刷市场现状，可以"博、大、广、深"四个字来概述，即资源广博、市场巨大、应用广泛、深不可测。

国家各级党政机关坐落于京，故政府文印数量不容小觑。北京吸引着大量的企业进驻，48家世界五百强企业总部设于北京，跨国公司在京总部企业和研发机构多达714家，各类企业的会议资料等商业印刷占据北京数字印刷市场的绝大份额。北京是全国出版业最集中的城市，在我国573家图书出版社中，237家坐落于北京，占全国总数的41.36%。近年来随着出版社的库存压力和环保要求受到行业内外的广泛关注，加之断版书和绝版书的市场需求，北京的按需印刷已经先于全国启动。同样，以服务高校文印的数字印刷企业也占有相当比例，91所高校聚集于京更加助力北京数字印刷市场的印量提升。此外，北京还是与数字印刷市场密切相关单位的最密集之地，如各类设计院、设计公司，随着城市建设的不断发展，如新建地铁、房屋建设，数字印刷在工程图领域的应用也经历了井喷式增长。

① 北京数字印刷市场的演进与特色。

北京数字印刷先于全国崭露头角，20世纪90年代初期，其数字印刷最早以服务企业和政府的文印而起，随改革开放和市场经济的发展，大量外资企业的进入加快了北京数字印刷的发展。1992年成立的时美（当时称为"时美科贸公司"）如今是北京数字印刷企业中当之无愧的"老字号"，在其25年的发展历程中已形成了独特优势，现凭借"会务服务""IPO竞标"等业务板块树立起数码印企的旗帜。亚西亚、康文伟义都是最早进入数字印刷市场的先锋企业。

21世纪初期，随着北京经济的突飞猛进和城市建设的迅猛发展，依托于建筑图文、商务快印业务、广告设计的数字印刷企业蓬勃发展，其中不少成为现在北京数字印刷市场的中坚力量。成立于2004年的金木堂将自己定位于"商务服务公司"，应用领域不断创新的良图数码、专注于建筑图文输出的丰海通、赛尚图文等，它们的经营者或出身于建筑设计领域或早期从事广告设计，这些经营者是由数字印刷的直接需求用户转型而来。

同一阶段，数字印刷设备的代理商先于他人知晓数字印刷市场的繁荣，其最为了解各种设备的性能和优势，且在设备维修方面更具优势。同时，提供文印服务亦可促进其所代理设备的销售和维护。该类企业的特点是文印服务并非其主营，产品质量和输出的周期可以保证，但并不重视数字印刷产品的创新。如威创科技联盟、恒久达、正元伟业等，都是由办公设备的代理商拓展成为数字印刷服务的代表企业。

此外，传统印厂在胶印量逐渐趋于饱和的市场现状下，也考虑引入数字印刷设备来开拓数字印刷的新模式与新业务，如北京雅昌、北京华联、奇良海德等，但此类企业中的数字印刷往往仅作为传统业务的补充，数字印刷在传统印刷中发挥的作用仍待进一步挖掘。

随着数字印刷设备产能的不断提高，数字印刷在按需出版领域的应用成为现实。依托于出版社自身资源的印刷公司引入数字印刷设备后，均呈现产量和产值翻番的强势增长态势，如知识产权出版社旗下的北京中献拓方和石油工业出版社下属的中石油彩色印刷。另外，一些数字印刷企业与出版社合作的建立也使得按需出版的模式逐渐深入市场，如九州迅驰、七彩京通。资金实力雄厚的传统印刷公司也引入数字印刷设备全力拓展按需量大的图书印刷市场，如京华虎彩打造新型的出版基地；大恒数码拥有柯达鼎盛 1 000 高速喷墨印刷机、Hunkeler 书芯成型系统、Horizon 胶装及裁切系统，成为北方第一条印刷全流程数字化生产线。虽然这部分的业务量还有待开发，但这种大资金注入按需出版市场定会对印刷和出版的业态有所刺激和改变。

时至今日，在数字印刷市场的不断演变和发展中，一些数码印企充分利用数字印刷灵活多变的特点开发出了一系列创新产品，也成就了企业自身独特的竞争优势。例如，良图数码、中印数字印务、书铭印刷等。而将数字印刷视为传统印刷补充的印艺天空打造以商务印刷为主的生产中心，将小批量的数字印刷产品模式转型到新型的数字印刷生产中心，其单店产能位居北京之首。

②北京数字印刷企业面临的问题。

在全国范围内，以商务印刷、政府文印为主营的数字印刷加工中心或连锁店单店压力较大，北京的情况更为突出。主要原因如下。

一是竞争。在巨大的数字印刷市场需求下，北京的数字印刷单张价格趋稳。北京市面上的 A3 彩色平均报价在 2 元—3 元，最低可低至 1 元以下。虽然各项成本压力已经濒临企业不能负担的临界点，但是仍有后进入市场者为了占领市场而降低价格。

二是高昂的房租。街边的快印店当然需要一个门店，以放置占地最小的设备，构成一个基本的快印店尚需要百平左右，如果没有相关政策补贴，北京三环附近的街边店面租金至少为 6 元每平方米每天，而对于一个可以保证快印生产能力的企业来说，至少需要配置双套生产型的设备，所需面积也增至 200 平方米，房租的压力可想而知。

三是人力的影响。无论从人力成本，还是从人的管理来考虑，新员工的招聘是快印店面临的一大难题。快印店的人才难招，步入社会的职场新生力军由于自身个性张扬而难以管理，职场新人本身处于寻找适合自己的工作阶段，他们大都在进入企业半年内的时间内离职。多数企业表示，留下率为 10% 就可以称得上是成功的招聘。对于 24 小时营业的快印店来讲，招人则更加困难，夜班难熬，企业所能提供的工资和员工的薪酬预期形成矛盾，加之按国家规定为员工缴纳保险等因素，一个规范的企业要支付的人力成本激增。

四是月产值低于 40 万的数字印刷单店面临严峻挑战。街边的快印店由于受人力限制，配套服务差、生产能力低，主要凭借低成本在市场中立足，以价格优势吸引对品质和速度无高要求的小型客户或普通消费者。但是，这种类型的快印店由于流转资金差，受到房租上涨的冲击往往会最大，缺乏产品增值和服务的它们一旦遇到房租上涨，则将面临巨大生存压力，目前已经有很多这样的小型快印店破产或转行。

③ 重压之下成就的独特竞争力。

从房屋租金到人力成本，从设备折旧到纸张费用和设备全保服务费，数字印刷企业需要支出的各项成本都很大。但需要注意的是，企业从进入数字印刷行业那天开始，已经被迫习惯设备全保服务费和设备较高的折旧费，但是近年来大幅度增长的房租已经成为这些企业越来越难以承受的重压。

与其他地区不同，在北京某一品牌的快印店有 10 家以上连锁店的现象十分罕见，而三四家连锁店分布于东南西北四个方向的现象较为普遍，如金木堂、印艺天空、丰海通。由于房租往往占到企业经营额的 1/5，因此令人望而生畏的房租成本不得不使经营者谨慎投资、谨慎开店。房租不仅制约着快印店连锁数量和规模，而且还迫使快印店开始进行集约化管理，尽快将亏损或赢利效果不好的店面关闭，集中设备力量于优势店面中。

北京市场的相对公平和需求大仍受很多圈内人肯定。只要用心经营，用心服务客户，就能在客户中形成口碑。快印行业是个容易产生消费黏性的行业，客户会因消费习惯而长期选择一家快印企业。对客户而言，重新选择快印企业也会产生新的磨合成本，价格并非影响客户订单量的唯一因素。

北京的数字印刷企业的业务领域已然划分得非常清晰，除了数字印刷的主要业务类别，如商务印刷、按需书刊印刷、设计院工程图、政府文印、证监会的 IPO 申报资料等，还有由基本的业务类型衍生而来的艺术品复制、菜谱、精装礼品书等类别，代表企业有北京雅昌、圣彩虹、天可嘉宇，它们在艺术品复制细分市场中已深耕多年，关于艺术品复制的流程已经成为其独特的竞争优势。多年来京品道源已在菜谱市场中稳坐第一把交椅，从印刷到各式印后装订为客户提供一站式服务，而在该领域中已出现加速的追赶者。这些数字印刷企业都在深挖业务和服务价值，努力在自己擅长的类别中做专做精，有意识拓宽服务面。

（3）西南地区

相较于重要经济中心珠三角、最大经济圈长三角和复合型经济区环渤海经济，西南地区的经济发展稍显滞后，数字印刷产业正处于发展期。据2016"数字印刷在中国"数字印刷机装机量调查报告中的单张纸生产型彩色数字印刷机地域分布统计来看，西南地区仅占全国市场的9%，由此可见西南地区数字印刷市场相对欠缺。

西南地区内部数字印刷产业发展并不均衡，成都地区、昆明地区数字印刷发展较为迅速，而重庆、贵阳等地市场却不够成熟。昆明地区的数字印刷产业起步较早，数字印刷市场发展及投资规模不亚于发达地区，昆明颜之灵和金伦等规模连锁企业坐落于此，当地数字印刷市场也处于稳定良性的发展阶段。

成都数字印刷市场目前主要以建筑图文输出和商务印刷为主。近两年业务量逐渐减少，从2014年开始，当地建筑图文输出业务每年大概以15%左右的幅度下降。同时，成都地区传统印刷厂开始陆续外迁，一些短版和小批量的传统印刷业务逐渐流向了数字印刷市场。并且当地普通市民也开始逐渐了解快印店的业务范畴，会定制一些个性化产品，如毕业相册、纪念册等。总的来说，目前成都地区商务印刷正处于逐年增长的态势，但其缺乏创新能力和产品研发能力，个性化产品较少。

重庆市虽然是"西三角"经济圈的中心城市，但是重庆的数字印刷产业发展与其经济发展极不均衡，数字印刷的体量不大，而且由于地理位置的因素，重庆的传统印刷企业和数字印刷企业混合错落，相互制约、相互竞争。

贵阳地区经济相对落后，数字印刷的发展并不健全，当地90%的数字印刷市场均为湖南籍数字印企，图文标书占整个市场份额的60%—70%左右。数字印刷企业经营比较简单，产品较少，没有形成丰富的产业链。

二、数字印刷与按需印刷（出版）市场分析

（一）我国数字印刷市场分析

为及时追踪中国数字印刷市场的发展现状，中国印刷技术协会数字印刷分

会和《数字印刷》杂志编辑部联合开展的"数字印刷在中国"装机量与用户调查以及"数字印刷在中国"用户调查，自2004年首次调查至今已走过12个年头，这些数据记录着中国数字印刷行业的起步、升级和转型，记录了中国数字印刷市场的繁荣、发展与突破。该调查报告数据具有连续性，数据来源可靠、可信度高，因此本报告选取了该报告中的调查数据结果，从数字印刷装机量和用户两个角度勾勒出2016年中国数字印刷的市场现状、企业经营情况。

1. 装机量调查报道

大多数传统印刷设备厂商纷纷试水数字印刷技术，推动新设备和新技术的研发与应用，尤其是大幅面高速喷墨印刷设备的性能剑指传统印刷机，在全球印刷行业内引起广泛关注。静电碳粉型数字印刷设备仍然是数字印刷市场主力军，这一情况可以从本年度的生产型彩色数字印刷机装机报告中得以看出，同时，我们也能从报告中感受到数字印刷市场的发展轨迹。

（1）单张纸高端彩色数字印刷机

① 单张纸高端彩色数字印刷机装机量。

如表1所示，截至2016年7月，单张纸高端彩色数字印刷设备装机总量达到1 825台，在上年度的基础上增加了193台，增长率接近12%，比上年度的增长率降低了2个百分点。（增长率＝当年装机增量÷上一年装机总量）。单张纸高端彩色数字印刷设备的增长率自2012年开始已经5年呈现连续下降态势，今年增长率下降了2个百分点是近5年来下降最少的一年。装机量增长率减少与10余年来连续积累的装机量基数逐年增多，以及市场应用需求增长逐年趋稳有着一定的联系。但是客观来讲，部分数字印企采用轻资产的经营模式，本年度增量为193台，比上一年度的增量仅少6台。

表1 2009—2016年单张纸高端彩色数字印刷机装机量统计

装机总量（台）	截至2009年7月	截至2010年7月	截至2011年7月	截至2012年7月	截至2013年7月	截至2014年7月	截至2015年7月	截至2016年7月
	354	455	644	887	1 195	1 433	1 632	1 825
年度增量（台）	2008年8月—2009年7月	2009年8月—2010年7月	2010年8月—2011年7月	2011年8月—2012年7月	2012年8月—2013年7月	2013年8月—2014年7月	2014年8月—2015年7月	2015年8月—2016年7月
	84	101	189	243	308	238	199	193

需要说明的是，HP Indigo 10 000 目前在国内已经实现了 30 台装机，HP Indigo 30 000 也已在国内销售出若干套系统，B2 幅面的高端数字印刷设备在国内刚刚兴起，市场还存在发展应用和差异化经营的潜力。企业往往利用其大幅面优势用于商业和影像印刷业务，降低成本，开发新赢利模式，已经有企业瞄准个性化包装市场，正在着手这方面业务的研究和开展。

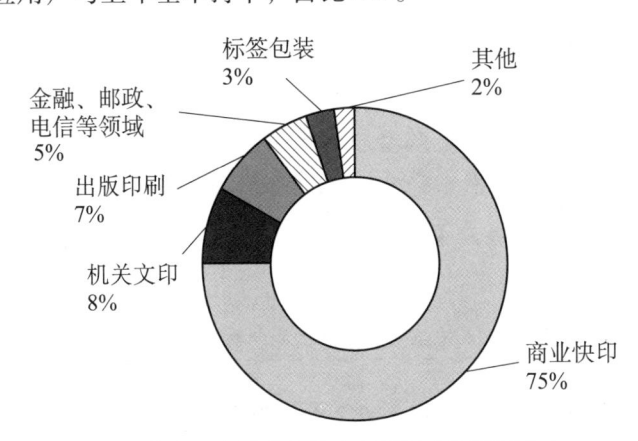

② 单张纸高端彩色数字印刷机应用领域分布。

由图 1 单张纸高端彩色数字印刷机的应用领域分布可以看出，商业快印领域的占比最大，为 75%，较上一年度占比上涨了 5 个百分点，可见商业印刷仍然是高端彩色数字印刷市场的绝对主力。其他应用领域的占比在小区间内有所微调，机关文印占比 8%，比去年增加 1 个百分点；出版印刷占比 7%，比去年下降 2 个百分点。高端彩色数字印刷机在出版印刷领域的应用主要为小批量的高端精装书籍，这部分的市场可能是因为受到政策导向而减少。金融、邮政、电信领域应用以 5% 的占比位列第四，比上一年度下降 3 个百分点，受金融、邮政、电信系统的流程电子化的冲击，这部分领域的占比也有缩减。标签包装领域占比 3%，较上年下降 1 个百分点，其他领域（主要指用于制卡或其他非主流的特殊应用）与上年基本持平，占比 2%。

图 1 单张纸高端彩色数字印刷机应用领域分布

③ 单张纸高端彩色数字印刷机地域分布。

单张纸高端彩色数字印刷机地域分布如图 2 所示，从中可以看出，目前，华南、华东、华北地区仍是单张纸高端彩色数字印刷机装机量最多的地区，占比分别达到 31%、27% 和 20%，华南地区同比去年上涨了 2 个百分点，华东地区较去年下降了 2 个百分点，华北地区下降了 5 个百分点，这 3 个地区高端彩机的高占有率主要得益于北上广巨大的高端商务印刷需求量所形成的配套市场。华中地区占比为10%，较去年增加了4个百分点，位列第四。西北地区和西南地区分别占比为5%和4%。在单张纸高端彩色数字印刷机的装机领域来看，华东、华南和华北地区以绝对的优势领先于全国其他地区，这一局面预计还将持续。

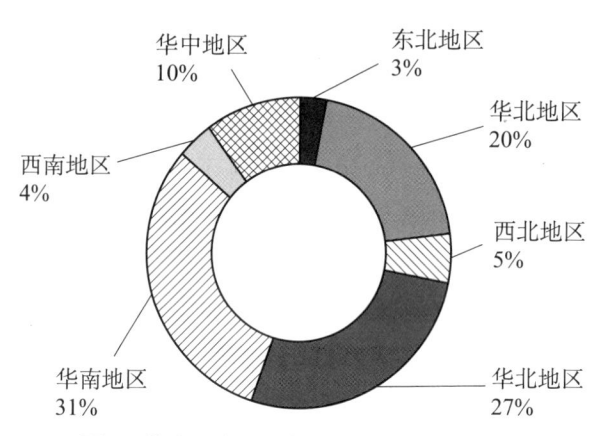

图2 单张纸高端彩色数字印刷机地域分布

（2）单张纸生产型彩色数字印刷机

① 单张纸生产型彩色数字印刷机装机量。

从表2可以看出，截至2016年7月单张纸生产型彩色数字印刷机的装机总量为6 546台，新增了1 169台，增长率约22%，比上一年降低了11个百分点，下降较多。可以看出，生产型彩色数字印刷设备在市场中需求量增速减缓。2016年度，单张纸生产型彩色数字印刷机的装机量增量与上一年度有少量下降，各品牌的新增量与去年类似，企业投资的设备具有价格更合理、品质好、更加满足用户轻量生产的要求。

表2 2009—2016年单张纸生产型彩色数字印刷机装机量统计

装机总量（台）	截至2009年7月	截至2010年7月	截至2011年7月	截至2012年7月	截至2013年7月	截至2014年7月	截至2015年7月	截至2016年7月
	990	1 305	1 856	2 345	3 214	4 036	5 377	6 546
年度增量（台）	2008年8月—2009年7月	2009年8月—2010年7月	2010年8月—2011年7月	2011年8月—2012年7月	2012年8月—2013年7月	2013年8月—2014年7月	2014年8月—2015年7月	2015年8月—2016年7月
	346	315	551	489	869	822	1 341	1 169

② 单张纸生产型彩色数字印刷机应用领域分布。

由图3可以看出，单张纸生产型彩色数字印刷机主要应用仍在商业快印领域，占比为63%，比去年下降了3个百分点。机关文印位列第二，占比为12%，上升1个百分点。排名第三的是其他类，占比为8%，下降1个百分点，可见企业开发的特殊应用有所增多。影像输出和出版印刷位列第四和第五，占比分别为7%和6%，分别上升了3个百分点和1个百分点。标签包装占比较去年有所下降，占比4%，下降了1个百分点。

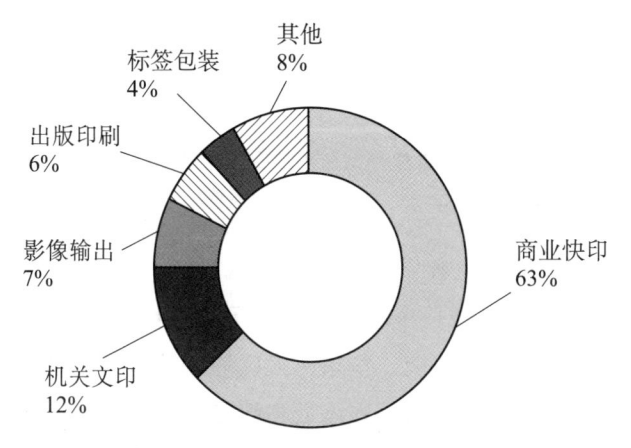

图3 单张纸生产型彩色数字印刷机应用领域分布

③ 单张纸生产型彩色数字印刷机地域分布。

单张纸生产型彩色数字印刷机的地域分布情况与往年差别不大，由图4可以看出，华东、华南、华北地区依然是当前生产型彩色数字印刷设备的装机量前三甲，占比分别为24%、22%以及21%，这三大区域的占比接近。西南、华中地区并列第四位，占比为9%。西北、东北地区的占比分别为8%和7%，在全国各地区中占比仍较低。近年，单张纸生产型彩色数字印刷设备的分布情况相差无几。

按照《生产型数字印刷机目录（2015年）》的分类方法，将单张纸高端彩色数字印刷机与单张纸彩色生产型数字印刷机合并为"单张纸彩色生产型数字印刷机"计算，目前市场上此类主流机型的装机量为8 371台，较上一年度的7 009台（见2015年9月《数字印刷》杂志）增长1 362台，增长率达到约19%，较2015年度增幅（增长28%）下降了9个百分点。整体看来，市场对数字印刷设备的投资减少较大。

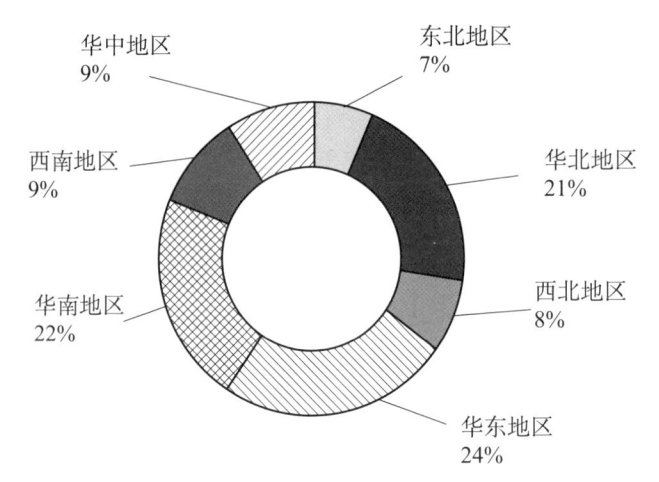

华中地区 9%
东北地区 7%
西南地区 9%
华北地区 21%
华南地区 22%
西北地区 8%
华东地区 24%

图 4　单张纸生产型彩色数字印刷机地域分布

（3）连续纸高端彩色数字印刷机

本年度连续纸高端彩色数字印刷机总装机量达到 160 台，新增装机量 32 台，同比增长了约 25%，增长率较上一年度下降，详见表 3。在地区分布上，市场上该类设备依然集中在华南、华东两大区域，其他地区装机量较少。在应用领域上，本年度绝大多数新增的连续纸高端彩色数字印刷设备主要应用在标签包装领域，其中拥有 30 英寸幅宽的 HP Indigo 20 000 主要用于软包装市场，国内的个性化软包装市场或将迎来新的突破。通过近两年的调查可以发现，连续纸高端彩色数字印刷机的设备新增量一直保持着平稳的增长，这与其所生产的产品有增值效益，细分竞争市场更加有序具有一定关系。

表 3　2009—2016 年连续纸高端彩色数字印刷机装机量统计

装机总量（台）	截至2009年7月	截至2010年7月	截至2011年7月	截至2012年7月	截至2013年7月	截至2014年7月	截至2015年7月	截至2016年7月
	21	24	37	46	68	95	128	160
年度增量（台）	2008年8月—2009年7月	2009年8月—2010年7月	2010年8月—2011年7月	2011年8月—2012年7月	2012年8月—2013年7月	2013年8月—2014年7月	2014年8月—2015年7月	2015年8月—2016年7月
	11	3	13	9	22	23	33	32

从 2015 年 9 月—2016 年 9 月的装机量调查报告可以看出，2015 年高端彩色数字印刷机装机量出现小幅上涨，2016 年度该类装机量与 2015 年持平，高

端彩色数字印刷机的市场需求比较稳定。近几年的单张纸生产型彩色数字印刷的设备增长率呈现大小年的变化，2016年属于所谓的"小年"，增长率达到历史最低，这一方面是受到上一年度（所谓"大年"）设备大量更新，仍有剩余生产力留在本年度的影响，另一方面或与印刷电商、集中生产、"轻资产"的生产经营新模式的转型有较大关系。最后，期待数字印刷的技术不断进步，各项政策更加支持数字印刷应用的扩展，印刷业可以以数字印刷为新契机，再迎新繁荣。

2. 数字印刷企业经营情况

本次调查样本企业共116家，涵盖的业务类型较为丰富，涵盖图文打印、商业短版、影像输出、艺术品复制、按需出版等众多领域，样本企业中既有专营数字印刷的企业，也包括涉足数字印刷业务的传统印企及涉足传统印刷领域的数字印刷企业。企业经营模式更是多种多样，除传统的单店/连锁店的实体经营、网络印刷模式外，还有企业已经结合"网络接单+线下展示空间"，走上了真正的"轻资产"经营模式。本年度，样本企业涉及地域更加广泛，涵盖了大、中、小不同规模的企业。

（1）样本企业的成立时长情况

如图1所示，在30年的岁月中，生存10年以上的数字印刷企业，仍是行业的中流砥柱，这些企业已经找到了应对市场变化的策略，形成了独特的生存能力。与此同时，在2009年中国经济遭遇了阵痛之后，国内数字印刷企业仍能积极应对，如近10年新增企业总和接近三分之一，更令人欣喜的是，近几年数字印刷行业受经济、政策等因素影响，平均利润已经趋于稳定，有15.12%的企业是近5年内成立的，这无疑证明了该行业仍存在较强的吸引力。调查结果显示，有相当数量的数字印刷企业成立于1995年、2000—2005年和2013年，而这3个时间点刚好反映了数字印刷技术刚进入市场、市场应用的初步成熟和再进阶的发展时期。

（2）样本企业的数字印刷产值变化情况

调查内容：近一年来，数字印刷企业/数字印刷业务版块相较于之前一年的产值变化情况（增长、持平或降低）。该调查内容可直观地反映企业自身的经营、发展情况，亦可从侧面反映出企业的可持续经营能力，以及近一年国内数字印刷行业的整体变化情况。

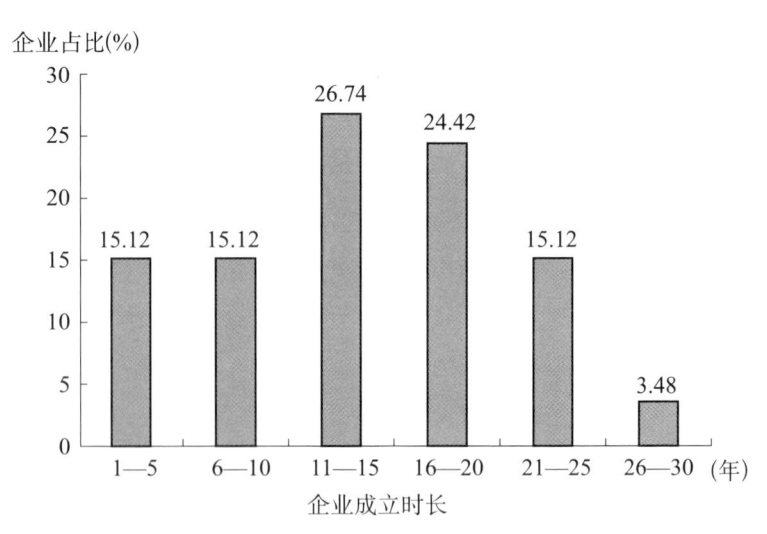

图5 2016年样本企业成立时长占比情况

116家受访企业中，1家企业表示因个人原因已经转行；1家企业因赢利能力不佳，关停了1家门店；另外，有2家规模比较大、业务比较综合的企业（其中一家涉足传统印刷，另一家在印前数据采集中做得非常不错）明确表示，未来将逐渐转型至"非主营印刷业务的企业"，这两家中，前者给出的转型方向是将会专攻贸易，后者则想走高端定制化服务路线。对比近3年的数据（2013年有6家企业倒闭或转行，2014年3家，2015年6家）可知，今年转行/关停门店数据属于正常范围内的优胜劣汰，但上述2家规模较大的企业提出主营业务转移，这一现象值得持续关注。

除去转行的1家数字印企，其余115家企业透露了近一年企业的产值、产量变化情况。根据样本企业反馈的数据，我们发现，近一年数字印刷企业的经营情况相比2015年有所好转。如图6所示，44.30%的企业表示产值有所增长（2015年仅有24.29%的企业产值有增长），本年度数字印刷企业经营情况全面提升，这不仅表现在本年度有更多企业扭亏为盈，从图6中也可以看出，已经有一部分数字印刷企业将产值增长率做到较高水平。产值增长超过30%及以上的企业占比为12.66%（2015年这一数字为3.68%）。

在本次调研中，表示产值持平的企业占比31.65%，相较于前两年（2015年的30.97%，2014年的30%）变化不大，加之上述44.30%的企业表示产值增长，超过75%的企业在当下市场竞争中仍能稳步发展，相比前两年有微增长，亦从一

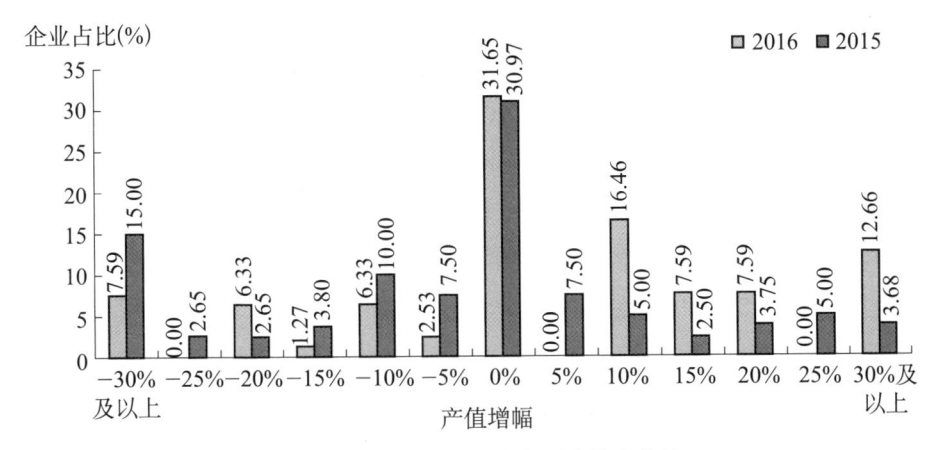

图 6　2016 年样本企业数字印刷产值变化情况

定程度上说明部分企业经过一段时间的调整，经营情况有所改善。

对于产值下降的企业，结合去年的调查数据，可看出今年产值降低的企业占比大为减少，只有 24.05% 的企业表示产值有所下降（去年该数字为 41.60%）。尤其是降幅达到 30.00% 及以下的企业仅占 7.59%（去年该数字为 15.00%），约合一半企业摆脱了大幅亏损的处境。其中，有受访者总结到，数字印刷市场或多或少会受到 2013 年的"禁卡令"政策，以及经济新常态环境的影响，经过 2015—2016 年的实战经验，数字印刷企业在应对市场变化时已经能做出正确调整，对主营业务领域合理调配使企业及时止损。

（3）样本企业数字印刷月人均产值情况

调查内容：近一年来，数字印刷企业/传统印企数字印刷业务的月人均产值情况。月人均产值作为衡量企业赢利能力的重要指标，可直接反映企业的利润情况、经营现状和精细化管理程度。

在 116 家受访企业中，有 50.56% 的企业透露了其近一年的月人均产值水平，样本总量有待进一步提升，其中未能提供的企业或表示从来都没有算过，或表示已经与当下传统印刷版块融为一体无法提供具体数据；再或者是传统印企用于打样购置的数字印刷设备未曾产生利润，更无从谈起数字印刷业务版块的月人均产值水平。

如图 7 所示，本年度企业月人均产值水平多集中在 2 万元/月和 3.5 万元/月及以上，且月人均产值水平超过 5 万元/月的企业数量有 6 家，超过 10 万元/月的有 3 家，其中 1 家企业表示其月人均产值水平能达到 15 万元/月，且上述

7家企业均为数字印刷企业。这组数字对于广大数字印刷企业者是一种非常大的鼓舞，月人均产值水平的调查内容自2014年加入"数字印刷在中国"用户调查以来，往年峰值为6万元/月（2014年）、5万元/月（2015年），今年的数据有如此大的跳跃式增长着实令人欣喜。问及这家人均达到15万元/月的企业，其表示因为所承接的企业级客户比较多，业务稳定、收益可靠，并涉足传统印刷。此外，这家企业还非常重视精细化管理，在大环境不好的情况下，及时关停了一家门店，以避免带来更多的损失。曾经，敢于开店、投资大设备是一种魄力，而在目前的环境下，敢于关停不赢利的门店、版块，找准适合自己的发展路径才更值得学习，从这家企业的身上我们更看到了数字印企在提升人均产值方面仍存在很大空间。

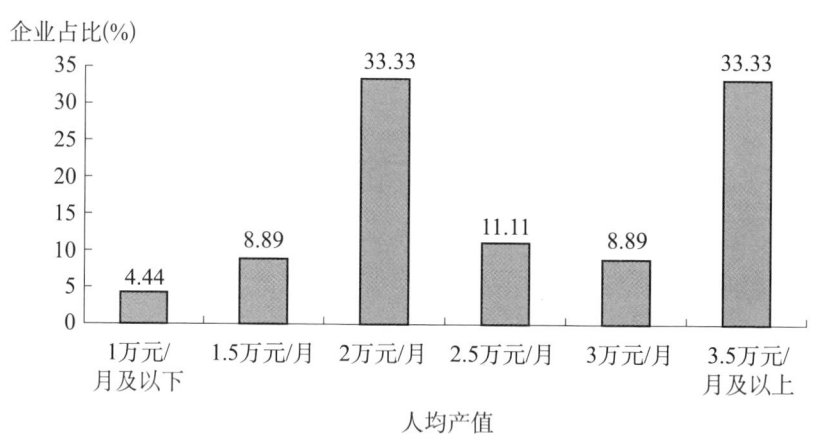

图7　样本企业月人均产值占比情况

2. 样本企业的投资情况

调研内容：过去一年，企业对于印前设备、生产型数字印刷设备、印后设备、接单系统、人才培养的投资情况，以及未来一年的投资意向。通过企业投资的活跃程度可从侧面反映出企业的发展战略及对数字印刷市场继续经营的信心。

图8为样本企业近一年投资情况及未来一年投资意向。过去一年中，有3.66%的企业表示购入了印前设备（主要以扫描设备为主），其希望通过引入印前扫描设备，加强数字化建设，从而摆脱"以印刷为主营"的经营现状。另有50%的企业新增了生产型数字印刷设备。虽然数字印刷行业已经度过了拼设备的时代，但是当下生产型数字印刷设备仍存在寿命短、折旧率高等因素，老

设备的生产稳定性、色彩一致性都难以把控，采访中仍有一部分企业者表示更换设备实属无奈之举，但会积极应对，运用新设备拓展更多高附加值的业务。同时因为未来的形势还不明朗，多数企业表示对于是否继续对数字印刷设备进行投资持观望态度，仅有 4.88% 的企业表示未来会继续对数字印刷设备进行投入。

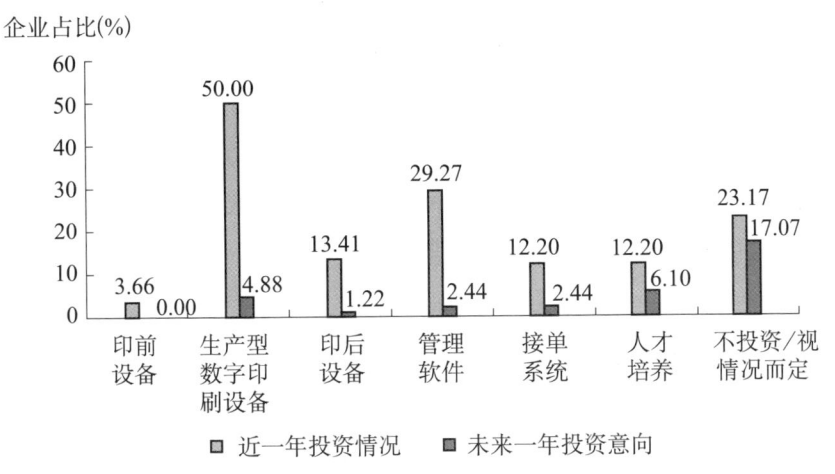

图 8　2016 年样本企业近一年投资情况及未来一年投资意向

在印后方面，有 13.41% 的企业表示近一年对印后设备进行了投资，主要需求有两点，其一是引入功能性较强的小型数字印后设备，主要解决个性化雕刻、模切等特殊需求，提升印品附加值；其二是引入自动化程度较高的裁切、锁线等数字化印后设备，旨在提升印后环节的规范程度和自动化程度，以降低出错率、印品成本。

目前，管理软件已成为数字印企的标配，本次调查中，有 29.27% 的企业表示在近一年中，对企业原有管理软件进行过升级、更换，但今年中未有企业表示自主研发管理软件，这或可能是现有管理软件已经可以满足企业基本需求，更可能是大环境不好的情况下，企业不愿将过多的资金和精力投入软件开发中。与之相对应地，近一年中有 12.20% 的企业选择将资金投入到搭建接单系统（包括自建网上商城、接单软件、印刷电商平台）中，其认为网络印刷仍然是未来的大趋势，占得先机非常重要。正如在产值分析部分所提到的，一家自建接单系统的数字印企，其网上订单已经让其实现 24 小时不停机运营。

在今年的调查中，有 12.20% 的企业提到，近一年人才培养方面做出了比较大的投资，一方面是原有员工培养、外派参观/学习，另一方面是花费较高成本引入营销、技术、创意综合型人才。数字印刷作为服务性行业，人才培养问题已经被逐渐认知、重视。

如图8所示，近一年未投资的企业占比23.17%，对比2015年的39.02%以及2014年的39.13%，情况有所改善，值得一提的是，其中有3%的比例是传统印刷企业为满足打样需求而引进数字印刷设备，该设备仅用于自用，企业在购入后决定不会再对数字印刷设备进行投入，即仅有20.17%的数字印刷企业未在近一年中进行任何投资。在调查中，受访企业除表达了图8中所列的6个投资方向外，还有企业表示将会大力开展新产品研发、美化店面、加大推广力度、寻找投资场地的机会。可见，面对当下经济形势，越来越多的数字印企目标更加清晰，直面问题，积极应对。

3. 样本企业的扩张倾向

（1）样本企业线下扩张情况

调查内容：近一年内是否开设新店以及未来一年是否有开店计划。该部分内容可直接反映企业目前的扩张情况及未来发展计划。

图9为样本企业近一年线下扩张情况。由图可知，最近一年内开设新店的企业占比达34.85%，新增1家店的企业占56.52%，最多新开5家门店，占比为8.70%。新增门店以连锁居多。其中，当下的连锁门店已经打破了传统扩张方式，有企业将"合伙人制"作为员工激励手段，邀请员工加盟做股东，为企业开拓新店的同时还能为员工谋得发展通路；此外，还有将线上线下经营方式结合的数字印企，其于2—3年前就开始采取线上线下联动，将"搭建线上接单系统+开设线下展示空间"相结合，走上了"轻资产"发展之路，目前该企业已拥有6家线下展示空间（仅用于产品展示、接单，并未摆放设备）；更有企业持续发展驻地服务，采取为大客户提供贴身服务的策略。调查中，仅有1.51%的企业表示，在过去的一年中，因经营情况不理想关停了1家门店，但该企业产值情况良好，关停此分店意在优化内部资源配置。其余63.64%的企业表示近一年中未开设新店，企业当下目标以维稳为主，暂不贸然发展。

如图10所示，面对未来一年的扩张计划中，仅有30%的受访企业计划开设新店。其中，有企业表示虽然数字印刷单店赢利能力降低，但是每家店都还能赢利，那么再多开设几家门店，所得到的总利润基本上可以与前几年持平，

关停店面1.51%

新开店34.85%

未开设新店63.64%

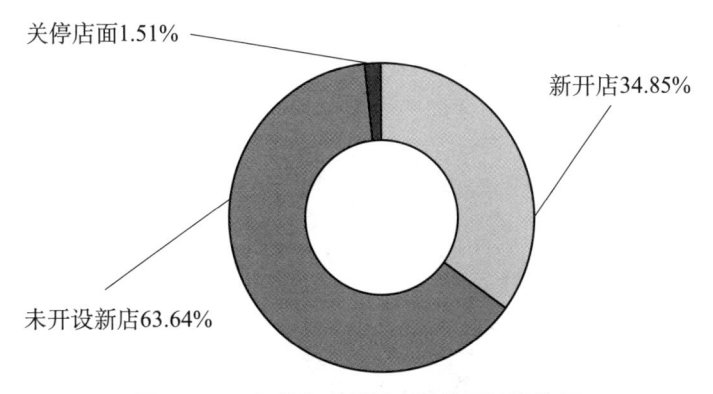

图9　2016年样本企业近一年线下扩张情况

此外，也要通过开新店给员工创造合理的晋升空间，否则有经验的老员工没能得到所期望的待遇，必然会选择辞职去创业，"那这岂不是给自己培养竞争对手嘛！"这虽是玩笑话，但在本次调查中确实得到了反方面印证案例。近一年中，吉林当地新增了四五十家数字印刷企业，其中约有一半是湖南籍数字印刷企业进驻，另外50%则是由于当地原有的几家大型数字印刷企业因为用人成本太高，没能给到老员工所期待的薪资，加之当下设备租赁、二手设备买卖产业链非常成熟，许多老员工选择辞职创业。可见，适当地扩张不仅能为企业带来新增利润，也可有效减少竞争。除上述原因外，还有企业表示当地政府行政区或将迁移，企业会跟着客户迁走开新店。

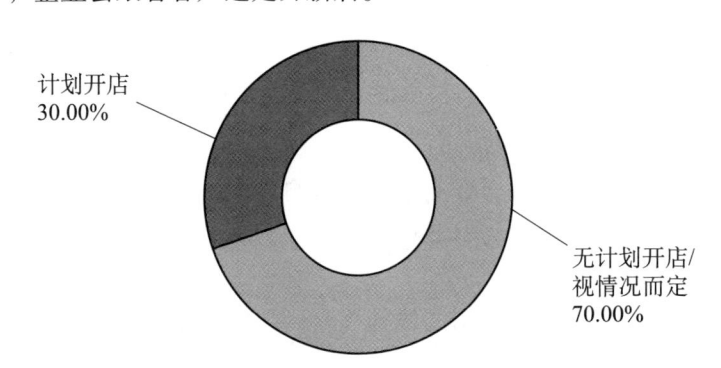

计划开店
30.00%

无计划开店/
视情况而定
70.00%

图10　2016年样本企业未来一年线下扩张意向

（2）样本企业开拓产品合作情况

调查内容：近一年来企业是否与其他同行展开合作为其代售产品。该内容可从侧面反映出当下行业的产品需求，以及行业内的合作程度。

如图11所示，有58.33%的样本企业表示已经引入同行的专业性产品，其中多以名片、创意月历/台历、艺术品摆件为主，与业内同行进行深度合作。其余41.67%的企业则表示不考虑引入同行产品，"客户群不一致，产品定位也完全不同""推广难度大"是主因。

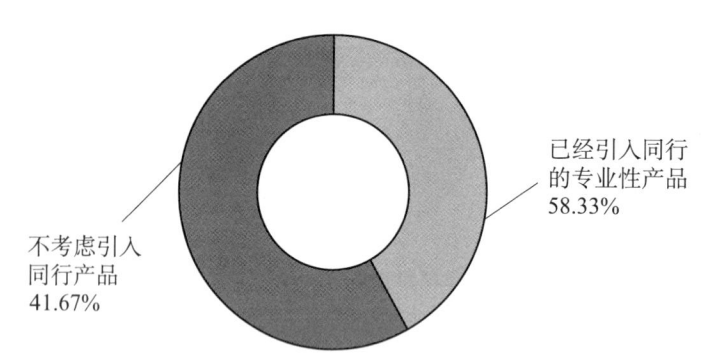

图11 2016年样本企业针对开拓产品合作的情况及意向

（2）样本企业线上扩张情况

调查内容：针对企业当下网络扩展情况及意向，以及扩张方式（与平台合作、自建网络印刷系统、通过淘宝/微店等平台）。近几年，"网络印刷"已经从概念走进现实，但业内多数企业处于只投入不赚钱的尴尬境地，只有极个别企业将网络印刷做得有声有色，网络印刷是机遇还是危机，在本次调查中可谓仁者见仁，智者见智。

在本次调查中，如图12所示，表示未涉足且未来不计划涉足网络印刷和涉足/计划涉足网络印刷的企业各占一半。表示未涉足且未来不计划涉足网络印刷的企业者坦言，投入大、回报率低、推广难、获客成本高、专业人才缺乏是摆在企业主面前难以逾越的大山。另外，值得注意的是，在"不看好"网络印刷的企业代表中，有部分企业表示曾经或自建或购买过网络接单系统/软件涉足过网络印刷，但效果不尽如人意，最终放弃网络印刷模式，并表示短时间内不会再涉足。

对于其余50%涉足网络印刷的样本企业，针对扩张手段进行了进一步调查。如图12所示，有37.21%的样本企业表示已经或有倾向与平台合作（注：此处的"有倾向"为正在积极寻找合作平台的数字印企），其表示"选择对的平台进行合作，不仅省心、省力，还能帮助企业扩大营销和生产范围"；另有30.23%的企业表示已经拥有/着手自行搭建网络接单系统/网站，与此前不同的是，在今年的调查中，不仅有企业筹建B2B式的封闭接单系统、B2B2C开放式的接单平台，还有多家数字印刷企业已经开始自主搭建网络电商平台，其形式与淘宝类似，除自己会在网络商城上开店外，还对同行开放；剩余的32.56%样本企业则选择了通过流量比较大的综合性平台，如淘宝、微店、百度相册等，获得更多业务。

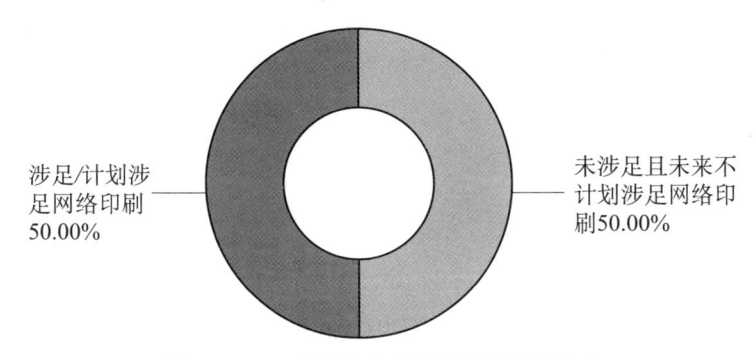

图 12　2016 年样本企业涉足网络印刷情况

目前，中国经济所出现的"增速换挡"现象，也促进着国内数字印刷行业全面告别以往的粗放式发展，向精细化经营方向转变。2016 年，正是中国经济进入"新常态"后深度调整和转型的关键年，但对于印刷企业而言，是继"禁卡令"之后的又一"严冬"，有的企业不敌风暴侵袭，出现产值、产量双降情况；而有的企业却能在危机中寻找机遇，完成了从困局到破局的突破，这两种经营状态值得每一位从业者深思。

（二）我国按需出版市场分析

1. 市场情况概览

目前，按需出版主要有三种方式：一种是按订单印刷（先发行后印刷），一种是按照出版商的要求印刷，一种是通过网络印刷渠道的个人出书市场。实际上，按照出版商要求印刷的方式，跟传统印刷方式相似，公司为出版商印刷好书后交付到出版商手中。不同之处在于，由于采取数字印刷技术，保证了出版商手中的书籍永不断版，这不仅满足了读者随时购买的需求，也最大限度地给出版商和企业带来了经济效益。另外，订单的数量可以非常低，从几百册到几千册都可以。从公司接收订单到客户收到图书，周期非常短。由此，出版商从库存的消费中腾出了更多的资金。而先发行后印刷的方式则彻底颠覆了从出版到印刷的传统出版流程，真正做到零库存，而且能够做到 24 小时供货不间断。此外个人出书市场也是一个新兴市场，有很大的发展潜力。随着互联网云技术、大数据和数字印刷技术，以及上下游产业链的完善，按需出版能更加贴近市场，一方面能有效降低出版社的库存浪费，降低图书销售商的成本；另一方面能够拯救断版书和断版书的印制，同时还能满足艺术家等个人用户自助出书的需求，按需出版必将能为出版的繁荣而建功立业。

2. 案例分析

（1）国外经典案例

①美国英格拉姆——Lightning Source。

美国英格拉姆的 Lightning Source Inc.（简称 LSI）为例，英格拉姆是美国大型图书发行商，自 1997 年首创按需出版业务之后的第 8 年，开始实现赢利。今天，LSI 已经拥有 590 万以上可以按需印刷的图书品种，在世界各地建立了多个印刷厂，每月按需印刷量达到 6 亿印以上（约 200 万册图书），每天印刷图书超过 50 000 册。发展了 2 万多个提供按需印刷出版物的合作伙伴，按需印刷的供应渠道包括亚马逊等大型零售连锁书店。在传统图书发行转型按需出版业务的基础之上，2006 年 1 月成立英格拉姆数字集团，成为以数字内容资源仓储、传输与数据应用为核心业务的专业公司，目前已是世界上最大的图书数字内容资源提供商之一。

②当纳利——PubSelect 服务。

北美最大教科书印制中心推出了动态出版服务 PubSelect。当纳利首先建立了一个网站，然后与出版社等内容提供者洽谈，使其按照网站定义好的学科、类别放入内容，如以前出版的课本和尚未出版的案例分析、实验报告等。老师在线定制教材，学校老师浏览、查找这些内容，再把来自不同数字资源的内容按照任意顺序组织起来，当然他们也能加入自己的材料，形成定制课本的内容。PubSelect 后台系统会自动把用户自选的内容重新分页、创建新的章节号、生成新的目录和索引，最后生成可供印刷和校对的 PDF 文件。在完成内容选择和 PDF 校样之后，用户提供关于学校、课程名称、上课人数和需要定制课本的时间等信息。在线提交印刷订单之后，出版社会发给用户发放一个 ISBN 编号，最后把书送到学校书店。PubSelect 对数字内容使用更加灵活和充分，无论最终输出的产品是否是正规出版物，这项服务吸引力不会降低，只要解决了版权问题，整个服务也成立，因此我们又称这类服务为按需信息服务或者按需出版服务。

（2）国内经典案例

①知识产权出版社。

知识产权出版社于2005年在亦庄经济技术开发区购入上万平米的房产，打造数字出版基地，并添置大量存储、印刷设备，以400人以上的规模从事数据加工和数字印刷业务。2011年数字印刷中心承担了原新闻出版总署按需出版图书印刷示范工程，并获得近千万元国家财政支持。知识产权出版社2014年3月推出了"来出书"图书自助出版平台，将按需数字印刷平台和知识服务平台有效连接起来，实现图书资源一次性制作，多元发布（纸质书、各种阅读形式的电子书、APP、知识数据库等），根据用户的需求快速形成不同介质、不同手段的产品和服务；同时，实现图书从编辑、生产、智能仓储管理到销售全过程自动化、智能化。《表面等离激元纳米结构制备与近场光学表征》在前期投稿、后期编审校、排版、内容存储、产品发布全部在知识产权出版社"来出书"平台进行，实现了图书出版全流程数字化，是知识产权出版社打造的"全流程数字复合出版平台"生产的第一本图书。

②江苏凤凰新华印务。

凤凰新华印务在2013年就投资建成了华东地区规模最大的出版云计算中心——"凤凰国际云计算中心"，具备数据存储能力和数据处理能力。2016年，立足于凤凰云计算中心建立的"凤凰数字资产管理中心"正式开放，系统具备"版本管理精准、资源存储安全、调用发布便捷"等特征，成为许多出版商"数字化存储"的首选。凤凰自2012年起陆续投资，并集成创新了"亚洲第一条黑白POD按需印刷连线"。

③虎　彩。

虎彩按需出版产业链的前端有拥有专业按需出版电商平台——"搜书院"，对出版、数字印刷和电商进行深度整合，为出版社提供断版印刷平台，并联动布局全国的智能云工厂，贴近市场生产，目前已经跟50家出版社实现合作，版权积累到2015年年底已达5万余种。在生产端，虎彩拥有惠普T410、T300、T350和T260喷墨轮转印刷机，也采购了Indigo7500、IndigoW7250以及Indigo10 000等设备。2016年4月与京东签订合作协议，颠覆先印后销模式，在打开新书销路的同时，也为出版社提供库存书销售服务；同时，京东可为虎彩提供可采集的断版书目及其点击量，有效收集到断版书需求市场信息，并联合出版社取得断版书版权，或将已断版书籍扫描整理成电子文件，提供断版书按需印刷服务，虎彩还提供数字文件及版权管理体系，保证数据版权的安全，为图书永不断版保驾护航。2013—2015年，虎彩印艺数字印刷业务的营收情况分别为516.18万元、1 719.93万元、8 068.12万元，增速飞快，可见按需出版的发展势头强劲。

三、年度影响数字印刷与按需印刷（出版）发展的重要事件

（一）Drupa 2016

以"触摸未来"为主题的"Drupa 2016"于2016年5月31日至6月10日在德国布杜塞尔多夫国际展览馆顺利举行。为期11天的展会，共吸引了来自54个国家和地区的1 837家参展商参加。并吸引来自188个国家和地区的26万名参观者和来自74个国家和地区的约1 900名记者参观。在本次展会中，国际参观者的比例达到76%，这比四年前上升了16个百分点。之所以能够取得如此高的提升，主要是因为亚洲参观者数量的增长。

（二）第六届中国国际全印展

2016年10月18日至22日，第六届中国国际全印展在上海举办。本届全印展以"发现印刷未来"为主题，全面展示了近年来印刷技术的推进成果与发展趋势，生动体现了印刷技术所焕发的活力与动力，凸显出创新、升级、融合和发展在印刷行业的重要性，为观众带来了一场印刷业的"饕餮盛宴"。

（三）"富士施乐·科印杯"数字印刷作品大奖赛

2016"富士施乐·科印杯"数字印刷作品大奖赛颁奖典礼于2016年10月19日在上海界龙总部隆重举行。本届大奖赛首次与富士施乐（中国）有限公

司合作，设"科印杯"及"富士施乐杯"双重大奖，得到全国各地印刷企业的积极参与，大赛组委会收到了来自173家企业的486件优秀作品。

最终"科印杯"奖项105个：优秀企业奖8个，数字印艺作品之专项奖4个、单项金奖19个、单项银奖29个、单项铜奖45个。"富士施乐"奖项13个：金奖1个，银奖4个，铜奖8个。

（四）"数字印刷在中国"技术高峰论坛

2016年10月19日，2016"数字印刷在中国"技术高峰论坛在沪隆重举办。该活动由中国印刷科学技术研究院、中国印刷技术协会数字印刷分会主办，科印传媒数字印刷事业部承办，上海数字印刷行业分会、香港数字印刷协会、珠海市印刷协会协办。本届论坛以"融合 思变 突破——创造数字印刷新契机"为主题，紧扣印刷市场发展现状。

四、总结与展望

（一）行业现状

1. 技术方面

数字印刷技术在不断升级提升，不断朝着精细化方向发展，在技术应用方面，2016年数字印刷技术的表现主要体现在以下4个方面：①印制质量进一步提高，与传统印刷品质界限愈发模糊；②印后装帧方式多样化，数字印企已经开始通过印后工艺提升产品附加值；③场景应用提升商业价值，提升产品实用性，实现企业赢利；④融合IT/多媒体技术，运用科技的力量使内容"跃然纸上"，互联网对印刷行业发起冲击，而印刷人也将最新的IT技术、多媒体技术融入印品中。

2. 企业情况

在当前拼产能、同质化竞争激烈加大环境下，绝大多数企业在当下市场竞争中稳步发展，主要从以下3个方面进行。①内修外拓：对内，要注重人才培养，精细化管理，丰富业务版块，不断研发新品，提升自身增值服务能力；对外，要加大营销力度，挖掘客户资源，力求线上线下协同发展。②合理投资：根据自身情况选定适合的投资方向，除硬件投入外，企业应着眼于人才、软件、网络印刷等软实力的提升。③密切交流：北京、广东多地已经出现印企同行在订单制作、产品代售等方面的深度合作，未来国内印企应持续密切交流，携手步入"经济分享时代"。

3. 思考：数字印刷企业探索的新方向

纵观近几年行业发展，数字印刷市场或多或少会受到2013年的"禁卡令"政策，以及经济新常态环境的影响，经过2015—2016年的实战经验，数字印刷企业在应对市场变化时已经能做出正确调整，对主营业务领域合理调配、大胆创新商业模式、重新定位客户群体……通过一系列的动作为企业及时止损，开创新的利润增长点。接下来将通过总结近一年数字印刷行业优秀企业转型发展案例，与大家分享未来企业升级的4个方向。

（二）未来发展方向

1. 向技术服务转型，打造"技术+服务"新优势

以上海合印包装服务有限公司（以下简称"合印包装"）为例，该公司成立于20世纪90年代末，主营传统印刷业务；2008年，切除原有印刷厂的业务，完成了从印刷行业的重资产经营方式向极具互联网思维的平台化、印刷管理服务类企业的轻资产经营方式转型。合印包装的产品更具互联网思维，它突破原有二维码主要为了防伪、溯源的功能，通过一系列的网上行为抓取，为品牌商推送个性化定制的广告内容，实现了真正的"互联网+""大数据"运营。与此同时，上海快捷科技发展有限公司的二维码溯源、互动营销服务和上海大一数码技术印刷有限公司为俄罗斯出版社提供的AR技术均值得业界学习。

2. 推进企业股份改革，着力提质增效，稳定团队

近一年，佛山市富丽图数字印刷有限公司（以下简称"富丽图"）的合伙人制备受业内关注。这一模式的优势不仅稳定了企业团队，调动了内部员工二次创业的热情，更实现了企业更大布局。

3. 走文创转型之路，让印刷企业寻找到新蓝海

印刷行业本身就离艺术非常近，我们熟知的雅昌文化（集团）有限公司是

最早从印刷行业转型至文创领域的领先代表，此后不断有印刷企业走文创转型之路，今天要与大家分享的是北京龙日艺通文化艺术有限公司（以下简称"龙日艺通"），其在 2015 年开始签约当代艺术家，买断授权，为艺术家打造限量版艺术品及艺术衍生品；2016 年 7 月，龙日艺通与宋庄的上上美术馆共同打造 1 000 多平方米的线下展厅，用于陈列实物展品、举办沙龙活动。现龙日艺通已经计划凭借文创的平台走上资本之路。

4. **拓展企业 B2B 生态链，搭建共赢经济体系**

瞄准企业 B2B 生态链的数字印企不在少数，它们以创新产品为先导拓展同行客户，完善 B2B 生态。在数字印刷行业中开拓 B2B 规模，同时也利用自己的创意产品帮助同行丰富产品线，实现赢利，打造共赢的经济体系。与此同时，近一年内行业中还兴起了一些合作型的"前店后厂"模式的企业，该模式即指数字印刷企业承接了传统长版活后，外发给传统印厂，这一模式不仅降低了快印店的生产成本，达到了"优化行业资源配置"的效果，还为快印店拓展了新业务，丰富了产品线，典型企业如炫彩、昌昊、上海双双、长荣健豪等。

（作者单位：中国印刷科学技术研究院）

相关专题报告

中国数字教育出版发展报告

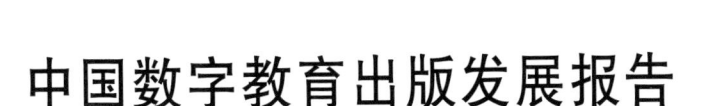

唐世发　庄子匀　杨　晨　刘　焱

2016年，数字教育出版的升级换代已成业界关注的焦点。未来五年是我国教育信息化取得重要进展的关键五年，也是传统新闻出版和新兴出版转型升级、融合发展初见成效的关键五年。在此背景下，探寻数字教育出版的转型升级之路迫在眉睫。本报告将围绕教育信息化和出版数字化两个主题，分析2016年数字教育出版的发展动态、市场规模、产品形态、数字技术、运营模式和投融资情况，总结存在的问题，制定对策，展望2017年中国数字教育出版发展趋势。

一、2016年中国数字教育出版发展现状

（一）中国数字教育出版发展走进新时代

2016是"十三五"的开局之年，就数字教育出版行业来说也是中国数字教育出版1.0时代与2.0时代的分水岭，开始跨入新时代，有必要总结两个时代的发展特点。

1. 中国数字教育出版1.0时代发展特点

我国教育信息化和出版数字化起步于世纪之交并发展为数字教育出版业，聚焦在线教育，内容来自出版社。"十二五"期间上升为国家战略层面并快速发展。在教育界，信息化建设主要依托"三通两平台"进行整体规划和统筹推

进。教育服务生态环境从封闭走向开放，人人都可以成为知识的获取者、使用者、共享者、评价者、创造者，教学模式向以学为中心转型，教学目标向倡导能力培养转型，学习方式向主动式、互动式、探究式转型，学习空间实现了现实空间与虚拟空间的互联互通，学习评价注重过程性、发展性、个性化，做到因材施教、教育公平。在出版界，出版社由内容为中心向用户为中心的综合服务商转型，出版形式由图文结合向富媒体转型，生产方式向使用二进制技术手段进行出版运营的数字化方式转型，传播渠道向 PC、手机、平板等全渠道转型。数字教材、数字教辅读物、教育资源库、电子书包、教育 APP、慕课、微课等产品层出不穷。在传统出版单位全方位向数字出版转型的同时，电信运营商、平台渠道商、技术服务商、电子商务企业也热情投身于数字教育领域，有不少企业还与传统出版单位达成了跨界融合，由此可见，在技术滋养下的数字教育出版发展特点可以概括为"应用驱动，跨界融合"。[1]

2. 中国数字教育出版 2.0 时代发展特点

数字教育出版利用数字技术让传统的知识插上了翅膀，前所未有地革新了内容提供方式，极大地提高了知识传递的效率。大数据、云计算、移动互联网、物联网、人工智能、虚拟现实（VR）、增强现实（AR）等新一代信息技术在数字教育出版行业的应用，推动了教育信息化和出版数字化建设的突飞猛进和日新月异。随着信息技术的发展和政策导向的引导，"十三五"成为我国教育信息化和出版数字化的转折期，可视为我国数字教育出版 2.0 时代。

2016 年国家"互联网+"行动计划全面实施，"大众创业，万众创新"战略深入人心，分享经济风起云涌，信息技术已成为整个经济社会发展的新动力和新支柱，数字教育出版行业纷纷建设网络平台并利用大数据开展智能化服务。同年 6 月教育部颁布了教育信息化"十三五"规划，将今后的发展方向确定为"构建网络化、数字化、个性化、终身化的教育体系，建设'人人皆学、处处能学、时时可学'的学习型社会，培养大批创新人才"，同时要求各学校强化市场竞争生产优质资源、提供优质资源服务、依法保护知识产权，鼓励企业提供云端支持、动态更新的适应混合学习和泛在学习等学习方式、学习资

---

[1] 付彦均. 数字教育出版：从 1.0 到 2.0 的升级之路 [J]. 编辑之友，2016（12）：31—35.

源，鼓励教师、学生和家长"课堂用、经常用、普遍用"。这就为数字教育出版进一步敞开了市场大门，一种可供良性发展的生态圈自会水到渠成。由此可见，数字教育出版2.0时代的发展特点表现为：开放创新，协同共享。①

（二）中国数字教育出版整体市场规模概述

1. 教育信息化

教育信息化的最终采购者通常为政府部门。我们通过政府经费预算和各学校采购模型两方面来进行教育信息化市场规模测算。②

表1 2016教育信息化预算经费

指标	2015	2016	2017E	2018E	2019E	2020E
国内生产总值（亿元）	689 052	744 127	793 984	847 180	903 941	964 506
GDP增长率	6.9%	6.7%	6.7%	6.7%	6.7%	6.7%
国家财政性教育经费（亿元）	29 221.45	31 625.40	34 141	36 852	39 773	42 920
财政性教育经费占GDP比重	4.241%	4.25%	4.30%	4.35%	4.40%	4.45%
教育信息化经费财政性教育经费比重	8.0%	8.0%	8.0%	8.5%	8.5%	9.0%
教育信息化经费（亿元）	2 338	2 530	2 731	3 132	3 381	3 863

数据来源：中国产业信息网公开资料整理

2011年6月，教育部发布的《教育信息化十年发展规划（2011—2020年)》（征求意见稿）第十五章第四十四条，明确提出各级政府在教育经费中按不低于8%的比例列支教育信息化经费，保障教育信息化拥有持续、稳定的政府财政投入。我们搭建如上表的模型，测算教育信息化的政府预算经费显示：2016年教育信息化经费已超过2 500亿，至2020年，教育信息化经费预算或将达到3 500亿以上。

---

① 付彦均．数字教育出版：从1.0到2.0的升级之路［J］．编辑之友，2016（12）：31—35．
② 2017年中国教育信息化经费预算及市场规模预测［EB/OL］．http://www.chyxx.com/industry/201703/505444.html

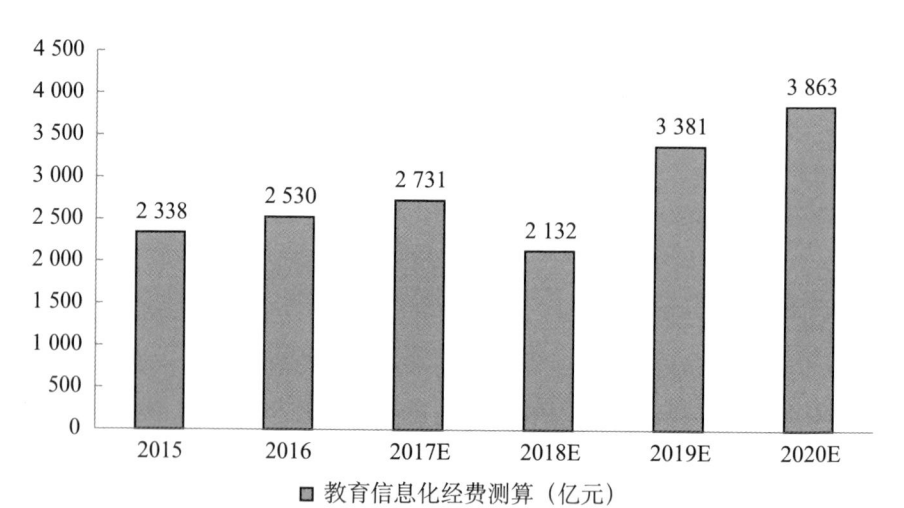

图 1 2015—2020 年中国教育信息化经费预测

数据来源：中国产业信息网公开资料整理

据测算，继 2015 年教育信息化政策密集出台后，其市场规模复合增速或超过 30%，2017 年市场规模将会超过 2 700 亿。

表 2 教育信息化市场规模测算

类别	2015	2016	2017E	2018E	2019E	2020E
普通高等学校数（所）	2 560	2 500	2 500	2 500	2 500	2 500
渗透率	65%	75%	80%	85%	90%	95%
普通中小学（所）	256 165	250 000	250 000	250 000	250 000	250 000
渗透率	43%	50%	62%	73%	85%	90%
中等职业学校（所）	11 202	11 000	11 000	11 000	11 000	11 000
渗透率	43%	50%	62%	73%	85%	90%
学前教育学校数（所）	223 683	230 000	230 000	230 000	230 000	230 000
渗透率	28%	32%	35%	45%	51%	60%
教育信息化学校数总计（所）	179 263	205 975	244 320	296 155	341 400	375 275
新增信息化建设项目学校数	16 073	26 712	38 345	51 835	45 245	33 875
更新设备的学校	16 319	17 926	22 657	29 318	41 462	54 624
每年新增项目	32 392	44 638	61 002	81 153	86 707	88 499
小型项目金额（万元）	110.3	115.8	121.6	127.6	134.0	140.7
占比	60%	60%	60%	60%	60%	60%
中型项目金额（万元）	287	301	316	332	348	366
占比	30%	30%	30%	30%	30%	30%

续表

类别	2015	2016	2017E	2018E	2019E	2020E
大型项目金额（万元）	1 082	1 125	1 170	1 217	1 265	1 316
占比	10%	10%	10%	10%	10%	10%
加权平均项目金额	260.3	272.2	284.7	297.8	311.5	325.8
维护升级价格（万元）	26.0	27.2	28.5	29.8	31.1	32.6
需设备维护升级学校占比	50%	60%	60%	65%	65%	65%
教育信息化市场规模（亿元）	1 056	1 508	2 089	2 890	3 300	3 606
同比增长率	—	42.86%	38.51%	38.34%	14.21%	9.27%

数据来源：中国产业信息网公开资料整理

2. 出版数字化

互联网技术冲击着传统教育，迫使各类学校教育数字化升级，也带来了新的产业机遇，首先在基础教育领域表现为：数字化教材、与之配套的各种教育资源、教育应用软件、在线测试，概括起来就是内容、平台和终端三个方面，出版社重点关注内容和软件平台。其次是在线教育，出版社却往往忽视了这一庞大领域。

（1）在线教育市场规模

2017年1月22日，中国互联网络信息中心（CNNIC）发布第39次《中国互联网络发展状况统计报告》，截至2016年12月，中国在线教育用户规模达1.38亿；在线教育用户使用率为18.8%；手机在线教育用户规模为9 798万人；手机在线教育用户使用率为14.1%，相比2015年底以上各指标都大幅增长。

据互联网教育研究院统计，2016年我国在线教育市场规模达251亿元。目前市场规模占据主要地位的还是学历教育、职业教育和语言培训三大领域，未来其他细分领域仍有不少机会。[1]

（2）K12用户使用率最高

在线教育用户分为中小学、职业教育、语言培训、大学生/研究生教育四个重点细分领域。中小学阶段用户使用率最高，为53.4%，用户规模为7 345万人。其原因为：一方面，中小学互联网设施完善，为高清直播课程等在线教

---

[1] 吕森林、邵银娟、孙洪湛、冯超、庄淑雅编著.2016—2017中国互联网教育行业蓝皮书[M].北京大学出版社，2017年版.

图2 2015.12—2016.12 在线教育/手机在线教育用户规模及使用率

数据来源：CNNIC 中国互联网发展状况统计调查

学方式提供基础，年轻教师对互联网接受程度高，更容易推广在线教育产品；另一方面，中小学教育培训市场主要以线下培训为主，辅之以在线题库、在线作业、在线课程复习等方式，线上线下相结合以达到更好的培训效果。家长作为培训课程的决策者，为优质教育服务付费的意愿和能力都较强；职业教育阶段的用户规模为 4 731 万人。在线语言培训、在线大学生/研究生教育的网民使用率分别为 28.6% 和 17.2%[1]，较 2015 年有大幅增长。

（3）在线教育供应商

在线教育是互联网技术与传统教育的结合，是教育产业化、市场化的组成部分。巨大的市场吸引了越来越多的社会角色的参与，产业链上的各类角色相互关联、相互渗透。在实践中，在线教育产业链包括内容提供商、平台提供商、技术提供商、电信运营商、用户等。[2]

在线教育内容提供商：内容提供商提供的内容主要包括学习视频、文档资料、教育工具及各类泛学习内容。学习视频包括 K12 阶段的课外辅导和成人资格认证的传统网校和远程教育、MOOC 模式以及录播直播，代表产品有学而思

---

[1] CNNIC 报告：我国在线教育用户达 1.38 亿，K12 阶段占到一半以上［EB/OL］. http://www.jiemodui.com/N/65027.html

[2] 本刊编辑部. 典型在线教育供应商分析［J］. 计算机世界，2015（36）.

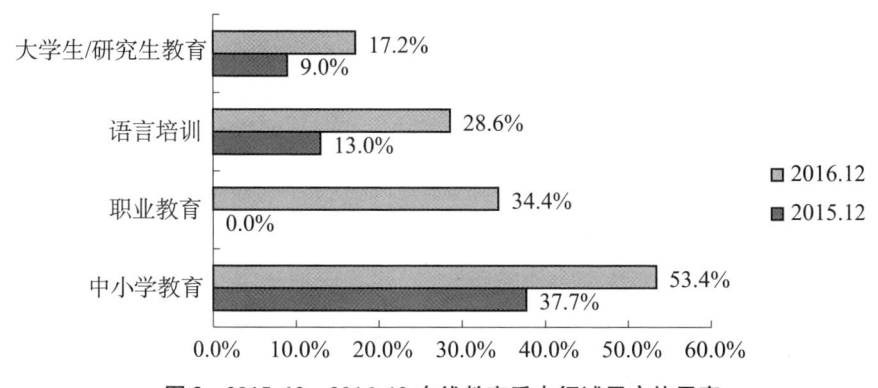

图3 2015.12—2016.12 在线教育重点领域用户使用率

数据来源：CNNIC 中国互联网发展状况统计调查

网校、华图网校（公务员考试）、尚德嗨学网、新东方在线（语言类学习）、网易公开课、腾讯微讲堂、超星学术视频等；文档资料指百度文库、豆丁网等互联网文库机构为用户提供的多种格式的文档学习资源库；教育工具指帮助人们学习的辅助性工具，如拓词网、猿题库、有道云笔记等；泛学习内容指能提供某一领域某一门的知识提供平台，通过接收信息内化为自身的知识和智慧，如问答网站（百度知道、知乎）、百科网站（百度百科、维基百科）、微博、社交网站、论坛以及最近火热的微信公众号等。

在线教育平台提供商：平台提供商主要是为很多内容提供商提供一个销售的大平台，主要有 B2C、C2C、B2B2C、B2C + O2O、C2C + O2O 等几种商业模式，代表产品有沪江网校、多贝网、传课网、天下网校、和君商学院在线班、第九课堂等。

在线教育技术提供商：在线教育产业链中的技术支持的企业，例如华平股份为远程教育系统提供支持，立思辰、天喻息、上海睿泰集团等在政府或学校搭建教育云平台。该类技术提供商虽然本身不输出教育相关的内容，但其技术支持也是整套解决方案不可或缺的，在大量项目实践过程中彰显了其优势。

电信运营商：指为在线教育提供基础建设、利用掌握大量终端用户提供教育类应用综合解决方案的企业，代表产品有中国移动的"校讯通"、中国电信的"家校通"等。

（三）互联网企业、出版企业开启中国数字教育出版新业态

2016年是"十三五"的开局之年，经过一年时间的热议和探索，"互联网+"已经从概念和口号，转变为深入的行动和实践。

1. 互联网企业创新数字出版新业态

2016年7月20日，教育出版线上线下融合发展峰会上，一起作业网指出互联网是教育出版下一代不可或缺的需要，并阐明一起作业和教育出版企业可在本地化、个性化方面推动内容的升级，并通过数据打通等方式探索更多的增值可能。截至2016年6月底，一起作业的产品已覆盖全国32个省份、358个城市、7万多所中小学，用户包括实名注册的120万老师、900万家长和2 300万学生，每天产生上亿次的基础数据、关系数据和学习数据。基于此，一起作业和教育出版企业可在本地化、个性化方面推动内容的升级，并通过数据打通等方式探索更多的增值可能。此外，互联网在线教育也能激发传统教育的改革，对传统教育起到补充作用。

2. 出版企业创新在线教育新业态

高等教育出版社借力"互联网+"，创新在线教师培训新模式。"十二五"期间，2 000余位名师专家走上网培中心讲堂，建设高质量数字化视频资源32 000小时，资源量达到25T，开设2 000多门培训课程。资源内容涵盖了师德师风、学科教学、教学技能、教学方法、专业培训和管理者培训等。在地方教育行政部门和相关学校的大力支持下，建成56个全国高校教师网络培训省级分中心和城市分中心，建设880个高校教师在线学习中心和一批培训基地，与全国98%的高校建立起培训业务联系。基础教育教师培训在全国26个省市区建立了地方教师培训服务支持机构，形成了覆盖学前、小学、初中和高中全学科、全学段的教师培训体系。

（四）中国数字教育出版产品发展新动态

互联网公司、新媒体公司和大型教育集团在"十三五"开局之年，积极试水在线教育，如江苏凤凰出版集团、中国教育出版集团、中南出版传媒集团等正在用战略眼光布局在线教育领域。

1. 中国数字教育出版产品需求方向

数字教育出版体现的是一种"以学习者（用户）为中心"的经营理念，其实质就是服务。学习者是认知发展的主体，让其借助网络发挥主动性、创造性来开展带研究性质的探究式学习、高效率自主学习和创造性学习，其前提与关键是利用网络为他们提供个性化的学习服务。服务内容包括网上的个人学习资源库、个人笔记本、习题集、个人成长曲线和有针对性的教师辅导等。通过内容的多媒体化、拓展化、体系化，并能把知识点串起来，让学生可以通过最少的内容，来获取最多的知识并能享受更多服务。

2. 中国数字教育出版产品形态

（1）平台类产品

根据教育用户对象及应用场景来划分，有教学服务网络平台如天闻数媒的"云课堂"产品、课外阅读交流学习平台如睿泰集团"悦读悦乐"小学生分级阅读测评系统、在线家教服务平台、在线作业考试平台如一起作业网的游戏化学习与服务等。

（2）以内容为核心的学科数字化教材资源及配套平台

学科网为教师提供电子书、课件、教学动画、知识点微视频、试题试卷等数字资源；睿泰集团旗下的江苏睿泰教育也开发了B2B的"平台＋内容"中小学专题教育资源库产品。

（3）培训服务类平台及产品

培训服务类的平台产品，以中小学课外教育、语言学习、成人教育等为多数。如新东方在线的各类英语课程，可与老师在线交流，享受一对一服务。睿泰集团旗下的睿鹏程建设了职校教师的平台，面向教师、教研人员、VR工程师开展业务服务。

（4）个性化服务类APP产品

当下各类个性化教育服务类APP产品良莠不齐，要想生存下去其产品设计必须符合教育规律、用户体验好、经营模式持续和不断推陈出新。[①]

（五）中国数字教育出版技术新进展

以人工智能为核心的新技术将与教学融合，将成为下一个数字教育浪潮的

[①] 陈嫦娥. 数字教育发展趋势及模式研究[J]. 出版广角，2016（18）：6—8.

核心驱动力。在未来，基于VR/AR的仿真实验室、基于认知计算的复杂决策辅助的高级机器人、教学机器人等产品，也将出现在第三次数字教育创业浪潮。第三次数字教育创业浪潮的新兴科技，将渗透进入数据采集（语音识别、图像识别）、数据处理（语义识别、大数据、自适应）和人机界面（VR、AR）的各个环节，从而实现多种教育应用场景（口语评测、拍照搜题、自动批改作文、教学反馈改进、个性化学习、虚拟实验室），驱动产业升级（陪伴和教学机器人的高级机器人技术、学生情绪反馈的情绪计算、复杂决策辅助的认知计算、仿真实验的VR/AR、3D打印）。

2017年2月，新媒体联盟官网发布了2017年地平线报告高等教育版本，指出未来教育的六项关键趋势：混合学习设计、合作学习、日益重视的学习测量、重新设计学习空间、不断增进的创新文化、深度学习方式，未来迎合这一趋势需要以下关键技术来进行保障。

1. 自适应学习技术

自适应学习技术根据学习记录、学习轨迹，推荐学习内容，优化学习练习的针对性，从而适应学习者循序渐进的学习需求。如Knewton公司的主打产品就是自适应在线学习系统，该系统基于项目反应理论，采用路径规划技术和学生能力模型，以保证学生学习的不断进步。

2. 移动学习

随着移动互联网、智能手机以及应用程序的丰富和普及，移动学习被广泛应用。就像我们每天看微信公众平台里有养料的文章，刷各种朋友圈消息，阅读各个订阅专栏，用应用程序背单词，所有这些天天都有可能在学生身上发生的事情，都算运用了移动学习，当然其内在效度也往往差异极大。如拓维公司的战略目标就是通过打造0—18岁的移动互联网教育垂直领域O2O平台，开发一系列覆盖"教、学、练、测、考、管、办、评"等全环节的教育产品，打通产业链，构建生态圈。

3. 物联网

物联网技术让学校内外大量设备可以无缝地连接在一起。学校内的各个传感器以及各种设备，包括摄像头、电灯、屏幕、声音感应器、温度感应器、语音控制终端等，正在普遍连接起来，并收集大量学生数据，拓展了挖掘这些数据服务于学生学习的可能性。如拓思德公司通过数字光学点阵技术，依托核心产品"51测评"，实现了考试数据的高效采集。

4. 下一代学习管理系统

学习管理系统（LMS）有很长的历史，而随着大量校企合作以及大量巨头企业不断成熟的研发，学习管理系统正在变得越来越适应教学和学习体验。学习管理系统将更深入地串联起整个教与学的过程，并为其中的诸多环节提供效率，减少教师大量收集信息、批改作业、统计数据、分发建议反馈的时间和重复劳动，让学生获得更及时的反馈、更流畅的流程体验、更个性化的提醒。

5. 人工智能

人工智能具备更强的数据挖掘、深度学习和机器学习的能力。人工智能已经在图像识别、语音语义识别、复杂策略推演上取得了一定的进展。未来人工智能将进一步地深入理解学习者特征、学习者思维模式，从而提升在线学习和自适应学习系统的性能。如在线学习的时候就可以开启摄像头，记录学习过程中学习者的表情，并通过表情分析判断此刻学习者的状态、感受和情绪，从而改变学习路径，调整学习进度，提供学习个性化关怀。

6. 自然用户界面

人机交互经历了一个变迁周期，从最早的鼠标键盘，到之后的多点触屏，再到现在刚刚起步的语音控制和手势控制。未来更多的自然用户界面，将让机器与计算机更紧密地与生活、工作和学习场景融合。

（六）中国数字教育出版运营模式与赢利情况

1. 运营模式

2016年在线教育运营模式主要表现为三种形式：一是B2C运营销售，在线教育平台公司主要通过线上线下的运营模式，直接向用户收取服务费用获得营收，如猿题库、沪江网、学而思、一起作业网等；二是B2B销售，面向学校、教育局销售的模式，如明博教育、天闻数媒、科大讯飞等采用这种销售方式出售各类教育软件系统、软硬件结合的平台等，实现赢利；三是B2B与B2C同时销售，即一方面面向机构B2B销售产品，另一方面通过线上线下B2C的运营模式直接向用户收取费用，如全通教育[①]。

---

① "互联网+"时代出版企业在线教育发展 [EB/OL]. http://www.sinobook.com.cn/press/news-detail.cfm? iCntno=23555

2. 赢利情况

有数据显示，2016 年仅有 5% 的互联网教育企业赢利；数字教育用户规模达 7 727 万人，预计 2018 年用户将达 1.3 亿人；数字教育市场规模 2016 年达 1 508 亿元，[①] 2018 年有望突破 2 046 亿元；这些数字表明，在线教育成了互联网领域中最具成长性的版块之一。

（七）中国数字教育出版投融资态势

2016 年是在线教育行业资本暗流涌动的一年，在经历了持续数年的投资热潮后，今年在线教育行业投资逐渐回归理性。据《2016 上半年中国教育行业投融资报告》显示，2016 年上半年教育行业投融资金额约 42.53 亿元，较去年同比下降约 36.74%。从数据上来看，在线教育行业似乎迎来了资本寒冬，但从整体而言，该行业依然是投资的热点。

2016 年有 125 家在线教育企业得到了投资人的青睐，获得融资比较典型的企业有："学乐云教学"完成 2 亿美金的 C 轮融资；VIPKID 融资 1 亿美元；上海卓越睿新数码科技公司融资 3.5 亿元；新东方在线获腾讯附属公司 3.2 亿元投资上市；"猿辅导"融资 4 000 万美元；"盒子鱼"获 3 000 万美元融资；美联英语完成 1.7 亿元人民币融资；慧沃网获 1.5 亿元融资。从企业类型看，其中学乐云、智慧树、慧沃网属于平台型，盒子鱼英语属于工具型，其他均属于服务型，可见资本在在线教育领域的布局较为平衡。

二、2016 年中国数字教育出版面临的问题及对策

（一）中国数字教育出版面临的问题

1. 信息化教学建设和教学应用水平不足

目前仍有 12.5% 的中小学未接入互联网，36.7% 的学校未达到带宽 10M 的

[①] 参见中国产业信息网公开资料。

要求；多媒体建设、信息化环境建设在不同地区、城乡间存在较大差距；已建设的信息化学习由于运维缺乏、故障频发难以支撑信息化管理和教学；从业人员的关注不够、认识不足，数字教育出版与教育教学实践"两张皮"现象普遍存在，教育界和出版界的配套体制、机制均需继续创新。

2. 数字教育出版产品质量保证不足

由于我国中小学学生在线学习时间只限制在学校和课堂内部，没有更多课余时间，学生应试学习压力大；就学习终端而言，学生无选择权，同时产品过度限制学生的在线学习行为；学习产品不能立竿见影提升考试成绩，学校和家长对数字资源兴趣不大。这些现状都对开展数字化教育提出了极大挑战。目前我国教育资源各地区发展极度不平衡，优质数字化资源开发模式和应用机制尚未全面形成，出现了产品数量多但精品少、内容建设"新瓶装老酒"、同质化严重等问题。

3. 数字教育出版资金投入与建设后劲不足

数字教育出版的数据库建设、网络平台建设和后期开发都需要相当的技术和人力成本。目前国内除以高等教育出版社为代表的几家资金雄厚的出版社外，一些市场规模小的地方教育类出版社，开发数字产品和服务的投入只能局限在较低层次上。同时，我国专门针对教育出版数字化的资金支持也较少，导致数字教育资源共建共享后劲不足，严重影响了数字教育出版在运营机制、人才建设、技术研发等方面的发展。

4. 互联网教育企业针对基础教育类产品研发力度不够

互联网教育企业在早教、高教、职教等方面的产品研发可圈可点，但在基础教育产品形态上则倾向于题库、作业辅导答疑类、互动教学类、在线家教等产品，重点都聚焦在"提分"上，缺少基于新课程改革目标的个性化混合教学类产品、以学生为中心的智能教学类产品。国家和社会各企业应该加大包含体现学习过程的移动性、学习环境的智能性、学习服务的针对性、学习方式的多元性的产品。

5. 用户对互联网教育企业付费率仍偏低

互联网时代，用户获取知识的渠道很多，如网络视频、网络社区等，然而用户对知识付费意愿不高，目前除了在互动性、资源丰富程度、后期服务等方面来加强用户认可度外，暂时没有太多好的解决办法。这不仅让很多传统出版单位很少见到回头钱，而且众多互联网教育企业也因盲目依靠资本"烧钱"竞争、缺乏可持续的赢利模式，出现大面积亏损乃至倒闭。

（二）中国数字教育出版的对策

在"十三五"目标的指引下，出版企业需要调整在线教育领域战略。近些年来，在线教育市场已初步出现品牌产品，它们会在市场上形成集群效应，推动在线教育企业商业模式改进、发展和成熟，形成健康的在线教育行业生态圈。

1. 整合资源、创新内容、聚焦用户、打造品牌，形成产品集群效应

内容是在线教育的核心，也是出版企业的优势。出版企业围绕教材、钻研数字化教材、结合品牌资源、调研用户需求，然后整合技术、改进业务流程、提高工作效率来开发出体现教学规律和更具魅力的在线教育新产品，提高用户黏性，形成产品"粉丝群"。

2. 融合互联网思维、拓展营销渠道、运用大数据驱动运营管理、积极探索持续赢利模式，转变在线教育商业模式

主要包括以下几个方面：一是出版企业需构建线上渠道生态，整合平台多个生态体系间和支付手段应用触点，做好生态体系内用户的引流与沉淀，优化渠道资源，线上线下互动，留存用户有效数据，提供个性化服务。二是利用大数据进行选题策划、市场调研、产品分析、用户分析、产品运营等开展业务，记录数据、分析数据、借助数据判断用户需求和消费行为，从而对运营渠道进行管理，根据用户的点击率、评价、购买率等调整、改进产品和优化运营策略。三是出版企业提供个性化服务，对用户行为偏好、流失率、活跃度、粉丝产品等进行科学分析，追踪用户并进行自动提示、诱导，提供个性化解决方案；四是打造持续的赢利模式。为了在线教育的持续发展，出版企业必须根据自身优势、整合资源和能力来设计赢利模式。

3. 注入互联网基因、丰富企业文化、加强战略布局、构建商业生态圈、推动跨界融合，优化生态圈

出版企业要尽快融入互联网时代，学习互联网精神价值体系，利用大数据驱动企业变革和开辟出版企业互联网人才成长的文化土壤。出版企业要把握时代发

展脉搏，加强在线教育战略布局、打造跨界产业生态链，优化产业生态圈。

三、2017年中国数字教育出版产业发展趋势

"十三五"时期是数字教育出版行业的成效期，作为该行业的两大代表，在线教育和教育出版将呈现如下发展趋势。

（一）在线教育未来发展趋势

1. 分享经济是互联网时代在线教育发展的根本方向

在互联网时代，利用现代信息整合技术分享海量的分散化闲置资源，满足多样化社会需求，已经被社会认同。在线教育领域，已形成远程课程分享、在线答疑、线下私人面授、"线上+线下"相结合、远程外教的实时互动教学、"社交+咨询"的私人顾问等分享经济模式，如沪江网、tutorabc（原vipabc）等企业，共同追求就是打造一个教学资源共享平台，对教师进行自动筛选和分类，跟踪教学效果并给出科学评价和鉴定，学生可根据个性化需求选择自己感兴趣的教师和课程，选择符合自己习惯的学习方式和学习进度。

2. 在线教育测评成为进公立学校的一条重要赛道

教育测评是公立学校的痛点和刚需，国家也在积极提倡分层教学、分层学习，做到因材施教，教育大数据是最关键。通过测评工具进行数据采集、利用先进技术进行数据挖掘、利用人工智能进行数据转化，需要很强的技术和雄厚的资本，教育大数据一直是大难关。随着赛道越来越清晰，教育大数据逐步成为现实。智能学习、自适应学习必将是未来的主场景，因此2017年将会成为教育测评年。

3. 在线教育进一步洗牌走向最终回暖

2016年，从表面上看，在线教育进入寒冬期，一批在线教育企业倒闭。实际上，资本更加理性，整个在线教育行业开始去伪存真，更加务实。寒冬将会持续到一段时间，更多在线教育公司会死掉，赛道将会更加集中，2017年年底在线教育有望回暖。

4. K12 和在线职业教育用户需求旺盛，发展空间广阔

我国的教育现状不改变，我国 K12 领域的发展需求就不会减退，目前从课上到课下、教材到教辅等多元化的产品和服务模式都在不断推陈出新。职业教育需求日益旺盛，以搭建教育服务平台形式为主的模式也逐渐明晰。一方面社会对技能型人才的需求越来越强烈，职业教育是大势所趋；另一方面"人才"为提升自身竞争力，主动接受职业技能培训的意愿强烈，且有相应的付费能力。当下国家倡导校企结合，会形成"互联网+教育+就业"一站式资源整合，市场前景将十分乐观。

5. 移动教育、网络直播成为在线教育的主流①

移动教育因其便捷性，深受学习者欢迎，题库类、数字阅读类、音频类产品寓教于乐。近些时间教育直播也因空间的灵活性、可回放倍受学习者的青睐，新东方、好未来、BAT 等很多在线企业都推出了自己的直播课堂。

6. 在线教育商业模式将会逐步清晰

2016 年以来，资本逐渐回归理性。近年来教育创业项目众多，早期孵化的教育项目商业模式逐渐清晰，投资人更青睐 Pre-A 轮、A 轮融资的教育公司，主要是看中其在细分领域的发展优势，以及变现落地可能更快。资本不再只关注用户数和活跃度，更加关注商业模式。资本是在线教育的指挥棒。各家在线教育公司正在努力追寻商业赢利。2017 年，在线教育将会出现几种可复制的赢利模式。

7. STEM 教育、创客教育和未来学校 3.0 教育形式积极探索

STEM 教育倡导素质教育和全民素养，已成为我国教育领域炙手可热的名词。创客教育是 STEM 教育的载体，可以创建创客空间、鼓励创新和动手实践，让创新的点子落到实处。信息技术催生教育 3.0 时代，倡导学生教育社区、建立国家教育标准资源库、互联网教育评价考试制度。

（二）教育出版未来发展趋势

1. 研发新型的数字教材②

互联网环境下的数字教材应该集富媒体、学习方法、学习模式为一体，支

---

① 参见第 38 次《中国互联网络发展状况统计报告》。
② 徐东. 教育出版在互联网时代融合发展的思考 [J]. 出版广角，2016（18）：12—14.

持教学过程、满足个性化服务和跨时空共享的新需求。学生根据此教材感受教学环节或步骤，得到学习反馈，提升知识、能力和情感，完成学习目标。教师利用数字教材能完成练习、测试、评价、研讨等任务。在互联网时代，如何借助新的技术手段研发能充分体现上述这些教育属性的新型教材，将是未来数字教育融合发展的重要研究领域之一。

2. 依托网络教育平台，将之转变成支持学习过程的教育服务商

互联网时代，数字教育平台成为数字教材出版商配套的必需品，在线学习者通过此平台学习提高自己的认知水平和实现学习目标，因此该平台要能记录、分析学习者的学习过程，提供个性化互动资源，反馈学习结果，完善在线学习环境和实现教学目标。

3. 利用大数据开展知识服务

互联网时代，将传统知识标引、融入计算组件，进而管控数据调度。对出版社而言，建立结构化内容的生产与管理平台为开展知识服务发展打下坚实基础，同时，建立知识服务运营平台，制定合理的商业运营模式。对学习者而言，出版社利用大数据，收集学习者学习问题、学习习惯和学习行为，提供个性化、专业化、智能化和知识增值服务。

（作者单位：上海睿泰企业管理集团有限公司）

中国数字出版标准化年度报告

陈 磊

一、行业背景

（一）以标准为抓手的管理规范渐进形成

随着"互联网+"的提出，数字出版产业获得了极大发展。把标准作为管理抓手的规定、政策相继出台，使部分行政管理由标准管理代替，在适当减少行政色彩的同时，增强了管理层次，丰富了管理手段。

2016年最新修订的《出版管理条例》中明确指出了"出版物的规格、开本、版式、装帧、校对等必须符合国家标准和规范要求，保证出版物的质量"。"出版行政主管部门根据有关规定和标准，对出版物的内容、编校、印刷或者复制、装帧设计等方面质量实施监督检查"。

《新闻出版行业标准化管理办法》则从标准化工作细节上进一步明确了行业标准化的思路、方法、工作程序和处置措施，给标准化工作提供了详尽指导和法理依据。同时，《标准化法》《标准化法实施条例》《产品质量法》等法律法规也对新闻出版行业的标准化工作提供了有力支持，标准化工作的法律环境已逐步成型。

数字出版一些重点领域管理已经开始向标准化方向靠近。如国家新闻出版广电总局在2016年组织了由数字出版与音像协会游戏工委、中国新闻出版研究院等多家产学研机构共同组成的工作组，立项并研制了《网络游戏防沉迷系统规范》行业标准。以往，网络游戏产业虽然发展前景广阔，但缺乏相应的行业标准管理依据，这次把行政条例转化为标准，将为游戏领域的政府监管、行业发展、产品质量做出贡献。以此次标准的制定为切入点，今后要逐步补充完善网络游戏标准体系，对游戏行业的既有规章制度、监管系统形成有效补充。

（二）标准化工作任务和重点逐步明晰

国家新闻出版广电总局下辖的5家国家级标准化技术委员分工协作，共同推进行业标准化工作，标准化作用在行业中日益彰显，定位日渐明确，为今后的标准化工作打下了良好的推广应用基础。

首先，确定了以促进新闻出版业健康、有序发展为宗旨，贯彻协调统一、广泛参与、鼓励创新、国际接轨、支撑发展为主的标准化工作方针。围绕这一方针，各标委会精细谋划，循序运作，已经使标准化工作扎实落地，日见成效。

其次，明确了新闻出版行业标准化工作的主要任务和重点是在全行业开展标准的制定、修订、宣传、实施，运用标准化手段促进新闻出版行业的技术进步，提升新闻出版行业产品质量和服务质量。一些行业标准，已经在新闻出版行业的生产实践活动中得到了充分的应用，展现了良好的效果。

最后，在总局的直接领导下，标委会的标准化推动工作已经得到了广大出版单位的理解和响应。依法执行强制性标准，积极采用推荐性标准，研究国际标准和国外先进标准，结合生产实践需要，积极采用、制定相关标准，已经使一些出版企业尝到了标准化的甜头。标准化工作成果正在行业内逐步展现，开花结果。

（三）覆盖数字出版行业各领域的标准网络构架基本显现

近几年，5个国家级的新闻出版行业标准化技术委员会工作均走向正规化、系统化、程序化，制定了各自的标准制定规划和标准化发展路径，按部就班，逐步覆盖各标准空白领域。一些领域内的标准已经完全结构化、系统化，为行业的全面有序管理夯实了基础。

如配合行业监管和数字出版信息服务，共出台了16项相互关联、自成体系的行业标准，构成了标准族。分别是：《新闻出版行业监管和服务信息系统

规范 第1部分：基础数据元》《新闻出版行业监管和服务信息系统规范 第2部分：基础代码集》《新闻出版行业监管和服务信息系统规范 第3部分：信息资源核心元数据》《新闻出版行业监管和服务信息系统规范 第4部分：行政审批管理数据规范》《新闻出版行业监管和服务信息系统规范 第5部分：年检业务管理数据规范》《新闻出版行业监管和服务信息系统规范 第6部分：行政审批管理基础业务》《新闻出版行业监管和服务信息系统规范 第7部分：年检管理基础业务电子单证格式》《新闻出版行业监管和服务信息系统规范 第8部分：数据库设计》《新闻出版行业监管和服务信息系统规范 第9部分：产品数据采集》《新闻出版行业监管和服务信息系统规范 第1部分：从业单位数据采集》《新闻出版行业监管和服务信息系统规范 第11部分：产品数据接口》《新闻出版行业监管和服务信息系统规范 第12部分：从业单位数据接口》《新闻出版行业监管和服务信息系统规范 第13部分：信息系统外部接口》《新闻出版行业监管和服务信息系统规范 第14部分：网络管理》《新闻出版行业监管和服务信息系统规范 第15部分：安全管理》《新闻出版行业监管和服务信息系统规范 第16部分：工程管理》。这些行标完全覆盖了网络信息监管全流程，并对数字服务信息系统的技术实施也提出了详尽的要求，为今后开展技术服务提供了详细依据。

（四）行业脉络逐步厘清

标准化工作的积累和实践逐步厘清了行业结构，梳理了行业脉络筋骨，为行业发展指出了明确的范围、方向和定位。

如2016年制定的《中小学数字教材质量要求及检测方法》《中小学电子课本内容与应用规范》两项行业标准共同为中小学数字出版物进行了清晰的行业分野。明确了电子书是电子图书的上位概念，电子课本与数字教材为电子图书的一个分支。《中小学电子课本内容与应用规范》明确了电子课本的定位：以国家或地方行政规定的课程标准内容为基础的电子图书（包括电子教材、电子教辅）。《中小学数字教材质量要求及检测方法》对数字教材提出了精确定位：以中小学教科书为内容基础，并包含相关辅助资源、工具的，用于教学活动的电子图书。

同时，围绕电子书周边的相关标准也已形成了标准族群。《电子图书质量基本要求》《电子图书版权记录》《电子图书阅读功能要求》《电子图书质量检测方法》《电子书内容版权保护通用规范》《电子书内容平台基本要求》《电子书内容平台服务基本功能》等一批电子书相关行业标准对未来电子图书、电子课本乃至数字报刊的发展提供了有力支持。

二、数字出版标准化现状

（一）行业基础持续稳固

2016年共颁布数字出版行业标准10项，分别是：CY/T 145.1—2016《数字出版内容卫星传输规范 第1部分：信息采集》、CY/T 145.2—2016《数字出版内容卫星传输规范 第2部分：数据导航》、CY/T 145.3—2016《数字出版内容卫星传输规范 第3部分：数据传输》、CY/T 145.4—2016《数字出版内容卫星传输规范 第4部分：数据接收》、CY/T 145.5—2016《数字出版内容卫星传输规范 第5部分：信息回传》、CY/T 149—2016《数字期刊术语》、CY/T 150—2016《数字期刊分类与代码》、CY/T 151—2016《数字期刊核心业务流程规范》、CY/T 152—2016《数字期刊产品服务规范》、CY/T 153—2016《数字期刊内容质量管理规范》。从已颁布的标准来看，涉及术语、分类与代码、核心业务流程、质量管理等出版业务基础的标准占了近一半，对夯实行业基础，提高行业运作水准具有重要作用。同时，也制定了数字出版前沿领域的标准，如5项数字出版内容卫星传输规范系列标准，对利用卫星手段传输数字出版内容的技术方式提出了全面而详尽的要求，此类标准的出台清晰地向行业预示着未来数字出版业的规律和走向。

（二）国际标准化组织向我国行业市场渗透力加强

随着我国国力的不断增强、市场逐步扩大、"一带一路"等大型走出去战略推进与实施，越来越多的国际标准化组织和机构开始加速向我国市场渗透，其向国内出版市场的标准应用推动行为日渐频繁。如万维网联盟（W3C），它是Web技术领域最具权威和影响力的国际性技术标准机构，主要推动HTML系列、Canvas 2D 等 Web 网络应用规范。过去一年间，其与各类新闻出版领域相关的产学研用机构进行频繁接触，试图劝说相关权威机构乃至标准化委员会加入其联盟。与万维网联盟之间进行了机构合并的国际数字出版论坛（IDPF），一方面借助万维网联盟推广其所开发的 EPUB 技术标准，另一方面，也开始谋划加大在国内发展会员的力度。截止 2016 年底，国际数字出版论坛已经发展了 4 家大陆企业会员。这些动向均表明一些国际标准化组织已经将其相关标准工作瞄准了我国的相关市场。

（三）标准化实际应用水平显著提高

2016 年，标准在行业中应用水平进一步提升主要表现在两个方面。一方面是行业技术应用水平得到了提高。如 2016 年研制的《中小学数字教材质量要求及检测方法》《中小学数字教材元数据》《中小学数字工具书功能要求》《中小学电子课本内容与应用规范》4 项行业标准，已经在人民教育出版社牵头的国家科技支撑计划课题"学习资源数字出版和电子书包标准研究与检测工具开发"（课题号 2015BAH33F03）中得到了应用，并且还将把参与课题的各省教育出版社作为试点，为下一步的全国性推广进行准备工作。

另一方面，体现在对政府管理手段的强力支撑上。如 2016 年"全国打击侵犯知识产权和制售假冒伪劣商品"工作中，《声像节目数字出版制作技术要求及检测方法》《电子图书质量检测方法》《数据库出版物质量检测方法》等一批行业标准获得了广泛应用，为判别伪劣出版物提供了有力技术支撑。随着标准化工作深入人心，越来越多的行业机构开始利用标准化的方法，组织和开展生产经营活动，而实际获得的效果也更加坚定了这部分先行者的信心，为今后标准化推广应用播下行业种子。为增强标准的应用性，《声像节目数字出版制作技术要求及检测方法》已申请升级为国家标准，正在审批过程中。

（四）不断深化业务能力，注重参与行业培训

《新闻出版行业标准化管理办法》明确规定，标准化主管部门具体负责管理新闻出版行业标准化工作，负责新闻出版领域的标准宣传、培训、实施。全国新闻出版标准化技术委员会等 5 个国家级的新闻出版业标准化技术委员会均积极履行职责，在 2016 年展开了不同层面、不同角度的培训工作。

一是积极参与由国家标准化管理委员会定期举办的各类国际、国家标准相关业务培训班。此外，各标委会也组织或委派相关标委会工作人员不定期参加了由全国质检系统直属出版单位，如中国质检出版社举办的内部业务培训。这些培训为各标委会秘书处的工作人员积极积累业务能力、提高业务素养提供了良好的平台和通道。

二是积极组织并举办各类针对新闻出版行业的专业化标准培训，对已颁布的标准进行宣贯。仅全国新闻出版标准化技术委员会一家在 2016 年全年就举办全国性培训 6 次，培训人数上千。此外，还有旨在以标准推广为目的各类多样化形式的活动也生动活泼地开展了起来，如全国出版物发行标准化技术委员会联合北京印刷学院、中国 ONIX 应用研发联合实验室及北京腾云天下科技有限公司共同主办了出版业大数据沙龙。活动邀请了中关村大数据产业联盟、北京清博大数据及一点咨询三家多年从事大数据分析公司的专家进行现场授课并开展互动式交流，吸引了行业内近 50 家单位共同参与。

（五）推陈创新，为重大工程开展提供有力技术支持

重大工程是国家新闻出版广电总局推动新闻出版行业在数字化新环境、新形势下升级转型的重要方式，通常工程参与单位多、系统性强、要掌握科学管理方法、尊重工程建设的客观规律、避免主观臆断，就必须遵从工程研发的科学规律、坚持标准先行的指导思想。如在复合出版工程中，2016 年由中国新闻出版研究院牵头，组织多方力量，研究制定了一整套为工程项目量身打造的标准族群，包括《知识单元模型》《资源类型分类与代码》《名称标识应用规范》《数据交换规则》《复合出版公共标签》《出版发行机构分类与代码》《论文复合文档结构》《工程软件系统编码规范》《资源数据库管理规范》《组件注册配置规范》《工程软件系统接口描述规则》等标准，基本涵盖了数字内容出版、分发、传播、消费过程中的多项共性关键基础技术和核心应用技术，有力地从技术角度支持了工程顺畅建设实施。

标准作为各类重大工程的先行部分，提升了工程的行业适用性、增强了工程对行业的示范引导，现在总局各类重大工程的论证和实施中，标准均起到了关键性作用。一些筹备立项的重大工程项目中，标准也均成为项目可行性、科学性和实操性的核心支点之一。遵循工程设计实施的一般规律，以标准制定为

抓手，有序开展与工程项目相关的各项技术标准化工作，并逐步形成一系列实施思想统一、相互关联的技术标准，占据先发优势，已经成为了重大工程操作的主导思想。配合国家知识资源总库重大项目，2016年全国新闻出版标准化技术委员会受总局委托组织完成了8项专业数字内容知识服务模式试点系列通用标准的制定工作。此外该标委会还采用通用标准带动企业标准的模式，鼓励工程项目28家试点单位在参与通用标准研制工作的同时，根据自身资源建设需要，制定了企业标准发展计划，企业标准总量超过190项。这些项目标准的制定工作使行业能够跟上技术发展，满足了产业应用的切实需要。

（六）标准全流程体系逐步完善

以往的标准化工作缺少落地支点，特别是在实际的标准化工作中，如何采用多种手段推动行业切实应用实施标准，一直是标准化工作的首要问题。

在贯彻落实中央深化改革部署的新形势下，总局批准建立新闻出版业科技与标准重点实验室，既是新闻出版行业转型升级、跨领域融合式发展的重要新举措，也客观上推动了标准化体系中最重要落地环节的构筑完成。该重点实验室将依据已出台标准对电子图书版权信息进行标准符合性测试、文件新颖性检测作为重点工作任务之一。此前，全国新闻出版标准化技术委员会一直在尝试推动新闻出版标准符合性测试实验室的建立工作，积累了一定的实践和运营经验。前期已经完成了对已有标准可测性的梳理，完成了3项标准草案和3项测试用例集、测试集成系统和工具的前期开发，购置了音视频质量测试设备、标准间的标准符合性测试工具集、数字出版资源加工标准符合性测试工具集和学术著作出版物标准符合性测试工具等专用测试工具。同时对在新闻出版领域建立认证认可体系和开展认可认证开展了研究。上述这些工作将为我国新闻出版领域开展标准符合性测试和认证认可奠定坚实的基础，为推动我国标准的实施和为新闻出版领域产品的提高起到积极的推动作用。

（七）标准更新换代步伐加快

《中华人民共和国标准化法实施条例》明确要求：标准实施后，制定标准的部门应当根据科学技术的发展和经济建设的需要适时进行复审，标准复审周期一般不超过五年。新闻出版行业中，部分超5年标龄或已届5年标龄的标准均需相关标准化技术委员会组织专家进行复审，这项工作以往因标准人员匮乏等原因迟迟没有得到系统开展，导致多项标准长期处于应复审状态。2016年，总局明确要求各标委会尽快组织专业人员对既有标准进行有效梳理和切实复核，各标委会按照总局部署，对其归口管理既颁标准相继开展了复审工作。以全国新闻出版标准化技术委员会为例，2016年经组织各领域专家对其归口管理的141项标准进行了复审，最后决定修订5项已与当前行业发展现状明显不符的标准、废止37项已经无法使用的标准，继续保留沿用87项标准，并决定将12项行业标准升级为国家标准。

三、存在问题和对策建议

（一）标准系统化建设仍待进一步加强

标准化工作是一项系统性的艰巨工作，面临着涉及领域多、面多人少等多种困难，这也导致了标准化工作的系统性推进程度有待进一步加强。

目前存在的主要问题存在于两个方面。

一个方面是标准体系内外部的衔接问题。首先，目前标准之间的衔接不够紧密，如现在由企业标准升级为行业标准的比例还不够大，很多标准依然体现跟着项目走的特点，没有形成从企业标准逐步升级为行标乃至国标的行业集体意识和体系性通路。其次，标准与法律、部门规章之间的衔接不够紧密，主要是上述三者之间缺少配套互动，也缺少相互之间的关联性研究。另一个方面是，标准推广缺少系统性手段，还在沿用以往几十年标准召开培训班、宣讲会的老方法，缺少灵活性，也缺乏手段的创新性。

主要应从以下两点入手解决以上问题。

第一要建立多手段、立体型、综合化的多元整体宣传网络，保证标准宣传的常年连贯性、持续性。特别要注意和数字化网络技术的结合，各标委会可以尝试建立标准网络培训平台，制作宣贯课件，不限定时间和地域，创造全天候标准培训环境。同时设计电子投票系统和机制，鼓励企业参与标准研制流程，激发企业参与标准化工作的积极性。

第二要积极组织各相关机构、组织对拟制定标准领域的调查，加强标准的预研究工作，充分了解和分析各地已存在的企业标准，并积极组织对企业标准升级成为行业标准的研讨、论证。

第三要有效加强标准、法律、政策法规之间的关联性研究，积极向有关国家行政部门反馈行业情况，研判标准与横向关联法律法规间互动情况，形成对行业领域整体管理的长期策略性判断。

（二）标准体系仍存在缺位现象

目前的数字出版标准体系建设尽管已经取得了较大成绩，但还存在着一些不足，亟待解决，一些重要领域的标准仍空白缺失，部分数字出版行业领域还处于无标生产状态。

问题主要存在于以下三个方面。

1. 标准类别不够全面

完善的数字出版标准体系既要涵盖术语、分类、指南、要求等基础性标准，也要制定相关技术、人才培养等方面的标准。目前数字出版的基础性标准在不断加强，但人才培养等相关类别的标准依然缺少。

2. 部分领域数字出版相关标准数量偏少

如占数字出版产业比重较大的游戏产业，目前只有《网络游戏防沉迷系统规范》一项标准获批，标准的数量与其产业的规模比例远不成正比。整个游戏行业至今尚没有颁布成型的数字出版标准体系表，没有办法系统地对游戏出版标准进行机制配套的整体掌控和运作，远远不能满足行业需求。

3. 对于数字出版标准化的研究还略显不足

我国数字出版标准化研究的工作起步较晚较慢。目前仅有中国新闻出版研究院主导的《国际标准关联标识符（ISLI）发展策略和应用研究》及《新闻出版行业标准化发展策略研究》与数字出版标准相关，但专门针对数字出版标准化的研究还较少，较为匮乏。

上述问题的解决不应仅仅依靠标委会自身，在每年承担大量标准制修订工作后，各标委会在人员配备上均捉襟见肘。单靠标准化技术委员会独力承担难以满足迅速扩大化的行业需求，需要更多的数字出版基地、企业和组织参与进来，形成行业合力，快速推进，合理布局，方能使数字出版标准化工作更上一个台阶。

（三）标准把关水平有待进一步提高

GB/T16733《国家标准制定程序的阶段划分及代码》，对标准制定有严格的规定。首先，标准制定划分为预阶段、立项阶段、起草阶段、征求意见阶段、审查阶段、批准阶段、出版阶段和废止阶段；其次，每个阶段都有严格的准入条件，设置有严谨的流程与规范，以切实保证标准研制的结果质量。

但行标在实际立项后的制定执行过程中往往出现两个问题。一个问题是为了立项，匆忙论证，急切上马，导致一些标准项目定位不够准确，缺乏严谨性、科学性和市场适应性。另一个问题是在标准研制过程中，由于标准时间流程没有把控好，出现有的部分延期，有的部分压缩时间的现象，这就必然导致最后提交送审乃至报批的标准质量出现或多或少的瑕疵。

解决上述问题首先要坚持严格流程管理，决不放松。工信部的信息标委会采取逾期批准标准作废的方式，值得新闻出版行业的标委会学习和借鉴。其次，标准研制工作的系统性强，时间进度紧。应紧紧抓住标准工作的主线，建立好与标准各起草单位之间严谨的信息沟通方案，做好标准制修订的科学组织和管理。

（四）国际标准合作主导权仍不强

在总局的有效领导和指挥下，《国际标准关联标识符》（ISLI）已于2015年正式成为国际标准并出版。这是我国新闻出版领域主导制定的第一个国际标准，也是我国参与国际标准化工作的重大突破。但遗憾的是，多年来新闻出版业只有此一项国际标准获得颁布。横向对比之下，工信部、科技部的相关数字信息化领域每年均研制多项国际标准，也建立了多支国际标准化工作组，差距明显。同时，由于在国际标准化组织的话语权缺失，导致各标委会仅停留在参与国际组织会议和活动的层面上，难以在国际标准合作中取得主导权。这种现象的产生，固然与标委会资金缺乏、缺少高端国际化人才有关，但其实更多地与行业参与度低有关系。很多行业大型企业不但精通技术、外语熟练的人才较多，国际化资本也比较充足，让这些企业充分参与国际标准活动。企业、标委

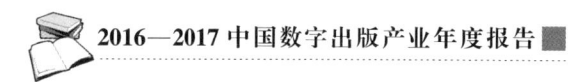

会强强联手、优势互补，共同结合成为形成国际标准化参与主体，民间渠道、标准化正规渠道共举，群策群力，更有利于我们在国际标准化合作间争取主动。对此，应积极推动我国先进标准的"走出去"，鼓励更多的企事业单位参与国际标准化工作，提出和主导制定更多的国际标准，以便获得更大的话语权，争取相关领域的领导地位和控制权，推动我国先进技术国际化应用，最终提高我国出版产品的国际竞争力。

（作者单位：中国新闻出版研究院）

中国数字版权保护状况年度报告

童之磊　闫　芳　徐耀明　刘　熠

2016年是"十三五"开局之年，也是全面贯彻落实《国务院关于新形势下加快知识产权强国建设的若干意见》关键之年。在中国数字版权产业细分领域趋势不断深化、产业规模持续扩大的同时，[①] 国家相关法律体系亦在进一步完善，网络版权在司法保护、行政保护等方面的力度不断得到加强，版权权利人和社会各界就数字版权保护意识的逐步加深，保护数字版权的社会环境和秩序进一步得到改善。

一、我国数字版权保护新进展

包括推进第三次《著作权法》在内的各种与数字版权保护相关的立法新进展，不断补充或扩展着我国在数字版权保护的法律体系。最高院已经连续8年发布中国法院知识产权司法保护状况白皮书，制定并发布了《中国知识产权司法保护纲要（2016—2020）》，国家知识产权司法保护的力度不断加强。北京、上海、广州地区的三家知识产权法院自2014年年底设立至今司法改革成效和标杆作用逐步显现，知识产权法院在审理网络版权案件中作用日益突出。[②] 由国家版权局、国家互联网信息办公室、工业和信息化部、公安部联合启动的

[①] 2016中国网络版权保护年度报告：用户付费和广告成内容产业收入主力［EB/OL］. http：//china. cnr. cn/gdgg/20170427/t20170427_ 523728799. shtml

[②] 2016中国网络版权保护年度报告：用户付费和广告成内容产业收入主力［EB/OL］. http：//china. cnr. cn/gdgg/20170427/t20170427_ 523728799. shtml

"剑网2016"专项行动,完成了第12年的网络专项治理行动,重点治理了未经授权非法传播网络文学、新闻、影视等作品的侵权盗版行为。这一系列措施均可以看出我们国家在数字版权保护领域不断取得了新的成绩。

(一) 整体概述

1. 数字版权立法保护新进展

(1)《电影产业促进法》的发布实施,让中国电影产业版权保护迈入"法治时代"

由全国人民代表大会常务委员会于2016年11月7日发布、自2017年3月1日起施行的《电影产业促进法》,是我国第一次以国家法律的形式对电影产业予以全面规范。自该法正式实施,从事电影创作、摄制发行、放映、举办或参加电影节展等活动,都应当符合该法规定,同时对电影产业的支持、保障工作,都应当达到该法的要求。

我国已实现胶片电影向数字电影的整体转换,并已经进入系统设备与工艺流程数字化向全面网络化和信息化发展演进的关键时期,顺应"互联网+"大趋势,电影业不断与互联网深度融合,赋予电影行业新的活力与动力。[①] 数字化技术的发展和应用也对电影产业的版权保护提出了新的挑战,在《电影产业促进法》中,明确规定了与电影有关的知识产权受法律保护,同时对涉及信息网络传播的公映电影进行了相应规范。

(2)《关于加强网络文学作品版权管理的通知》的实施,细化了著作权法律法规在网络文学版权领域的相关规定

国家版权局发布的《关于加强网络文学作品版权管理的通知》自2016年11月4日实施,[②] 这是国家版权局加强网络文学版权保护的一项重要举措,对规范网络文学版权秩序具有重要的意义。

该通知明确了通过信息网络提供文学作品以及提供相关网络服务的网络服务商在版权管理方面的责任义务,将网络服务提供商概括为通过信息网络直接提供文学作品的网络服务商和为用户通过信息网络传播文学作品提供相关网络

[①] 全国人大表决通过《电影产业促进法》[EB/OL]. http://ent.sina.com.cn/m/c/2016-11-07/doc-ifxxnety7560635.shtml

[②] 关于加强网络文学作品版权管理的通知[EB/OL]. http://www.gapp.gov.cn/sapprft/contents/6588/308186.shtml

服务的网络服务商,针对不同的网络服务商明确了各自应当承担的不同法律责任,并要求各网络服务商落实企业主体责任,履行好法律义务,建立健全四项工作机制,具体包括侵权处理机制、版权投诉机制、通知删除机制和上传审核机制。重申了著作权法律规定的基本原则,进一步明确了网络服务商的主体责任和义务,强化了版权执法部门的监管职责。①

(3)《移动互联网应用程序信息服务管理规定》的实施,加强了对移动互联网应用程序(APP)信息服务领域的版权保护规范

应用程序已成为包括数字出版在内的移动互联网信息服务的主要载体,对提供民生服务和促进经济社会发展发挥了重要作用,但少数应用程序被不法分子利用传播违法违规信息及损害用户合法权益的行为。国家互联网信息办公室2016年6月28日发布《移动互联网应用程序信息服务管理规定》,该规定自2016年8月1日实施。②该规定明确,移动互联网应用程序提供者应当严格落实信息安全管理责任,尊重和保护知识产权,要求移动互联网应用程序提供者和互联网应用商店服务提供者不得利用应用程序从事侵犯他人知识产权、合法权益等法律法规禁止的活动,强调了移动互联网应用程序提供者和互联网应用商店服务提供者应当切实履行管理责任,积极承担包括但不限于知识产权保护等社会责任,切实尊重和保护权利人的知识产权。③

(4)《著作权法》的修订被列入版权工作"十三五"规划重点任务

"十二五"时期,《著作权法》第三次修订工作深入推进,并得到了社会各界的广泛社会关注。2017年1月25日,国家版权局发布的《版权工作"十三五"规划》将第三次《著作权法》的修订列入重点任务,提出将推进《著作权法》第三次修改,修改完善《著作权法》,健全侵权法定赔偿、著作权集体管理制度、著作权登记制度以及网络环境下确权、授权和交易规则等顶层设计,加强《著作权法》与我国加入的国际条约的衔接。④

另外,《著作权法》的这次全面修订,已经列入第十二届全国人大常委会

---

① 加强网络文学版权管理 明确主体责任强化监管职责[EB/OL]. http://media.people.com.cn/n1/2016/1114/c40606-28859240.html
② 移动互联网应用程序信息服务管理规定[EB/OL]. http://www.cac.gov.cn/2016-06/28/c_1119122192.htm
③ 国家网信办发布《移动互联网应用程序信息服务管理规定》[EB/OL]. http://www.cac.gov.cn/2016-06/28/c_1119123114.htm
④ 关于印发〈版权工作"十三五"规划〉的通知[EB/OL]. http://www.gapp.gov.cn/sapprft/contents/6588/315154.shtml

立法规划，是条件比较成熟的第一类项目，是任期内拟请审议的法律草案。根据全国人大常委会2017年的工作安排，全国人大将对《著作权法》开展一次全面的执法检查，目前国家版权局正在配合开展这项工作。《著作权法》第三次修改是一次全面的修改，对进一步完善我国著作权法律制度非常重要。①

2. 数字版权司法保护新进展

在司法保护方面，包括涉及信息网络传播的著作权纠纷在内的知识产权案件不断增多，审理难度加大，很多案件涉及复杂技术事实认定、巨额利益分配、社会公共利益、国家利益与知识产权权利人的利益平衡等问题。② 根据最高人民法院公布的《中国法院知识产权司法保护状况（2016年）》（白皮书），2016年人民法院知识产权案件审判工作案件数量再创新高，审理难度逐步增大，审判质效稳中向好，赔偿力度有所提升。③

（1）案件数量再创新高

2016年，人民法院共新收一审、二审、申请再审等各类知识产权案件177 705件，审结171 708件（含旧存，下同），比2015年分别上升19.07%和20.86%。④ 地方各级人民法院共审结知识产权民事一审案件131 813件，比2015年上升30.09%，一审结案率为83.18%，同比上升0.52%。其中，著作权案件86 989件，同比上升30.44%，在著作权案件中，网络文学案件数量达到总量的24%，比去年增加10个百分点。

表1 知识产权案件年度数量比对

年份	知识产权一审民事案件	知识产权一审行政案件	涉知识产权刑事案件
2009	30 509	1 971	3 660
2010	41 718	2 391	3 942
2011	58 201	2 470	5 504
2012	83 850	2 899	12 794
2013	88 583	2 901	9 212

---

① 著作权法修订已列入全国人大常委会立法规划［EB/OL］. http://www.scio.gov.cn/xwfbh/xwfbh/wqfbh/35861/36536/zy36540/Document/1549533/1549533.htm
② 最高人民法院首次发布知识产权司法保护纲要［EB/OL］. http://www.court.gov.cn/zixun-xiangqing-41872.html
③ 中国法院知识产权司法保护状况（2016年）［EB/OL］. http://www.court.gov.cn/zixun-xiangqing-42362.html
④ 中国法院知识产权司法保护状况（2016年）［EB/OL］. http://www.chinacourt.org/article/detail/2017/04/id/2825053.shtml

续表

年份	知识产权一审民事案件	知识产权一审行政案件	涉知识产权刑事案件
2014	94 501	4 887	10 803
2015	101 324	10 926	10 809
2016	136 534	7 186	8 352

资料来源：最高法院（数据均为地方法院结案量）

（2）各地审判数量

北京、上海、江苏、浙江、广东五省市法院收案数量一直保持高位运行态势，新收各类知识产权案件数合计 107 011 件①，占全国法院的 70.37%。其中，广东同比上升 22.36%，上海同比上升 20.74%。山东、福建新收各类知识产权案件同比增幅也均在 20% 以上。其他一些省份也一改往年案件数量偏少的状况，如贵州法院随着工业强省、城镇化带动战略的推进，案件数量增长迅猛，同比上升了 58.20%。重庆法院的知识产权案件数量也大幅攀升，全年新收知识产权案件同比上升 57.85%。湖南、安徽法院知识产权一审案件数量也增长迅速，分别同比上升 52.02% 和 45.4%。

3. 数字版权行政保护新进展

（1）第十二次"剑网行动"

从 2005 年到 2015 年，我国已查处网络侵权案件 5 000 多起，依法关闭网站近 3 000 个，罚款 1 500 万元，移送追究刑事责任案件 450 余件。② 2016 年 7 月至 11 月开展第十二次打击网络侵权盗版专项治理"剑网行动"，行动期间，各地共查处行政案件 514 件，行政罚款 467 万元，移送司法机关 33 件，涉案金额 2 亿元，关闭网站 290 家。③ 办理了包括北京"顶点小说"网侵犯著作权案、广西南宁"皮皮小说"网涉嫌侵犯著作权案、重庆"269 小说"网涉嫌侵犯著作权案、江苏苏州"风雨文学"网涉嫌侵犯著作权案等一批较为典型的网络侵权盗版案件。④ 通过 5 个月的专项治理，网络文学、影视、音乐等领域大规模

---

① 中国法院知识产权司法保护状况（2016 年）[EB/OL]. http：//www.chinacourt.org/article/detail/2017/04/id/2825053.shtml

② 我国 10 年间查处网络侵权案件 5 000 余起 关闭网站近 3 000 个 [EB/OL]. http：//news.xinhuanet.com/newmedia/2016-10/31/c_ 1119821583.htm

③ "剑网 2016" 专项行动总结会在京召开 [EB/OL]. http：//www.ncac.gov.cn/chinacopyright/contents/9880/311523.html

④ "剑网 2016" 专项行动 21 起典型案件公布 [EB/OL]. http：//www.chinaxwcb.com/2016-12/26/content_ 349741.htm

侵权盗版现象基本得到遏制，版权秩序进一步规范，网络版权环境进一步净化。剑网行动还集中开展多个领域的专项整治：分类开展了打击网络文学侵权盗版专项整治、私人影院专项整治、APP专项整治及网络广告联盟专项整治等行动，均取得了较好的效果。

(2) 网络文学专项治理，创新网络版权管理模式

2016年11月4日开始实施的《关于加强网络文学作品版权管理的通知》①，是国家版权局加强网络文学版权保护的一项重要举措，对规范网络文学版权秩序具有重要的意义。2016年网络专项行动突出整治未经授权非法传播网络文学作品的侵权盗版行为，主要开展了打击网络文学侵权盗版专项整治行动，加强对文学网站的版权执法监管力度，严厉打击通过网站、贴吧、微博、微信等方式未经授权非法传播网络文学作品的侵权盗版行为。国家版权局还通过建立"黑白名单"制度，逐步探索网络版权监管的新举措、新方法。在网络文学领域推行"黑白名单"制度，公布网络文学作品侵权盗版网络服务商"黑名单"、网络文学作品重点监管"白名单"，树立版权保护典型企业。同时将国内主要文学网站纳入国家版权局重点监管，推动网络文学企业加强行业自律。

(3) 我国推进软件正版化工作再上新台阶

2016年，我国政府机关软件正版化工作已实现了逐步常态化。② 93.38%的中央和国家机关所属事业单位实现软件正版化，各级政府机关共采购操作系统、办公和杀毒三类软件66.72万套，采购金额3.67亿元。2016年，中央企业和金融机构采购操作系统、办公和杀毒三类软件金额共计22.93亿元。截至2016年年底，所有中央企业总部、97.36%的中央企业下属企业、70.15%的金融机构实现软件正版化。2016年，我国软件著作权登记量达到40.78万件，同比增长39.48%，我国软件产业总值由2001年的750亿元，飞跃至2016年的4.9万亿元。

4. 数字版权社会保护新进展

(1) 版权行业协会积极促进行业自律

在配合监管部门的重点整治工作同时，版权行业协会协同行业企业发布了

---

① 关于加强网络文学作品版权管理的通知［EB/OL］. http://www.gapp.gov.cn/sapprft/contents/6588/308186.shtml

② 我国推进软件正版化工作再上新台阶［EB/OL］. http://www.chinaxwcb.com/2017-03/02/content_352602.htm

《网络文学行业自律倡议书》《网络广告联盟版权自律倡议》等自律公告。

2016年7月，中国作协网络文学委员会与中国音像与数字出版协会数字阅读工作委员会共同发起了《网络文学行业自律倡议书》[①]，呼吁网络文学行业："推出更多思想性、艺术性和可读性有机统一的精品力作。"提出"坚持版权保护观念，抵制侵权盗版；坚持依法经营，努力营造良好发展环境"等自律倡议。

2016年12月，首都版权产业联盟联合百度网盟推广、360广告联盟、阿里妈妈广告联盟和腾讯广告联盟发出了《网络广告联盟版权自律倡议》[②]，表示将积极配合国家主管部门的监管工作，共同维护健康良好的网络版权秩序。倡议书倡议网络广告联盟建立并完善内部版权管理制度，严格规范广告投放程序，防止将广告投放在未经ICP（网络内容服务商）备案，以及未获得网络出版或信息网络传播视听节目许可证而非法开展网络出版或通过信息网络传播视听节目的网站；对被国家版权局列入侵权盗版"黑名单"的网站，终止向其投放广告，并解除其会员资格。

（2）企业进一步提高版权保护意识，落实主体责任、加强自我约束

2016年9月，在国家版权局的协调和敦促下，国内33家主要网络文学企业和原创小说网站共同发起的中国网络文学版权联盟宣布成立，并签署了《中国网络文学版权联盟自律公约》[③]。

联盟成员在会上共同承诺：增强版权保护意识，坚持"先授权、后使用"的版权保护原则，切实尊重网络文学著作权人的合法权利；自觉抵制侵权盗版行为，坚决不用侵权盗版网络文学作品，不为任何侵权盗版网络文学作品提供接入、存储、搜索、链接等网络技术服务；积极配合政府部门开展网络反盗维权活动，努力营造良好的网络文学版权保护社会氛围等。

（二）年度对比分析

较之2015年，2016年的数字版权保护在立法保护、司法保护、行政保护

[①] 《网络文学行业自律倡议书》发布 多推精品力作［EB/OL］. http：//media.people.com.cn/n1/2016/0722/c40606-28574887.html

[②] 《网络广告联盟版权自律倡议》发布［EB/OL］. http：//media.people.com.cn/n1/2016/1202/c40606-28919110.html

[③] 割除网络文学领域毒瘤需利器——来自"网络文学版权保护研讨会"的声音［EB/OL］. http：//www.ncac.gov.cn/chinacopyright/contents/518/305118.html

和社会保护方面都有一些新的进展。

在立法保护方面,《电影产业促进法》《关于加强网络文学作品版权管理的通知》和《移动互联网应用程序信息服务管理规定》都反映出我国在司法保护方面的立法保护的推进,在不断补充或扩展我国在数字版权保护的法律体系,针对数字版权保护更为直接相关的实体法律的立法,如第三次《著作权法》的修订,也已列入十二届全国人大常委会立法规划第一类项目。

在司法保护方面,全国的知识产权案件依然呈高速增长态势,且网络著作权案件占比突出。案件主要出现在北京、上海、江苏、浙江、广东等省市,尤其是互联网企业集中的北京更是网络案件的高发地。各地法院通过案件审理不断取得重大进展与突破,统一司法标准,提高审判质量,完善知识产权司法保护制度,提高知识产权司法保护的整体效能,实现知识产权的全方位救济。但依然存在赔偿标准的统一问题,以及审理涉及网络游戏直播案件、视频聚合网站的案件等新商业模式下的网络著作权案件的服务提供商的责任认定等问题,需要在今后的工作中进一步探索和完善。

在行政保护方面,2016年的"剑网行动",有自己的特点,重点突出,突出整治三类作品、重点查处四个平台、规范巩固三个成果,并建立"黑白名单"制度和强化落实互联网企业主体责任。专项工作针对的都是当前网络领域问题最突出、相关产业反映最强烈、现实性很强的几大问题。此次行动进一步净化了我国的网络空间及网络版权环境。

在社会保护方面,2016年网络版权的社会保护更加立体、多元、有效。版权行业协会积极促进行业自律,数字内容企业和网络服务商企业进一步落实主体责任、加强自我约束,权利主体维权积极性不断提高、维权手段更加丰富,网络版权保护的社会共治机制初步建立。

二、各省区版权保护状况统计分析

从全国来看,北京、上海、江苏、浙江、广东五省市法院收案数量一直保持高位运行态势,新收各类知识产权案件数合计107 011件,占全国法院的70.37%。

（一）北　京

2016年，北京市三级人民法院全年审结知识产权案件28 812件[①]，同比上升17.3%，收案量、结案量均创历史新高。北京市三级人民法院共新收一审知识产权民事案件17375件，其中著作权案件占84%，七八成涉网络，基层法院这一比例更高。数量多、类型全、影响大，已经成为网络著作权案件的显著特征。[②] 北京市高级人民法院发布的2016年度知识产权司法保护十大案例中，涉网络知识产权案件占相当比重。

为了加大司法保护力度，努力解决侵权成本低、维权成本高等问题，人民法院在一些案件中全额支持权利人的赔偿请求，探索适用惩罚性赔偿，营造鼓励创新的法治环境。北京知识产权法院审结作家张炜与北京书生数字图书馆软件技术有限公司著作权纠纷，二审支持了一审的事实认定，但将赔偿标准从每千字30余元，提高到每千字300元，达到现行文字作品稿酬标准的最高档。

北京法院酌情提高判赔比例，积极适用举证妨害制度、举证责任转移制度，综合应用证据保全、财产保全、行为保全措施，不断提升知识产权审判规范化，打出加大网络著作权保护的一套"组合拳"。

在行政执法方面，2016年，市文化执法总队首次开展了移动新闻客户端专项整治。在全国率先建立了网络直播内容存储、网络主播实名认证和主播黑名单管理制度，查办网络直播平台违法违规行为43起，北京市网络直播平台风气大有改观，直播内容和环境得到有效净化。截至2016年11月底，总队共查办网络案件469件，占全部案件的56.4%，首次超过实体案件。[③]

北京市文化市场行政执法部门始终将查办案件作为净化市场环境的重要抓手，积极创新执法理念，在2016年集中精力攻克大案要案，不断拓展办案领域，深入开展了清源、净网、秋风、护苗、剑网等专项行动，案件办理取得了历史性突破。其中，北京一点网聚科技有限公司未经著作权人许可通过信息网络向公众传播其作品案（著作权），有效打击了互联网侵权盗版行为，加强了

---

① 北京市高级人民法院工作报告［EB/OL］. http：//www.bjrd.gov.cn/zt/rdh2017/gzbgjd/lygzbg/fygzbg/201702/t20170207_170619.html

② 北京法院打出加强涉网络知识产权保护组合拳［EB/OL］. http：//www.china.com.cn/legal/2017-04/27/content_40706232.htm

③ 北京市文化执法总队2016年网络案件数量首次超过实体案件［EB/OL］. http：//www.bjwhzf.gov.cn/dtxx/t20161230_333241.htm

互联网监管,取得良好社会反响;北京畅游时代数码技术有限公司员工朱某非法控制计算机信息系统案(网络游戏),是《刑法修正案九》施行后,查处网络游戏虚拟货币管理、网络文化公司员工非法控制计算机信息系统的第一案并依法追刑,在业内产生重大影响。[1]

(二) 上 海

2016 年,上海全市法院受理和审结各类知识产权案件总量增幅明显,共受理 11 231 件、审结 11 349 件,[2] 同比分别增长 19.12% 和 31.55%。受理一审知识产权案件 9 996 件,审结 10 073 件,审结案件数首次突破 1 万件。从总体上看,受理的知产刑事、行政案件近两年呈下降趋势,但受理的知产民事案件呈大幅上升趋势。2016 年,上海全市法院共受理一审著作权纠纷案件 7 388 件,同比上升 22.06%。受理侵害作品信息网络传播权纠纷案件 5 168 件,同比上升 25.62%;侵害作品信息网络传播权纠纷案件占全部一审著作权纠纷案件的 69.95%,说明上海文化创意产业尤其是网络信息产业在繁荣发展的同时,版权保护与管理还存在风险和漏洞。

在行政执法方面,2016 年,[3] 上海文化执法部门检查各类文化经营场所 2.24 万家次,立案处罚 329 起,收缴违法音像制品 47.5 万余张(盘)、违法书刊 10 万余册(份)、非法印刷品 7.3 万余件。上海城管执法部门对街面知识产权侵权行为实施行政处罚 2014 起。上海海关查获侵犯知识产权案件 237 起,涉案侵权货物 529 万件,案值 4 850 万元,同比上升 69.7%。

(三) 广 东

2016 年广东法院新收和审结各类知识产权案件分别 4.4 万件和 4.2 万件,同比增长 22.36% 和 29.16%,收结案数均创历史新高,继续居全国法院首

---

[1] 北京市文化市场行政执法总队(市文管办、市"扫黄打非"办)举行 2016 年度十大案件新闻发布会 [EB/OL]. http://www.bjwhzf.gov.cn/dtxx/t20170216_333455.htm

[2] 上海高院首次发布 2016 年知识产权审判白皮书中英文版并公布知识产权司法保护十大案件 [EB/OL]. http://www.hshfy.sh.cn/shfy/gweb2017/xxnr.jsp?pa=aaWQ9MjAwMjI1MTQmeGg9MSZsbWRtPWxtMTcxz&zd=xwzx

[3] 2016 年上海知识产权白皮书 [EB/OL]. http://www.sipa.gov.cn/gb/zscq/node1/node11/u1ai11819.html

位。① 从案件类型来看，2016 年广东法院新收一审著作权、商标权、技术合同、反不正当竞争案件同比分别增长 38.16%、43.26%、657.78%、66.24%，涉技术合同、不正当竞争领域的纠纷增幅最大，其次商标权、著作权领域纠纷多发。

在行政执法方面，2016 年广州市文化市场综合行政执法总队深入开展各项专项行动，并以专项行动为抓手，以互联网为主战场，坚持专项治理与综合治理相结合，坚持集中行动与日常监管相结合，坚持网下清查与网上净化相结合，坚决守住意识形态安全和政治安全底线，努力营造风清气正的社会文化环境，共出动文化执法人员 4.6 万人次，检查各类文化经营场所 3 万家次，立案 328 宗，罚款 541 万元，收缴各类非法出版物 430 万张（册），成功查处一批重大案件，有效净化了文化市场。②

在"剑网 2016"专项行动期间，③ 由广州市版权局、广州市互联网信息办公室、广州市文化市场综合行政执法总队等主办了"剑网 2016"广州在行动主题活动，来自广州市辖区 60 家互联网企业现场签署《广州市网络版权自律公约》，倡导网络行业自律，共同保护知识产权。该活动系深入扎实地推进"剑网 2016"专项行动的措施，并将以此为契机，进一步建立政府、行业组织、企业和用户共同治理网络的完整体制。

三、数字版权保护技术发展状况

版权产业的发展离不开政府主管部门不断加强的顶层设计，离不开相关版权保护的政策和法律法规不断完善，需要不断提升版权保护司法执法力度，同样也需要不断加大投入相关版权保护技术研发与应用。而通过技术手段保护数字版权，可以说要贯穿于数字版权产业的各个阶段，并且不断提升技术保护的能力，方可应对信息网络技术给数字版权保护带来的冲击。

---

① 广东高院发布 2016 年度知识产权司法保护白皮书［EB/OL］. http://www.gdcourts.gov.cn/web/content/36947-? lmdm=10768
② 广州市召开 2017 年"扫黄打非"工作会议［EB/OL］. http://www.xwgd.gov.cn/xwgd/zwxx/201704/54c515524c15441d936b8640379f5643.shtml
③ "剑网 2016"行动开展 广州网络版权自律公约出台［EB/OL］. http://news.dayoo.com/guangzhou/201611/25/150080_50486514.htm

（一）数字版权保护工程竣工，破解互联网侵权盗版难题[①]

数字版权保护技术研发工程是国家新闻出版广电总局新闻出版重大科技项目，被列入国家"十一五"与"十二五"时期文化发展规划纲要的重大科技专项。该项目于2006年开始酝酿，2007年开始可行性论证，2011年正式启动，2016年通过整体验收，建成了目前我国唯一一个由政府主导的第三方公共服务平台（数字版权保护技术管理与服务平台），可以为新闻出版单位与社会公众提供从注册、交易到侵权追踪的全流程版权保护技术服务。传统出版单位、内容生产单位将内容放上互联网前，可在此平台进行数字内容注册与管理，多硬件环境版权保护技术、媒体指纹技术等五大核心技术可保障内容的专有传播，进行网络交易的数据查询，进行网络侵权追踪取证。同时，内容资源无须离开本单位（仅需提取作品特征），用户对内容资源绝对控制。目前已为多家数字出版企业批量注册了版权作品信息，同时也在网络文学侵权追踪中发挥了重要作用。[②]

（二）国家新闻出版广电总局广播科学研究院数字版权保护技术研发工程数字媒体内容保护技术研究实验室（ChinaDRM实验室）成立[③]，建立中国自主创新、服务于媒体融合的版权保护生态体系

2016年9月，国家新闻出版广电总局科技司批示成立ChinaDRM实验室，该实验室隶属于国家新闻出版广电总局广播科学研究院，是专业从事数字媒体内容保护技术研究、数字媒体内容保护相关技术标准起草、数字媒体内容保护相关技术与系统安全性评估的实验室。通过与好莱坞等国际主流内容提供商的沟通交流，在ChinaDRM论坛框架下与好莱坞等内容提供商就ChinaDRM安全性技术要求达成一致。为促进ChinaDRM技术标准的推广与实施，实验室为行

[①] 数字版权保护技术研发工程竣工［EB/OL］．http：//www.ncac.gov.cn/chinacopyright/contents/518/311265.html

[②] 数字版权保护工程破解互联网侵权盗版难题［EB/OL］．http：//news.sina.com.cn/o/2017-01-10/doc-ifxzkfvn1376433.shtml

[③] CCBN2017融合媒体数字版权管理高峰论坛成功举办［EB/OL］．http：//www.chinadrmlab.org/index.php?m=content&c=index&a=show&catid=22&id=53

业提供 ChinaDRM 相关技术、解决方案、产品以及运营系统的咨询与评估。①
2016 年 12 月,被总局认定为"新闻出版行业科技与标准重点实验室"。

(三) 引入水印技术,国家新闻出版广电总局强化电影版权保护②

各种侵权盗版给持续升温的影视产业的发展带来很大的伤害。有数据显示,国内电影产业每年因为盗版造成的损失预计超过 10 亿元,其中盗版给特效类电影带来的损失在 10%—15% 之间,给非特效剧情类电影带来的损失则为 20% 甚至 30%。国家新闻出版广电总局电影质检所与瑞士 NexGuard 公司签署独家水印保护授权协议,将运用 NexGuard 提供的水印版权检测技术,为片方、发行方及影院方提供版权保护服务。水印检测技术是指在视频图像或是音频轨迹中嵌入一些特定信息,一旦发现在电影院使用非法设备拍摄的盗版片源,NexGuard 可通过软件检测片源水印信息,一小时内就能精确定位盗版内容出自哪家影院的哪一个场次,大幅提高维权效率,同时减少成本。在正式引入 NexGuard 数字水印保护之后,质检所对于国内上映影片的保护将覆盖到所有电影播放终端。

(四) DCI 体系将成互联网版权基础设施③

DCI 体系是由中国版权保护中心根据互联网时代数字版权产业的发展需求,经自主创新于 2010 年正式提出的数字版权公共服务新模式。DCI 体系通过嵌入式服务方式,以创新的数字版权在线登记模式为基本手段,为互联网上的数字内容版权分配永久的 DCI 码,颁发数字作品版权登记证书,赋予 DCI 标,并利用电子签名等安全保障体系建立起可信赖、可查验的版权认证体系。据不完全统计,截至目前大约做了十几家应用示范单位,DCI 标识已经发了 40 万以上。自从使用了 DCI 体系,不仅有效打击了对作品的侵权盗版行为,也方便了作品的费用结算。因此可以说,DCI 体系已初步体现出其互联网版权产业的基础支

---

① 数字媒体内容保护技术研究实验室 关于我们 [EB/OL]. http://www.chinadrmlab.org/index.php?m=content&c=index&a=lists&catid=20
② 引入水印技术 国家新闻出版广电总局强化版权保护 [EB/OL]. http://www.ncac.gov.cn/chinacopyright/contents/518/309703.html
③ DCI 体系将成互联网版权基础设施 [EB/OL]. http://www.chinaxwcb.com/2017-03/02/content_352603.htm

撑作用，从而支撑起互联网信息内容产业的健康繁荣发展。

四、典型案例分析

2016年，关于聚合搜索网络服务提供商的责任认定、新型网络证据保全方式作为电子证据在司法裁判中的如何认定等问题都成为数字版权保护中的热点话题，出现了一批新的典型案例，分析这些案例对于今后的数字版权保护工作的开展具有一定的指导意义。

（一）"宜搜小说"聚合搜索侵犯中文在线信息网络传播权纠纷案
[案情]

中文在线数字出版集团股份有限公司（以下简称"中文在线"）经作家温瑞安授权，取得了"四大名捕系列"作品的信息网络传播权专有使用权。中文在线在"苹果应用商店"（App Store）下载"宜搜小说"软件，并将其安装到移动设备中，发现该软件项下有"精选""排行""分类""专题"等设置，点击"专题"项下的"四大名捕：魔幻武侠"可以直接下载、阅读涉案作品。中文在线认为，深圳市宜搜科技发展有限公司（以下简称"宜搜公司"）通过设置专题推荐、内容简介的形式，对涉案作品进行编辑、整理，用户不需要页面跳转即可在"宜搜小说"软件直接下载涉案作品，宜搜公司前述行为客观上达到了信息网络传播的实质效果，严重侵犯了中文在线的信息网络传播权。起诉至法院请求判令宜搜公司停止侵犯著作权的行为，赔偿经济损失。

宜搜公司辩称其开发的"宜搜小说"软件本身并不提供任何文学作品的直接下载，而是在联网后根据用户表现出的阅读喜好或根据用户积累的阅读习惯而由后台软件程序自动生成不同的分类或专题等栏目内容，这一功能涉及巨大工作量是通过人工编排无法完成的。宜搜公司仅通过涉案软件向用户提供搜索指令来运行完成，无法对搜索链接结果是否存在侵权进行预先判断或筛选，对侵权内容不具有预见性和控制性，故被告不存在明知或应知的过错，本案应适用"避风港原则"，宜搜公司不应承担侵权责任。

北京市东城区人民法院经一审审理后，认定宜搜公司通过"宜搜小说"提供涉案作品的在线阅读和下载，实施了对涉案作品的信息网络传播行为，侵害了中文在线对涉案作品享有的信息网络传播权。宜搜公司向北京知识产权法院提起上诉。2016年8月，北京知识产权法院二审认定在原网页已删除或无法打开时，涉案"宜搜小说HD阅读器"仍能向用户提供涉案作品，已非技术层面的"缓存"，属于未经许可的复制行为，宜搜公司侵犯了中文在线享有的信息网络传播权，判决驳回深圳宜搜公司上诉，维持原判。

[判决文书]

北京市东城区人民法院（2015）东民（知）初字第05714号民事判决书；

北京知识产权法院（2016）京73民终186号民事判决书。

[分析]

在移动互联网时代，一旦涉及信息网络传播权侵权纠纷，移动终端程序运营商往往会强调自己是在提供一种渠道服务或搜索链接服务，而非内容提供商，以此摆脱著作权法上严厉的直接侵权责任。司法实践中如何定性小说聚合的直接侵权责任，成为此类案件的焦点问题。本案中，法庭对证据进行勘验过程中发现，在"宜搜小说"软件阅读部分作品内容时，虽显示内容源来自第三方网站，但选择查看原网页时，原网页已经删除或者不存在。虽然宜搜公司以"缓存"予以辩称，但在源头链接予以删除后，其"缓存"内容未予以同步删除，本身已经突破了"缓存"的服务边界，更重要的是，在源头页面予以删除之后，其基于商业考虑，继续基于"缓存"提供相应的涉案作品的在线阅读等信息网络传播服务，本身已经从"搜索链接"服务角色变更为"内容"提供服务。

本案是目前已知的国内首例小说聚合"缓存"侵权案，对小说聚合搜索类型案件极具示范效应。本案在客观上可以视为以判决形式宣告此类披着"技术中立"外衣的小说聚合搜索商业模式的终结。

（二）"参灵草官方微博"涉电子证据著作权侵权纠纷案

[案情]

华盖创意（北京）图像技术有限公司（以下简称"华盖公司"）系美国图片供应商Getty Images, Inc.在中国境内唯一授权代理，依法享有相关图像素材在中国境内展示、销售和许可他人使用的权利，并有权在中国境内以自己的名义进行维权。华盖公司主张北京微梦创科网络技术有限公司（以下简称"微梦公司"）、江中药业股份有限公司（简称"江中公司"）未经其许可，在新浪微博"参灵草官方微博"中使用了三幅其享有著作权的摄影作品，侵害其享有的信息网络传播权。华盖公司提交了新浪微博网页打印件、第三方服务机构的认证证书及存有相应文件的光盘，其专家辅助人专门就第三方机构的取证流程及作用到庭陈述意见。法庭组织双方登陆第三方服务机构的网站，将华盖公司提交的光盘中相应文件及对应的 TSA 格式文件上传进行了验证，双方对验证过程均不持异议。江中公司认可涉案微博账号系该公司运营，但称不清楚是否使用了涉案三幅图片，并对第三方服务机构的证据形式及合法性提出异议。微梦公司提交了证明涉案微博已删除的证据。

北京市海淀区人民法院审理认为，华盖公司提交的证据已形成证据链。江中公司对该事实予以否认，但并未提交相反证据。微梦公司提交证明涉案微博已删除的证据，进一步印证江中公司在其微博中使用了涉案图片这一事实，而江中公司对微梦公司这一证据不持异议，恰表明其对于其微博中曾使用涉案图片这一事实是认可的。因此对华盖公司主张的事实予以确认。江中公司使用涉案图片的行为未经华盖公司许可，已构成侵权，应承担相应侵权责任。双方当事人均未上诉，一审判决生效。

[判决文书]

北京市海淀区人民法院（2015）海民（知）初字第 25408 号

[分析]

在互联网网络环境下，与侵权相关的证据通常由被告掌握、控制，且网络证据具有易篡改、易销毁的特点。对于权利人而言，事先进行公证取证是较为稳妥的保存、固定侵权证据的方式。由于公证机关出具的公证书证明效力较高，在没有相反证据足以推翻的情况下，人民法院均会予以采信。本案中，电子证据作为一种新型的网络证据保全方式对于及时快捷保全网络环境下的证据、减轻权利人维权负担具有很大的现实意义。[①] 司法实践中法院在特定条件下可以采信，但并非不区分情况的一律采信。在互联网时代背景下，电子证据在社会生活中日益普及，面对电子证据在社会发展中的趋势以及电子证据在还

---

① 2016 年度北京法院知识产权十大创新案例［EB/OL］. http：//www.pkulaw.cn/case/pal_211106232 99227754.html? match = Exact

原案件事实方面的重要性日益凸显，本案对采取电子证据取证保全方式所固定证据的审查规则进行了积极探索。

通过本案，从司法审判角度对电子证据保全方式确立了不歧视原则，即除非有证据证明经营电子证据保全业务需要获得行政许可，不宜从形式上否定电子证据的证据资格。[①]

五、数字版权保护存在的困境及应对的措施

各种新技术助力数字出版产业的高速发展的同时也带来了知识产权保护运用的新问题，给我国的数字版权保护不断提出新的挑战。

（一）侵权形态向多样性及复杂化发展，优秀作品被侵权盗版情况依然严峻

在电视剧《锦绣未央》原著网络小说被指控侵权后，一种"写作软件"作为"抄袭工具"浮出水面，[②] 该软件的原理是在庞大的作品信息库的基础上，根据写作的特定需要重新拣选、排列、组合数据库中原有作品信息，拼凑成新的文字产品，为一些网络小说写手抄袭提供了便利，因这种软件产生的侵权作品对原著作著作权人的侵犯具有广泛性和隐蔽性，也给权利人维权设置了重重障碍。

再以最近迎来大结局的《人民的名义》为例，对于热播期间发生的样片泄露事件及电子书在微信朋友圈被盗版传播事项，不能不说大量优秀版权作品仍然在遭受着严重盗版侵权的切肤之痛，可谓防不胜防。[③]

互联网新技术助力产业发展的同时，盗版侵权手段和模式也因新技术的应用和发展也越来越多样化，从盗版网站到P2P软件、微信公众号、网盘、社区

[①] 北京市高级人民法院召开"北京市法院2016年知识产权审批工作"新闻发布会［EB/OL］. http://beijing.ipraction.gov.cn/article/gzdt/201704/20170400133657.shtml

[②] 网络小说抄袭，写作软件成"凶器"？［EB/OL］. http://www.ncac.gov.cn/chinacopyright/contents/4509/316999.html

[③] 版权保护需要立足网络特性［EB/OL］. http://www.zgg.org.cn/zggjl/shpgd/201705/t20170503_643176.html

空间、盗链、深度链接等，互联网内容侵权模式几乎覆盖了每个领域，穷尽了每一种新技术，被侵权的对象也囊括了包括文字、音乐、视频、图片、游戏、动漫在内的几乎全部的内容产品形态，并且侵权手段还呈现出不断多样性及复杂化的发展趋势。①

在利益的驱使下，盗版侵权者对新技术的利用往往无所不用其极，并不惜顶风作案、以身试法，不断铤而走险，大量优秀作品被侵权盗版情况依然严峻，版权保护可谓仍然困难重重，任重道远。

（二）强化行政保护、司法保护、社会保护、技术保护的协同作战，建立保护数字版权体系和生态环境

在国家版权局的协调和敦促下，网络文学行业共同发起了中国网络文学版权联盟并签署了《中国网络文学版权联盟自律公约》。在影视行业，面对互联网影视侵权成本低、危害大的情况，影视行业企业提出版权方、监管部门、公安司法体系及消费者加强合作、抱团作战，建立起 IP 保护的"同盟军"，② 打好"IP 保卫战"。在网络游戏行业，游戏企业也在发出类似的声音，呼吁建立高效的、合作的、多层次的网络游戏行业知识产权维权自律体系。消除侵权游戏的传播渠道，突出发行渠道商的过滤控制作用，建立行业统一的疑似侵权产品初断标准，设立中立和权威的疑似侵权初步判断机构，以主管政府部门牵头，敦促行业企业遵守自律准则。③

无论是政府主管部门的督导、行业协会的促进还是企业自身抱团取暖的自发行动，都渐成趋势。面对侵权形态向多样性及复杂化发展，优秀作品被侵权盗版情况依然严峻的情况，强化行政保护、司法保护、社会保护，并充分应用好各种版权保护平台及专项版权保护技术，各方协同作战，建立保护数字版权体系和生态环境，充分发挥各个环节的作用，建立数字版权保护更为良性的体系和生态环境，方能让盗版侵权进一步失去肆虐的空间，为产业迎来更大的发展。

---

① 维权路漫漫　侵权何时休［EB/OL］. http：//www.ncac.gov.cn/chinacopyright/contents/4509/296183.html
② 影视 IP 版权保护期待"抱团作战"［EB/OL］. http：//www.ncac.gov.cn/chinacopyright/contents/4509/309866.html
③ 网络游戏企业抱团向侵权盗版宣战［EB/OL］. http：//www.ncac.gov.cn/chinacopyright/contents/4509/309472.html

（三）需要进一步加快数字版权保护立法

纵观国家版权局每年公布的剑网行动典型案例，我国版权行政及司法机关通过追究盗版侵权者的刑事责任来保护数字版权典型案例已经屡见不鲜，但是通过著作权进行刑事保护的路径仍并不十分完善，包括侵犯著作权的刑法规定以及具体的刑罚执行方式都有许多需要改进的地方，如网络环境下侵犯著作权的犯罪有很多是不以赢利为目的，但其造成的损失或不利影响对于权利人来说与以赢利为目的并无差异，有时因为网络的传播特点，不以赢利为目的的网络侵权行为给权利人的损失更加无法挽回，因此废除"以赢利为目的"的构成要件更有利于保障权利人的在网络环境下的版权合法权利。[①]

再如，随着网络游戏产业的大发展，我国网络游戏直播行业快速崛起，游戏直播带来巨大经济利益的同时，各种盗播侵权问题也层出不穷。但游戏直播能否构成作品、游戏玩家的游戏过程是否创作了作品、游戏直播遭遇盗播该如何规制，目前司法界和学术界对这些问题的观点并不一致。[②] 这也是数字版权保护的新问题，实践总是在先行于我们法律规定，挑战着法律的边界和适用。

自2011年7月启动第三次《著作权法》修法已经历时5年多，《版权工作"十三五"规划》将第三次《著作权法》的修订列入重点任务，期待通过这次修法真正能够健全侵权法定赔偿和网络环境下确权、授权及交易规则等顶层设计。

六、2017年数字版权保护展望

2016年，中国第一次成为全世界前25个最具有创新力的经济体之一。[③] 在国务院《"十三五"国家科技创新规划》中提出"十三五"（2016—2020年）期间，中国的科技进步贡献率要提高到60%，知识密集型服务业增加值占国内

[①] 完善网络环境下著作权刑事保护［EB/OL］. http：//www.ncac.gov.cn/chinacopyright/contents/4509/314182.html

[②] 网络游戏直播中的著作权问题分析［EB/OL］. http：//www.ncac.gov.cn/chinacopyright/contents/4509/313238.html

[③] 数字版权保护的"软硬兼施"［EB/OL］. http：//www.zgwypl.com/ll/2017/0105/30672.html

生产总值（GDP）的比重提高到20%，提出创新创业生态更加优化、科技创新政策法规不断完善、知识产权得到有效保护的规划目标。

中国正处在从"中国制造"到"中国创造"转变的关键时期，创新正在成为中国经济转型的第一动力，"创新改变生活"亦成为每一个时代参与者的切身体会。文化产业创新发展正当其时，数字出版正在迎接全新的历史机遇，随之而来的数字版权保护也将迎来新的挑战，同样要用创新的思维和方法去解决数字版权保护问题。

展望2017年，相信在所有参与者的共同努力下，数字版权保护必将再谱新篇。

（作者单位：中文在线数字出版集团股份有限公司）

中国数字出版教育年度报告

张 博 董 荟 魏 萌 张鸿雁

一、中国数字出版教育的新进展

数字出版产业作为国家软实力的一部分，在寻求自身创新发展的同时，也对专业人才的培养提出了更多的要求。数字出版人才不仅要具备出版专业知识和实践能力，还要拥有跨界思维、多种应用技能、扎实丰富的文化素养等，才能够成为满足市场需求的复合型人才。同时，数字出版学界也从课程设置、企业需求、地方特色等实践的角度积极反思人才培养模式，不断优化课程培养体系。

（一）"十三五"专项规划，推进数字出版人才培养

2016年是"十三五"规划的开局之年。在媒介融合的背景之下，国家主管部门高度重视振兴、壮大数字出版产业，主要通过以下举措推进人才的建设与培养工作。首先，总局立足产学研一体化，面向国际竞争，实施数字出版"千人计划"，支持、鼓励各类型高等院校、出版单位和科研机构培养、选拔数字出版人才，进行定向培养，使之具备扎实的理论基础、丰富的行业经验和广阔的全球视野，能够有效把握互联网的舆论阵地。其次，北京市开始设置数字编辑职称，实现职称与职务相匹配。在重视业务技能的同时，强调从业者对国家有关数字出版的大政方针的了解和熟悉，提高综合素质。再次，充分发挥高等院校、科研单位、技术企业的重要作用，建立数字出版的高端人才智库。产

业发展、重大决策的制定和实施都离不开专家们的智力贡献，智库的建设有利于数字出版行业吸引、留住高端人才，推动行业整体发展。

（二）培养复合型人才，北京首推数字编辑考评制度

在为互联网与出版业融合发展寻求人才培养新途径的背景下，北京市于2016年率先推出了数字编辑职称考评机制。此举不仅可以拓宽人才评价渠道，规范数字出版人才培养，为从业者的职业发展提供合理的晋升路径，也有利于传统产业人才向新兴产业聚集、融合。

第一次数字编辑考评共有76名数字出版从业者申报数字编辑专业高级专业技术资格，通过评审并获得高级职称的有65名。从专业人才特征的角度来看，通过的专业技术人才有如下特点。一是年轻化。年龄最大的54岁，最小的32岁，平均年龄40岁。二是所属的行业类型丰富。包括央企、市属国企、民企等。其中38人来自非公经济，约占全部通过人员的60%，充分体现了非公经济在文化创意产业的蓬勃发展。三是学历层次比较高，远远超过传统新闻和出版专业的平均水平。其中6人具有海外留学背景，34人拥有硕士、博士学历，约占通过评审人数的五成以上。四是业绩材料丰富扎实。通过的这65人在出版专业著作、制定行业标准、完成专项课题等方面有着丰富的业绩成果。他们不仅代表着北京市数字出版行业的最高水准，在全国也拥有一定的影响力。五是首次高级评审通过人数超过传统专业，充分显示出新兴数字出版行业人才培养成果。

（三）高校办学规模扩大，突出数字出版

全国现在已经有超过七十所高校开设出版相关的专业，涵盖本科、硕士、博士的多层次人才培养体系正在不断完善。

目前，我国编辑出版类本科专业包括编辑出版学、数字出版、网络与新媒体（数字出版方向）等专业。截至2016年1月，我国共有77所高校开办了编辑出版类本科专业，这些高校分布在25个省、自治区和直辖市，主要集中在东部和中部地区。山东省开设编辑出版类专业的高校有8家，数量最多。湖北省、湖南省、浙江省设置编辑出版学专业的高校均为7所。海南省、重庆市、贵州省、西藏自治区、宁夏回族自治区、甘肃省等地域没有高校开设编辑出版

类本科专业。

为了与传统的编辑出版专业有所区别，培养更多的数字出版人才，部分高校在课程设置上突出数字出版，突出出版专业的变化方向与趋势。中南大学、天津科技大学等高校开设了数字出版本科专业，湘潭大学将原有的编辑出版学专业更名为数字出版专业。部分高校在专业名称后注明专业方向为"数字出版"。这些高校编辑出版类专业虽名为"编辑出版学"，实际专业方向为"数字出版"或"新媒体"。

（四）校企合作，注重培养应用能力

数字出版编辑应当拥有根据跨媒体化的内容表现方式、网络化的传播渠道以及读者数字化的消费习惯对内容进行多种媒体形式、符合数字阅读习惯的策划、编辑和运作的能力。互联网思维强调的是用户思维，对于学界来说，即从市场和实践的角度促进人才培养模式的发展、升级。

随着行业的发展，我国高校的数字出版专业在人才培养上更加注重对学生应用能力的培养。通过展开校企合作，让学生在应用中熟悉数字出版的特点。2016年，上海出版印刷高等专科学校就与杭州前方信息技术有限公司达成合作意向，让学生利用其专业的出版知识和计算机数据加工基础技能去企业进行实践、锻炼。通过实习，公司可以择优录用，不仅解决了毕业生实习、就业的问题，也解决了企业缺乏数字出版专业人才的问题。

（五）数字出版基地加快人才聚集发展

截至"十二五"末，国家新闻出版广电总局批准设立的国家数字出版产业基地已经达到了14家，初步完成了规划布局，集群效应初步显现，差异化格局正在形成，创新发展取得了较大突破。基地不仅在培育产业龙头、推进科技创新、推动转型升级等方面发挥了积极的示范引领作用，自身也发展壮大成为数字出版产业的中坚和骨干力量，成为企业创新高地、人才培养高地。数字出版基地在提高产业集中度、打通产业链、带动整体和辐射周边等方面发挥了无可替代的重要作用，成为推进新闻出版产业转型升级，实现融合发展的有利抓手。

（六）人才培养理念不断更新

目前，互联网大数据、AR、VR技术等新兴技术正在深刻影响、改变数字出版行业的发展方向。互联网大数据为数字资源的整合、拓展带来了前所未有的机遇，也对出版行业的从业人员提出了新的发展要求。因此，承担出版人才教育培养主要任务的各大高校都在积极地更新教育理念、优化教育课程的设置。

首先，高校逐渐深入地将大数据的理念应用到数字出版教育的过程中，通过开展一些紧密结合出版专业的应用型计算机课程及数据分析、数据挖掘相关的课程，培养学生根据专业技术提炼数据信息来进行策划报道、设计版面、信息整理和市场需求预测的能力。上海理工大学出版印刷与艺术设计学院在原有的专业设置的基础上，着眼于数字化发展，增设了数据新闻学、计算传播学等专业。其次，大数据时代强调出版人才的实践操作能力。因此高校的数字出版专业人才培养模式逐渐从传统的课堂教学为主转变到扩大实践教学比例，提高学生的动手能力，让学生能够熟练掌握计算机编排技术、多媒体出版技术和网络出版技术。此外，为了让学生能够适应"互联网+"时代下的行业发展，高校的课程设置上也逐渐出现了新兴技术的导论课程，以丰富学生的知识储备、拓展学生视野。

二、中国数字出版教育的典型范例

（一）立足专业的特色与定位，夯实专业基础

在大数据主导的新媒体时代，高校的出版教育应从传统出版向数字化转型升级。但应正视的是出版是内容产业，新媒体的竞争力依然是内容，编辑人员仍要肩负起传承和发扬文化的重任。高校应该把传统出版和数字出版完美融合，立足专业特色与定位，夯实出版专业基础。

2017年除了原有的高校开设数字出版专业之外，又有多所院校开设数字出版、传播学、网络与新媒体等专业，各自隶属的学院主要包括新闻与传播学院、计算机学院、信息管理学院等，所设课程也不尽相同。

北京印刷学院新闻出版学院成立于 2010 年 11 月，现有编辑出版学、广告学、传播学、新闻学、数字出版、网络与新媒体六个本科专业。为响应国家培养新闻出版行业人才的需求，该校对数字出版专业人才的定位是以数字技术为工具，以数字内容的创意表达为手段，以数字内容的开发与经营管理为重点，培养数字出版产业需要的数字媒体编辑专门人才。

北京大学、武汉大学和南京大学都是国内开设相关专业的一流大学，基础课程的设置也各有特色。南京大学和武汉大学的相关专业开设在信息管理学院下，南京大学与数字出版相关的课程有数据库原理及其应用、信息组织、信息检索、信息传播技术、信息技术基础、信息资源管理导论、信息统计学、程序设计语言、数字出版技术等。武汉大学开设的相关课程有数字媒介传播、信息系统分析与设计、高级程序语言设计、数据库原理与应用。北京大学的相关专业则开设在新闻与传播学院下，主要课程有信息检索与利用、电子出版技术（媒体与语言）。

（二）优化高素质的教师资源，促进学术繁荣

教师资源一直是教育行业的中坚力量，是出版业发展的核心基石。各个高校配备并优化高素质的教师资源，是不断促进学术繁荣的有力保障。以南京大学信息管理学院为例，现有教授 28 人、兼职教授 10 人、副教授 15 人、讲师 8 人，组成了一支高素质的师资队伍。

为了更加深入地进行理论挖掘和研究探讨，部分高等院校建立了专业的研究机构，如南京大学设立了出版研究院。该校出版研究院以信息管理学院编辑出版专业的资源为主导，实现多个学科间的相互补充、相互支持。作为全国出版专业的重点院校，武汉大学设立了中国教育出版研究中心、出版发行研究所以及数字出版研究所等多个研究机构，推动了出版业的发展。

（三）注重专业的实践教学，优化培养方案

数字出版的人才培养方案不断优化，一些高校在全日制出版硕士专业学位研究生的培养方面，采取"学术+实践"的模式。例如，上海理工大学自 2015 年开设出版专业硕士点，实行双导师制，校内导师负责提高学术水平，校外导师则加强专业实践能力。南京大学采用"理论学习、社会实践和现场专题研究

三结合"的培养模式，注重培养解决实际问题的能力。

随着出版产业的发展和变革，开设出版专业的高校结合实践和市场需要，调整专业设置。例如，2016年四川传媒学院撤销了编辑出版专业，新增网络新闻与传播专业，进一步明确了出版专业结构调整的方向。

（四）依托先进的科研核心，实现高效教学

在市场需求和行业发展的引导下，数字出版相关的技术、出版和市场等多方面专业人员形成研究团队，充分发挥不同学科的交叉优势，实现产学研相结合。

北京印刷学院是我国专业数字出版人才的资源中心，与方正阿帕比携手共建了数字出版人才基地，共同培养数字出版人才，努力推动行业数字出版人才培养和数字化转型。

上海理工大学设立出版与传播研究所、数字出版研究所、数字印刷研究所，逐渐形成综合多学科的开放式教学模式。同一门课程分别由专业教师、领域专家和实践指导教师进行专题授课，内容涵盖出版学基础、编辑理论，并结合数字媒体、信息组织和检索、数据库等前沿技术，培养学生在电子书制作、期刊设计、网页规划等方面的综合能力。学校注重提升学生自主学习能力，开放学习资源，并经常聘请专业领域的人士教学授课。

武汉大学的电子出版研究所综合计算机、出版的教师和行业专家，在教学内容上以技术类课程为主，强调数字内容策划、编辑和销售能力的培养。此外，武汉大学将课堂教学和学术交流相结合，通过前沿讲座和学术讨论交流活动来推动数字出版科研与教学，对于提高行业影响力和学生动手能力都具有积极作用。

（五）树立全新的教育理念，培养复合人才

出版业作为知识密集型产业，人才是出版业发展的中流砥柱。随着互联网的快速发展，各个高校与时俱进，顺应大出版、大传媒、大文化的发展理念，着力培养符合市场需求的复合型人才。

为顺应媒介融合时代的步伐，在新闻传播的本科教学改革实践中，复旦大学逐渐生成了"2+2跨学科教学培养"的全新理念。所谓"2+2跨学科教学

培养"模式，是指基于培养复合型新闻传播人才的目标，将新闻传播学科四年制本科教学培养过程分成2个为时2年的阶段：在第一个"2"阶段（即第一、第二学年），要求新闻传播学科各专业学生任选一个非新闻传播学科的专业，并系统修读该所选专业的主要课程；在第二个"2"阶段（即第三、第四学年），要求学生在系统修读了一门非新闻传播学科的专业的主要课程的基础上，进一步修读新闻传播学科的各类课程，并在教师的指导下完成跨学科的理论、知识与技能的复合。

北京印刷学院在学科建设中重点考虑和优先发展"数字出版与传播"学科和专业建设，形成数字印刷、数字出版、数字媒体艺术、数字媒体技术构成的新型数字媒体专业群。北京印刷学院在人才培养模式上也有创新：一是以人文社科、法律素质教育以及出版专业基本素养教育为基础，培养学生大出版、大传播背景下的人文素养；二是以数字出版的信息技术基本知识及相关技术应用教育为特色，培养学生对信息系统和技术的应用技能；三是以数字内容的采集、汇聚、集成与有效表达能力训练为核心，培养学生对数字信息的抓取能力和知识表达的能力；四是以媒介经营、资本运作、管理沟通、运营服务能力训练为重点，培养学生对数字出版媒介经营管理的能力。为满足数字出版产业的人才需求，培养复合型数字出版人才，北京印刷学院着重培养学生的四种能力，即对海量信息的发掘能力、优质内容的策划和整合能力、对数字内容经营管理运作的能力、跨媒体出版技术的运用能力。

三、中国数字出版教育发展中的主要问题

我国数字出版人才的培养起步较晚，人才培养体系的理论和实践都尚不成熟。高校在人才培养方面大多学习和借鉴国外领先的市场经验和成熟的行业规律，需要将理论和我国出版教育的实际相结合，探索出符合中国实际情况的数字出版人才培养机制。经过多年的发展，我国数字出版教育事业有了长足的发展，但仍然存在一些问题。

（一）课程设置模式存在缺陷

1. 学科归属不明确

自从 1983 年武汉大学开办"图书发行"专业起，我国开展编辑出版的高等教育已经有 30 多年，目前正式开办编辑出版学本科层次专业教育的高等院校有 100 多家。一方面，编辑出版学作为二级学科，由各高校根据自身实际情况设置在不同的专业下面，缺乏严格标准的学科规范，产生了编辑出版学在高等教育中学科归属不明确的问题。另一方面，新环境下市场对于数字出版人才的需求使得各高校纷纷设立数字出版相关的专业方向和专业课程，目前全国共有 100 多所高校开设了数字出版相关专业方向和课程，分别隶属于包装印刷、信息管理、新闻传播、公共管理、新闻出版等不同的学院。高校之间数字出版发展程度的差异和研究方向的不同，同样放大了数字出版学科归属不明确的问题。

2. 培养模式单一

人才的培养必须遵循一定的教育规律，简单地依赖课程的调整很难改变单一的培养模式。对于高层次、复合型数字出版人才的培养应当在硕、博士阶段进行。在内容管理、全媒体出版、数字出版营销、数字出版理论四个方向让学生进行系统学习。这样，数字出版人才首先具备了扎实的出版专业知识，又通过研究生阶段对数字出版技术的研究和实践，具备了一定的数字产品策划和制作能力，符合行业对复合型人才的定位和要求。

在本科阶段则应开设专门的数字出版专业，培养技能型的"专才"。围绕合格的数字出版人才所应具备的内容策划与出版、网络运营与维护、产品营销与市场运作等能力，制定科学合理的培养方案，了解图书出版、报刊等传统出版的知识和流程，掌握实现传统纸质内容在新媒体上呈现的数字技术；应注重培养学生在出版活动中对数字媒体及数字文化产品的策划、设计、编辑和运营能力，培养社交能力。专科层次数字出版人才的培养要定位于前端，即资源加工技术岗位。数字出版机构缺少一线的操作人员，在培养目标上，尤其要加强实践教学，培养学生的操作能力，在原有文字录入、图形图像处理、排版制作的基础上，更需要加强对数字出版常用软件使用的培训。

3. 课程内容滞后

"互联网+"时代需要数字出版人才能够运用紧跟时代潮流的互联网思维来发展和改良传统新闻出版内容制作的流程。数字化环境下，网络用户更加容易接受简洁的多媒体内容表达和扁平快速的网络传播模式，这表明碎片化的互联网思维、嵌套式的数字传播模式，将成为互联网环境下数字出版人才必备的行业能力。

另外，培养数字出版人才的全方位业务执行能力是当前出版教育中亟待重视和投入的关键所在。传统出版业务主要包括选题、组稿、审核、校对、发行等环节，数字出版的互联网思维体现在流程中的各个环节，每个环节都离不开信息技术，而且为了整合资源，业务流程更需进一步融合。先进的数字出版内容编辑与网络平台、多媒体技术紧密结合，数字出版人才运用网络和多媒体的能力进行多维、立体的数字化展现，成为业务执行力不可或缺的重要组成部分。同时，与传统出版物运营模式不同，数字出版发行可以直接进行O2O交易，网络运营也对业务人员的网络技术和网络思维提出了更高要求。

（二）师资结构待调整

1. 专业知识的更新问题

新技术、新业态的繁荣发展很大程度上由人才决定。数字出版时代，高校和出版社一样面对一个全新的领域，数字出版从业人员本身经验就不足，高校更是缺少具有数字出版丰富实践背景和经验的教师队伍。专业教师的知识结构对出版专业学生的影响十分深远，既有学术地位又兼任出版企业负责人的实力派教师凤毛麟角。理论派的教师应去行业里充实自己，实践派的教师也应更新理论知识。然而实际上这却很难实现，一方面，教师本身有非常繁重的授课任务和科研压力，没有大量集中的时间进行行业内学习；另一方面，缺乏专项资金支持教师参加书展、论坛等行业交流比较多的活动，这一点在普通院校显得尤为突出，这导致教师难以获得一手的行业发展信息，更多时候只能通过阅读二手资料获取有限的信息。

2. 业界师资的引进问题

真正有时间、有精力、有热情参与到出版专业各层次人才培养的业界精英很少，而且其地理分布还不均衡，主要集中在出版业发达地区，他们从事兼职教学的高校基本上都是 985 院校或 211 院校。普通高等院校的出版专业业界师资问题难以落实。业界师资的教学模式还有待拓展。如果只是引进业界师资进行课堂教学，很多行业经验很难明确地转化为显性知识传授给学生。

（三）实践课程应更符合市场需求

1. 实践课程缺乏

许多高校重视理论教育忽视实践教学。数字出版专业缺乏实用性、可操作性，这就让很多毕业生进入工作岗位之后很难适应工作需求。目前我国编辑出版类专业课程设置中理论课与实践课为 9∶1，这对于培养高素质、高技能的数字出版人才来说远远不够。理论与实践结合的人才培养模式的实施已经刻不容缓。

2. 人才培养缺乏市场视野

传统高校数字出版教育模式下培养的人才往往缺乏对当前市场状况的正确认识，知识面单一、视野狭窄，对于国内出版产业的发展状况和国外的状况差异缺乏认识，不适应产业发展。传统的出版人才，对互联网特别是移动互联网的发展认识不足，对网民需求把握不够，对新媒体的运营缺乏认识，难以适应传统出版企业转型升级的过程。

3. 培养平台缺乏开放合作

高校数字出版教育人才培养受制于校内资源、课程开设、师资配备、实习实训等环节，并不能和市场需求深度接轨，不利于培养适应市场的创新型人才。人才培养平台不够开放，与行业联系不紧密，合作深度和广度有待加强。这种情况下培养的数字出版人才难以跟上当前数字出版产业高速发展下对于新型数字出版人才的需求。

4. 国际交流合作机会有限

在数字出版时代，国外出版集团正在利用信息技术上的优势加紧进入中国市场，中国的出版业必须应对挑战。这就离不开对具有国际竞争力的高素质出版人才的培养。我国高校出版学相关专业在国际合作与交流上还处在起步阶段。具体表现为：对本专业英语课程教学不够重视，没有开设专业外语，更没有双语授课和使用原版教材；缺乏对国外出版业的研究，无法为学生提供了解国际化出版运作的机会，不注重与国外高校的学术交流与战略合作。

四、加快中国数字出版教育发展的对策

面对新形势下的数字出版产业，培养数字出版的创新应用型人才需要高校和社会机构的全面合作。

（一）加强"互联网＋"背景下的复合型人才培养

网络和多媒体技术的快速发展，要求我国的人才培养模式需要进行不断的改革与尝试。数字出版业是基于互联网，尤其是移动互联网平台的编辑、生产制作、传播和销售数字内容产品的出版业态。

随着数字时代的快速发展，我国传统的数字出版教育对人才的培养已不能满足市场需求。要把握当下数字时代对出版人才素质的根本要求。"互联网＋"背景下，出版从业人员在业务处理中会涉及多种学科的知识，除了具备传统的出版业所需的工作能力，还需掌握许多新兴的技能，如互联网思维下的编辑能力、新媒体技术的使用能力、计算机应用的能力等。

（二）明确专业定位

我国高校对数字出版教育的专业定位存在模糊、不清晰的问题。在不同的院校之间，存在培养技术型人才和人文型人才的定位差异，甚至部分院校自身对学生的培养目标都不明确。

专业定位是学科建设的基础，明确的专业定位才能在培养学生时有明确的目标，对本专业的学生才会有明确的规划和要求。以武汉大学为例，出版市场销售人员是武汉大学的强项，这与目前武汉大学数字出版专业对人才培养的定位相契合，武汉大学将人才培养定位为一是数字内容产品策划、设计和开发人才，二是面向数字内容产品渠道开拓、运营、管理的销售和营销人员。

（三）优化课程体系

出版行业对从业人员的知识素养和实践能力有着较高的要求。出版业工作者不仅要具备较高的文化素养，要掌握一定的专业知识，如传播学、出版学、新闻学等，对技术方面也有较高的要求。美国威斯康星大学新闻大众传媒学院要求学生除了学习专业课程以外，还要求学生学习政治、法律、经济等学科。因此，人才的教育改革中，要培养学生的跨学科学习能力。出版专业是一门应用性很强的专业，在课程的设置中，通识教育与实践教学缺一不可。

可以建立"通识课程＋跨专业辅修＋实践"的课程体系。在课程设置中，通识课是必不可少的，通识课程的设立，是培养学生专业素养的基础。媒介融合的时代要求培养复合型人才，跨专业、跨领域的学习能力是出版专业学生应该具备的。在完成通识课程学习的同时，允许学生选择一门感兴趣的专业进行辅修。例如数字出版从业者需要掌握基本的计算机技能，开设计算机图形图像处理技术、网络通信技术、数据库技术等课程，可以作为学生跨专业辅修的选择。尝试提高实践课程的比例，拓展学生的实践平台，以此来增强出版专业学生实践能力。

（四）改善师资配置

教学队伍的质量是教学成败的关键因素。目前高校的教师队伍主要是科研工作者，缺乏实践经验。数字出版作为一门应用型学科专业，对于从事此专业的教师有一定的实践要求。构建校企双向互动的合作机制，走开放式办学的道路，是解决当前师资队伍缺乏实践经验的突破口。

一方面，鼓励高校教师"走出去"，允许教师到出版企业中挂职锻炼学习，教师不仅可以利用自身的知识帮助企业解决技术难题，教师也可以在工作中加强自身的业务能力和实践经验。并且，随着对数字出版教育的要求越来越高，可以通过举办师资研修班等方式，提高师资水平，优化教师队伍。

另一方面，可以将出版业富有经验的工作者"引进来"，弥补高校教师缺少实践经验的问题。数字出版教育涉及的领域很广，不仅是出版业工作者的引入，也可引入互联网、多媒体等方面的人才，加入教师队伍，培养更全面的人才。

（五）增强开放合作

学校和学校之间可以相互交流、相互学习，从专业的定位、课程的设置到教学方式，校际间交换经验。专业老师可以相互访问、探讨和完善人才培养，同样也可为学校间的学生提供相互交流的机会。

校企合作是平台开放合作的重要组成部分。学界与业界融合，是人才培养的趋势。邀请企业的优秀人才到高校授课、开办讲座，增加学生的实战经验；针对企业的需求定向培养人才，企业与高校签署实习、就业协议。这些方式既增强了学生的实践能力，也为企业获取优秀人才提供了便利的通道。

参考文献

［1］许件颖．论高校数字出版人才培养的融合性［J］．科技与出版．2017（01）：113—117.

［2］主父志波．"互联网＋"时代数字出版人才培养的多维探思［J］．传播与版权．2016（02）：59—61.

［3］遆薇．"互联网＋"时代高校数字出版人才培养研究［J］．出版参考．2016（06）：13—15.

［4］尹贻伟．数字出版时代高校复合型创新人才培养机制研究［J］．出版发行研究．2016，（7）：74—77.

［5］段乐川．试论"互联网＋"时代的数字出版人才教育改革［J］．出版广角，2015（10）．

［6］徐丽芳．我国数字出版人才需求与本科专业建设初探［J］．中国编辑，2017（1）．

附件：

设立数字出版研究所（教研室）部分高校一览表

设立数字出版研究所（教研室）部分高校一览表

序号	高校名称	研究所（研究室）名称
1	北京大学	电子出版新技术国家工程研究中心
2	清华大学	清华大学伊斯雷尔·爱泼斯坦研究中心、清华大学国家形象传播研究中心、北京千橡网景科技发展有限公司社会化媒体联合研究中心
3	武汉大学	国家多媒体软件工程技术研究中心、媒体发展研究中心
4	复旦大学	传播与信息研究中心
5	中国传媒大学	广播电视研究中心、广播电视数字化教育部工程研究中心、广播电视艺术学研究基地、新媒体研究院、传播研究院、国际传播研究中心、媒介与女性研究中心、传媒教育研究中心、传媒艺术与文化研究中心、亚洲传媒研究中心、国际新闻研究所、网络舆情研究所、传媒科学研究所、国际传播战略与发展研究中心、传媒经济研究所、欧洲传媒研究中心、编辑出版研究中心、政治传播研究所
6	上海交通大学	传播研究所
7	中国人民大学	传播媒介管理研究所、公共传播研究所、公共外交研究院、视听传播研究中心、网络舆情研究中心、危机传播管理研究中心、现代广告研究中心、新闻伦理与传播法律研究所、舆论研究所
8	华东师范大学	大数据科学与技术研究院、传播学研究中心
9	浙江大学	传播与文化产业研究中心
10	深圳大学	传媒与文化发展研究中心
11	香港大学	新闻及传媒研究中心
12	厦门大学	传播研究所
13	华中科技大学	媒介技术与传播发展研究中心、数据存储系统与技术教育部工程研究中心
14	上海理工大学	国家数字印刷工程研究中心、出版与传播研究所、数字出版研究所
15	上海大学	上海大学传媒研究中心
16	武汉理工大学	广告与编辑研究室、电脑广告设计室、影视制作实验室、广告司法摄影实验室、多媒体制作实验室、编辑出版系统实验室
17	湖南师范大学	文化与传播研究所、出版科学研究所、中国传播与现代化研究中心
18	河南大学	新闻编辑出版科学研究所、传媒研究所
19	成都理工大学	信息处理与通信技术研究室、视频制作和编辑实验室、传媒艺术研究所

续表

序号	高校名称	研究所（研究室）名称
20	浙江林学院	人文实验教学中心广告实验室分室
21	青岛科技大学	编辑出版学教研室、广告学教研室、传播学教研室、数字媒体实验中心
22	西安欧亚学院	报纸编辑实训室
23	江西师范大学	数字媒体技术实验室
24	东北电力学院	计算机基础教研室、媒体技术专业教研室
25	重庆工商大学	传播理论与应用研究所
26	陕西科技大学	公关传播研究所
27	暨南大学	传媒产业研究中心、品牌战略与传播研究中心、舆情分析与研究中心、广播电视研究中心、媒介批评研究中心
28	上海科学院新闻研究所	新闻与传播研究中心、中国舆情研究中心、新媒体研究中心
29	郑州大学	穆青研究中心、文化产业研究中心、传媒发展研究中心、新媒体研究中心
30	河南大学	编辑出版科学研究所、传媒研究所、纪录片研究中心
31	四川省社会科学院	新闻传播研究所
32	东北师范大学	传播学研究所、数字教育媒体传播研究所、媒介素养课程研究中心
33	华中科技大学	媒介技术与传播发展研究中心
34	苏州大学	出版研究所
35	南京大学	大众传播研究所、国际传媒研究所、政府新闻学研究所、新闻研究所、网络传播研究所、城市文化传播研究中心
36	湖南大学	科技新闻与传播研究所
37	西南政法大学	新闻传播实验教学中心
38	北京城市学院	社会舆情研究中心
39	北京工商大学	艺术传播实践中心
40	上海建桥学院	智能终端与移动应用研究所、媒体与数字艺术研究所
41	浙江传媒学院	互联网与社会研究中心、话语与传播研究中心
42	武汉理工大学	数字传播工程研究中心
43	北京师范大学	新媒体影像研究中心
44	湖北第二师范学院	网络文化研究所
45	河北大学	网络技术研究所、中美媒介研究所
46	华中师范大学	国家语言资源监测与研究网络媒体中心
47	南京邮电大学	艺术与传播研究所、数字媒体研究中心、影视制作中心
48	浙江工业大学	网络传播与文化研究所、影视传播与新媒体研究中心

（作者单位：上海理工大学）

中国数字出版产业基地（园区）研究报告

毕 昱

一、发展背景

（一）概念及理念

1. 定 义

数字出版基地主要指由政府或民间组织、机构规划建设，通过控制产业基地招商定位，吸引数字出版行业的相关企业入驻，在基地内产生产业聚集和规模效应，形成完整的产业链，从而促进数字出版产业快速发展的产业园区。

目前通过国家审批的运营及在建的国家级数字出版产业基地有：上海张江、重庆、杭州、湖南中南、湖北华中、天津、广东、西安、江苏、安徽、北京、福建海峡、山东青岛、江西南昌共14个。纵观14个国家数字出版产业基地的发展历程，可以进一步归纳出我国数字出版产业基地的发展理念及其演进脉络。

2. 规划理念

我国的数字出版基地从规划之初就有着清晰的发展理念。产业聚集是产业发展和区域发展的必然产物。由于产业聚集具有规模效益、创新效益和竞争效益，它们所共同构成的集聚效益具有自我强化的功能，因此，产业集聚区成为现在各个国家普遍采用的产业发展模式。《国家十三五规划纲要》提出："加快发展网络视听、移动多媒体、数字出版、动漫游戏等新兴产业，推动出版发行、影视制作、工艺美术等传统产业转型升级。推进文化业态创新，大力发展创意文化产业，促进文化与科技、信息、旅游、体育、金融等产业融合发展。推动文化企业兼并重组，扶持中小微文化企业发展。加快全国有线电视网络整合和智能化建设。"该指导思想明确提出加快发展数字出版产业。

积极建设国家数字出版基地，形成产业聚集的格局与《国家十三五规划》高度吻合。

（二）建设及运营模式

1. 建设模式

数字出版产业基地模式的出现成为地方政府在文化产业上谋求发展的最佳机遇。地方政府踊跃申报数字出版基地，获得批准后，大力扶持并积极推进建设工作。这不仅是为了表现出对于中央决策的重视，更是由于地方政府看到了数字出版无限的发展空间和赢利可能。国家新闻出版广电总局是数字出版产业的行业主管部门，各地方政府是区域产业规划和政策制定的主导者。数字出版产业基地的建设和发展与两者的共同努力密不可分。通过"部省市合作"机制，国家行业主管部门可以更好地指导地方的工作，而地方的经济发展又与国家的整体战略紧密结合在一起。实践证明，这种合作机制对于数字出版产业基地的发展大有裨益。上海是第一个采用"部省市合作"机制推进地区数字出版产业发展的省市，继上海之后，重庆、湖南、天津、湖北和江苏等基地均延续这种模式。在此模式中，基地建设领导小组的作用非常重要。小组每年召开一次联席工作会议，总结、部署相关工作，协调重大合作事项。

2. 管理模式

数字出版虽然已经过一段时间发展，但真正开始产业化、规模化建设的时间并不长，数字出版产业基地在建设之初，大多依托于地方原有大园区（或开发区），因此，初始阶段没有独立的运营管理机构，基本都是依靠大园区的管委会或下属机构进行管理，即管委会模式，天津、重庆、江苏等基地都是采用这种模式。管委会是地方政府的行政派出机构，对基地进行行政手段管理运营。此模式管理层级较少，自主权较大，由于基地的发展纳入到整个园区的统筹规划中，因而降低了建设成本。但是，缺点也是显而易见的，如人员编制问题、缺乏市场运营机制、没有专业的数字出版管理团队、缺乏深度服务能力等。

随着市场经济体制的建立和完善以及政府职能的转变，公司制的管理运营模式开始崭露头角。上海张江基地就是采用公司制的运营模式，最近几年张江基地的迅猛发展无疑是该模式行之有效的最好证明。公司制的管理主体是由国资投资公司控股的管理公司，这些公司运用现代企业制度进行基地运营。该模式的优点是能提供行业针对性的服务内容，提升市场化的运营效率，提高各种专业资源的对接效率。目前，包括广东、湖南中南、湖北华中、江苏、西安等基地都已经开始筹划建立专门的基地管理公司，并且对公司的股权结构、管理团队、组织架构等都进行了多样性探索。例如，湖南中南基地集合国内外几家从事数字出版的大企业组建理事会，成立中南国家数字出版基地投资发展公司，负责园区、基地建设管理，招商引资，组建融资担保公司。公开招聘公司的经营管理团队，实现所有者和经营者分离。江苏基地则强调管理公司的管理、服务、运营三分离的模式。

（三）特　点

1. 地方政府大力支持

为鼓励更多数字出版企业入驻基地，各地政府出台了不少优惠政策扶持企业，促进数字出版产业发展。如杭州市编制了《杭州市数字出版产业"十二五"发展规划》，出台了《关于加快杭州市国家数字出版产业基地建设的通知》，从资金、财税政策、版权保护、人才工作等方面加大了对数字出版产业的扶持。鉴于目前入驻的数字出版企业大多规模小而散，无固定资产抵押，融资贷款比较困难的情况，江苏数字出版产业基地已与多家银行签订协议，为入驻企业提供贷款。重庆数字出版产业基地拓展融资渠道，出台优惠政策，吸引并留住数字出版的龙头企业。湖北省为入驻湖北华中数字出版产业基地的企业提供了包括退税免税、贷款贴息等优惠政策。湖北省政府每年还拿出2 000万元专项经费支持数字出版产业的发展。同时，武汉经济技术开发区会同财政、税务、工商、金融等部门制定了系列扶持政策，对入驻基地企业给予物业购买折扣或租金补贴，并着手打造投融资服务、公共服务、专业人才培养三大平台，推动数字出版产业的发展，并每年提供3 000—5 000万元的"数字出版企业发展项目专项资金"，用于支持基地公共基础设施和功能性平台建设，以及融资贴息、房租补贴、购房补助、高端人才引进补助、优秀项目扶持、名优产品奖励等。

2. 基地建设布局灵活，用地规划宏大

几乎所有的国家数字出版产业基地都采用了"园中园"模式，即在已有的开发区（或园区）里，新规划一块土地或几幢楼宇用于基地发展、招商，而不是新建一个园区。这种模式的好处显而易见，既可以加快基地建设步伐，实现数字出版企业的快速集聚，又可以利用大园区的优惠政策和闲置资源，避免重复建设。后期成立的一些基地，采用了更加灵活的产业布局模式，以"一城多园""一中心，多园区"等方式拓展基地的覆盖范围。杭州以城市为单位申报，实行"一个核心园区，数大功能园区"的模式。广东采用"一中心，多园区"的模式。江苏创造出"一区多园"的模式，以南京雨花经济开发园区为中心，设南京、苏州、无锡、扬州四个处于不同城市的园区。这样的模式为企业提供了更多选择，降低了企业的入驻成本。不过，这种模式的管理成本是否会提高，管理效率是否会降低都有待验证。

此外，几乎所有的国家数字出版产业基地都制定了宏大的用地规划。重庆基地规划用地约167 000m^2，建筑面积达到500 000m^2；天津基地规划面积约3.5km^2，建筑面积达到2 600 000m^2；湖北华中基地规划用地约164 000m^2，建筑面积约320 000万m^2。一些新建基地规划更为宏大，西安基地规划用地约667 000m^2，而湖南中南基地的规划超过了1 300 000m^2。采用"多园区"模式的基地建设和规划面积更为可观。需要注意的是，用地规划宏大不等于产业规模宏大。有些地区数字出版产业基础还比较薄弱，如此大规模的"圈地"有重蹈以往各种园区深陷卖地经济泥沼的覆辙之虞。基地的用地规划需要具有一定的前瞻性，但是，更重要的是要积极探索打造新型基地产业服务模式，将真正有实力或有潜力的数字出版企业汇聚起来，才能将基地做大做强。

3. 发展模式走向差异化、特色化

从各基地的发展战略和重点来看，实现了由审批起步向差异化、特色化发展的阶段性过渡，形成了更为清晰的定位。如上海张江的网络游戏和超算服务，天津和重庆的云计算技术服务，杭州的移动阅读和网游动漫，江苏扬州园区的数字教育（电子书包）和电子（纸）阅读器等，都彰显出各自的特色与优势。

二、发展现状

全国共设立国家级数字出版产业基地 14 家，经过近十年的积累与沉淀，国家数字出版基地在培育产业龙头、科技创新、传统出版转型升级等方面，起到了积极的引领示范作用。

（一）上海张江国家数字出版基地

概述	上海张江国家数字出版基地是国内首个国家级数字出版基地，产业业态是以原创和 IT 新技术为基础，涵盖数字出版、网络游戏、网络视听、互联网教育、文化装备、动漫影视等上下游产业领域。该基地超过 300 亿元，累计入驻企业总数超过 550 家。
政策及配套	上海国家张江数字出版基地为入驻企业提供财政及税收支持、政府采购支持、第三方服务支持、人才培训及公共服务平台支持等，积极协助基地内企业争取国家新闻出版广电总局的政策倾斜和试点。
产业环境	上海国家张江数字出版基地已经初步建成国家微电子产业高地、国家软件基地和信息安全基地，并形成了国内规模最大、结构最完整、技术最先进的信息产业技术开发体系，能够为数字出版提供坚实的周边产业支撑。
发展规划	第一，明确发展重点。第二，找准产业方向。第三，依托原新闻出版总署和上海市政府，共同打造全国教育出版和移动阅读基地，完善数字出版产业链。第四，完善数字出版公共服务平台，争创全国版权示范基地。第五，全面加强企业市场拓展服务。第六，加强基地企业人才培训。第七，着力建设一支学习型、创新型的开发团队。

（二）重庆北部新区国家数字出版基地

概述	2010 年 4 月 26 日，全国第二个、西部首个国家级数字出版基地在重庆北部新区挂牌。基地采取"园中园"方式在北部新区高新园设立，占地约 6 万平方米。
政策及配套措施	从 2009 年到 2012 年，重庆市将每年拿出 5 000 万元专项资金打造基地，给予入驻企业免 3 年房租、减免收费、税收返还、奖励入驻等优惠政策，并负责建设数字出版监控平台和新闻出版数据库。北部新区政府承诺，拿出 1 亿元的产业基金，用于扶持软件服务外包和数字出版企业。重庆市政府办公厅下发《关于加快重庆数字出版产业发展的指导意见》。

续表

定位	打造十大产业：数字图书、数字报刊、互联网出版、手机出版、数据库出版、按需出版和数字印刷、网络游戏动漫、数字音乐、数字教育、跨媒体复合出版。
发展规划	坚持"打造完整的数字出版产业链，形成三大产业层次"的思想：核心层是数字化技术从事的出版，包括传统出版的数字化和新兴数字媒体的出版；外围层是以数字版权为内容、数字媒体为载体、数字出版为通道的文化服务，包括多种互联网经济和手机增值服务；关联层是数字出版、数字版权、衍生文化产品及设备的研发、生产和销售。根据指导思想，基地突出数字出版产业"无线移动、交互性、个性化、跨媒体"的发展方向。

（三）江苏国家数字出版基地

概述	江苏国家数字出版基地创建于2011年，是全国第九家国家级数字出版基地，包括南京、无锡、苏州、扬州、镇江5个园区，目前5个园区入驻数字出版相关企业百余家，从内容提供、平台建设到终端服务，已经初步形成较为完整的产业链条和运营模式。
政策	南京市委、市政府还先后制定了《关于加快发展南京数字出版产业的若干意见》《南京市数字出版产业发展引导目录》《江苏国家数字出版基地（南京园区）配套服务实施办法（试行）》《江苏国家数字出版基地（南京园区）数字出版企业评审认定办法》等配套服务政策。
定位	立足江苏省及南京市文化产业特点，坚持"差异创建、错位发展"，着重"两优两新"建设特色。一是以新闻出版为代表的数字媒体融合创新区；二是以科研院所为代表的数字技术创新区；三是以移动手机、网络游戏为代表的数字创意产品创造区；四是以云计算、4G技术为代表的数字平台支撑区。
产业环境	南京新闻出版产业位居全国前列，拥有新华传媒、时代传媒、凤凰传媒等一批知名企业。作为江苏国家数字出版基地的核心区，南京基地具有丰厚的发展资源。一是具有独特的历史文化；二是具有丰富的教育资源；三是具有完善的配套设施；四是具有领先的产业基础。
南京园区	2011年6月22日经原国家新闻出版总署批准，江苏国家数字出版基地（南京园区）正式落户中国（南京）软件谷——雨花经济开发区。基地总规划以雨花经济开发区28平方公里为建设核心区，以70平方公里的中国（南京）软件谷为数字出版基地发展的延展区。目前，园区入驻了时代传媒、新华报业、迪杰特教育、淘宝集分宝等130余家数字文化类企业。为服务入园企业，基地搭建了"展示、体验、云计算中心"综合服务平台和"数字文化中心"配套服务平台，已正式对外运营服务。

续表

苏州园区	苏州阳澄湖数字文创园，是江苏高铁新城打造"高铁枢纽，创智枢纽"产业引擎，探索城市新产业发展的重要载体。以"专、精、特"的数字出版样板园区的发展目标为指导，重点发展游戏、互动教育、电子图书等数字出版产业，附加延伸电子商务、应用软件、互联网产业，初步形成了"3+x"产业发展模式。园区分为A、B两个区域，A区整体占地150亩，建筑面积约20万平方米，主要建设中小型企业孵化基地，B区总占地315亩，规划建筑面积25万平方米，主要打造高端的文化产业区。
无锡园区	江苏国家数字出版基地（无锡园区）于2012年3月29日挂牌成立。无锡日报报业集团作为基地的主要运营单位，坚持"一体两翼"的模式，以无锡报业大楼为中心，联合新吴区、梁溪区、滨湖区共同打造三大数字产业聚集区。
扬州园区	江苏国家数字出版基地扬州园区于2011年7月30日挂牌成立，园区规划建筑面积25万平方米，由"一园"（数字出版产业园）、两区（生产制造区、生活配套服务区）、"四中心"（数字内容创作中心、数字版权交易中心、数字平台运营中心、数字阅读器研发中心）组成，目前已经形成集数字媒体原创生产、版权交易、平台运营、研发孵化为一体的综合性产业链
镇江园区	睿泰数字产业园，位于镇江市南徐大道298号。占地70亩，规划建设面积15万平方米，总投资9亿人民币，2012年底启动建设，2015年完成一期工程9万平方米。睿泰数字产业园面向数字出版和数字教育两大方向，集聚课程资源、创意设计、数字媒体、软硬件研发、互联网运营等生产要素，实现科技与教育、科技与文化的完美融合，构建数字内容产业生态系统。园区的三大发展目标是：打造中国最大的数字教育内容制作基地；打造中国国际数字教育版权交易中心和教育技术转移中心；打造全球最具活力的互联网教育创业孵化器。

（四）武汉华中国家数字出版基地

1. 概 述

2011年9月在湖北武汉挂牌。该基地总部位于武汉经济技术开发区，规划用地246.66亩，总建筑面积32.88万平方米，融企业独栋、写字楼、展示中心、商务酒店、高端会所、情景商街于一体，集商务、会展、文化、旅游、体验于一身，是目前国内首个以"打造产业生态"为概念的数字出版产业基地。该基地采取"定向开发、市场主导、多元投资、联合运营、主体突出"的运作模式，大力引进和培育数字产业链上"高成长、高回报"的优质项目，培育业内骨干企业和创新人才。

2. 定 位

重点发展数字出版、文化工业、文化创意、创新教育、文化传媒、展示交易、智能制造、商务服务八大产业门类。

（五）天津国家数字出版基地

2011年10月挂牌，目前有40家企业入驻。2011年8月29日，国内最大的数字出版云计算中心在该基地正式上线运营，云计算技术成为其特色之一。

（六）长沙中南国家数字出版基地

概述	2010年7月26日批复。为加强对基地建设发展的组织领导，原新闻出版总署和湖南省人民政府建立署省联席会议制度，每年召开一次联席会议，专题研究解决基地建设发展中的重大问题。
政策	基地建设发展采取"虚实结合"的开放式运营模式。入园企业为基地骨干企业，同时最大限度地吸纳全世界数字出版战略投资者和创业者，作为基地的成员企业在基地所在地进行工商登记，享受基地政策优惠，共同促进基地的繁荣发展。组建担保公司，为中小企业和个人创业者提供投融资担保。
发展趋势	建设四大平台，构建湖南数字出版完整产业链。 ①数字出版产业发展平台 ②数字出版运营技术平台 ③数字出版内容营销平台 ④数字出版公共服务平台

（七）杭州国家数字出版基地

概述	2012年4月揭牌。该基地包括滨江数字出版核心园区、杭报数字出版园区、中国移动手机出版园区、中国电信数字阅读园区、华数数字出版园区、数字娱乐出版园区、滨江动漫出版园区、人民书店数字出版园区八大功能园区。
定位	以杭州市现有的产业布局为基础，以数字内容产业为核心，以版权交易为手段，通过资源整合，建成国内一流的集原创、研发、生产、孵化、培训、交易、运营为一体的综合性数字出版产业带。基地建设由三个核心部分组成，即内容原创、版权交易、终端服务。
发展趋势	杭州国家级数字产业出版基地建设的总体目标是以版权贸易为核心，以流程再造为手段，建成一个集创新、孵化、示范于一体的国家级数字出版产业基地。

（八）陕西西安国家数字出版基地

概述	2012年6月，陕西西安国家数字出版基地揭牌。该基地位于软件新城，规划占地2平方公里。将重点发展手机出版、电子书、传统出版数字化、数字动漫与网络游戏等六大业务板块。
定位	西安国家数字出版基地大力发展以"高新技术为支撑，数字化内容为核心，以版权交易为手段"的数字出版产业，建成集内容原创、技术研发、数字加工、版权运营、终端服务等为主的产业集群，建成集孵化培育、人才培训、平台运营等为一体的服务体系，通过辐射带动作用，引领陕西乃至西部地区数字出版产业的发展。
发展趋势	到2020年，建成在世界范围内有重大影响、年产值超过300亿元的数字出版基地，成为全球数字出版产业链条中的重要组成部分。

（九）青岛国家数字出版产业基地

定位	2014年3月21日，青岛国家数字出版产业基地正式运营，基地包括终端研发生产园区、数字出版内容园区、企业孵化园区、数字创意新媒体园区、软件研发园区五大园区。
发展趋势	终端研发生产园区以海尔集团、海信集团为依托。数字出版内容园区以青岛出版集团为依托。设立于青岛北园区的企业孵化园是集原创、研发、生产、孵化、培训、交易、运营为一体的综合性数字出版产业聚集地。数字创意新媒体园区以国家广告产业园为依托。软件研发园区以青岛光谷国际海洋信息港软件园为依托。

（十）福建海峡国家数字出版产业基地

海峡国家数字出版产业基地将整合现有资源，以福州和厦门数字出版产业为中心，构筑包括福州、厦门、漳州、泉州、莆田等在内的沿海数字出版产业带，并向平潭综合实验区延伸，采用"园中园"的模式建设，设立福州园区、厦门园区和平潭综合实验区等5个产业园区，重点发展数字图书、数字报刊、海峡数据库出版、动漫游戏、移动互联网出版、数字印刷、数字版权七大业务板块。到2020年年底，争取入驻数字出版企业500家以上，从业人员3万人以上，实现年产值300亿元以上。

（十一）北京国家数字出版基地

概述	北京市唯一的国家级数字出版基地，是落实国家文化发展战略，助推北京市成为国家文化中心，实现文化创新、科技创新和金融创新融合发展的重要举措。
定位	北京国家数字出版基地将基于移动互联网发展趋势，以教育出版、移动出版、互联网出版为核心。基地将按照"差异发展、特色发展、错位发展"的理念，建设成为国际化、国家级的数字出版产业核心区。
特点	基地将以产业运营为核心，以城市开发为基础，以金融投资和产业研究作为驱动，整合全球资源，构建版权、内容、技术、标准、资金、渠道等关键环节，完善行业生态系统，占领行业市场制高点和技术制高点，成为行业重要国际会议举办地和国际标准及相关组织的所在地。
发展趋势	基地将成为国内企业"走出去"的枢纽，也是国际企业进入中国的首选之地，将打造国家级的文化产业自由贸易区，并成为推动"工业4.0"发展的示范园区，促进传统出版向数字出版转型，促使产业、城市及生活融为一体，进入智能化时代，成为北京市建设世界宜居城市的典范区域。

（十二）安徽国家数字出版基地

安徽国家数字出版基地合肥园区坐落在合肥高新技术产业开发区，园区一期项目占地330亩，投资26.5亿元，面积达60万平方米，已全部建成并投入使用。2012年启动的二期1000亩园区建设项目，初步培育建成集内容企业、技术企业、渠道企业、终端企业于一体的数字出版产业链，构建数字出版产业公共服务平台及教育培训、科研、产业孵化、产品展示、信息交流、体验等中心，建成集综合服务区、金融服务区、生活配套服务区、人才培训平台等为一体的数字出版园区。

建成后，合肥园区将力争引入国内外知名数字出版企业10家左右，入驻100家以上数字出版及相关企业。到2020年，预计实现年产值350亿。

（十三）广东国家数字出版基地

广东国家数字出版基地于2011年5月揭牌，以广州为核心，采取"一园区多基地"的建设方式，以"发挥区位优势，突出技术研发，着力市场培育，实现集聚发展"为工作主线。到2026年，逐步在全市范围内形成包括福田、南山、龙华三个孵化基地和前海园区中心，致力于建设面向全球的国际化数字出版内容产业中心。

福田孵化基地以"设计+数字内容产业+众创空间"为产业链生态，一期项目建筑面积3万平方米，入驻全球顶尖"设计+数字内容"企业39家，2015年产值10亿。二期规划建筑面积6.7万平方米。

南山孵化基地以"游戏+内容IP产业"为特色。龙华孵化基地以"国家级数字技术研发平台+数字产品体验中心"为特色。前海园区中心以"金融+数字版权为特色"，聚合海内外优质创意资源，形成"文化+"组团式发展的产业格局，打造深圳作为"一带一路"桥头堡枢纽地位的数字出版产业战略高地。

（十四）江西国家数字出版基地

江西国家数字出版基地于2015年6月在南昌高新区成立。将按照"一基地多园区"的发展模式，重点打造"互联网+传媒""互联网+动漫游戏""互联网+数字内容""互联网+手机应用""互联网+人才"培训等五大集群，形成以南昌高新技术开发区为主体，辐射周边，带动江西省传统出版向新型出版转型升级的数字出版核心区。

（二）主要问题

1. 产业板块重叠及定位模糊

天津国家数字出版基地成立了全国最大的云计算中心，而重庆国家数字出版基地也在打造亚洲最大的云计算基地。重庆国家数字出版基地提出重点培育和打造数字图书、数字报刊、互联网出版、手机出版、数据库出版、按需出版和数字印刷、网络游戏和动漫、数字音乐、数字教育、跨媒体符合出版十大产业门类，"求大求全"带来定位模糊。

2. 传统出版单位与基地契合度不高

入驻企业结构不尽合理，从而影响基地资源的整合、上下游产业链的协作，产业聚合度降低。如入驻上海基地的企业中包括技术提供商、网络和渠道商以及终端设备商。但是处于数字出版产业上游、拥有丰富内容资源的传统出版单位却在少数。

3. 扶持政策体制滞后

政府用项目资金支持、免租、税收返还等优惠政策吸引企业入驻，从而产生了"政策候鸟"型企业。哪个基地提供的优惠多就上哪里，在各基地间流动转移，导致典型的"候鸟式"迁徙现象。数字出版牵涉的行业广泛，包括文化产业、新闻出版产业、软件产业、通信产业等，这些行业都有各自的主管部门，因此出台的扶持政策也是各自为政，缺乏系统性。

4. 运营管理的功能性与经营性冲突

以上海张江为例，其运营主体是基地公司。基地公司主要业务以推进基地建设、产业发展等公共服务为首要目标，所以造成了基地发展越来越大，但是基地公司的发展相对滞后。

5. 复合型专业人才供求矛盾突出

高校数字出版相应师资力量匮乏，又缺乏与出版企业的交流。教学与数字出版产业脱节，产学研断链，使数字出版产业发展所需的既懂出版又会技术，还善于经营的复合型数字出版人才供不应求。

三、发展趋势

国家数字出版产业基地（园区）发展至今，已经到了从1.0版向2.0版转型的关键阶段，必须寻求新的发展模式和路径，实现更大的跨越式发展。

国家数字出版产业基地（园区）发展的1.0模式，即政策、行政化、硬基础"三要素"组成的驱动模式。其中，政策指数字出版产业基地（园区）普遍通过土地、财税、人才等政策的倾斜，为基地（园区）发展提供了优惠的政策资源。行政化指产业基地（园区）被赋予行政职能、更高的行政级别或领导人级别高配，为基地（园区）发展提供了更多的便利优势。硬基础指数字出版产业基地（园区）管委会或开发公司以大量资金投入给水、排水、通电、通路、通信、通暖气、通天然气或煤气以及场地平整的建设，为基地（园区）发展提供了良好的设施保障。尽管还有其他驱动因素，但这"三要素"无疑是数字出版产业园区发展最为基本且长期存在的内生要素。

经过多年的发展，大多数基地（园区）已经不同程度地具备了上述"三要素"，园区1.0中的要素驱动力渐弱，同时园区的发展环境也发生了深刻的变化，驱动数字出版产业园区未来发展进入2.0模式，即在创新升级时期中产业园区持续发展的驱动要素、合作方式、发展路径，以实现产业生态、社会生态与自然生态相融合的发展模式。其中，驱动要素为"制度、融合化、软环境"。制度指制定并完善国家立法层面的数字出版产业园区管理条例，从顶层设计上明确产业园区的地位、功能等；制定并完善地方政府建设产业园区间沟通协调、利益分享等机制；重视完善数字出版产业园区管委会自身的管理制度设计，通过制度完善获取管理红利。融合化指数字出版产业园区内的企业与企业、企业与学研介的融合；园区间资金、项目、管理、品牌等的互动融合，产业与社会间以产兴城、以城促产的融合。通过这三个层面的融合获取空间利用和拓展的红利。软环境指数字出版产业园区应重视建设智能化、信息化的智慧园区；集约化、循环发展的绿色园区；人际关系融洽、创新氛围浓厚的文化园区等，通过软投入获取创新红利。

数字出版产业基地（园区）2.0版将从招商引资的经济体量导向转向招才引智的技术含量导向，产业能级进一步提升，基地（园区）建设与发展成为我国创新驱动发展战略中的重要环节。一些表现突出的产业基地（园区）已经意识到这一问题，在招商引资、园区管理等方面引入市场机制，并率先开展转型发展，呈现出2.0版的雏形。

对于国家数字出版基地园区2.0版的形态，可以进行预测。若以经济发展、创新发展、产业合作、公共服务、社会发展5项指标来衡量，面向未来10—20年，数字出版产业基地（园区）2.0版的特征可具体表现为5个方面。

①经济发展。要成为所在区域经济与我国产业发展、社会就业和城镇化的主要载体，融入全球产业链；更多跨国公司入驻基地（园区），诞生一批本土大型企业和跨国公司；形成完整的园区上位法体系、公平开放的经济制度和市场环境。

②创新发展。基地（园区）科技创新功能确立，在一批主要产业领域形成自主技术体系，有能力开展技术前瞻布局；建成智能化、信息化的基础设施，

拥有国际化的科学研究人才、团队和机构，以及一批高水准的企业研发中心；保持较高的研发投入，持续产出国际知名的自主研发成果和产品。

③产业合作。由大量创新型中小企业组成的完整产业配套体系；日趋增多的对外兼并和联盟行为，逐渐增多的园区"飞地"模式，日益明晰的东中西部区域功能定位；密切的园区内外技术合作和资源共享，有效的产学研合作，日趋一体化的跨园区创新链。

④公共服务。适应合作和创新功能形成的园区规划与管理；具备规范透明的行业监管与投资贸易体制；发达的现代服务业和中介机构，活跃的国际国内创业者；进入退出无障碍的人才、知识自由流动机制。

⑤社会发展。深度的产城融合，高品质的基地商业功能、生活功能和人文环境，较高的公民科学素养；科学有效且持续改进的园区政策；具有良好的品牌效应，受到社会密切关注。

若想突破国家数字出版产业基地在发展中遇到的瓶颈，我们应该从以下几个方面进行思考。

首先，应思考如何进一步发挥产业规模效应。土地红线、环境保护、人力成本等边界条件面临紧约束，而某些基地产业的附加值低、布局分散、内生性匮乏等关键问题尚未完全解决。传统依靠资源投入和叠加取得产业规模效应的模式已经难以为继，而新兴文化创意产业和消费型、服务性经济的新一轮经济增长又在蓄势待发。在此过程中，应该思考通过何种模式来取得新一轮的产业规模效应，提升产业能级，实现园区经济的二次增长。

其次，要思考如何进一步促进创新。创新是产业升级和国家成长的核心举措。数字出版产业基地发展至今，仍然十分缺乏较广范围、较高水平的文化内容研发创新活动，创新管理"软实力"亟待提升。进一步依托园区发展，在开放式环境下探索形成成熟有效的创新组织机制和协作模式，推动知识产权成果源源不断转化为现实生产力，加快产业向价值链高端攀升。

再次，要思考如何进一步加强基地功能建设与服务。随着产业园区功能的不断丰富，面向单一功能——加工贸易出口和生产制造型产业集聚的园区服务模式日趋不能适应新的需求。产业生态不足、社会功能不健全、产城分离严重、招商政策趋同以及上位法律匮乏等问题，日益被数字出版产业园区管理者和企业所重视。在此过程中，如何适应新形势、新需求，依靠专业化、市场化的运作方式，进一步加强基地功能建设与服务，打造特色园区，为基地企业提供高品质服务，都是基地需要考虑的问题。

最后，要考虑如何进一步发挥对周边区域的引领带动作用。我国区域发展战略已经进入了新的阶段，在更高层次上的区域功能定位和宏观协作如"一带一路"战略正在实施和部署。增强周边区域辐射、区域内产业园区整合将是产业基地下一轮发展不可避免的重大议题。因此在国家区域战略的整体框架下，数字出版产业园区自身亟待考虑，如何进一步发挥对周边区域的引领带动作用，成为所属区域的"心脏大脑"、重要"功能器官"或关键网络节点。

同时，应当紧抓政策利好，以特色产业小镇引导区域整体发展。发展改革委、住房城乡建设部、财政部联合发文，到 2020 年培育 1 000 个左右各具特色、富有活力的等特色小镇。各地政府也陆续出台了《关于建设特色小镇的指导意见》要求：加强用地保障，将特色小镇建设用地纳入城镇建设用地扩展边界内；强化财政扶持，省级财政优先对接支持特色小镇建设；加大金融支持，拓宽投融资渠道，吸引社会资本参与特色小镇建设；完善基础设施，积极支持特色小镇提升综合承载能力和公共服务水平；支持试点示范，符合法律法规要求的改革，允许特色小镇先行先试。因此各个数字出版基地运营主体应当以特色产业小镇为抓手走一产一镇、精而美、美而优的发展道路，有以下几方面优势。

聚集标杆人群：围绕数字出版具体细分行业，通过怡人的空间载体，以龙头企业带动、中小企业拉动的方式，快速导入精英人群。

释放区域优势：以数字出版产业先导，释放各地优势产业能力，特色小镇有利于已经具备一定产业基础的数字出版基地快速形成优势，实现快速突破。

微点式突破：特色小镇规模适宜，便于营造良好发展环境，形成企业主体、政府引导、市场化运作、多元化投资的开发建设格局。

创新发展模式：以数字出版特色产业小镇实现产城融合的局面，打造"产城人文"融合式发展模式，数字出版产业特色小镇路径清晰，"数字出版产业＋宜游"配套，在小范围内易于实现内部功能优化升级，多元融合。

总之，实现基地持续发展，关键是从聚核、聚链发展到聚网的"三聚"综合阶段。

具体而言，基地园区应从 5 个方面重点推进。

深化改革：创新产业基地（园区）管理体制，规范基地（园区）管理。推进产业基地（园区）法律体系建设，明确基地（园区）法律地位；创建园区管理机构，健全园区管理职能；创新产业基地（园区）运行机制，提高园区管理效率。

科学发展：坚持集聚式的发展方式，推动基地（园区）产业升级。依托核心企业，拓展基地（园区）产业链条；提高发展层次，优化基地（园区）产业结构。

内涵提升：加强产业基地（园区）创新平台建设，驱动基地（园区）提质增效。发挥企业主体作用，激发企业创新活力；提升企业技术创新能力，大力支持协同创新；加大科技创新环境建设，搭建基地（园区）创新服务平台。

合理布局：打造一个运营主体，多种载体运营的模式。形成以"特色小镇＋产业园＋产业综合体"的产业空间建设模式；完善园区服务质量；合理规划布局，完善产业园区多功能服务体系；改善民生福祉，推进和谐园区建设；发展循环经济，建设生态产业园区。

政企联动：推进产业基地（园区）的合作共建，实现跨区域协调发展。加大政府支持力度，推进共建园区建设；共享共建园区利益，建立长效合作机制；创新管理体制，提高共建园区的经营效率。

此外，怎样结合线下的实体园区，做好线上的虚拟园区运营，形成线下线上相互补充、互相促进之势，已成为很多园区思考的问题。一些门户网站也在思考推出虚拟园区板块，为园区和园区企业服务。

四、政策及建议

（一）土地政策

2017年1月17号，国务院正式公布《国务院关于扩大对外开放积极利用外资若干措施的通知》（国发〔2017〕5号）全文。值得强调的是，该文正式明确提出：允许地方政府在法定权限范围内制定出台招商引资优惠政策，支持对就业、经济发展、技术创新贡献大的项目，降低企业投资和运营成本，依法保护投资企业及其投资者权益，营造良好的投资环境。

据了解，地方政府为招商引资而给企业的优惠政策一般分为三类，包括不收或少收所得税、优惠或免费出让土地和给予财政补贴等。在土地优惠方面，有业内人士举例称，不少投资项目都需要用地建设，在东部发达地区，土地成本较高，一块地可能就需要上千万，但在中西部欠发达地区，土地价格本来就比较低，有部分地方政府就常常把土地免费出让给投资企业，企业不仅能获赠土地，还能凭此顺利拿到银行抵押贷款，让投资成本大幅下降，但这种行为会扰乱市场秩序，因此，2014年11月，国务院发布《关于清理规范税收等优惠政策的通知》，这个被人们称为62号文件的政策当时规定，要规范非税等收入管理，严格财政支出管理。具体来说，当时我国严禁地方对企业违规减免或缓征行政事业性收费和政府性基金、以优惠价格或零地价出让土地；严禁低价转让国有资产、国有企业股权以及矿产等国有资源；严禁违反法律法规和国务院规定减免或缓征企业应当承担的社会保险缴费，未经国务院批准不得允许企业低于统一规定费率缴费。

但在62号文件出台近两年来，我国经济形势已经发生了不少变化。去年以来，民间投资增速不断下滑，直到9月才出现回升，但截至前11月，民间投资增速环比只回升了0.2个百分点，较年初的增速还有一定距离。与此同时，在吸收外资方面，去前11月全国新设立外商投资企业2.4万家，与上一年同期基本持平，但实际使用外资金额同比增长3.9%，不及上一年涨幅7.9%的一半。

因而，在地方重获优惠政策制定权之后，如何规避地方财政和企业的双重风险，显得尤为重要。

（二）产业政策

在数字出版产业，管理主体主要由国家新闻出版广电总局、文化部、工业和信息化产业部几个国家部门承担，国内从事数字出版经营者需要向这些部门申请相应的产业经营牌照。

国务院日前印发的《"十三五"国家战略性新兴产业发展规划》（以下简称《规划》）提出，到2020年我国战略性新兴产业增加值占国内生产总值比重由2015年的8%将达到15%。数字创意产业成为要重点培育的5个产值规模达

10万亿元级的新支柱产业之一。

经过多年发展，2015年我国文化产业增加值达27 235亿元，占GDP比重3.97%。"数字创意产业"进入国家战略性新兴产业规划。无疑是对数字出版产业新一轮的强刺激。表明数字出版已上升到国民经济重要战略性产业的新高度，为文化产业带来新的发展机遇。

但是，我国在数字出版产业园区方面的政策相对空白，而随着我国数字出版产业园区的迅猛发展，园区在发展过程中出现的一系列问题是不容忽视的。现在大部分地方政府进行的是资金方面的支持和政策上表示支持数字产业园区发展的态度，而缺少对于这个行业的规范。现有的法规主要是关于新闻出版、互联网出版、版权等方面，而在数字出版产业管理上的差异比较大，在数字出版产业统一管理方面需要尽快出台相关法律法规。针对数字出版产业统一管理方面，提出以下几个层面的建议。

明确各地建立的数字出版产业园区申请报批国家级数字出版产业基地的相关核查标准，建立数字出版产业基地进入和退出机制。出台相关评判标准，包括高科评审方式、动态审核标准和内容等，同时针对各个等级的不同设定相应的政策支持范围，通过动态审核各级数字出版产业园区建立企业中的信任度，通过等级评判标准进行企业对口的吸引纳入。

为我国数字出版产业基地具体发展模式、营销模式、融资方式、发展方向、发展优势等提供指导性意见。通过法律法规规定相关部门对数字出版产业基地发展的智力、技术、资源、许可经营上的支持，使各数字出版产业基地均可结合当地数字出版产业的具体特点和优势进行发展，既避免各地区数字出版产业的同质化，又将当地文化产业资源的运营达到最大的效益；通过对各地区的数字出版产业的整合，使我国数字出版产业水平整体提高，并尽快消除我国数字出版产业的短板。

（三）服务平台建设

公共服务平台是数字出版基地公共服务的重要载体和实现途径，对促进产业发展和基地发展环境改善具有重要作用。加快数字出版产业基地公共服务平台建设有利于基地逐步形成社会化、市场化、专业化的公共服务体系和长效机制，对于促进资源优化配置和专业化分工协作，推进共性关键知识产权的开发、转移与应用具有重要作用，同时，对于推动战略性新兴产业发展，完善基地产业服务体系，促进基地自主创新和转型升级也具有重要意义。公共服务平台完善与否，很大程度上决定着数字出版产业基地发展的后劲和前景。健全完善的公共服务平台体系，是衡量产业基地核心竞争力的重要指标之一。

1. 构成要素

基地公共服务平台系统一般由科技资源供需主体、中介机构、运营管理机构、平台硬件系统以及平台运行机制（软件系统）等要素构成。资源供应者、资源需求者、中介机构和运营管理机构构成了平台的相关主体，硬件系统是平台运行的物理基础，软件系统（平台运行机制）是平台系统的核心，运行机制解决平台能否高效运转的关键。

2. 主要模块

基地公共服务平台的功能模块主要包括（但不限于）以下部分。

（1）产业数据查询服务

主要是依托行业来建立行业性数据平台，这样可以使基地内的同类产业集群共享共用行业数据、国家知识资源数据总库、知识产权检索数据库等。这些数据中心应该包括资源信息数据库、成果数据库、资料数据库和文献数据库等。

（2）智力资源服务

智力资源具有能动性，不仅是被开发的对象，而且具有自我开发和利用的能力，所以只要有良好的流动环境，智力资源即可自动达到最优化的配置状态。如人才招聘服务、培训和人力资源再开发等服务，通过人力资源的培训、提升挖掘智力资源的潜力，为基地企业的发展提供重要的、持续的智力。智力资源服务系统在各类基地中都存在着广泛的需求，特别是一些以高技术产业为核心的科技园区，因此是基地公共服务平台的通用部分。

（3）仪器设备共享系统

主要是促进园区内特别是相同产业门类内部企业之间仪器设备共享，共享系统通过整合基地内企业拥有的仪器设备，通过注册、协调、远程操作等方式，合理有效地将现有资源在整个基地内实现共享，从而避免仪器设备的重复购置，提高仪器设备的使用效率，减少浪费。

（4）技术研发服务系统

基地技术研发服务系统主要立足相关产业，通过进一步加强资源整合力度、创新资源共享机制，加强对基地企业技术创新的服务支撑，增强自主创新能力，促进产业结构优化升级，提升产业竞争力。技术研发服务系统主要以行业门类为划分标准，如：软件产业技术研发系统主要服务对象为软件企业、信息化企业等用户，提供各类专业技术服务，包括软件构件化技术服务、软件测试与质量保障服务、软件系统与IT运营服务、嵌入式系统与软件设计服务、软件知识产权服务等。

（5）基地中小企业公共服务系统

是指按照开放性和资源共享性原则，面向基地中小企业，提供信息查询、技术创新、管理咨询、知识产权服务、创业辅导、市场开拓、金融担保、环境治理等服务支持和要素支撑的服务性平台机构。

（6）创业孵化服务系统

创业孵化系统主要为基地初创型企业提供各种孵化服务，帮助企业降低创业风险和创业成本，促进科技成果转化，为基地产业结构调整以及经济发展提供活力和动力。具体孵化服务主要包括政策服务、办公场地租赁、人员培训、专业技术平台提供、企业运营管理人才服务、投融资服务和相关的咨询服务等。

（作者单位：北京国家数字出版基地发展有限公司）

中国新闻资讯客户端发展报告

毛文思

近年来，在国家大力推进传统媒体与新兴媒体融合发展的背景下，"两微一端"成为媒体标配，新闻资讯客户端不仅是打造新媒体矩阵中的关键一环，也是老牌互联网门户网站向移动端拓展布局、巩固强劲地位的重要手段，与此同时，还涌现出一批顺应移动互联网个性化、差异化特点的新媒体产品。据不完全统计，目前全国层面上的新闻类客户端已超过1 300个。[①] 本报告对新闻资讯客户端发展情况和现状进行阐述，分析未来新闻资讯客户端未来发展的着力点及发展趋势。同时，本报告将对时下有代表性的新闻资讯客户端产品从多个维度进行分析，并提出一套新闻客户端的评价标准。

一、新闻客户端发展情况

（一）新闻资讯客户端市场情况

随着移动互联网快速发展，近年来，信息传播由互联网向移动互联网的大量迁徙，人们在手机等移动端获取信息的需求持续扩大。新闻资讯客户端逐渐取代门户网站、手机报，成为人们获取新闻资讯的重要渠道。据第39次《中国互联网络发展状况统计报告》显示，截至2016年12月，我国网民规模达

[①] 中国资讯类客户端大数据 [EB/OL]. http://tech.163.com/16/0108/16/BCQP1D7U000915BF.html

7.31 亿，互联网普及率为 53.2%，其中手机网民规模达 6.95 亿，占网民比例达到 95.1%。庞大的手机用户群体，为新闻资讯客户端的发展提供了巨大的市场空间。手机网络新闻已成为仅次于即时通信、手机搜索的第三大手机应用。近年来，我国移动新闻客户端用户平均每年以近亿的规模增长，逾 1/3 的手机网民通过新闻客户端获取新闻资讯。据艾媒咨询公布数据显示，2016 年下半年我国手机新闻客户端用户规模达 5.9 亿人。[1]

（二）新闻资讯客户端特点

1. 信息聚合化

新闻资讯客户端已成为人们获取新闻讯息的主要渠道，整合了海量内容。通过一个应用、一个平台满足用户对各领域的讯息需求是新闻资讯客户端所应具备的基本要素。

2. 内容呈现的多媒体化

移动互联网快速发展，人们对新闻阅读体验提出了更高的要求。融合碎片化文字、图像、动画、视频等多种元素的内容在新闻报道中的比例逐渐加大，新闻呈现方式向多媒体方向发展。

3. 功能的社交化、互动化

移动互联网环境下，人们对新闻资讯的分享、表达需求日益提升，移动新闻客户端的社交化、互动化功能不断强化，如新闻内容的多社交平台的分享，建立基于新闻话题的社交圈等，以提升用户对产品的参与度，增强用户使用黏性。

4. 阅读场景的多样化

用户对新闻资讯客户端的使用多集中在闲暇的碎片时间，如乘车时、等候时、午休时、临睡前等。

（三）新闻资讯客户端的分类

1. 传统媒体类

此类产品依托于传统媒体的资源优势与专业的新闻采编经验，新闻内容较

---

[1] 艾媒咨询.2016 年中国手机新闻客户端中高端用户专题报告［EB/OL］.http：//www.iimedia.cn/49357.html

为严谨且注重新闻的深度报道，但在技术和产品运营方面的短板较为明显。代表产品有人民日报、新华社、澎湃新闻、封面新闻等。

2. 门户网站类

该类产品具有雄厚的互联网背景和海量用户积累，依托于用户数据资本、强大的品牌影响、丰富产品设计经验。代表产品有腾讯新闻、网易新闻、搜狐新闻、新浪新闻、凤凰新闻等。

3. 聚合类

这类产品依托于信息抓取和智能推送技术，强调新闻内容的精准化推送。这类产品不生产新闻内容，只是海量新闻讯息的抓取者与整合者。代表产品有今日头条、百度新闻、一点资讯、ZAKER 等。

4. 垂直类

针对财经、科技、体育、娱乐、时尚等某个垂直领域，为某一分众群体提供新闻资讯采集和整合的平台，主打在细分领域的专业性。此类产品在激烈的市场竞争中另辟蹊径，但也造成了用户规模有限，市场占有率较低。代表产品有和讯、汽车之窗、虎扑体育等。

二、新闻资讯客户端发展现状分析

（一）市场格局基本形成

过去一年多以来，新闻资讯客户端迎来了发展的高峰，行业竞争日益激烈。一方面，大量新进入者涌入这一市场，但更多的是被竞争的洪流冲散，很难突出重围。另一方面，少数寡头领先的格局已基本形成，排位仍在割据之中。其中门户网站类客户端和聚合类客户端表现较为强势，市场竞争主要集中在这两大阵营之间。门户网站方面，据速途研究报告显示，2016 年新闻资讯类 APP 累计下载量排行前两名由腾讯新闻与今日头条占据。传统媒体近两年加快融合发展步伐，纷纷上线新闻客户端，主流传统媒体的新闻客户端数量已达到 200 余个。但总体来讲，传统媒体的新闻客户端发展之路尚处于安营扎寨的起步阶段，距离用户规模化尚有一定距离，仅有新华社、人民日报、澎湃新闻等少数几家形成一定的市场影响力。

新闻资讯类APP累计下载量排行(单位：万次)

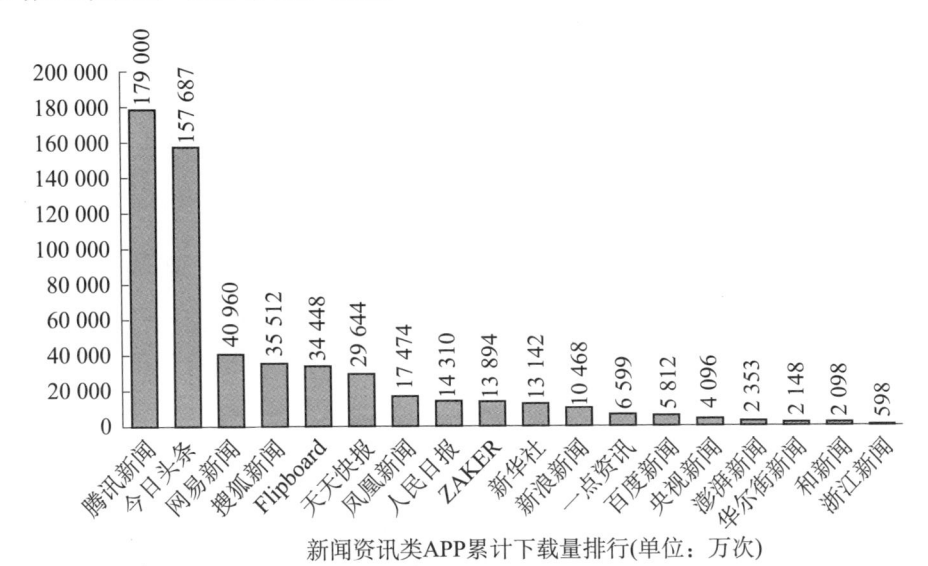

APP	下载量
腾讯新闻	179 000
今日头条	157 687
网易新闻	40 960
搜狐新闻	35 512
Flipboard	34 448
天天快报	29 644
凤凰新闻	17 474
人民日报	14 310
ZAKER	13 894
新华社	13 142
新浪新闻	10 468
一点资讯	6 599
百度新闻	5 812
央视新闻	4 096
澎湃新闻	2 353
华尔街新闻	2 148
和新闻	2 098
浙江新闻	598

图1　2016年新闻资讯类APP累计下载量排行

来源：速途研究院《2016—2017年新闻客户端市场报》

(二)"内容+技术"成为产品核心竞争力

新闻内容永远是媒体发展的立足之本，并不应因移动互联网环境下碎片化、快捷化的信息需求而有所改变，先进技术的应用则可以丰富内容呈现方式，提升用户体验，强化产品功能，让媒体的内容优势得到充分发挥。传统媒体具有专业素质较强的新闻采编队伍，在新闻内容的原创、深度报道及专题策划方面具有丰富的经验，新闻的发布具有较强的权威性、专业性，与此同时，也不断加大了对机器算法、语音识别、3D、VR等先进技术的关注与应用。门户网站一直以来对热点新闻事件都具有较为灵敏的反应力，在移动端也加大了对新闻资讯的专题化、深度化、联动式报道，同时由于在互联网时期对技术的积累，对新技术有较为敏锐的反应能力和较强的把控能力，使门户类新闻资讯客户端具有系统、丰富、较强互动性的用户体验。今日头条等聚合类客户端主打基于用户行为数据分析，构建用户兴趣模型的新闻资讯智能化推送，因缺乏原创新闻生产能力，今年来不断加大对自媒体内容的投入与培育力度。由此可见，"内容+技术"共同构建出新闻资讯客户端核心竞争力。

（三）广告仍是主要商业模式

互联网上传播的内容是免费的，这一观念已根植于广大网民心中，这一特点在新闻媒体上尤为明显。虽然现在有些产品通过引入自媒体，通过打赏等方式，实现内容上的变现，但其收入也较为微薄。目前，新闻资讯客户端的主要商业模式依然是通过用户流量和品牌影响力、号召力，吸引广告商投放广告。较为常见的广告投放模式有产品启动页广告、信息流混杂广告、新闻资讯内文页尾部广告等。同时，一些产品已实现了文字链广告的定向投放，根据用户对某一类，或某一品牌的好感程度、感兴趣程度，以及不同地理位置和不同时段进行广告投放。

（四）本地化成为布局重点

移动互联网时代，人们更加注重新闻资讯与自身的相关性与接近性，除了通过定制化、个性化的推送，本地化、本土化新闻资讯成为各家移动新资讯客户端发展的重点。基于地理位置定位，进行本地新闻资讯的推送，同时提供多元化的本地服务。本地化新闻已成为门户类客户端布局全国，提升用户流量和产品影响力的重要手段，也成为一些传统媒体实施差异化竞争的重要途径。同时，本地新闻和服务有助于媒体布局O2O，实现本地的"新闻＋服务＋电商"模式，从而探索新增收入点，提高产品变现能力。

三、新闻资讯客户端产品分析

（一）新闻资讯客户端产品分析

因垂直类的新闻资讯客户端市场占有率较低，本报告仅对门户类、聚合类、传统媒体类三种类型的新闻资讯客户端产品进行分析。

1. 门户类新闻资讯客户端分析

（1）腾讯新闻

腾讯新闻依托腾讯平台拥有的QQ、微信、腾讯微博等强大的推广资源和一系列受众广泛的移动互联网产品，为客户端引入了海量流量，与此同时腾讯强大的推广资源和运营团队，使腾讯新闻逐渐成为新闻客户端市场的领头羊。在新闻推送方面，腾讯新闻充分利用微信、QQ等社交工具，注重新闻的专题性、原创性和独家性的同时，也涵盖大量其他主流媒体内容和公众号内容。腾讯新闻较为注重本地新闻与服务，地方频道不仅涵盖17个省四个直辖市，且已包含省下多个城市，共40个地方频道，除针对不同城市进行本地化的新闻推送，还提供了多项本地化城市服务与活动，涵盖房地产、金融理财、餐饮娱乐等多个方面。腾讯新闻是较早开设直播新闻版块的新闻客户端之一，主要采用PGC模式，发布者包括腾讯、媒体机构以及公众号等，以人文和热点类内容为主，且均经过一定的策划。但腾讯新闻在产品的交互性上则表现较弱，并未因为占据QQ、微信两个强大社交软件而特别突出社交化功能。

（2）搜狐新闻

搜狐新闻的新闻推送，采取搜狐本网编辑原创新闻与全网新闻资讯聚合相结合的整合模式。在最新版本中，搜狐新闻将其使用多年的宣传语"上搜狐，知天下"，在连续近一个月之内调整两次，先是改为"看新闻，还是得用搜狐"，后又调整为"搜狐新闻先知道"，由此可见，在日益激烈的市场竞争中，搜狐新闻在不断调整产品定位。最早注重新闻的全面性，现在则更加强调新闻推送的即时性。

搜狐新闻首页的内容推送，默认是由搜狐编辑部自主选题策划、采访组稿及排布的新闻资讯内容。用户下拉页面，将根据用户兴趣、热门、地域等维度智能化推送新闻。与腾讯、新浪、网易注重直播不同的是，搜狐新闻相较之下更加重视视频内容，这也是依托于搜狐长期以来在视频业务的布局，共涵盖二十余个视频类别，以娱乐化内容为主。搜狐新闻的"直播"频道，内容以娱乐、股市、体育等为主，社会热点和人文内容较少。由此可以看出，搜狐新闻整体风格偏娱乐化。

（3）网易新闻

从互联网门户时期，网易就以"有态度"为品牌理念，这一口号同样也成为网易新闻的重要品牌标识。网易新闻的"有态度"不仅体现在发布有态度的新闻，更充分体现在聚集"有态度"的用户。迎合了互联网用户不愿趋同、希望特立独行的心理诉求，让用户对这一品牌理念产生较大的认同与共鸣。

在新闻内容方面，网易新闻注重对重大、热点新闻报道，重视原创、独家新闻。网易新闻的"要闻"频道，主要呈现由网易资深编辑精选的内容。相较于其他新闻客户端，网易新闻的评论氛围相当浓烈，这一特点也与其强调"态度"的产品理念十分贴合。通过各种方式鼓励和引导用户参与互动、发表见解。如在每条新闻条目的下方均显示跟帖人数，并设有"跟帖"栏目，还会不定期举办网友"跟帖大赛"。可以说，网易新闻已形成了区别于其他新闻客户端的独特的"跟帖文化"。此外，网易新闻的"问吧"和"话题"频道，整合了"UGC"和"PGC"两类具有强社交性的内容生产模式，其中"问吧"是各领域专家就用户提出的问题进行专业性的回答，"话题"是用户之间围绕某一话题展开讨论，也与网易新闻的"态度"理念十分契合。

（4）新浪新闻

在互联网时代，新浪可以说是影响力最大的门户网站。在新闻客户端方面，新浪相较其他门户发力稍晚，但凭借在互联网时期积累的品牌影响力，后发优势明显。在新闻生产方面，新浪具备较强的新闻策划与采编实力，以及对时事热点新闻敏锐的反应能力，注重报道的及时性、视角的广阔性和深度剖析。在频道设置方面，"头条"频道，实时推送国内外时事、体育赛事、金融财经、影视娱乐等各领域新闻资讯；"精读"栏目，主要聚合微博大V观点、热门评论，以及蓝V媒体资讯，实现对热点新闻的多角度解读。在直播方面，内容涵盖较为广泛，包括国内外重要时事、文化、科技、娱乐、体育等领域。

腾讯、搜狐、网易、新浪四大门户网站，在互联网时期都具有较强的影响力，并致力于将各自影响力沿袭至移动端。总结起来，门户类新闻资讯客户端具有以下特点：一是新闻时效性较强，且兼具新闻资讯的采编能力与整合能力；二是功能较为齐全，新闻频道的分类比较全面，注重新闻内容与功能上的"大而全"；三是产品版本更新频率较高，注重对产品设计的持续优化。

2. 聚合类新闻资讯客户端产品分析

（1）百度新闻

百度新闻的宣传语是"每一次阅读都有价值"。与其他聚合类新闻资讯客户端不同的是，百度并非诞生于移动互联网时期，其在互联网时期即已积累了较大品牌影响力，依托搜索引擎实现各类信息聚合。由此百度新闻对自身新闻产品的定位是"不生产新闻，只做新闻的搬运工"，其所有的新闻推送皆是由是机器抓取，没有人工采集与编撰。可以说，百度新闻充分发挥了其在搜索引擎方面的优势。百度新闻的设计与功能，显示出百度很强的技术属性，特别是在大数据、语义分析、人工智能等互联网前沿核心技术应用的在行业中的领先地位。如通过对用户读过新闻的篇数、启动产品的次数、使用产品的总时长等阅读数据的记录，较为准确地判断用户的年龄和所在地，并将这些信息服务于新闻推荐。百度新闻虽缺少原创新闻内容，却较为注重新闻的推荐，会在新闻条目下标注出新闻内容的类型，如视频、图集等；或是注明新闻来源。百度新闻的新闻源大多来自主流网站，一定程度上保证了新闻资讯的内容质量及权威性。

（2）今日头条

今日头条是一款基于数据挖掘的推荐引擎类新闻资讯客户端，推送新闻完全由机器抓取，没有人工筛选编辑。今日头条强调根据用户的阅读兴趣进行新闻推送，故而以"你关心的才是头条"作为其宣传语。如果用户点击阅读了某条新闻资讯，今日头条会在之后增加与该条资讯内容相关的信息推送，但只能做到与新闻中所提及的事情有相关性或相似性，并不能完全贴合用户的阅读兴趣与需求。今日头条的内容来源很多都来自于自媒体公众号，内容差错率较高，很多内容存在"标题党"的现象，文不对题，缺乏新闻的严谨性和最基本的真实性。如果这一点没有改进的话，则影响其持续发展，毕竟新闻内容的质量才是新闻产品的发展之本。尽管近年来，今日头条一直保持着良好的发展势头，市场占有率处于领先位置，但其新闻的内容质量良莠不齐，是其不得不正视的短板。近年来今日头条也意识到这一点，故而加大对自媒体的投入力度，扶持优质自媒体内容生产。

（3）一点资讯

一点资讯与今日头条相似，同样主打兴趣新闻阅读。两者最大的区别是在面向用户的个性化内容推荐上，两者虽然同样注重新闻内容的个性化推送，然而今日头条是以用户的浏览阅读为线索，定义"用户浏览过的信息是用户的兴趣"，推送内容基于用户的浏览行为；一点资讯则是以用户的搜索动作为线索，认为用户的主动搜索代表其真正的需求。与其他新闻客户端单纯依赖点击浏览推送新闻相比，一点资讯加入用户更多的主动兴趣表达（如搜索、个性化频道订阅等），一定程度上有助于提高个性推荐的认可度，并避免了过度、失准推送对用户产生的信息骚扰。除了新闻资讯内容的推送，一点资讯还引入了"应用号"的概念，包含"追星神器""穿衣搭配""美食菜谱"等80多个垂直领域的子栏目，满足各垂直细分领域的内容需求；内容形式除新闻外也更较为丰富，包含视频、音频、知识问答、百科等。

（4）ZAKER

ZAKER凭借其精致、美观的界面设计和个性化订阅，为用户带来较好的产品使用体验。一直以来，ZAKER都具有较为鲜明的市场定位，目标用户以都市的年轻人为主。这些用户特性主要包括：有一定文化水平，较高的审美与价值判断力，经常接触网络，兴趣爱好明确，对时尚或当前潮流敏感，有一定的经济实力或较多的消费需求。在艾媒咨询对2016年移动资讯平台白领群体的知名度和满意度调查中，ZAKER分别位列第三名与第一名。[①] 相较于智能推送，ZAKER更突出用户的个性化订阅，订阅对象主要以不同内容类别的媒体/网站为主，辅以一些热门的公众号或主题内容，但部分版块会出现停止更新的情况，优质内容的持续更新能力仍有待加强。近年来，ZAKER通过实施"区域融媒体战略"，深耕本地化新闻资讯的推送，与各地主流传统媒体开展深度合作，从而获得了更多具有权威性、价值性的新闻内容。"玩乐"是ZAKER的特色板块之一，提供了基于本地化与衣食住行、吃喝玩乐相关的各类资讯，提升了产品的趣味性。ZAKER俱乐部通过组织线上线下活动，提升用户的参与感，以维护用户对产品的忠诚度，增加用户黏性。用户在"社区"中参与对话题的讨论建立社交圈，以增加对产品的依赖感。

聚合类新闻资讯客户端的优点是经过一定时间的使用后可以帮助用户节省大量筛选信息的时间成本。这类产品都有着较为鲜明的特点。由于这类产品本身不参与新闻内容的生产只内容聚合，在内容上不占优势，因此这类产品在版面设计、功能设置、交互化设计、社交化等方面更下功夫，注重通过细节提升用户的使用体验。同时在内容方面，则更加突出新闻内容的个性化、精准化推送，强调新闻内容与个体的相关性决定新闻价值。

3. 传统媒体类新闻资讯客户端产品分析

（1）新华社

新华社客户端是媒体融合成为国家战略后首家上线的主流媒体新闻客户

[①] 艾媒咨询.2016—2017中国移动资讯市场研究报告［EB/OL］.http：//www.sohu.com/a/126657701_483389

端，以"新主流，新体验"为口号，致力借助新手段、新技术，充分发挥内容优势，打造新型主流媒体旗舰。据新华社发布数据，截至2016年9月下载量已突破1.4亿。① 凭借作为国家通讯社拥有遍布全球3 000名记者的强大采编力量，对国内外新闻事件的权威发布，是其他新闻客户端产品所无法比拟的。如新华社对"纪念红军长征胜利80周年大会""天宫二号"升空等新闻大事件都进行了全面、深度的专题化报道。

现场新闻是新华社客户端的一大亮点。采用直播形式，在新闻现场实时抓取现场要素，以分段视频和记者实时发布简短总结的方式，进行新闻播报。同时，用户可通过客户端向新闻现场的记者提问或对新闻发表评论，现场记者会对问题进行实时解答，由此形成了良好的互动，拉近了用户与产品、新华社记者及新闻现场的距离。此外，新华社客户端开设"动新闻"栏目，使用2D、3D动画，配以轻松、欢快地背景音乐，让报道变得生动、通俗、易懂。从中可以看出，新华社拥抱互联网、拥抱新技术更新，推进融合发展，打造新型主流媒体的坚定决心。

（2）人民日报

人民日报客户端是人民日报社实施媒体融合发展的主打产品之一。该产品以"有品质的新闻"为口号，以时政、民生等新闻为主，凭借其强大的采编及作者团队，以及国家第一党报这一背景优势。其新闻内容严谨，在传统媒体客户端中具有较强影响力，累计下载量突破1亿。人民日报客户端的频道类别较少，较为特别的是以"闻、评、问、听"等维度进行频道设置，更突出了"用户"作为新闻读者的选择。除了在新闻内容上保持着一贯的权威、深度、严谨，通过《人民日报》原版原式电子版、播报新闻、视频影像新闻等方式丰富新闻内容呈现，注重用户不同场景下的多元阅读需求。同时，客户端设置了"政务"栏目，有超过1 400家机构入驻，用户可以看到各机构发布的重要文件，并通过客户端办理各项政务，更可以直接向政府机关和地方机构的领导进行问政，这一功能成为人民日报客户端在交互性上有别于其他产品的一大突出亮点。此外，人民日报设有"公益"频道，用户可通过客户端参与公益活动，

---

① 1.4亿下载的新华社客户端，它的过去、今生和未来［EB/OL］. http://business.sohu.com/20160924/n469107313.shtml

体现出人民日报作为主流媒体的文化担当。

（3）澎湃新闻

澎湃新闻是上海报业集团实施新媒体融合的首项成果，其产品核心团队来自东方早报社，《东方早报》是上海代表性的政经时事报纸。澎湃新闻在整体风格上充分的沿袭了《东方早报》，具有较为鲜明的定位，主打时政新闻与思想分析，生产并聚合中文互联网中优质的时政思想类新闻内容。澎湃注重新闻事件的多角度、多维度的深入剖析，塑造出深度、理性的品牌形象。因开创打虎记、中南海、一号专案、港台来信等政治栏目，对中央反腐等时政话题的深度专题报道，得到业内外广泛关注，被视为传统媒体转型升级、融合发展的代表性产品，具有较高的品牌辨识度。澎湃新闻的稿件具有较强的宏观视野，并注重对新闻的追问与追踪。澎湃新闻的独特风格还体现其独到的版式设计与栏目名称设计方面。其并没有选择大多数新闻客户端采用的上下导航栏模式，而是选择隐藏式导航设计。频道名称设计别出心裁。如"翻书党"栏目是为爱书者提供书单；"能见度"栏目是能源行业的相关资讯；"译中国"则是外媒眼中的中国。这些颇具学术气息的栏目名称也与澎湃的品牌形象相当贴合。"问吧"栏目采用PGC模式，邀请各领域专业、资深人士开办专栏，回答用户提问。"问吧"中所聚集的用户也以客观、理性居多，营造出浓郁的学术氛围，与澎湃整体气质相符。

（4）封面新闻

封面新闻是由四川日报报业集团联合阿里巴巴集团共同投资、华西都市报社实施运营的封面传媒打造出的新闻客户端产品，兼具传统媒体和互联网企业基因，是继澎湃新闻后，全国第二家拥有新闻原创采编权的新闻客户端。与大多数传统媒体推出的新闻客户端不同，封面新闻以年轻一代的80后、90后为目标群体，其宣传语为"封面，因人而异"，突出年轻态、个性化。封面新闻虽然具有独立的采编团队，曾对国内重大事件策划多篇重磅专题稿件，如"雷洋案系列""莆田系系列""探访悬崖村系列"等，引发广泛关注，但如今也在尝试"今日头条"等聚合类产品基于用户兴趣的智能推荐模式，实现原创与抓取相结合。同时为迎合年轻用户轻松、娱乐的阅读需求，开辟了自媒体平台——封面号，封面号的作者也集中于80后、90后的年轻群体，采取IP化运营机制，培育挖掘有潜力的年轻作家。因封面新闻是在2016年5月才正式上线的产品，运营时间尚短，在市场上的影响力还不能与澎湃新闻媲美，但其在虚拟现实、数据挖掘、机器学习与编写、兴趣推荐算法等先进技术等新一代技术上的探索实践，已得到业内的广泛认可。但需要引起注意的是，封面新闻原创与抓取相结合，迎合年轻用户阅读需求的发展路径，与传统媒体的客户端产品相比形成了自己的特色，实现了差异化发展，但在今日头条等在市场上表现强势的产品面前的是否具有竞争力，尚有待商榷，毕竟其原创新闻在内容上尚未形成鲜明的特点，也未显露出突出优势。

传统媒体优秀的新闻采编水平，保证了其内容的严谨性，这是此类新闻资讯客户端的最大优势。同时，近年来传统媒体把握移动互联网传播规律，顺应移动互联网用户多元化阅读需求，借助新技术、新手段，提升新闻的表现力，丰富产品功能，优化产品设计。然而，由于传统媒体的互联网运营经验相较于门户网站和新媒体企业仍然存在不足，造成产品的市场占有率和影响力仍然偏低。

（二）新闻资讯客户端产品评价标准

在移动互联网时代，信息传播的方式与渠道日益多元，用户的选择不断增多，在日益激烈的市场竞争下，打造自身的核心竞争力，实现差异化竞争，变得尤为重要。本报告综合多家媒体机构及研究机构以往对新闻客户端的分析与测评报告，认为应从界面与版面设计、新闻内容、产品功能、品牌辨识度等维度对新闻客户端进行评价。首先，在碎片化时代，新闻资讯客户端仍应将新闻资讯的内容放在首要位置，特别是新闻内容质量直接影响用户对媒体及其产品的认可度。同时，充分利用技术手段和创新形式，提升内容的表现力，实现新闻从可读到可听到可视，带给用户更加丰富的阅读体验；其次，功能齐全、满足用户多元需求也是评价一款新闻客户端产品的重要标准。再次，新闻客户端的浏览界面与版式设计会带给用户最直观的第一印象，直接影响到用户对产品的好感度。最后，品牌辨识度是产品获取用户认知度、认可度、好感度的先决条件。具体评价标准详见表1。

表1 新闻客户端评价标准

维度	序号	标准	说明
内容	1	新闻更新速度	新闻是否具有较强的时效性
	2	内容的丰富性	新闻涵盖是否全面
	3	频道设置细分度	产品频道或栏目设置的细分程度。频道细分能让用户更精准的找到自己关注的领域
	4	内容质量	包括新闻专题策划能力、独家报道能力、独立采编能力，新闻的公信力，全方位、多角度深度挖掘能力，新闻的文字水平
	5	内容呈现方式	是否融合图、文、声、像、3D动画等多种要素，采用语音播报、直播等形式
	6	内容智能推荐	通过智能分析为用户过滤掉没有价值、不需要的信息，实现新闻的个性化智能推送
功能	1	功能全面	新闻搜索、频道设置、媒体订阅、评论、收藏、一键分享是新闻客户端的标配功能，满足用户基本的使用需求
	2	多场景功能	包括字体/字号、夜间模式、离线阅读、省流量模式等
	3	体验功能	包括个性化智能推荐、本地化服务，以及交互、社交等，以提升用户的使用黏性
产品设计	1	界面美观度	
	2	页面布局	是否符合用户使用习惯
	3	操作便捷性	
品牌辨识度	1	宣传语和Logo设计	宣传语最好简单好记，又能充分概括产品特点
	2	整体风格的统一性和独特性	内容、功能、版面设计都能体现出产品的风格与特点

本报告所提及的十二款新闻资讯客户端皆存在自身的优点与不足。在频道设置细分度方面，腾讯新闻、新浪新闻和网易新闻，在频道设置上较为偏向大而全，频道设置涵盖范围较为广泛；搜狐新闻、百度新闻和一点资讯的频道设置最为细化，不仅包含较多推荐频道，用户还可以自行搜索频道进行添加。在内容方面，澎湃新闻较为注重对新闻事件的专题策划，可以让用户更加深入、全面地了解新闻事件，可体现媒体的新闻策划能力和对相关信息的梳理、汇总能力。新闻公信力主要是从媒体新闻的来源作为考量，来源于主流媒体和主流网站的新闻公信力较强，来源于普通媒体和网站的公信力次之，来源于未署名的个人自媒体新闻公信力最弱。按照这个标准，新华社、《人民日报》作为国

家通讯社和党报，其新闻发布的权威性是其他媒体无法比拟的，这两家客户端发布的新闻多是原创或来源于主流，具有较强的公信力。今日头条和一点资讯很多内容都来源于自媒体个人账号，因此媒体公信力是较弱的。新闻内容的文字水平，是媒体职业素养的最佳体现，今日头条和一点资讯以信息抓取为主，且内容相当一部分来源于个人自媒体，同时也缺乏对内容把关审核机制，因此不时会出现文不对题，或是语句不通顺，甚至错别字的现象，文字水平较低。在新闻的更新速度方面，四款门户类产品对新闻事件具有较强的敏感度和反应力，新闻实时性较强；人民日报、新华社、澎湃新闻在对重大新闻事件报道方面有较快的反应能力，但仍然依赖于传统新闻的生产流程，新闻的适时更新速度相较于其他媒体较慢。在新闻呈现方式方面，多数客户端都较为注重新闻内容的多种形式呈现，如人民日报、新华社、澎湃新闻等传统媒体新闻客户端，通过图片新闻、语音新闻、视频新闻、现场新闻等形式对新闻内容进行多维度的深度报道。在内容的智能个性化推荐方面，百度新闻、一点资讯表现更为突出，根据用户阅读行为进行新闻的个性化新闻资讯的推荐。需要提出的是，今日头条虽然是最早主打算法的新闻客户端，但在智能推送方面的表现却并不尽人如意，过于依赖用户对内容的点击行为，以此为依据进行个性化推送，却带来了大量重复性阅读。在界面美观度方面，ZAKER 在界面设计上匠心独运，视觉效果上赏心悦目。在操作便捷方面，百度新闻功能设置简单，操作较为便捷，但产品登录主推百度账号登录，第三方登录操作繁琐，为用户带来一定不便；搜狐新闻的登录界面设置较为隐蔽，不便用户查找；澎湃新闻的频道与功能设置采用隐藏式导航设计，虽然别具一格，但与用户的使用习惯不符，增加用户学习成本，频道名称也不够一目了然，用户在查找新闻时容易造成困惑。在品牌辨识度方面，网易新闻和今日头条的宣传语与产品自身特点较为契合，形成较好的品牌辨识度。ZAKER 和澎湃新闻也具有较强的品牌辨识度，别具风格的版式设计，以及内容、宣传语、版式设计风格等方面都有较高的统一性。在社交互动方面，大部分新闻客户端都已具备一定的社交化、社区化功能，其中网易新闻、ZAKER、澎湃新闻的社交互动性更加突出，已经形成了较为成熟的 UGC 或 PGC 模式。在本地化方面，腾讯新闻最为突出，地方频道覆盖全国 40 个省市，并提供政务大厅、智慧生活、看房买车以及同城活动等。

在产品交互方面，网易新闻表现最为突出，采用完成每日任务等多种方式增加用户黏性。

四、新闻资讯客户端发展着力点

（一）找准市场定位，实现差异化发展

新闻资讯客户端通过各种技术手段进行新闻资讯推送，当先进技术成为共性技术，会带来产品功能和发展模式的趋同化。因此，明确市场定位，树立品牌特色，并把自身特色转换成其他产品无法取代的优势，实现错位竞争、差异发展，是新闻资讯客户端破解同质化格局的关键。今日头条能够脱颖而出，就是依靠其创新性地提出了基于算法个性化推送的概念，树立了鲜明的品牌特色；澎湃新闻定位于时政新闻的深度解读和多维度诠释，迅速在市场竞争中找到发展的立足点，赢得了较好口碑，成为传统媒体客户端中的佼佼者，这一点非常值得其他媒体，特别是传统媒体借鉴。

（二）深耕内容生产，注重新闻价值深度挖掘

原创新闻对于媒体而言，需要较高的人力、时间成本，需要具备较强的采编写能力。而移动互联网信息的公开性让原创深度新闻生产有些"得不偿失"。但这并不意味着要放弃对内容的深耕细作。纵使在快餐阅读、浅阅读时代，人们依然没有失去对有价值、有内涵、有深度的优质新闻内容的诉求，深度原创新闻内容更能得到用户发自内心的认可。因此，媒体要着力培养高职业素养的新闻采编写团队，打造一批有深度栏目，注重对新闻事件的深度挖掘与多维度解读与评论。同时，要建立内容的审核机制，特别是针对自媒体要设置引入门槛，提高优质内容供给，提升媒体品牌格调。

（三）优化产品设计，提升用户体验

移动互联网时代，用户面临更加多元的选择。产品设计，特别是细节设

计，对于提升用户认可度和好感度、增加用户使用黏性至关重要。现在虽然大多数新闻资讯客户端在功能上已经较为完备，然而用户对于产品的要求是在不断提升的。因此媒体在注重新闻内容和产品功能的同时，也要树立以用户为中心的服务理念，不断优化产品设计。产品设计体现在产品的界面版式是否美观、频道设置是否全面及细分、新闻内容推送是否满足用户的个性化需求，以及功能设计是否符合用户的使用习惯和使用需求。同时，在产品迭代升级中积极响应用户的反馈，注重吸取用户建议，不断提升用户体验。

（四）加深媒体融合，构建行业协作机制

无论是传统媒体与新兴媒体都具有自身的优势和短板，传统媒体在新闻内容的深度报道方面具有较大优势，在新闻内容生产和策划方面具有较强的专业性与权威性，但同时却缺乏互联网经营经验，对互联网和移动互联网发展缺乏敏锐的洞察力与反应力，导致产品普遍缺乏影响力，赢利能力较低，内容优势无法在移动端实现充分发挥。而一些新媒体企业具有较强的技术应用水平，移动互联网的环境较为熟悉，却缺乏原创内容能产能力。传统媒体与新兴媒体实现融合发展，首先要相互借鉴，优势互补，传统媒体需向新媒体学习在产品经营理念与经验，提升产品的运营能力，新媒体则要向传统媒体学习在内容生产上的专业与严谨，建立起内容审校把关机制，提高新闻内容质量。

五、新闻资讯客户端发展趋势

（一）视频直播和短视频将成为布局重点

随着网络和技术的进步，人们对于资讯的获取有了更高的要求，对可视化内容的需求日益增多。特别是视频直播正从普通配置上升为各家媒体竞相争夺焦点，有望成为新闻资讯客户端"提质升级"的关键。特别是对于门户网站以及传统媒体而言，开展视频直播新闻具有先天的优势。实时资讯推送本身就具有较强时效性，而视频直播能够在第一时间传播更生动和丰富的信息。通过对重点新闻的直播式呈现，进一步提升新闻价值，并让用户对新闻资讯有了身临其境的参与感。此外，短视频在过去一年来也得以快速崛起，有望成为媒体布局的新风口。

（二）市场优胜劣汰将进一步加剧

新闻资讯客户端之间的竞争考验的是产品在新闻内容、功能、运营、推广等方面的综合实力。据艾媒数据显示，62.4%的受访用户常用的新闻客户端数量仅为2—3个，另外更有约1/4的用户只使用一个新闻客户端，这就意味着千余个新闻客户端在争夺这1/1 000的席位。在这个绝对的买方市场，用户具有多重选择。新闻资讯客户端在经历了雨后春笋的蓬勃之势后，必然会进入优胜劣汰的快行道。当前新闻资讯客户端市场已趋于饱和，没有留给后来者太多的发展空间，但第一梯队与第二梯队之间的竞争仍将持续并会更加激烈。随着用户对移动端信息获取要求的不断提升，行业的优胜劣汰将进一步加剧，推动新闻资讯客户端的产品迭代更加频繁。

（三）依托于O2O构建新型平台级入口

当前，各家媒体正在着力突破单一依赖广告的商业模式，寻求更多变现的可能。移动应用的本质是先聚拢用户，形成海量规模后，把用户分到线下进行各种场景的适配。新闻资讯客户端所具备的功能日益丰富，正尝试提供多元化服务布局O2O模式。如很多新闻客户端都提供了房地产、餐饮及娱乐服务，组织线上线下活动，并与电商平台实现对接，实现从线上到线下，从场景到现实的平台化运作，试图打造类似于微信的生态闭环。新闻资讯客户端已逐渐告别单一的新闻资讯应用，朝着以新闻资讯为中心的、连接线上线下的移动互联网平台级入口发展。

（四）"人工编辑+机器算法"将得以综合运用

今日头条等以算法进行新闻资讯的个性化推送著称，但这种基于用户行为数据进行分析的推送，却时常带来重复及陈旧的信息，并未实现精准推送，会造成用户的重复阅读和无用阅读，十分影响用户的使用体验。相信"今日头条们"也逐渐意识到，单纯依靠算法推算出的内容较为杂乱，"算法＋大数据"固然已成为移动互联网新闻传播的发展走向，但作为新闻内容的传播平台，机器尚不能完全取代人工这一环节。因此，人工编辑与机器算法的综合运用应是未来一段时间内新闻资讯客户端发展的方向。

（作者单位：中国新闻出版研究院）

中国移动听书产业发展报告

郝园园

随着移动互联时代到来,新兴的数字化媒介不断颠覆传统领域,人们获取信息的途径和生活习惯都发生了重大改变。数字内容消费发展迅猛,以声音为主体的内容传播方式符合了人们在碎片化时间中渴望获得及时娱乐享受的需求。在此背景下,与移动数字化技术和传统出版都有交叉和区别的移动音频类"有声读物"行业渐渐形成。移动听书除了具有数字阅读碎片化、便捷性、个性化等特征之外,还带有强伴随性、场景化等独特的音频属性。据《2016年中国数字阅读白皮书》数据显示,2016年全国有声阅读市场增长48.3%,达到29.1亿元。据易观智库相关统计数据显示,我国目前有200多家听书网站以及近200款带有声听书功能的APP应用。有声读物有望成为知识服务的重要入口之一,产业的发展前景巨大。

一、移动听书范围界定

听书也被称为"有声读物",英文名字叫:audio book,顾名思义指有声音的书,其阅读的方式主要依靠听声音来完成。

移动音频行业逐渐崭露头角,其内容主要涉及电台、音乐、听书"有声读物"等几大声音传播领域。在此背景下,与移动数字化技术和传统出版都有交叉和区别的移动音频类"有声读物"行业渐渐形成。与传统"有声读物"不同,新兴的移动听书领域是依托网页或客户端技术,基于PC、智能手机、平板电脑、电子阅读器、移动广播、车载设备、可穿戴设备等阅读载体，由专业组织或个人提供有声内容的录制、收听、分享的阅读服务。目前其内容主要覆盖小说、相声评书、影视原音、广播剧、百科知识、教育培训、新闻资讯等移动阅读资源。

二、听书产业链分析

我国的移动听书产业链分类包括内容提供方、渠道运营商、文化服务方等主要环节。

（一）内容提供方

移动听书领域的内容提供方包括：IP版权提供方，如阅文集团、17k小说网、纵横中文网、掌阅书城、有妖气、百家讲坛、鸿达以太、酷听、各大传统出版集团等；"UGC + PUGC"，如喜马拉雅FM、各大广播电台（中央人民广播电台、北京广播电台、中国传媒大学广播电台等）、德云相声网、网易公开课、晓松奇谈等；主播/自媒体人，如罗永浩、郎咸平、周建龙等。

（二）渠道商

移动听书领域的渠道商包括：分享渠道，如微信、豆瓣、新浪微博、QQ平台等；线上渠道，如酷听听书、天方听书网、喜马拉雅FM、懒人听书、咪咕数媒、氧气听书、蜻蜓等；线下渠道，如CD听书光盘、车载设备、盲人有声图书馆、云图数字有声图书馆等。

（三）文化服务方

移动听书领域的文化服务方包括：音频技术服务，如科大讯飞、小智等。网络运营商，如中国移动通信、中国电信、中国联通；应用商城，如苹果Podcast、App Store、小米商城、豌豆荚等；版权管理机构，如国家版权局、中国知识产权网、版权服务工作站、版权保护中心；广告营销，如拉勾、汽车之家、京东、宝马、唯品会；终端设备，如汽车车载娱乐系统、应用程序（iOS、Android）、Unix 终端、Windows 终端、Linux 终端、Web 终端、Java 终端；智能硬件，如车听宝、智能音像、智能耳机、儿童故事早教机、老人听书机；支付系统，如微信、银联、支付宝等。

三、移动听书行业发展现状

移动互联网的成熟促进移动媒体发展。听书是移动互联网时代下移动媒体为人们提供的一种新的生活方式。移动听书市场的发展，为出版市场带来新的生机，与传统媒体的音频形式不同，移动听书行业从制作技术、产品模式、运营策略上多借鉴于率先发展起来的移动视频。随着大数据技术的发展，从业者能够通过细致的算法对消费人群进行周密的细分和管理，并在一定程度上进行消费行为的预测，因此移动听书行业从诞生之日起，就呈现出较好的发展态势。

另外，移动听书可以被认为是阅读的另一种形式，在一定程度上改变了阅读习惯，帮助用户将生活中的"碎片时间"重新利用，转变为有意义的"阅读时间"，促进我国全面阅读率的整体态势上扬。

（一）移动听书内容生产新生态正在崛起

1. 内容生产模式社会化

随着新媒介生态的发展，内容的生产逐渐向生物演化中的自组织形态靠近，呈现出碎片化、去中心化、个性化、多元化等后现代主义的文化语境。在这种文化语境下，有声读物的内容生产主体发生了根本性变化，呈现出社会化、多元化态势。目前有声读物领域内容生产采用的模式主要分为 PGC、UGC、PUGC 三种。

PGC 模式就是传统的内容生产模式，内容由专业机构及专业人士制作而成，PGC 模式创造的内容更具深度与品牌价值，但却很难满足移动电台内容广度上的需求。

UGC 模式指用户自助生产内容模式，即产品内容由用户自身制作而成。每个人无论是否掌握了相关的专业技能，均可通过便捷的语音录制技术创作有声读物产品。用户 UGC 模式让有声读物的内容更为多样化和个性化。目前市场规模较大的移动听书平台如喜马拉雅 FM、懒人听书等都兼具播放器、录音机和社交功能。这样的生产模式让更多热爱阅读的人成为演绎者（主播），并将自己认为有价值或有意义的图书分享给大众。目前技术可以帮助每位有声读物演绎者（主播）方便快捷地进行配乐混合录制，并为自己作品制作封面。这样大众化的 UGC 内容生产模式，决定了内容演播的风格不同于广播，呈现时尚、清新、生动、口语化、多元化等演播特征。

PUGC 模式是 PGC 模式与 UGC 模式的结合，集 UGC、PGC 的双重优势于一身。简单来说就是一方面将 UGC 内容培养成 PGC 内容，另一方面引导 PGC 走 UGC 的创作路线。内容上既包括广播电台的专业内容，也包括受大众认可的演绎者（主播）自制内容；形式上既有 UGC 模式的广度，也具备内容制作团队的专业性。PUGC 模式同样通过编审、录制、后期合成、层层审核完成制作有声作品。PUGC 模式的演绎者多为从事多年相关领域并具有内容资源、社会资源、专业资源的个人或团队。PUGC 制造的内容能更好地吸引、沉淀用户，更容易经过平台的包装和打造，释放出他们的存量 IP 价值，逐步实现从用户到粉丝的转化。目前由于移动听书领域的市场规模限制，专业从事有声读物内容制作的 PUGC 生产机构不足百家。

PGC、UGC、PUGC 共同建构了移动听书领域新的内容生产模式。这一模式也间接打造出有声读物主播（演绎者）的造血体系。

2. 内容生产平台多元化

目前我国有声读物的内容生产平台包括专业有声读物内容制作商、互联网企业、传统广播出版机构等多种不同类型。

（1）基于专业有声读物内容制作商的内容生产

我国较早专业从事有声内容制作的企业有东方视角、鸿达以太等内容服务方。以东方视角为例，其早在 2007 年就进入听书领域，并获得有声内容全网发行等权威资质。目前其业务的重点是通过移动互联网、数字终端、数字出版为用户提供精彩的有声内容服务。目前旗下拥有有声产品内容制作基地、酷听听书网及公共数字有声图书馆等多个项目。2013年东方视角还建立了O2O有声内容创作和出版平台——ACE以及海外有声书版权发行平台——遨播网。据易观智库统计，2016年1月中国有声书制作发行存量市场份额中，东方视角旗下听书平台酷听在有声内容市场总量占比近50%。其中包括《班淑传奇》《明妃传》等与娱乐相关的有声读物；待开发的重量级IP产品《鬼吹灯》《三体》等；偏重于用户学习、知识获取的社科类有声读物等多个类型。旗下移动听书平台酷听听书网同样采用"自出版"平台模式：由作者上传文字作品，由演播者在平台上完成播音工作，最终把有声产品输出到渠道方。该平台目前有近万部有声作品，注册演绎者7 000多名，作者3 000多人，合作的版权机构近百家，月产量近6 000小时。

（2）基于网络文学的有声内容生产

数据显示由网络文学改编的音频作品在"有声读物"内容中占有较高比例。2015年占网络文学市场80%份额的阅文集团开始布局有声业务。一是收购盛大文学，间接拥有国内最早正规化运作的听书网站天方听书网；二是收购"懒人听书"有声阅读平台；三是对"喜马拉雅FM"移动音频平台进行战略投资并签署了版权合作协议。阅文集团将自身拥有的海量网络文学资源输入到有声阅读领域，借助移动音频形式深挖原创IP价值，充分实现原创IP的衍生价值，带动了网络文学产业、有声音频产业的发展。

（3）传统广播出版机构有声内容生产

国内出版机构也陆续推出有声读物数字产品，如在童书领域，北京出版集团"金色童年系列"推出的"有声亲子睡前故事"，江苏教育出版社2016年年初推出"pi kids"有声童书中文版。在大众领域，出版机构开始重视纸电声同步发展，有声读物的长尾衍生价值被逐渐挖掘，如在腰封上贴上有声阅读的二维码，读者在看书的同时可同步收听等。中信出版集团和酷听听书达成多元化战略合作协议，将旗下文学内容作品向有声内容转化。另外，影视剧、网剧等视频优质内容衍生为有声读物更为普遍。如热门网剧《太子妃升职记》、中央八台的热播剧《班淑传奇》《明妃传》《传奇大掌柜》《追击者》《黑石之墓》、科幻电影《蒸发太平洋》、热播电影《鬼吹灯》《盗墓笔记》《藏獒》《最后的八旗》《三体》等一些比较重量级的 IP 都在"有声读物"市场有所呈现。

（二）移动听书内容分发新模式正在形成

1. 内容分发渠道多样化

目前具有听书功能的移动应用多达数百款，有声读物的传播主体越来越多元化。其中包括垂直类听书平台、互联网类听书服务平台、媒体巨头类移动听书服务平台等。

一是垂直类听书平台多为围绕一些经典读物和畅销小说的有声读物应用。其中包括《明朝那些事儿》《大秦帝国》《盗墓笔记》《鬼吹灯》《天涯明月刀》等单行本应用，也包括以财经、文学、童书等专题类别制作的有声读物。这中间由于行业规范并未形成，有大量的盗版存在。垂直类听书平台的数量较少，发展并不稳定。

二是互联网类听书服务平台有天方听书网、有声读物网、520 听书网、懒人听书、喜马拉雅 FM、蜻蜓 FM、荔枝 FM、酷听听书网等。这类平台多借助资本运营手段经营，因此内部竞争激烈，同时也促进了听书行业的快速发展。

三是媒体巨头类移动听书服务平台指传统财力与实力兼具的大型出版企业及广播机构。在移动听书领域前景广阔的市场契机下，实力雄厚的众多大型出版机构并不满足只是作为内容的提供商，而借有声出版完成全版权产业链的整体布局——或是推出自有听书平台，或者借资本之力与内容优势入股相关听书平台。以中版数媒为例，早在 2012 年中国出版集团数字传媒有限公司就开始布局有声读物，成立有声图书事业部；2015 年中版数媒推出听书 APP"去听"，集有声读物收听、下载、分享和资讯等服务为一身。目前中版数媒公司有声事业部自有版权的有声产品已超过 6 000 小时，预计未来还会打通更多合作平台共享版权。

媒体巨头传统广播机构作为有声阅读发展初期的载体，在过去多以广播剧和长篇联播的评述或小说为主。在移动互联时代，传统广播机构积极与新媒体融合，适应移动阅读"碎片化生产状态"下的收听需求，纷纷组建基于在新媒介技术变革生态环境中的移动听书平台，从云服务、大数据、跨界合作等方面提升产品内容传播力的有效途径。如央广之声布局移动听书领域既有网站、微信、微博，还有针对苹果 iOS 和安卓系统开发的客户端，重点打造实现了有声读物内容的社交链接与人际传播。

2. 内容分发形式智能化

在移动互联时代，通过 LBS、大数据等技术改变过去受众印象模糊的情况，实现从"虚拟"到"实体"、从"模糊"到"精准"的定位。以喜马拉雅 FM 为例，其大规模启用了大数据技术，成立了专门的算法团队，挖掘出更加准确的用户画像。用户的每一次点击和搜索的场景和内容都会被记录下来，通过其算法最终推送精准的内容给客户。目前该网站用户每天上传 8—9 万个节目，通过指标设定，数据能够分析节目的好坏以及用户的反馈，通过数据多维度的验证，最终判断出有潜力的主播以及有潜力的节目，通过精准营销可以确保每位用户都可以获得精准的内容推荐，从而提高用户体验和用户黏性。

（三）移动听书收听模式呈"场景化""碎片化"

移动听书本身是一项基于场景的阅读交互方式，借于音频的碎片化特征，正在迅速进入众多生活场景中（开车、跑步、家务、上下班出行、健身、休息间隙、睡前、出去游玩等各类场景都能使用）。移动听书的场景随意性和便捷性，满足了用户对"新鲜好玩"的音频形式的探索和碎片化阅读的需求。根据调查显示，在有声书的用户中相对富裕的年轻群体正在快速增加，他们喜欢读书同时又有着丰富的生活方式，由此我们可以理解为音频内容的消费场景和频次比视频更高更广。基于场景深耕的理念，走在行业前沿的有声内容服务商们已经开始构建了"新声活"蓝图，试图创造"耳朵经济"，彻底改变人们获取信息方式。

（四）听书"有声读物"收听载体形式多样

移动互联网时代人们能够通过使用无线智能终端，实现在任何时间、任何地点，以任何方式获取并处理信息需求，这是人的信息输入的重要端口。听书内容分发终端已不仅是在智能手机上，而是扩展到了包括汽车、卧室、厨房、卫生间等场景中的各种智能硬件中，触达用户在 24 小时中的各种应用场景。据统计数据显示，分别有 36.9% 和 23.4% 的用户会选择在私家车、公交车等交通工具上收听音频节目。

随着物联网的发展，通过智能感知技术、网络通信技术、数据融合技术，有声内容未来将会被进行信息编码并输入全域互联网系统，从而实现各相关物品的信息链接和融通，让任何物品都可以具有终端端口功能来传输有声内容的信息并与云计算平台相互链接。许多有声内容服务商已开始着手进行大规模的布局市场。以喜马拉雅FM为例，目前已发展了2 000万车载、可穿戴、音响智能设备用户，接入智能家居、汽车、音响领域超过400家品牌，智能家居方面包括了美的、海尔、创维、海信等知名品牌，而在处于风口的车联网领域，几乎所有主流车厂已全线接入。伴随硬件入口变化，有声内容行业的爆发指日可待。

四、移动听书行业运营策略

多家内容服务商在接受调研时均表示，在整个新知识背景下的商业模式中，国内移动听书领域目前还并没有形成一个完整的市场化运营模式。市场依旧处于培育用户和产品的发展阶段，由于市场环境的尚不成熟，不管是付费阅读、广告植入、IP运营还是通过增值服务来收费都还在探索之中，并没有很清晰的商业赢利模式。目前国内已先后出现200多家带有听书功能的APP平台。

（一）获取版权资源，保障内容基础

优质内容资源是移动听书市场快速发展的基石。内容提供方处于有声内容产业链上游环节，主要来源是对IP提供方（含网络文学、出版物、漫画、影视剧等版权拥有者）的作品进行音频改编（改编模式包括PGC、UGC、PUGC）。产业规模快速增长的同时，围绕获取优质内容版权的市场竞争更为激烈。据了解，制作一部有声读物产品是在文字作品基础上的二次创作，普通的成本会在10万元以上，如果是热门IP，成本会更高。据有声读物《彼得兔和他的朋友》制作团队介绍，这套有声绘本的成本不低于20万元。在有声读物的制作成本当中，其中大部分费用来源于版权购买。根据喜马拉雅FM提供的数据，喜马拉雅FM在版权方面投入巨大：接受腾讯阅文集团战略入股，达成排他性合作，获得海量版权内容；与几乎所有一线出版商如中信出版集团、中

南出版集团、上海译文出版社、果麦文化、企鹅兰登等在有声改编、IP 孵化、版权保护等方面达成深度战略合作等。

（二）创新服务模式、强化用户黏度

作为互联网文化新兴业态，移动听书企业多高度重视用户对产品的认可度。在业务模式上，以满足用户需求为中心，注重用户体验，讲究快速，不断试错，强化平台经营，注重商业模式创新，打造自身良好的产业生态系统；从把握客户需求、产品优化、业务运营、产品推广到售后服务每个环节都呈现互联网化，充分利用新媒体手段，洞察客户需求，在运营中快速迭代，注重口碑效应。喜马拉雅 FM 就与传统出版业合作衍生出了很多新的"玩法"。例如听书制作的众筹模式：读者可以投票选出最想听的书籍，由喜马拉雅 FM 提供优秀的声音播讲者和制作团队进行制作；引入声优文化，将很多文学作品中的角色演绎出来，利用声音辨识度打造专属角色，无论此作品改编成电影、电视剧还是动漫，观众都能快速识别。

（三）拓展营收模式，培养付费习惯

移动互联网时代，出于节约时间、提升体验、追求品质等诉求，越来越多的人愿意为他们喜欢的原创文字作品、视频乃至手机游戏等内容进行付费。过去几年视频领域率先开启内容付费，消费者在一定程度上形成了接受内容付费的习惯。以爱奇艺视频为例，付费用户超过了 1 000 万，2016 年前 5 个月已经突破了 2 000 万。新一代的用户已经意识到好的内容就是要付费的。2016 年基于音频的内容付费新风口逐步形成，一方面是问答类产品"分答"的爆红，另一方面是国内有声书也在采取与明星或"大咖"合作的方式来吸引读者。喜马拉雅 FM 在 2016 年 6 月 6 日上线首个"付费精品"专区，截至 8 月收费内容 200 多个专辑。《奇葩说》主持人马东推出的付费音频教程《好好说话》在发售首日的销售额就超过了 500 万，一周后总销售额突破 1 000 万；著名演员黄磊与企鹅兰登合作推出的有声书《七堂极简物理课》，7 天内付费收听总数已经超过 5.6 万次，这一数字已经超过市场上纸质畅销书的平均销量。另外，吴晓波、樊登、罗振宇、葛剑雄、袁腾飞等一大批人正在陆续定制内容登陆"付费精品"专区。根据喜马拉雅 FM 提供的数据，6—8 月份其平台下的付费收益规模保持在每月两千万元左右。

表1 部分企业用户付费情况

企业名称	用户付费情况
喜马拉雅	（6.7.8月）每月保持2 000万元左右
咪咕数媒	45%的用户付费
氧气听书	1.5%的活跃用户费用
懒人听书	付费率在3%左右，付费收入占34%。

（四）整合多方资源，跨界融合发展

"互联网+"背景下，与视听领域息息相关的智能家居取得了迅猛的发展并日益渗透到平常百姓的生活当中。影音系统将为家居生活带来便利以及更加完美的生活享受。伴随着社会对智慧城市、智慧社区以及智慧家庭的未来构想，基于有声内容服务的产品和生产制造企业正在以更加开放、融合的态度深入研发，有效收集和整合多方资源，不断挖掘新的蓝海市场，通过跨界合作实现新的商业模式跨越发展。

五、移动听书产业存在的问题

（一）政策体系有待完善

政府部门要加快研究制定有利于推进数字出版产业发展的系列政策文件，制定相关配套措施，优化有声读物领域相关政策体系，引导从内容生产到科技应用，再到产品开发、经营管理的全面创新。

1. 完善法规体系

新闻出版广电行政部门颁发的《信息网络传播视听节目许可证》不到600张，这其中包括了网络媒体、视频媒体、音频媒体等多个领域。要开办移动听书服务，除了《信息网络传播视听节目许可证》之外，还要办理《网络文化经营许可证》以及《广播电视节目制作经营许可证》，按此许多有声内容服务商业务资质并不合规。相关各部门应统筹谋划好引导移动听书产业创新发展的产业政策，形成一整套保障产业发展的法规体系。

2. 加强市场监管营造良好市场秩序

①加强监管：建立规范、公平的市场环境，完善市场竞争机制，鼓励移动听书类文化创新型企业发展，产业链各环节相互促进共同支撑有声读物产业的发展完善市场竞争机制。②建立信息共享机制：实现新闻出版广电部门与工商、税务、金融等部门信息联网、管理部门与执法部门信息共享。③加强内容监管力度：完善内容监管体制，杜绝网络暴力、色情等不良信息，严控内容版权问题，明确对违规内容发布人的处罚条例，维护社会稳定和网络秩序，创建良好的行业发展秩序。

3. 构筑有声产品标准体系

建立有声内容产品的标准化体系，并将执行标准纳入监管，将标准纳入数字出版评估体系中。

4. 完善投融资体制建设

积极鼓励社会资本进入有声读物领域，构建合理、公平的市场环境，对有声读物产业发展提供强有力的支持。

（二）版权困局仍是阻碍发展的重要壁垒

以有声读物为主要内容的音频行业虽然正进行差异化竞争，但共同方向是对于优质内容版权的争夺。移动听书市场盗版猖獗，有声读物质量良莠不齐，对于优质内容版权的争夺，已经呈现出越来越激烈的情况。但由于我国移动听书领域还处于产业形成的初期，其版权管理制度不健全、行业不规范，对传统出版市场的版权保护造成了巨大的冲击。有声读物领域发展初期，很多有声读物文本大都来自于网络且都是未经原作者同意或出版社授权就私自进行录制。通过比较各家企业的版权声明不难发现，虽然不尽相同，但都只对有声读物的传播侵权行为做了解释和声明。其中所谓的对侵权承担责任，也是一些无关痛痒的责任，对有声读物制作过程中文字稿、演播稿著作权人的权利义务没有涉及。由此我们可以看出，现阶段在发行渠道方面对盗版侵权行为大都是模糊化处理，并没有一些切实有效的方法来保护作者的著作权。长此以往会严重影响到作者创作的积极性，对我国出版市场产生不利的影响。因此，有声读物版权杂乱这一问题对传统图书市场产生了不小的冲击。

（三）内容类型浅显单一，优质内容缺乏

目前网络上的有声读物内容丰富、种类多样，但是我们也发现很多听书网站的书目大都类似，这就意味着我们现在的有声读物市场缺乏清晰的分类。而作为一种新生的事物，如果没有自己显著的特点是很难吸引受众的眼球的，特别是在这样一个注意力经济的时代，要与众不同才能找到自己的生存之路。另一方面，读者们通过阅读增长知识、提升自身的文化素质。有声读物作为一种新型的阅读方式，是内容升级的重要组成部分部分，也担负着传承中华文化的使命。就2016年而言，用户付费意愿集聚加强，反而优质内容缺乏，甚至有的网站为了夺人眼球甚至推送淫秽色情小说这种低俗刊物。一味地迎合受众的口味虽然可以带来不菲的经济利益，但是从长远角度来看，不利于我国有声读物行业发展。

六、移动听书产业发展趋势

（一）移动听书成为知识服务新入口

我国正处于知识信息服务变革时期，有业内人士认为完整的知识服务是指"知识组织+知识产品+知识服务"，移动听书的本质是用声音链接起人与知识，并具有伴随性、便捷性等特点。未来大多数人需要在生活和学习中"消费"知识的时候，移动听书就是能够获取音频知识服务的重要途径。因此移动听书必将成为获取知识服务的下一入口。

（二）内容向垂直、细微领域延伸

现下的听书市场，年轻人居于主力。因此网络文学占听书市场很大的组成部分。很多优质的社科读物目前并未转化成有声读物，其主要原因是社科类用户群体还未培养起利用声音获取知识服务的听书习惯。但在欧美听书市场主力

军从来都是中产阶级，他们的阶层和品味注定了他们更偏好于传统文学、社科、财经等领域，随着中产阶层在中国进一步壮大，听书市场最终的主流人群也必将落在这一群体上。未来过分依赖网络文学内容资源转化并不是移动听书产业长久发展的道路。随着用户群体的扩容移动听书内容必会向垂直、细微领域延伸发展。

（三）逐步发展出为以内容为主体的社群生态链

本报告认为移动音频知识服务必然带来社交化发展，用声音链接人与人。在基于用户行为的智能化推送下，用户将选择进入自身所感兴趣的不同社群中。在社群的环境下，会产生相应的音频内容产品。这些音频内容产品从生产之时就将自带流量，同时内容会产生裂变，社群和社群之间会构成新的能力，完全形成一个新的生态，因此有声知识服务领域已经成为社群实验地。大众产品被解构下，找到自己黏性消费者。全国的消费者通过内容生产的方式，被区隔出来，在大的潮流中干小而美的事情。

（四）移动听书内容付费将催生内容创业产业链条发展

本报告认为内容付费是比广告更优的商业模式。随着消费升级需求的驱动，内容生产将越来越专业化、深度优质化。人工智能的发展将会让只会做简单采编的记者编辑和简单播音的主持人失业，边界清晰的简单工作将被机器所取代。而内容创业不仅是媒体人的事，不同细分领域专业人士也都会加入。知识网红将逐渐进入知识传播视野，选择内容创业的人将越来越多，无论自己能做专业优质内容，还是去做内容创业者的经纪人都具备市场机遇。

（作者单位：中国新闻出版研究院）

重庆数字出版产业发展报告

重庆市文化委员会　重庆华略数字文化研究院

一、重庆数字出版产业现状

自2008年以来，重庆市数字出版业从无到有，形成了数字教育出版、网络游戏、网络出版、资源数据库出版、数字出版内容创意和版权交易5大产业集群，形成了以5大产业集群。全市现有17家网络出版服务单位、7家国家级"数字出版转型示范单位"，网络出版单位数和数字出版转型示范单位数位居西部前列。域内170多家传统出版单位已不同程度实现数字化转型。

2013年，重庆市率先探索建立数字出版产业统计制度，2014年承担了国家新闻出版广电总局省级数字出版产业统计试点工作，较为全面地掌握了本地区数字出版产业发展的概貌。

（一）重庆数字出版产业基本情况

截至2016年年末，重庆市数字出版相关法人单位为554家（不含非法人单位的事业部），其中，非传统出版单位数字化转型设立的新兴数字出版单位313家。

全年数字出版产业增加值增幅为13.49%，连续三年稳定增长。2014年、2015年增幅分别是11.4%、12.53%，增幅均高于当年地区国民生产总值增幅。2016年，重庆市新增网络出版资质企业2家，共有网络出版企业18家。16家数字出版企业增加值总额达到4.621亿元，为全市数字出版企业增加值的

4.78%。此外，7家全国数字出版转型示范单位也取得不俗的成绩。

从事数字内容生产的从业人员为2.53万人，较2015年增加0.08万人，主要分布在两江新区、渝中区、九龙坡区，三地从业人员数占全市从业人员的82.3%。

从业人员集中在三区的主要原因：两江新区是有国家数字出版基地，聚集了256家数字出版企业，从业人员达到1.7万人；渝中区是重庆传统的政治经济文化中心，众多传统出版单位集中在该地区，在数字出版的环境下，出版单位转型或者增设数字出版相关环节，实现身份转换，加之该地区设有互联网产业园，聚集一批数字内容创意人才；九龙坡区设有国家高新技术开发区，开发区内容软件企业较多人事数字出版技术研发，为数字出版企业提供了数字出版内容生产技术支撑。

从产业数据上看，重庆市数字出版业具有两大特征。一是增加值率高。全行业增加值率达到43.68%，数字内容产品生产的增加值率高达56.67%。二是对相关产业带动性强。项目组通过编制《重庆市数字出版投入产出表（2012）》发现，重庆数字出版产业在重庆市的国民经济投入产出表中的139个产品部门分类中涉及111个部门，影响整个数字出版产业的产业放大系数（产业放大系数是指某个产业的出现引起的其他产业的发展的程度，一般计算公式为：放大系数=被影响的产业总产出/影响产业总产出）为17.38倍，即数字出版业产值每增加1亿元，相关产业增加17.38亿元。

从新兴产业角度分析，重庆数字出版基本形成了产业成长性，对文化产业支撑力已经形成。综合考量重庆市近年来对数字出版产业的推动力度以及相关规划提出的目标任务，未来3—5年，重庆数字出版具有形成文化产业领导门类的基础。

（二）产业集群基本形成

到2016年期末，基本形成了5大产业集群，这5大产业集群对重庆数字出版业的贡献达到80%以上。数字教育出版对数字出版产业具有基础支撑。重庆数字教育出版发展拥有得天独厚的先天优势，尤其是基础教育、职业教育、素质教育等领域形成特色。西南师范大学出版社、重庆大学出版社、重庆迪帕数字传媒公司等开发了一大批优质数字教育出版资源。重庆天健互联网出版有限公司、华龙网等出版单位着眼大众需求，在新型数字出版业态领域进行了探索，取得了较好的发展态势。重庆晨报等新闻出版机构不断在媒体融合发展潮流中，探索构建自媒体—传统媒体的媒体融合发展道路，通过新闻创客空间等载体实现内容资源双向流通，打造以上游新闻、上游财经等为核心的"上游系"媒体矩阵。数据库出版持续发展，作为国内第一家数据出版单位，重庆维普深入探索丰富数据库出版业态，打造的"中文科技期刊数据库"在基础数据积累方面，数量级不断提升，在地方数字出版业中优势明显；致力推广"维普优先出版平台"，为广大中小型期刊单位提供数字转型升级方案，全新开发的"维普论文检测系统"。维普全年实现网络出版营收 9 346 万元；数字内容创意产业集群不断丰富，在"猪八戒"等本土数字出版企业的基础上，形成了有爱奇艺域外数字内容创意企业入驻重庆，提升了重庆数字内容创意产业集群的影响力和支撑力；动漫游戏产业集群基本形成。在重庆本土享弘动漫影视、重庆视美影视等本土数字动漫企业的基础上，形成了有完美世界、小闲在线、扬速等参与的动漫游戏产业集群，并形成了重庆数字出版业中，具有本土特色，又兼具发达地区思维的集聚特色。

(三) 产业政策效应正在释放

重庆市数字出版业在国内起步相对较早。2008 年重庆市新闻出版局就设立了科技与数字出版处，2009 年批准设立国家数字出版基地，2011 年 1 月发布国内首个省级数字出版发展指导意见。在重庆市文化委员会的指导推动下，重庆华略数字文化研究院正式成立。2016 年 12 月成立了重庆市音像与数字出版协会，为国内首个省级数字出版协会。

从政策层面看，重庆市数字出版产业政策具有明显的叠加性。宏观层面，有西部大开发政策、城乡统筹试验区政策、两江新区政策、"互联网+"政策、创新创业政策、文化产业发展政策、战略性新兴产业政策，以及其他相关专项政策。中观层面看，有重庆市的科技创新政策、媒体转型政策、现代服务业政策等。

2016 年，重庆市"十三五"发展规划相继出台，数字内容生产被纳入到《重庆市国民经济和社会发展第十三五规划纲要》《重庆市人民政府办公厅关于加快发展战略新兴服务业的实施意见》明确提出要"推进新一代信息技术在文化产业发展中的应用"。特别是在《重庆市社会事业发展"十三五"规划》《重庆市文化发展"十三五"规划》《重庆市出版业"十三五"发展规划》编制中充分考虑到了数字出版业的战略地位，将实施数字出版融合发展工程、两江新区国家数字出版基地、数字出版转型示范和融合发展、网络学术出版平台等纳入相关重点项目专栏，并作为重点发展领域或重点支持领域。重庆市文化委员会编制了数字出版专项规划——《重庆市数字出版业"十三五"发展规划》，明确未来5年重庆数字出版的发展目标、路径、重点领域等。重庆市经信委对经认定的数字出版重点实验室能力提升项目给予专项资金支持，主要用于购置先进的研发设备、试验检测设备、技术软件等；对重点实验室的技术创新工作优先予以支持，并择优推荐申报工业和信息化部重点实验室。

除此之外，自2011年以来，重庆市领导对加快重庆市数字出版产业发展方面每年都有专项批示。2017年重庆市政协第四届五次全体会议上，有关加快重庆数字出版产业发展水平的政协提案作为重点提案，由专委会督办。办理过程中，数字出版产业发展相关部门达成共识，多维度发展，协同作用，促进数字出版产业发展。

政策效应的释放有效地增强了数字出版产业集聚能力。重庆地区先后设立赛伯乐移动互联网、隆讯移动游戏、博恩互联网金融、猪八戒网文化创意、华龙网移动新媒体、德同、富坤等7只股权投资基金，基金规模达17.5亿元人民币。

二、重庆数字出版业融合发展情况

在推进产业发展过程中，重庆市坚持战略布局、规划导向、项目带动的原则，通过中央和重庆市的项目带动本地区数字出版产业整体发展。自2013年以来，重庆市有22个数字出版项目列入国家新闻出版广电总局改革发展项目库，7家单位列入国家新闻出版广电总局数字出版转型示范单位，设立重庆市数字出版产业发展重点项目35个。这些项目有效地带动了重庆市数字出版业态融合和体制融合。

（一）国家项目带动战略布局

2016年，重庆市有6个数字出版项目列入国家新闻出版广电总局发展项目库。项目涉项报刊网台融合、传统出版转型升级等方面。当年获得中央财政资金资助项目1个，获资助700万元。入库项目整合本单位资源和外围相关资源推进融合发展。

2016年入库项目"基于教学行为大数据分析的知识服务云平台——课书房智慧移动课堂"，以数字出版方式融合增强现实（AR）技术等技术手段，实现实现数字出版和传统出版的融合发展，着力点在优质教育教学资源的云采编、云生产和版权交易，以确保内容的优质、高效和分发，已建成平台课程2 000余门，内容涵盖金融理财、生活服务、就业创业、专业资源等4个大类近20个小类。"壹笔·作文"由重庆出版集团和课堂内外联合开发，作为一款在线作文服务的APP，集"读—问—写—订—用"于一体，运营一年来，已累积用户30万，成为众多名校语文老师和学生共同使用的作文类APP。上游新闻下载用户量已超过200万，日均发稿量400余条，原创量达到30%，实现了重庆晨报全媒体资源的融合互动。从影响力看，上游新闻客户端在全国省级媒体新闻客户端排名第六，并获中国报协融合发展创新奖，全年网络出版营收800余万元。

此外，由重庆日报报业集团组织实施，2016年接受验收的中央财政资金项目——重报集团全媒体数字化转型技术支撑平台项目，投资1.1亿元，着眼生产流程重构，构建全媒体新闻采编综合业务平台、全媒体全流程出版安全管理平台、全媒体经营及整合营销平台、全媒体公众信息服务中心平台、集团综合信息管理平台、全媒体绩效考核系统平台"六大平台"系统及全媒体经营系统。

（二）市级项目强化基础性建设

2016年，重庆市数字出版专项资金资助天健按需出版应用示范平台、商界内容数据中心、维普知识云图等8个市级项目。重庆天健互联网出版有限公司建设的"天健按需出版应用示范平台"，根据用户需求提供有效的知识出版服务，目前已经完成全部基础、构架设计，平台测试，即将上线运行；"基于大数据的中国抗战大后方历史文化知识库"整合全球抗战历史文化资源，进行结构化、碎片化加工，建立抗战知识服务体系。当红网积极打造重庆党建全媒体传播平台，牵头建设的重庆党建云项目通过验收。

这些项目的实施，一方面对梳理重庆本土历史文化资源、通过数字出版技术促进其传播、探索新的运营模式具有相应的示范作用；另一方面，在企业建设的基础上，通过财政资金投入，突出了重庆数字出版产业地方政策的引导和示范作用。

（三）转型示范企业的示范引领性不断增强

截至 2016 年年末，重庆市有国家级数字出版转型示范单位 7 家，重庆市级数字出版转型示范单位 9 家。转型示范单位遵循总结推广数字化转型先进经验，带动传统出版整体转型升级，推动数字出版产业加快发展的总体要求，积极探索传统媒体数字化转型的方法和路径。

各转型示范单位积极依靠制度创新保障、人才队伍建设、重点项目引导等手段，加大在新技术、新媒体、新平台的应用和投入，加快转型升级、媒体融合发展的步伐，在手机报、微博、微信、客户端等方面打造新媒体矩阵。

在 2016 年底召开的全国第二次数字出版转型示范现场会上，重庆出版集团、商界杂志社做重点发言，得到总局肯定。重庆日报报业集团、课堂内外杂志社、商界杂志社列为总局 32 家转型示范单位重点跟踪单位。迪帕数字传媒、维普资讯入围全国新闻出版业数字化转型升级软件技术服务商推荐名录。

华龙网实施媒体融合发展战略，重庆 APP 全面升级改版，下载量 50 万，微博粉丝 200 余万，微信公众号关注 80 万，集团手机报发行 1 021 万。武陵传媒网、酉阳新闻网充分发挥地域媒体影响力，构建地域特色媒体矩阵，家在黔江、酉州城事 APP 下载量均在 7 万左右，酉名堂、微黔江微信公众号办得有声有色，手机报实现了本地域的高效覆盖。重庆晚报慢新闻成功上线，微博粉丝 405 万，头条账号粉丝 75 万。书香重庆官方微信荣获"首届全国大众喜爱的 50 个阅读微信公众号"，"为你读书"等微信栏目广受好评。赛乐网阅读写作社区客户端顺利上线实现突破，西南师范大学出版社、重庆大学出版社等单位也纷纷开设墨语者等微博、微信公众号。

三、区域数字出版产业特色

2016 年，重庆发挥内容建设对产业链的牵引作用，促进释放资源禀赋潜力、凝聚数字出版技术平台，促进数字出版产业发展成为具有区域特色、行业优势的特色数字出版产业。

（一）数字教育出版产业集群初显魅力

数字教育出版产业集群着眼于终身教育理念，融合域内各层级数字教育资源，形成了基础教育、中职高职及大学精品课程、微课堂产业群，继续教育产业群和能力提升教育群构成。其中，西南师范大学出版社的"课标教材网""名师E课堂"、国培计划数字教育平台用户持续上升；"易汉语"对泰汉语培训项目，构建针对"一带一路"沿线国家的针对性数字化教育项目。课堂内外杂志社开发建设的青少年文化教育数字服务及互动平台建设与运营平台，总投资2 600万元，2016年基本完成建设工作。课堂内外杂志打造的"灵狐课外"持续发力；少年先锋报打造的"赛乐阅读写作社区"实现了赛乐苹果客户端和安卓客户端同时顺利上线；由中央财政资金资助，重庆大学出版社承担开放式职业技术云技术服务平台及应用示范项目，累计投资3 160万元，完成所有建设任务，通过验收；重庆迪帕数字传媒的课书房平台以机械、建筑和电子三大领域为方向，形成了有5 000门课程的职业教育平台；值得一提的是，《重庆市数字出版业"十三五"发展规划》中，提出要建设西部数字教育出版基地，这意味着重庆将集中优势精力打造数字教育出版，充分释放其产业聚集力和影响力。

（二）网络出版集群多元发展

重庆网络出版业资源丰富，业态齐备。内容资源既有以传统媒体作为支撑的网络出版形态，也有以全新形态呈现的原创网络内容形态，全市有18家网站获得国家颁发的网络出版资质，领先西部地区。运营业态主要有地方新闻门户网站、生活资讯门户网站、专业门户网站、数据库出版等形态。华龙网新闻传播力继续增长，在全国省级重点新闻网站中排名前三，居中国新闻网站被转载指数省级网站第一，其新闻专题《穿越直播 重返70年前英雄支撑》获第二十六届中国新闻奖网页设计一等奖，实现了重庆新闻界历史性突破；七一网刊发的渝组言文章《换届之年堪当人梯》受到读者广泛关注；电脑报网网络出版收入大幅增长，同比增加 28%，微博、微信公众号用户实现重大突破，业务的增长致使从事数字出版员工人数首次超越传统出版员工。

（三）动漫游戏产业集群初具形态

外埠游戏企业不断抢滩重庆，国内领先的网络游戏企业完美世界斥资 2 亿元在重庆注册旗下最大独立企业，其业务包括完美世界移动游戏全球发行和运营平台以及其他新兴互联网业务。五四科技集团旗下的重庆小闲在线科技有限公司和重庆迅游科技有限公司着力自主研发网络棋牌休闲游戏和网络游戏开发运营，棋牌平台在线人数突破 1 万人，每月贡献收入 100 万元以上。重庆本土游戏产业最大的自发组织重庆游戏产业联盟整体入驻数字出版基地，丰富了游戏产业集群内涵，提升了产业集聚能力。

（四）数字内容创意产业集群日渐成熟

重庆猪八戒网络有限公司是国内成功践行和发展威客模式的网络企业，是中国最大的众创众包服务网站。2016 年猪八戒实现营收 5.89 亿元，企业雇主用户超过 600 万家，服务商用户超过 1 300 万家，买家遍及中国、美国、英国、日本和印度在内的 25 个国家和地区。猪八戒网荣膺"中国百强商业网站""中国最具发展潜力的网站"称号，并跻身"中国最佳商业模式"100 强，是目前国内最为知名的威客服务交易平台。

（五）数据库出版集群发展强劲

以维普资讯、维望科技、西信天元企业构成的数据库内容加工制作、传播的产业集群发展态势较好，维普咨询收录有中文报纸 400 种、中文期刊 12 000 多种，已标引加工的数据总量达 1 500 万篇、3 000 万页次、拥有固定客户 5 000 余家，形成了以条目为触点、知识体系为链条的多样化、层次化、专业化产品形态。维望科技、西信天元承担了重庆市古籍、历史文献抢救性保护、档案数字化加工制作的主要任务。

四、重庆市数字出版产业发展的未来展望

重庆处在"一带一路"和长江经济带的联接点上,建立了西部首个、全国第二个国家数字出版基地,数字出版业发展对其建设长江上游文化中心有重要战略意义。经过近8年的发展,重庆数字出版产业基础进一步夯实、产业集聚进一步显现、产业协作体系进一步完善,逐渐成为转化区域经济增长的动能、区域产业升级的新亮点。

(一) 国家数字出版基地集聚能力释放

从数字出版基地建设本身而言,重庆两江新区国家数字出版基地历经7年建设,目前已经初具规模,形成了五大产业集群。根据产业集群理论,数字出版基地已经聚集了相互关联的数字出版企业,形成组与组之间以内容为核心,数字技术为线,串线成珠,镶珠成锦的专业化生产要素优化集聚洼地。一是从政策层面而言,重庆市和两江新区推出了能有效刺激数字出版业发展的产业政策,《重庆市国民经济第十三个五年规划纲要》《重庆市人民政府办公厅关于加快发展战略新兴服务业的实施意见》明确提出要"推进新一代信息技术在文化产业发展中的应用"。特别是在《重庆市社会事业发展"十三五"规划》《重庆市文化发展"十三五"规划》编制中充分强化到了数字出版业的战略地位;两江新区梳理了所有政策,对接《重庆市委市政府关于深化改革扩大开放加快实施创新驱动发展战略的意见》对相关政策进行了优化,数字出版基地的战略地位更加强化,加之重庆市具有西部大发开政策、城乡统筹发展、自由贸易区等宏观政策,和重庆市地方一系列促进数字出版及相关产业发展政策进一步优化和完善,增强了政策效率的有效性。二是从外部环境看,2016年国家新闻出版广电总局对两江新区国家数字出版基地进行抽检,在2017年2月召开的全国新闻出版基地(园区)管理工作会议上,两江新区数字出版基地作为优秀基地(园区)全国通报表扬。三是从基地管理的角度,国家新闻出版广电总局将基地管理纳入常规工作,每年将对国家数字出版基地进行年检,重庆市文化委员会和两新区管委会对数字出版基地的体制进行了优化,明确了市区两级在数字

出版基地建设中的职责，并对数字出版基地的管理和运营团队进行了优化。三大因素共同着力，对促进数字出版基地产业聚集能力释放具有明显的推进作用，从而刺激数字出版基地产业聚集能力的释放。

（二）区域内部融合力度加大

近年来，重庆数字出版企业出现区域内合作开发，主要做法是联合申报项目、组建合资公司等，可以看出区域出现了资源整合、资本融合的趋势。从资源本身而言，重庆可继续深入挖掘开发的文化资源丰富，可以从历史角度、地域特色、人文等多角度开发数字出版产品；出版存量资源特色鲜明，包括历史文献、教育资源、大众出版物、专业出版物等，需要注意的是，这些资源分布较为分散，其所有权主体至少分布在200家企业。从技术的角度看，重庆市数字出版业目前应用的技术仍是国内常用技术，具有技术研发能力的数字出版企业并不多见。从赢利能力看，目前重庆的数字出版企业整体赢利不足。综合多方面因素来考虑，重庆市数字出版整体发展态势良好，但仍呈现散小弱的特征，缺乏市场竞争能力。上述因素在一定程度上会影响重庆数字出版业健康发展，但重庆数字出版业界已经意识到这一问题，出现了区域内部融合发展的趋势。

未来的融合将在三个方面有所突破。一是出版单位间的资源融合。各出版单位将突破"以我为主"的思维模式，形成"以强为主"思维模式，也就是各出版单位将自有资源进行融合和综合发开发，主导资源开发将是内容资源优势明显、技术优势明显、市场优势明显的出版单位。二是平台化融合趋势。即不再以单一出版单位建设数据库、产品平台，而是域内根据资源要素的特征，和产品开发的需要，统一建设相应数字出版平台，将相关出版单位聚集到平台；或者打通不同单位之间现有平台，实现平台间互联互通资源共享，实现资源作价流量作价，形成对外的竞争力。三是人才融合。不同身份的人才通过技术中心的模式聚合，联合攻关，从而解决一批制约重庆数字出版业发展的关键问题。

（三）产业带动能力提升

数字出版产业作为新兴的出版业态，具有科技含量高、产业链条长的特征，从而对产业的带动性强。从项目组编制的《重庆数字出版业投入产出表（2012）》来看，其产业带动产业是111个，产业放大系数1：17.38。

首先，影响最大的是数字产品载体制造业。主要是计算机制造、移动终端制造。这项带动影响契合了重庆市产业布局，目前重庆是全国最大的笔记本电脑生产基地，域内南岸、潼南、渝北、九龙坡、巴南、长寿、綦江和大足等多个区县也均有手机生产基地。其中，作为重庆市特色产业（手机）基地的南岸区，就有20多家手机生产企业；南岸区、巴南区、沙坪坝区均有京东方、惠科金渝光电和富士康等知名企业的显示器生产基地，巴南区则是国内较大的显示器生产基地，其生产的曲屏占据全球1/10。从产业聚集理论分析，重庆数字出版业的发展同时会带动该域内阅读终端产业的发展。

其次是数字产品的实体运营。一方面是对软件开发、知识产权服务、数据处理和存储服务、信息咨询服务等领域的影响，项目组测算结果对这些领域的完全消耗系数是0.0328，即每增加一个单位的产出，对该领域的带动是0.0328个单位；另一方面是互联网接入服务等。

第三是对货币金融和其他金融服务的带动。数字出版业对金融服务业的完全消耗系数是0.0266，也就是数字出版产业每增加一个单位的产出，对该金融业的带动是0.0266个单位。重庆正在建设国内重要功能性金融中心，银行、证券、保险及各类新型金融机构集聚，具备了重庆金融业创新支持数字出版发展的条件，同时，也为金融机构发展提供了广阔的市场空间。

除此之外，数字出版业的发展还会促进房地产、商务服务、电子元器件制造、电缆、光缆及电工器材等行业的发展。按照《重庆市数字出版业"十三五"发展规划》，到2020年，重庆数字出版及相关产业总产出达到600亿元，其产业带动将超过万亿。

（四）内容表现形式多样化

纵观数字出版业的发展与新技术交互影响的历程，可以预见，未来数字出版业的产品形态将更加丰富，表现形式将更加多样化。目前重庆数字出版业表现较为传统，但对新技术的应用正在试水。例如：上游新闻设立了国内新闻客户端中第一个虚拟现实（VR）频道，并受到用户好评，上游新闻正在深化该频道的体验；增强现实（AR）技术已受到重庆数字出版业，特别是数字教育出版领域的企业关注，很快会有产品投入市场。"十三五"期间，重庆市将数字出版技术攻关和应用作为未来提升数字出版竞争力的重要举措，可以展望，重庆数字出版将呈现出新技术广泛应用、内容呈现形式多样化的格局。一是虚拟现实成为常态，增强现实、混合现实广泛应用。重庆迪帕数字传媒公司、重庆天健互联网出版公司已经开始布局。重庆数字出版业以数字教育出版见长，VR、AR和MR正好解决了如何增强数字出版产品的体验性和交互性的难题，将会成为域内数字出版单位拓展市场的主要选择技术。二是听书产品越来越多，目前越来越多的媒体公众号和自媒体正在克隆懒人听书模式。西南师范大学出版社听书产品已经上市。可以预见，通过改进型创新和应用型创新，该模式会在重庆数字出版业嬗变，形成新传播模式。三是大数据技术将提升出版效率，提升阅读体验。一方面数字出版单位本身的产品间屏障将会获得突破，数字出版产品代际之间无缝对接；另一方面数字出版单位之间的技术壁垒将打破，单位与单位之间的数据可以实现共享，从而提升数字出版产品的厚度、广度和深度。四是人工智能（AI）将在重庆数字出版业广泛应用，一方面是跨文化传播中，人工智能翻译能吸引更多不同文化背景和语言背景的用户；另一方面，人工智能应用到编辑和产品分发领域，对提升传播效率具有明显的促进作用。

（本报告课题组成员：温相勇　蒲　洋　周兴林　陈　瀚　吴江文　袁　毅）

附　录

2016年中国数字出版大事记

一、电子图书

天津举办数字图书馆建设成果展

2016年3月7日,由国家图书馆主办、天津图书馆承办的"聚力协作共推广 继往开来绘蓝图——数字图书馆推广工程建设五年间成果展"在天津图书馆文化中心馆展出。展览分为"进无止境 数字图书馆建设成果惠及全民""开拓创新 助力现代公共文化服务体系建设""融合发展 共谋'十三五'建设新篇章""蓄力生长 各地数字图书馆百花竞放"四部分。展览以图文并茂的形式,利用多媒体视频展播,集中展现了"十二五"时期数字图书馆推广工程建设进展以及服务惠民的成效。

阅文集团签约苏州大学共同培养网络文学人才

2016年3月11日,阅文集团与苏州大学凤凰传媒学院宣布达成合作,双方将建立创新创业实训基地战略合作项目,共同培养网络文学原创人才,探索联合培养创新、实用型人才的新模式,拓宽适应市场需求的人才输送主渠道,将更多的专业高校人才输送到新兴的网络文学行业,同时也让具有丰富网络文学知识的专业编辑、高级管理人员在高校进行授课,对研究生进行业务指导,并且提供实习上岗职位,培育出更多更全面的新形态网络文学专业人才。

2016中国数字阅读大会在杭州举行

2016年4月13日,2016中国数字阅读大会在杭州举行。本次大会旨在联合各方共同探讨数字阅读领域的发展趋势和未来机遇,切实推动传统出版与新兴出版融合发展,促进产业转型升级;拓展、丰富数字阅读领域,构建充满正能量的网络文学联盟,助力青少年树立健康思想,培育和践行社会主义核心价值观;并借助数字阅读的新技术、新产品、新模式，提升广大人民群众精神文化消费品质，进一步满足人民群众的精神文化需求，为建设社会主义文化强国做出贡献。

天津首批"儿童成长数字图书馆"揭牌

2016年5月30日，天津市妇女儿童发展基金会、天津市老区建设促进会在蓟县第一小学共同举行天津首批"儿童成长数字图书馆"揭牌仪式。"儿童成长数字图书馆"内容涵盖了青少年成长必备的德、智、体、美、乐、学等一般基础教育用户所需的20万种电子图书、有声读物、多媒体视频资料，总价值达500余万元，是中国妇女发展基金会在全国推行的公益项目。

"中国数字图书全球发行平台"发布

2016年8月24日，"中国数字图书全球发行平台"在京发布。该平台可以制作完成符合全球各渠道要求的电子书格式，并与全球300多家一级电子书阅读渠道和23万余家图书馆建立了合作关系。其数据分析技术可对电子书全球销售数据进行收集、整合和分析。该平台可为中国出版机构的电子图书提供全球化的发售网络，让全世界的读者在第一时间阅读中文原版图书，提高新书发行的时效性，提升中国书籍的可被发现性。

国家新闻出版广电总局举办网络文学网站主要负责人暨骨干编辑培训班

2016年11月21日至25日，国家新闻出版广电总局在上海启动了2016年网络文学网站主要负责人暨骨干编辑培训班，来自全国43家网络文学网站的80多名负责人、骨干编辑参加了培训。通过对网络出版服务相关法律法规、网络文学知识产权保护管理和出版管理要求、内容审读与质量管理等内容的学习，引导企业建立完善的内部编辑制度和作品审发机制，把创作优秀作品作为中心环节，不断推出思想性、艺术性、可读性有机统一的网络文学精品佳作。

二、互联网期刊

第十届中国期刊创新年会在京召开

2016年1月14日至16日，由中国新闻文化促进会和中国新闻出版研究院联合主办、出版发行研究杂志社承办的第十届中国期刊创新年会在京召开。本届年会主题为："十三五"规划与期刊创新。与会嘉宾围绕期刊的整体态势以及期刊数字化转型、"十三五"时期传统邮政发行渠道的数字化转型、"十三五"科技期刊的发展战略、科技期刊与学术评价的关系以及"十三五"时期少儿出版的发展、国外期刊业的最新变革与发展趋势等问题进行了交流与探讨。

首届期刊融合发展高峰论坛在京召开

2016年3月18日至19日,由中国新闻出版研究院主办的首届期刊融合发展高峰论坛在京召开。来自中国邮政集团公司、时尚杂志社、中国新闻周刊杂志社、三联生活周刊杂志社、电子竞技杂志社、北京卓众出版有限公司等机构的负责人及行业代表围绕期刊数字化转型的运营模式、发展策略与实践经验等话题进行交流。来自全国各地期刊单位的100多位代表参会。

SciEngine 数字平台试运营

2016年4月18日,由中国科学杂志社自主研发的SciEngine科技类学术期刊国际传播平台开始试运营。SciEngine以《中国科学》系列和《科学通报》的内容资源为依托,是我国首个集全流程数字出版与国际化传播于一体的科技期刊服务平台。

首届中国科技期刊国际影响力高层座谈会在武汉举行

2016年9月24日,中国新闻出版传媒集团联合同方知网等单位共同举办的首届中国科技期刊国际影响力高层座谈会在武汉举行。座谈会以"学术期刊国际影响力提升措施及其科学评价"为主题,来自国家新闻出版广电总局、中国科协、中国期刊协会、中国科技期刊编辑学会、中国高校科技期刊研究会和湖北省新闻出版广电局等部门和组织的相关领导,以及业内专家、期刊社负责人等出席会议。

"京津冀文学期刊与创作"主题论坛在京举行

2016年10月28日,"京津冀文学期刊与创作"主题论坛在京举行。论坛由北京出版集团、北京作家协会、十月文学院、十月杂志社联合举办,来自北京、天津、河北的文学期刊负责人以及文艺评论家、作家就如何立足京津冀地域文化,创作出既有地域特色又能反映时代精神面貌的高峰之作以及京津冀三地重要文学刊物如何打造联合平台、联手推出精品力作、推荐优秀青年作家等话题进行了探讨。来自京津冀三地作家协会、文学期刊以及北京出版集团、北京十月文艺出版社等相关负责人和作家、评论家等出席论坛。

科学与技术前沿论坛展示期刊发展成果

2016年10月28日,中国科学院学部"科学与技术前沿论坛"第60次论坛——"中国科技类学术期刊发展战略研究"在北京召开。来自全国各地近百位专家学者以"中国科技类学术期刊发展战略研究"为主题，通过 8 场精彩的战略报告，展示了中国科技类学术期刊的发展方向和在未来对科学事业及国家创新驱动能力的重要作用。与会嘉宾还就期刊数字平台建设、期刊宣传、期刊发展政策建议、期刊影响力评价、办刊机制、期刊市场化、开放获取等多个议题展开了热烈讨论。

2016 全民阅读嘉年华在宁波举行

2016 年 11 月 20 日至 22 日，由龙源数字传媒集团、中国新闻出版研究院和宁波市政府联合主办的 2016 全民阅读嘉年华在宁波举行。大会同时发布了数字阅读 TOP100 城市排行和数字传播影响力期刊 TOP100 排行。此次活动，还举办了著名文化学者和大刊名刊社长主编走进学校、走进机关、走进社区和走进图书馆的系列演讲活动。在"移动互联网时代的期刊运营暨媒体融合案例报告会"上，与会嘉宾分享了移动阅读环境下的期刊运营经验和思路以及推进期刊融合发展的心得体会。

2016 中国学术期刊未来论坛在京举行

2016 年 11 月 22 日至 23 日，以"转型、融合、发展——学术期刊服务创新"为主题的第二届"中国学术期刊未来论坛"在京举行。主论坛上设置了"新型数字出版模式与出版平台""刊网融合下的供需融合""国际化、集团化发展"等单元，对目前学术期刊新型数字出版模式、内容出版方式、产品形态、海外传播、走出去影响力等方面进行了研讨。论坛上还发布了《2016 年中国学术期刊国际引证年报》《2016 年中国学术期刊国内引证年报》，公布了 2016《最具国际影响力学术期刊》《国际影响力优秀学术期刊》。来自全国期刊界的 2 300 多名代表参加会议。

三、数字报纸

2016 年全国报协秘书长会议在浙召开

2016 年 1 月 13 日，2016 年全国报协秘书长会议在浙江省乌镇召开，来自全国 20 余个省（区、市）报协的主要负责人及秘书长共同研讨了全国报业发展的新格局、新形势，并规划了报协 2016 年的工作的重点和努力方向。会议总结了2015年的工作，并介绍了2016年的工作要点。各省（区、市）报业协会负责人也结合各地实际交流了2015年的工作及2016年的设想，探讨了新形势下如何做好报协工作的经验与体会。

中国报协五届二次理事会暨中国报业发展大会在泰安举行

2016年4月21日，中国报协五届二次理事会暨中国报业发展大会在山东泰安举行。本次大会以"报业转型中的创新与发展"为主题，就新常态下中国报业如何深入推进媒体融合发展、打造新型媒体集团等话题进行了交流。中报协理事会全体成员单位在泰安联合发布了《中国报业泰山宣言》。

东南网全媒体新闻中心投入运行

2016年5月31日，福建日报报业集团东南网全媒体新闻中心正式落成，中央厨房式集成生产模式开始试运行，标志着东南网信息生产流程的再造完成。东南网全媒体新闻中心由指挥部、采集部、编辑部、分发部、舆情部、评论部、视频部、专题部、总编室等构成，中央平台采用全渠道、多媒体的图文视频采集，成稿进入新闻资源库，由渠道编辑有针对性地深度加工，呈现给网友鲜活的新媒体产品。从信息采集到加工处理的全流程，指挥部全程介入。这种中央厨房式的新闻生产流程，使采集、生产、传播、交互一体化，是东南网向"全媒体汇聚、共平台生产、多渠道分发"的新型传播方式的转变，可实现统一指挥、统一把关，滚动采集、滚动发布，多元呈现、多媒传播。

首届党报客户端发展高峰论坛在郑州举行

2016年6月1日，首届党报客户端发展高峰论坛暨"河南日报金水河客户端上线仪式"在河南郑州举行。数十位中央与省级媒体高管、国内学界知名专家纵论党报客户端发展前景，并联合发表"党报客户端郑州共识"。上线仪式上，人民日报媒体技术股份有限公司与河南日报报业集团有限公司签署了战略合作框架协议，各省辖市和50多家省直属单位与金水河客户端签订了入驻合作协议。通过强强联合，将为媒体融合提供更加有力的支撑。

人民日报社联手腾讯推动媒体融合

2016年6月15日，人民日报社与腾讯在京签订媒体融合发展创新战略合作协议。双方约定围绕"融合·创新"的主题，在内容、渠道、平台、经营、管理等方面深度合作，从标准、技术、管理、运营等多个方面探索推动媒体融合发展。

界面获 3 亿元 B 轮投资

2016 年 7 月 2 日，上海报业集团旗下新媒体项目界面（上海）网络科技有限公司，完成总额超过 3 亿元的 B 轮融资，由中石油旗下昆仑信托领投，一家跟投，界面以"国有控股＋团队激励＋多元股东＋多轮孵化"为运作模式。通过本轮融资，界面继续增加商业新闻报道的投入，同时进军原创视频和音频领域。

中国报业融合创新联盟成立

2016 年 7 月 7 日至 8 日，"媒体融合与创新"中国报业社长、总编高级研修班在河北廊坊举办，中国报业融合创新联盟同时揭牌成立。本次研修班以"媒体融合与创新"为主题，分享了业界专家与行业领导巅峰对话，最终落实融合发展与转型升级操作模式。

全国省级晚报（都市报）经营联盟成立

2016 年 7 月 15 日，2016 年全国省级晚报（都市报）经营峰会在西宁举行，23 家省级晚报、都市报负责人齐聚青海，共商媒体融合发展与创新经营大计。全国省级晚报（都市报）经营联盟也宣布正式成立。本次峰会以"思筹·知路"为主旨。

全国报刊媒体融合创新案例路演在京举行

2016 年 8 月 29 日至 31 日，全国报刊媒体融合创新案例路演在京举行。来自人民日报社、光明日报社、北京日报社、浙江日报报业集团、南方报业传媒集团、中国国家地理杂志社、三联生活周刊杂志社等 30 家报刊出版单位，围绕"融合引领发展，创新成就未来"的主题，在路演活动中展示了自己的媒体融合创新案例。由投资界、传媒研究界、行业领军企业、政府行业政策制定部门 4 类成员构成的专家评审团对这些案例逐一点评，进行质询并给出指导意见，旨在为这些优质项目会诊和指路。

2016 中国传媒融合发展年会暨第三届中国报业新媒体大会在苏州举办

2016 年 11 月 10 日至 11 日，"2016 中国传媒融合发展年会暨第三届中国报业新媒体大会"在江苏苏州举办。来自全国 170 多家报业集团、互联网传媒机构的负责人共同探讨加快推进融合发展和新媒体转型升级发展等议题。本届大会聚焦传媒融合发展趋势及成效。会上发布了《2015—2016 中国传媒融合发展年度报告》《中国报业新媒体影响力排行榜》，揭晓了中国报业融合发展项目及实战案例"双十佳"、中国报业短视频微电影大赛"双十佳",并进行展播及经验交流。

第二十三届全国省级党报总编辑年会在上海召开

2016年11月14日,由解放日报社承办的第二十三届全国省级党报总编辑年会在上海召开。来自全国各省(区、市)党报的有关负责同志,围绕"融合·创新·力量"年会主题,就媒体融合转型与改革发展进行研讨交流。会议期间,与会代表就省级党报推进融合发展的理论与实践进行了探讨交流。来自媒体、高校、互联网公司、创投机构等领域的专家学者关于党报工作理论研究、国内外舆论发展趋势、互联网领域动态等方面发表演讲。此次年会还评出了一批全国省区市党报好新闻作品。

南方财经全媒体集团成立

2016年11月17日,南方财经全媒体集团揭牌仪式在广州举行。南方财经全媒体集团通过跨媒体资源重组,拥有原分属南方报业传媒集团、广东广播电视台的财经类媒体业务资源和经营性资产,将重点发展媒体、数据、交易三大业务,以"媒体+金融""媒体+技术"的方式探索媒体转型发展之路。

中国报业投资联盟大会暨首届投融资峰会在郑州举行

2016年11月23日,中国报业投资联盟大会暨首届投融资峰会在河南省郑州市举行。会上,河南日报报业集团、湖南日报报业集团、河北日报报业集团、期货日报社、证券时报社国时资产、中原证券、中旅银行、兴业银行等共同签约成立"中报砥石文化产业发展基金"。该基金规模为100亿元,采用母子基金方式,下设媒体融合发展基金、文化旅游产业基金、传媒并购基金、上市公司定增基金等子基金,聘请专业化的公司和团队,以稳健的方式在科学防范风险的前提下进行市场化运作。

世界中文报业协会第四十九届年会在广州举行

2016年12月5日至6日,世界中文报业协会第四十九届年会在广州举行。年会以"世界形势与中文报业"为主题,来自中国、马来西亚、新加坡、日本、韩国、法国、加拿大等国家和地区共60多家中文报业传媒的120余名代表参加年会。年会邀请嘉宾围绕媒体融合推动营销创新、新闻工作的社会责任与职业道德、"一带一路"的人文交流与中文媒体等主题发表演讲。与会代表就新形势下的各地中文报业发展等议题展开讨论。

融合·创新·突破——全国省报集团媒体融合研讨会在杭州举行

2016年12月6日,"融合·创新·突破——全国省级党报集团媒体融合研讨会"在杭州举行。研讨会上,来自全国28家报业集团主要负责人和部门相关负责人共同交流媒体融合经验做法,探讨媒体融合发展趋势。省级报业集团负责人,就媒体融合的内容建设、技术保障、经营管理、体制机制等热点话题做了深度交流,共同研究展望媒体融合的新趋势和新变化,探讨进一步贯彻落实中央决策部署的重要举措。

四、移动出版

第三届移动游戏产业年度高峰会在厦门举办

2016年1月13日至14日,以"产业赢响·多元趋动"为主题的第三届移动游戏产业年度高峰会在福建厦门举办。峰会回顾了2015年移动游戏产业发展态势,盘点了移动游戏的产业热点,分析移动游戏产业现象。峰会成立了中国电视游戏产业联盟。

第十二届TFC全球移动游戏大会暨智能娱乐展在京召开

2016年3月17日至18日,第十二届TFC全球移动游戏大会暨智能娱乐展在北京国际会议中心召开,本次大会以"新起点·新机会·新突破"为主题,立足游戏产业、VR/AR以及二次元产业的同时,涵盖手游、智能玩具、智能硬件、HTML5游戏、二次元产业、影视泛娱乐IP等方式。

2016年第八届全球移动互联网大会在京举行

2016年4月28日至5月2日,第八届全球移动互联网大会(GMIC)在京举行。本届大会的主题是"世界的共振",旨在搭建跨行业、跨领域的思维碰撞平台。大会设置了近50场行业峰会论坛,涵盖机器人、智能硬件、移动游戏、大数据、移动教育、移动医疗、智能汽车等众多热点行业,来自70多个国家的参会者讨论了时下最具前沿的行业话题,展示了中外移动互联网最前沿的技术和最新的成果。

APP信息服务管理规定出台

2016年6月28日,国家互联网信息办公室发布《移动互联网应用程序信息服务管理规定》，规定自 2016 年 8 月 1 日起施行。出台规定旨在加强对移动互联网应用程序（APP）信息服务的规范管理，促进行业健康有序发展，保护公民、法人和其他组织的合法权益。规定明确，移动互联网应用程序提供者应当严格落实信息安全管理责任，建立健全用户信息安全保护机制，依法保障用户在安装或使用过程中的知情权和选择权，尊重和保护知识产权。

咪咕与亚马逊联手推动数字阅读内容发展

2016 年 6 月 29 日，咪咕文化科技有限公司与亚马逊 Kindle 签署战略合作协议，宣布共同推动移动互联网及数字内容在中国及国际范围内的发展。咪咕公司和亚马逊将基于 Fire 平板电脑等智能终端硬件产品进行深度的定制合作，并利用各自的渠道及平台优势，促进相关产品的推广和销售。

全国手机报新媒体发展推进现场会在成都召开

2016 年 7 月 12 日，中央网信办在成都召开全国手机报新媒体发展推进现场会。会议总结了党的十八大以来全国手机报新媒体建设取得的成绩、经验，分析面临的机遇、挑战，提出进一步推动手机报新媒体创新发展的任务、措施。中宣部、工信部有关负责人参加会议并发言。

移动游戏出版管理工作座谈会在京召开

2016 年 12 月 15 日，国家新闻出版广电总局召集部分移动游戏骨干企业召开移动游戏出版管理工作座谈会。总局对用户数量多、营收规模和市场影响力大的游戏作品进行重点监管，以点带面，进一步引导游戏企业坚持正确导向，保障游戏作品内容安全，保护未成年人身心健康。

五、网络游戏

2016 国际游戏商务大会暨互动娱乐展在京举办

2016 年 4 月 18 至 19 日，2016 国际游戏商务大会暨互动娱乐展在北京国家会议中心举办。本届大会由中国音数协游戏工委、UZONE 扬帆会、中青盈创国际广告（北京）有限公司承办，台北市电脑公会、韩国移动游戏协会给予支持。大会包括国际游戏商务大会高峰论坛、国际游戏大会 VR 主题论坛、国际游戏商务大会电子竞技主题论坛、第三届中国国际 IP 大会、韩国游戏新品推介会等。同期还举办了路德 FC 综合格斗大赛、新浪中国游戏排行榜颁奖典礼和手游 2.0 时代的 IP 战略。在 VR 主题论坛上，来自暴风魔镜、极睿软件、焰火工坊等公司负责人，围绕 VR 智能硬件开发、VR 游戏产品运营、VR 游戏内容深耕等话题，探讨 VR 市场的发展趋势。

第十四届中国国际数码互动娱乐展览会在沪举办

2016 年 7 月 27 日至 31 日，第十四届中国国际数码互动娱乐展览会（ChinaJoy）在上海举办。本届展会以"游戏新时代，拥抱泛娱乐"为主题，来自全球 30 多个国家和地区的千余家企业参展。在同期举办的中国国际数字娱乐产业大会上，国家新闻出版广电总局副局长、中国音像与数字出版协会理事长孙寿山发表题为《融合发展　共谱我国数字内容产业新华章》的主旨讲话。展会期间，还分别举办中国国际动漫及衍生品授权展览会（CAWAE）、中国国际数字娱乐产业大会（CDEC）、全球游戏产业峰会、全球电子竞技产业峰会、中国游戏开发者大会（CGDC）等一系列专题会议。

国家新闻出版广电总局实施原创游戏精品出版工程

2016 年 11 月 15 日，国家新闻出版广电总局发布《关于实施"中国原创游戏精品出版工程"的通知》。2016—2020 年，总局将通过建立健全扶持游戏精品出版工作机制，累计推出 150 款左右游戏精品，落实鼓励和扶持措施，支持优秀游戏企业做大做强。通知明确了"游戏精品工程"的实施原则：强化游戏企业社会责任，实现社会效益与经济效益相统一；着眼于游戏作品的思想品质和文化内涵，兼顾创意水准和技术含量，实现思想性与艺术性相统一；集中管理资源，利用扶持政策，重点支持中国游戏数码港项目等，实现重点扶持与整体发展相统一；总局与省级出版行政主管部门共同扶持发展、推进实施，实现总体协调与分工协作相统一。

"网络游戏反盗版和产业保护联盟"在京成立

2016 年 11 月 24 日，在中国互联网协会网络版权工作委员会的支持下，"网络游戏反盗版和产业保护联盟"在京成立。联盟由腾讯、掌趣、畅游、完美世界、百度、新浪、爱九游、聚力、西山居、欢聚时代、联众、搜狗、乐视、网易、烽火连城等 15 家游戏运营企业、独立游戏制作人和游戏平台企业共同发起成立。该联盟下一步将抓好六方面的工作：建立联盟成员之间的绿色通道，简化投诉流程，形成快速便捷的侵权投诉处理机制；共建诉调衔接机制,促进诉讼纠纷快速解决;促进电子证据在司法实践中的采用和认可,通过广泛应用电子证据解决取证难、举证难的问题;启动打击游戏外挂的专项维权行动,遏制影响游戏运营安全和公平的"毒瘤";定期召开研讨会,探讨游戏新型侵权行为,推动解决维权疑难问题;定期发布游戏侵权案件调研报告或行业年度知识产权保护白皮书。

2016年度中国游戏产业年会在海口召开

2016年12月15日至16日,以"大作随行e乘风"为主题的2016年度中国游戏产业年会在海南海口召开。年会举办了游戏产业高峰论坛,与会嘉宾围绕"电竞黄金时代""移动游戏未来""游戏国际化"三个主题展开探讨。年会还发布了2016年度游戏行业权威报告,举办了游戏十强颁奖盛典。

六、网络动漫

首届中国漫像文化节在京举办

2016年1月24日,在北京国家会议中心由中国出版集团数字传媒有限公司主办的首届中国漫像文化节上,中国出版集团数字传媒有限公司的数字新产品"漫像"APP正式上线。"漫像"APP旨在把绘制漫像这一服务进行移动终端的互联网化。通过"漫像"APP可以为漫像画家提供统一的漫像服务交易平台,为用户和粉丝提供一个休闲娱乐、好玩有趣的应用客户端,可以满足不同要求的高品质数字漫像定制服务,供用户在社交媒体使用和传播。启动仪式上,中国出版集团数字传媒有限公司还与墨堂国际艺术馆就"漫像"APP的线上与线下互动展览以及漫像创作培训等内容进行了战略合作协议的签约。

第12届中国国际动漫节在杭州举办

2016年4月27日至5月2日,第12届中国国际动漫节在杭州市滨江区白马湖动漫广场举行。法国戛纳电视节、法国昂古莱姆国际漫画节、俄罗斯莫斯科世界媒体内容市场、加拿大渥太华国际动画节、阿根廷科尔多瓦国际动画节、韩国首尔国际动画节、南非开普敦国际动画节等10个世界著名国际节展汇聚杭城;变形金刚、复仇者联盟、海贼王、阿凡达、加菲猫、七龙珠等近50个境外知名动漫品牌亮相展会;中国COSPLAY超级盛典在西班牙、匈牙利、新加坡，以及中国香港和台湾等地设立 5 个分赛区，国际漫画展以 AR（增强现实技术）、VR（虚拟现实技术）、立体投影等影像技术，展示 80 余个国家及地区的 400 余件优秀漫画作品。今年动漫节首次举行国家新闻出版广电总局年度国产动画发展专项资金项目评审结果发布仪式，首次举办国际动漫游戏商务大会，首次举办中国动画电影创投会，首次携手全球知名会议品牌 TED 等。

第九届厦门国际动漫节举行

2016 年 8 月 12 日至 15 日，第九届厦门国际动漫节在厦门国际会展中心举行。本届厦门国际动漫节开设动画讲坛，新增 VR 展区，首次设立独立游戏展示区。展示期间，组委会邀请多家独立游戏开发者参与其中，组织 48 小时游戏开发大赛，通过项目路演对接会等形式，关注产业新生力量与优秀人才。"金海豚"奖动画作品大赛终评结束，共收到 2 425 部参赛作品，其中境外作品 270 部，来自美国、英国、法国、俄罗斯、波兰、巴西等 39 个国家和地区，大赛揭晓了最佳影视动画长片、最佳系列动画片、海西创新奖等 10 项大奖。

湖南郴州出台动漫产业扶持奖励办法

2016 年 9 月 29 日，湖南省郴州市政府出台《郴州市动漫产业发展扶持奖励办法》，这是郴州市首次出台动漫产业扶持奖励政策。该奖励办法对在郴州市依法注册登记，以创意为核心，以动画、漫画、游戏（含手游、网游）、网络动漫（含手机动漫）、动漫舞台剧、动漫影视等为表现形式的创作、软件开发、节目制作、出版、生产、推广等企业以及与动漫游戏形象有关的服装、玩具、电子游戏等衍生产品的生产、经营的产业（企业）进行扶持奖励。

第九届中国国际漫画节在广州举办

2016 年 9 月 30 日至 10 月 5 日，第九届中国国际漫画节在广州举办。本届漫画节围绕"新丝路，大动漫"主题，设置鼓励原创、推介交易、娱乐消费、探讨交流、群众活动五大单元，活动内容包括"走近海上丝绸之路"主题漫画展、发布 2016"原动力"中国原创动漫出版扶持计划入选名单、第 13 届中国动漫金龙奖颁奖大会、原创动漫出版融合发展座谈会、产业项目发布与交易等。本届漫画节展出的漫画图书及衍生品达 1 万多种，超过 500 名海内外知名动漫行业嘉宾、漫画家参加了系列活动。本届首设的专业展吸引了近 300 个国内外众多知名动漫游戏品牌、逾 1000 名专业观众参与。在"产业项目推介与交易会"上，签约总额达 3.57 亿元。在以"IP 产业化的创新之路"为主题的产业高端论坛——动漫版权交易会暨第十届中国漫画家大会上，动漫业界人士分别从"内容创作、IP 运营、产业研究、股权投资"四个方面对动漫 IP 进行了多维度剖析。

七、视　频

合一集团发布"创计划"孵化精品国漫

2016 年 1 月 13 日，合一集团（优酷土豆）推出动漫"创计划"，通过"创作、创收、创导"实现产业规划，全面布局动漫产业链。此外，"创计划"还通过与欧美、日韩等国际动漫创作、营销团队的合作，以动漫形式对外输出中国文化产品和主流价值观。未来，优酷土豆动漫将每年投入 5 亿元，支持动漫产业持续性孵化国产动漫的精品内容。

优酷发布会员"三通"战略

2016 年 3 月 10 日，"影·享 2016——优酷会员品牌战略"发布会在京举行，会上公布了优酷会员的"三通"战略。今后，阿里影业的多部大电影将在优酷会员频道上线，双方还将联手打造全新 IP，多渠道开发，形成新的 IP 生态。"三通"即用户、数据、服务全方位打通。"用户通"是指优酷账户将与阿里账户打通，形成一个更庞大的消费市场；"服务通"是优酷会员不只享有影像权益，而且以优酷会员为核心，串联起各行业的合作伙伴，让会员享受更开放的权益系统。"数据通"指的是用视频数据连接消费数据，为用户量身定做服务和产品。

优酷土豆成为阿里子公司

2016 年 4 月 6 日，合一集团（优酷土豆）宣布，已与阿里巴巴集团完成合并交易，正式成为阿里巴巴旗下全资子公司。合作主要体现在三个方面：一是从内容到商业；二是从多屏到无屏；三是从平台到社群。阿里和合一的联动，打通了电子商务和文化娱乐两大生态。这个联动正在创造一个全新的格局，将提升双方的价值和活力。

第六届全球视频媒体论坛在苏州召开

2016 年 10 月 20 日至 21 日，第六届全球视频媒体论坛（VMF2016）在苏州召开。来自 36 个国家与地区的 300 多位媒体及相关机构代表参会，围绕"改变世界的视频"主题，共同探讨在视频新生态里，内容制作与传播创新理念、内容生产云平台、技术革新与视频新形态、资本对媒体行业的影响等话题。论坛期间，央视国际视通与星云纵横有限公司发布新闻大数据云平台。另外，央视国际视通智库也正式揭牌，智库专家们将为如何更好地"讲述中国故事，传播中国声音"提供战略指导和专业支持。

《2016 中国网络视听发展研究报告》发布

2016 年 12 月 7 日，中国网络视听节目服务协会在成都发布《2016 中国网络视听发展研究报告》。此《报告》是通过计算机辅助电话调查、在线问卷调查、专家访谈，以及通过对网络电视台、互联网电视行业的数据进行数据调研和统计分析，全面展示网络视听行业的发展状态。《报告》显示，网络视频消费的全民化、网络视频传播大 IP（知识产权）时代的全面到来、网络视频付费观看行为的常态化、视频网站竞争格局马太效应日趋显著、智能电视进入发展快车道，成为中国网络视听行业呈现的五大趋势。

八、数码印刷

2016 年北京印刷协会会员大会在京举行

2016 年 1 月 12 日，2016 年北京印刷协会会员大会在京举行。大会以"打好结构调整攻坚战，创新谋变激发新活力"为主题，宣布 2016 年除继续做好行业调查统计、环保建设等工作外，还将重点做好京津冀协同推进印刷企业布局调整、智能化发展等方面工作。大会总结了 2015 年印协开展的北京印刷业现状与发展趋势调研、环保建设、职业技能培训等方面工作情况。

青岛报业传媒数字印刷产业园投产

2016 年 2 月 18 日，青岛报业传媒数字印刷产业园投产仪式在青岛高新区举行。青岛报业传媒数字印刷产业园建筑面积 4.6 万平方米，总投资 1.2 亿元。经过近一年的安装调试后，全部印刷设备的顺利投产使其成为集报纸印刷、商务印刷于一体的印刷产业园区。园区内除 6 条高速报纸印刷生产线满足《青岛日报》《青岛晚报》《青岛早报》《老年生活报》等报纸的印刷外，另设报刊、书籍印刷装订生产线，可满足《读报参考》等报刊、书籍的印刷装订。产业园的落成不仅改善了报业原有的印刷条件，同时还通过与本土凯萨纸品等企业的合作，尝试拓展多元化经营空间，为商业印刷、特种印刷产业项目提供基础，进一步丰富了产业园的功能设置。

第二十三届华南国际印刷展在广州举办

2016年3月2日至4日，2016华南国际印刷展在广州举办。本届展会展出规模达9万平方米，共有1 000多家海内外知名企业展示优秀产品与技术成果。来自德国、意大利、美国、中国、加拿大等12个国家的展商亮相本次盛会，集中展示数字印刷、包装印刷、绿色印刷、模内标签、标签防伪、智能标签、包装自动化等最新的印标包装行业前沿技术。华南国际印刷展主打"绿色、高效、智能、自动化"概念，其中印刷展对应"大印刷包装"每道工序，涵盖"印前、数码印刷、胶印/柔印/凹印、印后及纸制品加工、纸盒包装、配件及材料"等六大主题展区。

2016年中国（上海）国际印刷周在沪召开

2016年3月9日至12日，2016年中国（上海）国际印刷周在沪召开。印刷周以"创新　融合　发展"为主题，还揭晓了第九届上海印刷大奖。本届印刷大奖吸引了来自上海、江苏、浙江、山东、山西、甘肃、北京等7省市共141家单位、896个品种参评，涵盖出版物、包装装潢及数字印刷等各领域，最终共评选出大奖2个、金奖39个及若干银奖、铜奖，向与会者分享了集智能生产设备、智能物流设备、工业机器人、云服务平台等为一体的智慧印厂，介绍了采用纳米绿色材料研发出的可穿戴电子器件、绿色印刷橡皮布研发及应用等印刷新理念和新应用。印刷周还举办了江苏主宾省论坛活动、印刷企业污染物控制与治理技术论坛、中韩设计高峰论坛、纸上创意国际讲坛等活动。

第九届中国印刷史学术研讨会在京举行

2016年6月28日至29日，第九届中国印刷史学术研讨会在京举行。在本次研讨会上，来自故宫博物院、北京大学、清华大学、中国科学院大学、中华书局、中国科学院自然科学史研究所、中国印刷博物馆、上海印刷博物馆、南京图书馆等单位的近30位业界专家，分别从印刷术起源、发展、传播过程中的多个角度向与会者介绍了研究的最新成果。

2016全国印刷经理人年会在京召开

2016年9月1日至2日，以"创变　印刷新价值"为主题的2016全国印刷经理人年会在北京召开。年会公布了印刷业 2015 年度核验统计结果，还举行了"2016 中国印刷包装企业 100 强"颁奖典礼。

首届中国印刷（合版）信息化与智能化高峰论坛在武汉举办

2016 年 9 月 3 日，由湖北省印刷协会和武汉市印刷协会主办、一幅图（原改图网）和印链承办的首届中国印刷（合版）信息化与智能化高峰论坛在湖北省武汉市举行。通过圆桌的形式探讨三大主题：代理商如何利用信息化做大做强；合版印刷厂信息化与智能化的趋势与需求；系统服务提供商眼中的合版印刷信息化与智能化。

第六届中国国际全印展在沪举办

2016 年 10 月 18 日至 22 日，第六届中国国际全印展在上海新国际博览中心举办。本届展会展出面积达 8 万平方米，汇聚了 724 家中外展商。全印展主论坛"2016 中国印刷论坛 & 第十四届亚太印刷论坛"汇聚了中国、美国、澳大利亚、日本、马来西亚等亚太地区印刷行业组织的专家，雅昌、长荣、阳光印网等企业分享在创意设计、智能制造、网络印刷方面的经验。大会还开展了围绕数字印刷、标签产业、喷绘打印、3D 打印、行业教育等主题的专业会议和技术交流活动。

2016 年绿色印刷推进会在京举行

2016 年 11 月 2 日，2016 年绿色印刷推进会在京举行，会议发布了《2016 年绿色印刷实施成果报告》和《中国绿色印刷企业年度调查报告（2016）》。2016 北京绿色印刷产业促进商务交流会暨京津冀协同发展绿色印刷产业促进商务交流会同期举办。此次推进会由国家新闻出版广电总局和环境保护部共同主办，通过互联网向全国进行直播。推进会通报了绿色印刷实施情况以及 2016 年绿色印刷图书环保质量抽查检测情况。

京津冀绿色印刷原辅材料及环保治理论坛在京举办

2016 年 11 月 3 日，全国绿色印刷周期间，京津冀绿色印刷原辅材料及环保治理论坛在京举办。绿色印刷原辅材料供应商、环保治理技术商展示发布了新产品、新技术。他们和环保专家、印刷企业的代表，共同探讨了印刷业的环保之路。论坛还邀请北京印刷协会理事长任玉成等 5 位嘉宾对绿色印刷产业的发展进行了探讨。

福建省局联手北大建印刷文化保护基地

2016 年 12 月 2 日，福建省新闻出版广电局和北京大学新闻与传播学院，在福建省龙岩市连城县签订福建印刷文化保护基地建设合作协议，推进福建印刷文化保护基地建设。北京大学新闻与传播学院将指派专家指导福建印刷文化保护基地建设工作，为基地制定规划、实施项目、建设展示馆等工作提供咨询、论证、信息等服务，并为基地人员在专业培训方面以支持。同时，指导、协助开展以青少年为重点对象的讲座、展示等印刷文化传承活动，指导开发印刷文化创意产品，指导协助搜集、保护散落在海内外的福建印刷文化相关实物、遗存。

九、数字版权

"网络音乐版权保护与商业模式"研讨会在京召开

2016年1月27日，网络音乐版权保护与商业模式研讨会在京召开。会议就当前我国网络音乐产业的现状、网络音乐版权保护和商业模式，特别是收费模式、分配模式等进行了梳理和分析。研讨会上，与会嘉宾提出，正版并不是终极目标，在正版的基础上让产业有实质性的发展，建立良好的商业模式，让产业链上的相关各方都得到回报、各得其所，并真正推进音乐创作和音乐产业的繁荣，才是根本目标，也是行业下一步的努力方向和工作重点。

移动APP第三方证书签名与版权登记联合服务平台正式上线

2016年2月25日，由中国版权保护中心和北京数字认证股份有限公司共同推动，由中华版权代理总公司和北京版信通技术有限公司共同推出的"移动APP第三方证书签名与版权登记联合服务平台"正式上线。作为DCI体系在移动APP领域的核心示范应用，联合服务平台构建了版权登记电子证书的应用场景。版权登记电子证书可以嵌入APP中，并经过数字签名和安全加密，不可破解、不可篡改，支持APP版权24小时在线验证。联合服务平台还提供版权监测、侵权报告、维权取证等一系列版权服务，以及安全检测、漏洞扫描、安全加固等增值服务，从而实现对APP版权的有效保护。

北京版权保护协会成立"网络工委"

2016年3月11日，北京版权保护协会网络出版工作委员会宣布成立。目前北京版权保护协会网络出版工作委员会内的单位有300余家，包含网络游戏、网络文学、网络动漫等国内网络出版的各种细分行业。未来计划按照行业细分成立若干行业办公室,加强细分行业内的企业之间的联系,也将促进跨界合作,推动协会各行业办公室之间的交流,同时推动网络出版业与金融、资本、影视等其他行业深度交流,带动行业蓬勃发展。

辽宁省版权局与京版十五社反盗版联盟签署战略合作协议

2016年4月25日,辽宁省版权局与京版十五社反盗版联盟签署了战略合作协议。双方将充分发挥版权管理、行政执法的职能作用,以及出版单位在打盗维权工作中的优势资源,密切配合,齐抓共管,全面提升打击侵权盗版的针对性和有效性。京版十五社反盗版联盟将向辽宁省版权局及时提供出版信息,发布重点图书预警信息,提供正版图书样本,提供重点图书防伪情报信息等方面的支持。在涉嫌盗版图书鉴定、认证工作等方面,以及执法人员开展市场巡查及执法行动中给予积极配合。同时,还将协助组织开展版权执法人员业务培训,在安排京外印刷项目中将重点向辽宁倾斜,积极支持辽宁印刷企业发展,在优势选题和重点选题对外合作中也会优先与辽宁出版单位对接。

版银科技靠"版权印"获2015年度最佳商业创新奖

2016年4月26日,在"2016中国反侵权假冒经验交流会"上,北京版银科技有限责任公司荣获"2015年度互联网+时代最佳商业创新奖"。"版权印"互联网版权快速授权平台主要提供版权保护、授权交易、维权和解等一系列专业版权服务,能够有效帮助各类媒体机构和自媒体人实现原创内容的在线快速授权。

2016中国网络版权保护大会在京举办

2016年4月26日,国家版权局举办了"2016中国网络版权保护大会",工信部、公安部、国家网信办等部委相关部门负责人及来自版权领域的人员,共同探讨了数字网络发展与版权保护的热点话题。与会嘉宾就我国网络版权创作、传播、运营管理及保护的形势和面临的问题进行了研讨和分析。同时,还举办了"网络文学版权保护""网络转载版权保护""体育赛事节目与版权保护"三个分论坛,版权领域及相关产业界代表、专家学者就新形势下网络作品如何加大版权保护问题展开讨论。

中英探索建立双语侵权举报平台

2016年4月27日,百度与在华国际出版商版权保护联盟(IPCC)在京签署版权保护合作备忘录。针对互联网侵权盗版行为,百度将探索建立中英双语的侵权举报平台,并为联盟成员开辟快速反应"绿色通道",及时有效处理侵权盗版行为。双方将定期进行信息交流和沟通，通过紧密的版权保护合作打击网络侵权盗版。

中国版权保护中心 DCI 体系再拓新应用

2016 年 5 月 10 日，华云音乐与 Sony/ATV 在中国版权保护中心举行了战略合作签约仪式。双方以华云音乐平台为基础，建立音乐版权基础信息库，在中国标准音像制品编码（ISRC）登记以及数字版权唯一标识符（DCI）体系版权登记方面进行全面的应用合作。音乐版权基础信息库将使版权方在主张权利时能获得有效支持，让使用者更容易找到正版资源所在，从而降低交易成本和法律风险。信息数据库的建立，将使音乐版权信息清晰透明，起到防止假授权、避免重复授权等作用，提高版权交易的可信度。DCI 体系是中国版权保护中心的自主创新，主要具有数字作品版权登记、版权费结算认证和侵权监测快速维权三大核心功能。

中国版权保护中心西南版权登记大厅启动运行

2016 年 6 月 22 日，中国版权保护中心西南版权登记大厅在成都天府软件园正式启动运行。该登记大厅是中国版权保护中心在全国除北京以外设立的首个直属业务受理中心，可办理中国版权保护中心拥有的所有业务，包括国内外著作权登记、数字版权登记、软件著作权登记信息分析服务、版权法律服务、网络监测取证、作品保管服务、区域版权产业研究咨询服务、版权价值评估咨询服务以及中国标准录音制品编码中心音像版号申领服务和中国数字版权登记支撑服务等。西南版权登记大厅在功能划分上，搭建了"一大厅"和"两平台"。"一大厅"即登记大厅，"两平台"即中国数字音像产业服务支撑平台和中国游戏产业服务支撑平台。

中国版权协会艺术品版权工作委员会成立

2016 年 6 月 29 日，中国版权协会艺术品版权工作委员会在京正式成立。艺委会是中国版权协会的二级委员会。艺委会秘书处设在雅昌文化集团北京雅昌艺术中心。艺委会的工作集中在五个方面：明确艺术家到底有什么权益、怎样维护艺术家的权益、如何快速发现作品被侵权、出现被侵权了如何用法律的手段维权、如果需要艺术家授权如何去做。

中文在线发布 IP 一体化战略共创"文学+"多赢生态

2016 年 7 月 20 日，由中文在线主办的"IP 一体化共创多赢生态"高端主题论坛在北京召开，会上中文在线正式公布了其"IP 一体化"战略，并与出版、影视、游戏、动漫等产业链上下游的合作伙伴深入探讨了如何通过 IP 一体化运营，共同打造"文学+"新经典。

"APP 及广告联盟相关版权侵权问题研讨会"在京举行

2016 年 8 月 20 日，由中国版权协会主办、中国版权杂志社承办、互联网视频正版化联盟协办的"APP 及广告联盟相关版权侵权问题研讨会"在北京举行。此次研讨会旨在贯彻落实"剑网2016"行动精神，对聚合平台、应用商店及网络广告联盟等所涉相关版权问题展开探讨，以推进相关问题解决，推进产业发展。

知识产权维权联盟年会在京举办

2016 年 9 月 19 日，知识产权维权联盟年会在京举办。来自知识产权法律研究、实务操作、监督管理方面的专家学者、法律界人士围绕"建立 IP 保护新模式，推行维权联盟新举措"的主题，共同探讨如何增强知识产权保护和运用能力，推动科技创新和人才创业。联盟成员单位在年会上发布共同声明，宣布对创新企业和人才提供知识产权服务，提供行业间、地区间具有普遍适用性的知识产权保护意见，并正式启动知识产权维权援助工作，以公益性服务组织的形式使维权援助成为常态。

标准推广与版权保护推进会在厦门召开

2016 年 11 月 8 日，国家标准版权保护工作组办公室在福建厦门举办标准推广与版权保护推进会。会议总结了一年来的版权保护工作，探讨了标准化法修订和标准推广过程中标准公开与版权保护的关系，交流了标准公开与版权保护工作中的新情况，分享了标准版权保护理论研究成果，并就进一步促进标准推广、保护标准版权进行了深入的交流研讨。

国家版权局发布《关于加强网络文学作品版权管理的通知》

2016 年 11 月 14 日，国家版权局发布了《关于加强网络文学作品版权管理的通知》。《通知》进一步明确了通过信息网络提供文学作品以及提供相关网络服务的网络服务商在版权管理方面的责任义务，细化了著作权法律法规的相关规定，是国家版权局加强网络文学版权保护的一项重要举措，对规范网络文学版权秩序具有重要的意义。

北京率先启动规范 APP 版权秩序工作

2016年11月30日，全国首个规范软件应用市场版权秩序的规范性文件《北京市版权局关于规范软件应用市场版权秩序的通知》发布。这标志着北京市规范软件应用市场整顿工作进入实施阶段。北京市版权局按照通知要求，结合软件正版化工作对软件应用市场的经营活动进行监测并依法监管，从源头上治理 APP 软件涉及的侵权盗版行为，使软件应用市场成为正版软件的流通渠道。

2016 年国际版权论坛在广州举行

2016年12月5日至6日，2016年国际版权论坛在广州举行。本届论坛由世界知识产权组织（WIPO）与中国国家版权局共同主办，以"版权 创新 发展"为主题，探讨版权与创新在文化与经济发展中的作用，以及如何促进和保护创新以推动版权产业发展，推动国际版权多元化合作。论坛还举办了以"促进和保护创新以推动发展：政策、战略和最佳实践"为主题的圆桌讨论。10余个 WIPO 成员代表参与了讨论。

第六届中国国际版权博览会在广州举办

2016年12月5日至7日，第六届中国国际版权博览会在广州市中国进出口商品交易会展馆举办。本届版博会主宾国为英国。本届博览会主题为"展示版权成果、促进版权保护、引领产业发展"，旨在通过展示优秀成果，交流工作经验，全面提升版权综合能力，推动经济提质增效升级。

江西在全国首设版权输出奖

2016年12月7日，《江西省人民政府办公厅关于印发江西省版权输出奖励暂行办法的通知》印发。江西成为全国首个以省级政府名义设立版权输出奖的省份。设立江西省版权输出奖，旨在鼓励和支持江西省版权走出去。该奖项经中央批准，由江西省人民政府设立，表彰江西省新闻出版广播影视业实施并取得显著成效的版权输出项目。

数字版权保护技术研发工程竣工大会在京召开

2016年12月20日，数字版权保护技术研发工程竣工大会在京召开。数字版权保护技术研发工程共18个分包、26项课题，涵盖技术研究、系统开发、平台搭建、标准制定、总体集成、应用示范等方面，参与工程管理、研发和集成任务的单位24家。工程总目标是探索数字环境下的版权保护机制，为出版单位数字化转型提供政府主导的第三方公共服务平台，为数字出版产业发展提供一整套数字版权保护技术解决方案。数字版权保护技术研发工程既可为行业发展提供标准参考、专项技术支撑，也可针对多种应用环境下的商业模式提供版权保护系统解决方案，还可提供数字版权认证、授权信息管理、网络侵权追踪等全流程数字版权保护技术服务。中国新闻出版研究院作为工程应用推广单位，已与120多家单位签订了技术服务意向书。

十、综 合

中国出版年会在京召开

2016年1月15日，由中国出版协会主办的中国出版年会在京召开，会议以总结工作、展示成果、表彰先进、推动产业发展为主题。年会发布了《2015年中国出版业发展报告》，宣布了2015中国出版业十件大事、2015中国十大出版人物、2015中国30本好书。本届年会由中国新闻出版研究院、中国新闻出版传媒集团有限公司协办。

科技出版融合发展研讨会在京召开

2016年1月17日，由中国水利水电出版社、中国新闻出版研究院、中国版协科技出版工作委员会主办的科技出版融合发展研讨会在京召开。研讨会回顾"十二五"展望"十三五"，围绕科技出版单位的融合发展之路展开。与会嘉宾围绕打造专业平台、挖掘知识资源、满足用户需求等方面，介绍了本单位科技出版融合发展的做法和经验，并就"十三五"期间科技出版的融合发展之路进行了探讨和展望。研讨会上，中国水利水电出版社与中国新闻出版研究院达成战略合作。双方在数字出版、文化科技创新等相关领域开展合作，共同推进科技出版融合发展。

"一带一路"数字文化工程项目正式在京启动

2016年1月21日，"一带一路"数字文化工程项目正式在京启动。"一带一路"数字文化工程项目由外交部、中央人民广播电台、中国移动通信集团公司指导，世界知识出版社、央广视讯传媒股份有限公司、咪咕文化科技有限公司三方联合发布。该项目包括打造数字富媒体产品"一带一路图书馆"、合作推进文化产品版权输出、搭建海内外数字文化版权交流平台三大核心内容。

中共思想理论资源数据库延安中心启用

2016年1月21日，由人民出版社、中共延安市委、中国公共关系协会携手共建的"中国共产党思想理论资源数据库延安中心"在延安新区正式启用。"延安中心"辐射延安市所属的党政机关、高校、社区、农村及非公有制单位的党建组织，初期主要在延安10个单位进行安装和试运行，"延安中心"以"红色宝典 再谱新篇"为宗旨，以现代技术为支撑，建成了国内首个以"大数据（中国共产党思想理论资源数据库）+小书包（中国共产党党员学习小书包）"有机结合创新宣传党的思想理论的学习平台。

北京市在全国首开数字编辑职称评审

2016年2月28日至3月2日，北京市开展了首次数字编辑初级和中级职称评审报名审核，并于2016年5月14日实施第一次以考代评。此举也是全国第一次进行数字编辑职称考试。新闻系列（数字编辑）专业职称具体包括3个领域、9个专业。数字新闻编辑领域包括数字新闻内容编辑、数字新闻技术编辑、数字新闻运维编辑等专业，数字出版编辑领域包括数字出版内容编辑、数字出版技术编辑、数字出版运维编辑等专业，数字视听编辑领域包括数字视听内容编辑、数字视听技术编辑、数字视听运维编辑等专业。

爱奇艺与环球音乐达成付费音乐深度战略合作

2016年2月29日，爱奇艺与环球音乐达成深度战略合作，双方将打造涵盖环球音乐顶级演唱会在线直播、完整MV版权库和艺人合作、衍生开发在内的全面深度合作。2016年环球音乐全球顶级演唱会在线直播资源、环球跨世纪完整音乐内容库都将入驻爱奇艺，这是环球音乐目前与亚太区视频平台达成的最大规模合作。爱奇艺与环球音乐的深度战略合作，将充分释放数字音乐在中国视频会员市场的巨大潜力和价值。演唱会在线直播也将成为继电影、大剧后，中国视频会员服务的重要内容组成。

百花文艺和儒意欣欣共建原创文学IP新模式

2016年3月10日，百花文艺出版社与北京儒意欣欣文化发展有限公司签署战略合作协议，就影视版权代理销售、文学影视动漫IP孵化、文学有声读物出版、影视文化活动策划等事项达成合作意向。双方今后的合作将以出版社优秀的作家作品资源、期刊品牌资源，联合影视公司成熟的市场化操作经验，共同开发新的IP资源。

中国网络空间安全协会成立

2016年3月25日，中国网络空间安全协会在京举行成立大会，这是我国首个网络安全领域的全国性社会团体。协会是由国内从事网络空间安全相关产业、教育、科研、应用的机构、企业及个人共同自愿结成的全国性、行业性、非营利性社会组织，发起会员共计257个，其中单位会员190多个，囊括了国内主要互联网企业和网络安全企业、权威科研机构，具有广泛的代表性。中国网络空间安全协会成立后，将着力促进网络安全行业自律，积极引导网络环境下各类企业履行网络安全责任，积极推动网络安全行业标准建设和学科建设，组织开展各类网络安全专业性、群众性活动，积极参与网络安全国际交流合作。

2016年数字出版管理工作暨主流媒体融合发展经验交流现场会在广州召开

2016年3月23日至24日，2016年数字出版管理工作暨主流媒体融合发展经验交流现场会在广州召开。国家新闻出版广电总局副局长孙寿山对"十二五"期间数字出版工作的成绩进行了回顾与总结，对未来5年数字出版发展提出了要求。会议期间，总局数字出版司司长张毅君对2015年数字出版具体工作进行总结，并就2016年转型升级、数字阅读、基地建设、游戏管理、网络文学、科技创新等重点工作进行了部署。南方报业传媒集团、羊城晚报报业集团等广东省主流媒体相关负责人就融合发展经验进行探讨。总局相关负责同志对《新闻出版业数字出版"十三五"时期发展规划》《新闻出版业"十三五"时期科技发展规划》《网络出版服务管理规定》进行了解读。

广东设首只媒体融合投资基金

2016年3月27日，总规模百亿元的广东省首只媒体融合投资基金——广东南方媒体融合发展投资基金在广州成立。投资基金由广东南方报业传媒集团有限公司、广东羊城报业传媒集团有限公司、广东南方广播影视传媒集团有限公司、广东省出版集团有限公司4家传媒出版企业和海通创意资本管理有限公司、中赛信合（北京）投资管理有限公司等金融机构共同发起设立，总规模100亿元，首期规模为10.6亿元。基金以面向市场、面向广东、面向新媒体为投资方向，按照市场化原则和股权投资方式，重点支持广东传媒出版企业转型升级和媒体融合重大项目。

第十三届中国民营书业发展高峰论坛在重庆举行

2016年4月9日至10日,以"新思路、新举措、新发展"为主题的第十三届中国民营书业发展高峰论坛在重庆举行,2016中国知名实体书店CEO工作座谈会一并举行。全国人大教科文卫委员会主任委员、中国出版协会理事长柳斌杰出席论坛,并以《大力发展民营书业,加快出版强国建设》为题发表主旨演讲。论坛上,来自北京、上海、浙江等全国10余个省市的数十家民营书业企业百余位代表就民营书业发展现状及"十三五"时期民营书业快速发展之路献计献策。中国新闻出版研究院院长魏玉山发布《2015年中国民营书业发展报告》。

2016全国新闻出版单位数字出版工作交流会暨数字出版部门主任联盟年会在京召开

2016年4月19日至21日,由中国新闻出版研究院主办的2016全国新闻出版单位数字出版工作交流会暨数字出版部门主任联盟年会在京召开。会上,总局数字出版司对2016年度的重点工作从9个方面进行了具体部署。本届大会主题为"新闻出版智能化趋势:互联网 + 物联网 新硬件时代",与会代表围绕大会主题发表演讲。

深圳阅读蓝皮书发布

2016年4月23日,《深圳全民阅读发展报告》即"深圳阅读蓝皮书"发布,这是目前国内首个以城市为单元的阅读蓝皮书。该蓝皮书由特稿、总报告、分报告、大事记、后记等专题内容组成,总字数35万,涵盖阅读综合研究、"图书馆之城"研究、"深圳读书月"研究、阅读推广研究、阅读组织研究、阅读空间研究等6个专题,涉及全民阅读工作的新理念、新思路和阅读创新的实践过程、工作成效及下一步对策等。

首届新世纪高校教材建设高端论坛在合肥举办

2016年4月28日至29日,首届新世纪高校教材建设高端论坛在安徽合肥举行,这次论坛是在第47届全国高教仪器设备展示会期间举办的。与会专家认为,应推进"互联网 + 教学 + 高校教材出版"融合发展。来自高等院校、大学出版社等多个领域的13位专家,就"互联网 +"时代高校教材建设的未来发展进行探讨。论坛上,负责国家级专业学科通用教材开发的重点单位,分享了我国围绕教学改革需求,不断创新,打造精品教材的发展轨迹。论坛吸引了全国各地前来观展的大学教师、大学实验室采购中心负责人、各大学学科实验室设备供应商、大学出版社教材发行与编辑人员、教育服务集成商等数百位代表参会聆听。

西部数字出版产业协同创新中心成立

2016年5月10日，西部数字出版产业协同创新中心成立大会在陕西师范大学举行。西部数字出版产业协同创新中心是以陕西师范大学为牵头单位，以陕西师范大学新闻与传播学院、陕西师范大学出版总社和陕西新华出版传媒集团数字出版基地发展有限公司作为发起共建单位，自愿组成的非法人实体组织。中心的宗旨是立足西部，面向全国，通过协同科研、协同人才培养、协同产业开发及产学研一体化协同运作，培养新型人才，培育创新型数字出版产业，为西部数字出版产业发展作出贡献。

第十二届中国（深圳）国际文化产业博览交易会举办

2016年5月12日，第十二届中国（深圳）国际文化产业博览交易会举办，本届文博会新闻出版馆总面积7 500平方米，由数字出版展区、传统出版展区和宣传活动签约区三大展区构成，共37家展团参展。5 400平方米的数字出版展区为历届面积最大，由中国新闻出版研究院承办，展示了14个国家数字出版基地发展成果以及"数字版权保护技术研发工程"相关技术成果。由深圳出版发行集团承办的传统出版展区包括主宾团展区、创意阅读展区、亲子阅读展区、"一带一路"读物展销区等。本届文博会还首设版权服务工作站。

图书质量管理工作座谈会在京召开

2016年5月26日，图书质量管理工作座谈会在京召开。会议通报了2015年至2016年第一季度图书质量检查总体情况，总结交流了出版战线加强图书质量管理的好做法、好经验，研究部署新形势下进一步推动出版单位增强质量意识、落实管理责任、执行管理制度、提升图书质量的举措。

中南文化收购新华先锋

2016年6月6日，中南文化发布公告，以4.5亿元现金收购北京新华先锋文化传媒有限公司，布局IP全产业链。这是我国民营书业历史上最高额的一起收购。本次交易完成后，新华先锋成为中南文化的全资子公司。

"中国图书对外推广计划"工作会议在成都召开

2016年6月7日至8日，国务院新闻办公室、国家新闻出版广电总局在四川省成都市召开"中国图书对外推广计划"工作会议。会议总结了"中国图书对外推广计划"10年成绩,研究部署了"十三五"期间中国图书走出去工作。

全国新华书店集团首届服务教育信息化产业高层座谈会在成都举办

2016年6月16日至17日,由中国新闻出版传媒集团、中国新华书店协会共同举办,新华文轩出版传媒股份有限公司承办的全国新华书店集团首届服务教育信息化产业高层座谈会在四川成都举办。与会嘉宾围绕"创新、开发、共享"的主题,分享各自在开展教育信息化建设领域的思路、经验。来自全国各省(区、市)新华发行集团的近70位有关负责人参加了座谈会。

第六届十省电子音像出版社联席会在合肥召开

2016年6月18日,第六届十省电子音像出版社联席会在安徽合肥召开,会议围绕"创新 平台 政策"主题,就电子音像出版与新兴媒体融合发展等话题展开探讨。十省电子音像出版社联席会旨在加强交流合作,谋划业务发展,成员由安徽、河南、江西、湖南、河北、浙江、广东、山东、山西、湖北的电子音像出版社组成,每年举办一次,2016年由时代新媒体出版社承办。

2016中国数字出版年会

2016年7月19日至21日,以"创新、引领、融合、发展"为主题的2016中国数字出版年会在京开幕。国家新闻出版广电总局党组成员、副局长孙寿山出席开幕式,并做题为《创新引领融合 融合促进发展》的主旨报告。年会由中国新闻出版研究院主办,设置了3个主论坛、9个分论坛和圆桌会议、数字出版汇报展览等。来自国际、国内的26位嘉宾,围绕数字阅读、数字教育、网络文学、媒体转型等内容发表了主题演讲。来自部分省(区、市)新闻出版广电局、出版传媒集团、图书报刊出版单位、新媒体公司负责人,以及其他相关机构的1 000余位嘉宾参加了开幕式及主论坛。

网络文学行业自律倡议书新闻发布会

2016年7月20日,网络文学行业自律倡议书新闻发布会在京召开,起点中文网等50余家重点文学网站签署倡议书。倡议书由中国作协网络文学委员会、中国音像与数字出版协会数字阅读工作委员会联合发布。倡议书提出,网络文学应该坚持以人民为中心的创作导向;坚持把社会效益和社会价值放在首位;坚持培育和弘扬社会主义核心价值观;坚持把创新精神贯穿于创作生产过程;坚持完善编辑制度,把好网络文学品质关;坚持版权保护观念,抵制侵权盗版；坚持依法经营，努力营造良好发展环境。

湖北省首个网络智库平台公开亮相

2016年7月22日，来自湖北省各地和重点高校的专家、学者以及各界代表共同见证湖北省第一个网络智库平台——"《决策与信息》网络智库平台"首次公开亮相。《决策与信息》网络智库平台的基本特色在于两个融合。一是功能上实现智库与决策的融合，各方智库到平台上展示、传播、转化研究成果；各类决策机构到平台上来借用智慧，引进智慧。二是在形态上，实现新媒体与传统媒体融合。该中心现有的两个纸媒《决策与信息》杂志、《决策内参》，与《决策与信息》网络智库平台有机结合，形成线上线下互动，实现三位一体、全方位、立体式的运行发展。

新华书店总店举办"教材网络采选系统"签约活动

2016年7月28日，新华书店总店及所属独资公司新华国采教育网络科技有限责任公司与郑州大学、郑州大学出版社在内蒙古包头举行"全国大中专教材网络采选系统"战略合作协议签约仪式。"全国大中专教材网络采选系统"是以中国大学教育、高职教育、中职教育在校师生为服务对象，以推动中国教育信息化建设、教育出版数字化转型为目标，集教材信息发布、纸质教材选购、数字教材租赁、教材分析评价为一体的网络平台。该系统以互联网、移动互联网、云计算和大数据技术为基础，在教材作者、教材编者、师生读者之间，架起教材使用和教材发行的数字化、网络化桥梁。

第二十一届东北亚地区地方政府首脑会议媒体论坛在长春举行

2016年8月17日，由吉林省政府主办、吉林日报社承办的第二十一届东北亚地区地方政府首脑会议媒体论坛在长春举行。在本次媒体论坛上，吉林日报社、俄罗斯滨海边疆区报社、蒙古国中央群众杂志社、韩国江原日报社共同发起成立东北亚媒体合作联盟，新日本海新闻社以观察员身份参与联盟活动。东北亚媒体联盟成立后，将在宣传报道、商贸交流、跨境电商、文体活动、旅游推介、助推政府招商引资等多个方面开展合作，共同促进东北亚地区的经济社会特别是文化交流合作。

中国实体书店创新发展年会在沪举行

2016年8月18日，中国实体书店创新发展年会在上海举行。来自全国31家出版集团的领导、51家大型书城的代表，共同探讨如何贯彻实体书店扶持政策落地，抓住机遇实现实体书店的新一轮创新发展。黑龙江省图书音像发行集团、浙江省新华书店集团有限公司、北京新华发行集团有限责任公司、新华文轩出版传媒股份有限公司、江苏凤凰出版传媒股份有限公司发行公司和河南省新华书店发行集团有限公司6家单位做大会交流发言。

西部出版物交易中心项目启动

2016年8月18日，西安西部出版物交易中心项目签约暨启动仪式在西安曲江新区举行。由陕西嘉汇汉唐图书发行有限责任公司与陕西奥达企业集团共同出资打造的集采、供、销、仓储、物流、电子商务等功能于一体的出版物交易及服务平台项目正式启动。项目建设初期将实现行业资源整合升级，降低运营成本，有效链接上游出版社与下游零售书店，实现线上线下规模化销售，从而推动实体书店业态升级，创新实体书店经营发展模式，支持实体书店与网络融合发展，提升信息化标准化水平。建设中期，将通过优化整个陕西乃至西部地区出版物出版发行能力，拓展发行渠道和范围，丰富出版物营销模式，完善配套物流体系，全面系统地整合图书出版、销售供应和物流配送产业链资源，构建出版物电子商务和流通信息平台，实现统一采购、统一销售、统一配送和统一管理，从而最大化地提高行业的产销效率和信息化水平。

第十一届中国传媒年会在广州举行

2016年8月18日至19日，以"实践推动转型　示范引领融合"为主题的第十一届中国传媒年会在广州举行。本届传媒年会意在盘点和总结两年来我国媒体融合取得的成果，重点推介媒体在转型发展实践中取得的成功经验，对当前媒体融合过程中存在的问题进行讨论、研究，为业界转型发展提供借鉴。本届年会由传媒杂志社主办。与会嘉宾在会议上就媒体融合和创新发展做了主题报告，并围绕广电媒体生态重构、融合发展以及舆情服务做了主旨演讲。

第十一届中国传媒年会传媒资本论坛暨《中国传媒投资发展报告（2016）》新书发布在广州召开

2016年8月19日，在第十一届中国传媒年会上，由传媒杂志社主办、建投华文传媒投资有限责任公司承办的传媒资本论坛暨《中国传媒投资发展报告（2016）》新书发布会在广州举行。该论坛的主题是"资本助力传媒产业创新发展"，围绕资本如何助力传媒产业创新发展展开讨论，探究在当前媒体创新融合的发展机遇面前，投资应如何遵循文化传媒产业的内在发展规律，以资本为纽带推动媒体与其他产业的渗透和战略协同，以市场化逻辑推动传统媒体与新兴媒体的优势互补，实现融合发展。本次论坛正式发布了《中国传媒投资发展报告（2016）》，报告在对传媒投资发展现状与趋势进行深入分析的基础上，重点对传媒投融资的新兴形态、海外传媒投资、移动互联、VR 投资等年度热点进行跟踪，剖析资本推动下的传媒变革。

2016 中国有声出版业启动发布会暨集体签约仪式在沪举行

2016 年 8 月 22 日，音频分享平台喜马拉雅 FM 与中信出版集团、中南出版集团、上海译文出版社、果麦文化、企鹅兰登等多家国内外知名出版集团在上海展览中心共同举行"2016 中国有声出版业启动发布会暨集体签约仪式"，就有声改编、IP 孵化、版权保护等方面达成深度战略合作。

2016 北京国际出版论坛在京召开

2016 年 8 月 23 日，2016 北京国际出版论坛在京召开。本次论坛以"融合发展的新前景"为主题，采用主、分论坛结合的形式，中外嘉宾分别在主论坛上演讲。论坛还举办了全球视野下的少儿出版、"互联网+"时代下的科技出版与知识服务等两场分论坛。

第二十三届北京图博会举办

2016 年 8 月 24 日至 28 日，第二十三届北京国际图书博览会在京举办。本届图博会设综合馆、专业馆、馆配及国内图书销售馆、童书教育馆、海外馆、阅读体验馆等分馆，有 86 个国家和地区的 2 400 多家中外出版商参展，展览展示图书 30 多万种，举办了各种文化出版交流活动 1 000 余场，中东欧 16 国整体受邀担任本届图博会主宾国。第 14 届北京国际图书节同期举行，本届图书节首次设立影视出版 IP 交易市场。本届图书节推出了主题为"深化出版合作 实现文化共赢"的"一带一路"高峰论坛、"中国故事系列图书全球版权推介会"和"一带一路"国家优秀出版物展销三大活动。

青岛出版集团与马来西亚红蜻蜓深度合作

2016 年 8 月 25 日，青岛出版集团与马来西亚红蜻蜓出版有限公司举行了版权合作签约仪式。双方将在童书版权贸易、合作出版、渠道开发、数字化运营等方面进行深度合作。马来西亚红蜻蜓出版有限公司是华人创办的华文专业童书出版机构。此番双方在既有合作的基础上进一步达成深度合作，将会有力推动两国优质出版资源的互补与融合，为繁荣华文圈儿童文化作出贡献。

广西师大出版社集团收购英国 ACC 出版集团

2016 年 8 月 25 日，广西师范大学出版社集团成功收购英国 ACC 出版集团新闻发布会在京召开。ACC 出版集团是一家总部注册于英格兰和威尔士的跨国出版与发行公司。该公司业务涉及图书出版和全球艺术与设计类出版社的图书销售代理。广西师范大学出版社集团以子公司广西师范大学出版社（上海）有限公司为主体完成了对 ACC 出版集团旗下的 ACC 出版社、ACC 英国和美国发行公司以及《古董与收藏》杂志的收购。

国际标准关联标识符（ISLI）发布实施

2016 年 8 月 29 日，国家标准化管理委员会发布 2016 年第 14 号国家标准公告，319 项国家标准被发布实施，其中 GB/T 32867—2016《中国标准关联标识符》是我国主导制定的第一项国际标识符标准 ISO 17316—2015《国际标准关联标识符（ISLI）》在国内的采标，ISLI 标志着我国新闻出版业在国际标准化方面取得的突破性进展，把它采标为中国国家标准，旨在加强 ISLI 在国内的实施应用，推动和促进我国新闻出版产业数字化转型升级，创造新的产业先机。

新华社全媒体平台上线

2016 年 8 月 30 日，新华社全媒体平台在北京新华社总社新闻大厦正式发布上线。自上线以来，新华社已与近 70 家中央和地方主流媒体签署协议，协力打造融内容生产、渠道分发、版权追踪等功能于一体的新媒体平台，助推传统媒体融合发展。

2016 金羽毛绘本高峰论坛在郑州举办

2016 年 9 月 2 日，2016 金羽毛绘本高峰论坛在郑州举办。论坛上，嘉宾们围绕"国际视野下绘本的当代品格"这一主题，共同见证和发现绘本之美，共同探索寻找未来绘本发展之路，共同努力推进绘本事业健康有序发展。

"全球付"获世界移动互联网大会 APP 奖

2016 年 9 月 13 日，由中国电子商务协会主办、盘石网盟承办的"2016 世界移动互联网大会"在京举行。大会以"突破与创赢"为主题，来自近 2 000 个国内外移动互联网相关领域行业代表、学术研究机构、知名企业参与，共同探讨移动互联网热门话题。会议期间，主办方中国电子商务协会特授予全球付集团"移动互联网创新行业 APP 奖"荣誉称号。全球付集团以创新理念和模式，开发出了全球唯一的系列不可复制的开放的金融支付网络——R9 系统增强区块链。R9 系统增强区块链不仅是一个全球开放的，还是一个可以储存"价值"和"物质"的仓库，区块链的核心是分布式账户，点对点，增强了人与人之间的信任。

电子社发布两款知识服务新品

2016 年 9 月 19 日，电子工业出版社在京发布最新一版的知识服务产品"悦读·悦学"系统和"E 知元"。"悦读·悦学"系统和"E 知元"两款产品主要聚焦专业客户的知识学习和技能培养需求，以图书馆、学校和电子技术类企事业单位为主要销售对象。"悦读·悦学"是多功能的数字教学资源服务平台，该系统为高校、图书馆等机构用户提供数字资源的在线展示、搜索和阅读以及播放等服务。"E 知元"是国内首款基于移动端的专业电子技术知识库产品，精选电子技术类专业图书进行结构化及知识化加工，以探索知识服务新路径为目标，创造性地利用知识导航、知识地图、知识束等不同方式提供知识关联和展示。

中国专利信息年会研讨知识产权改革

2016 年 9 月 19 日至 20 日，由知识产权出版社主办的中国专利信息年会在北京国家会议中心举办。本届专利信息年会的主题为"专利运营助推供给侧改革"。年会围绕专利运营的创新、知识产权与创业、开放式创新与企业知识产权管理、加大专利保护力度、知识产权大数据与专利信息利用等议题，与会代表开展了研讨和交流。在同期举办的展会上，知识产权出版社还展示了知识产权大数据资源体系。

青岛出版集团并购日本渡边淳一文学馆

2016 年 9 月 20 日，青岛出版集团在东京举行交接仪式。青岛出版集团以现金方式一次性收购大王造纸渡边淳一文学馆会社 100% 股权。渡边淳一文学馆建于 1998 年，位于日本北海道札幌市中央区的中岛公园内，总建筑面积约 1 300 平方米。该馆陈列渡边淳一的手稿、著作和生前资料等。近百位来自小学馆、集英社等日本企业界人士，以及渡边淳一的家人和生前好友出席了交接仪式。

中国编辑学研究中心成立暨编辑学研究高层论坛举办

2016 年 9 月 27 日，中国编辑学会和北京印刷学院联合成立中国编辑学研究中心，并举行了编辑学研究高层论坛，探讨了新形势下出版业编辑人才的培养和转型问题。来自行业管理部门领导以及行业专家、学者围绕新形势下如何继续传承编辑优良传统、提升编辑内容质量、培养编辑人才队伍、丰富拓展编辑内涵和外延、完善编辑服务职能、正确认识编辑的社会价值等编辑学研究话题与北印师生进行了互动。

"书店革命：2016新华书店发展论坛"在牡丹江举办

2016年9月27日至28日，由中国新闻出版研究院主办的"书店革命：2016新华书店发展论坛"在牡丹江举办。论坛以变革、转型、发展为主题，针对全国新华书店和实体书店在转型升级中存在的问题、对策及如何突出主业等现实问题进行交流。与会嘉宾就如何创新发表看法并提出建议。会上，还就新华书店如何借力专项政策，提升新华书店社会品牌影响力等热点问题进行了交流。

第十二届中国信息无障碍论坛关注盲人阅读

2016年10月13日至14日，第十二届中国信息无障碍论坛在中国盲文图书馆举办。论坛以"推动数字普惠·共创智能时代"为主题，开设"辅助技术和产品""无障碍产业发展""无障碍资源建设与服务"3个分论坛，来自政府、企业、公共文化服务机构等方面代表共同探索信息无障碍服务。论坛上，来自清华大学、中国科学院、上海交通大学等多所高等院校、科研机构的专家学者讲述了信息无障碍领域的最新进展。会上，各省盲人协会代表共同探讨了信息无障碍的发展前景，日本、挪威和国内多家企业展示了最新无障碍辅助应用产品。

北京中小学校阅读联盟成立

2016年10月20日，北京中小学校阅读联盟在京成立，北京市的100余所中小学校代表参会并成为首批联盟会员单位。北京中小学校阅读联盟是在书香中国·北京阅读季领导小组办公室的指导下，由北京市中小学校自愿发起，以学校为单位作为团体会员加入。联盟旨在整合社会优质阅读资源，促进阅读与教育融合，为全市青少年提供一个相互学习、建立友谊、共同提升的平台，让阅读真正走进每一所校园，提升首都青少年的人文素养，推进书香校园建设。

新华文轩与四川大学签署战略合作协议

2016年10月22日，新华文轩出版传媒股份有限公司与四川大学签署人才战略合作框架协议，双方就培养人才队伍建设、创建国家级"双创"示范基地达成共识，为实施四川出版传媒行业的人才战略谋篇布局。新华文轩与四川大学将在共建国家级双创（创新、创业）示范基地、推进创新成果转化、学生实践、共建博士后流动站及定期进行人才培养的交流和培训方面提供支持。新华文轩与四川大学还将设立"中国西部出版传媒发展研究院"，开展出版传媒方面的研究、教学、培训和咨询工作。

"新体制、新业态下保证和提高出版物质量"研讨会在京召开

2016年10月23日，由中国编辑学会科技读物编辑专业委员会主办、科学出版社承办的以"新体制、新业态下保证和提高出版物质量"为主题的研讨会在京召开，研讨会旨在研究探讨"互联网+"背景下出版物质量方面遇到的新情况，提出的新要求及采取的新策略、新措施，为保证和提高出版物质量提供理论参考和实践经验。研讨会由中国新闻出版研究院、中国新闻出版传媒集团为支持单位。与会人员从各自的专业领域出发，结合当前我国出版行业的整体发展情况和发展趋势，从不同的角度，针对出版物存在的质量问题进行了剖析，并就解决方式提出了各自的见解和思路。

浙豫出版传媒集团签署战略合作协议

2016年10月26日，浙江出版联合集团与中原出版传媒集团在杭州签署战略合作协议。此次签署的协议共有8项，由一个主协议即两大集团的战略合作框架协议和七大分项协议组成。七大分项协议分别为：融合出版领域合作协议、"两宋文化"合作出版工程协议、双方发行集团合作协议、双方印刷集团合作协议、双方物资集团合作协议，以及由浙江教育出版社与大象出版社签署的合作协议和由浙江科技出版社与中原农民出版社签署的"农业数字图书馆"合作协议。

第十一届北京文博会举办

2016年10月27日至30日，第十一届中国北京国际文化创意产业博览会在京举办。主展场设在中国国际展览中心，1 800多家参展企业来自30余个国家和地区，涉及旅游、设计、工艺美术、广播电影电视、文物及博物馆等各领域。文博会围绕"激发文化活力，引领产业创新"的主题，集中展现了中国文化创意产业正在加速成为国民经济支柱性产业的新面貌、新成果；展现了文化创意产业深化融合，加速转型升级，规模化、集约化、专业化发展的态势；展现了中国文化市场的巨大商机。

新华网上市

2016年10月28日，新华网股份有限公司在上海证券交易所挂牌上市。新华网此次募集资金主要投向全媒体信息应用服务云平台，移动互联网集成、加工、分发及运营系统业务，政务类大数据智能分析系统，新媒体应用技术研发中心，在线教育等领域。

中国编辑学会年会暨做学者型编辑论坛在青岛召开

2016年10月28日至29日，中国编辑学会第十七届年会暨做学者型编辑论坛在山东省青岛市召开。年会以"倡导工匠精神　做学者型编辑"为主题，就培养优秀编辑人才、出版精品力作等问题进行了深入研讨。在同期举行的主题论坛上，与会嘉宾就编辑要有怎样的文化理想、编辑如何打造精品佳作、编辑如何追求与作者平等对话等话题，发表了主题演讲。年会还发布了"培养编辑名家"主题征文活动获奖名单，获奖代表分享了在日常工作中的编辑经验。

人民卫生出版集团在京成立

2016年10月30日，人民卫生出版集团成立仪式在京举行，全国高等医药教材建设研究暨人卫社专家咨询2016年年会同期召开。会上还举行了人卫开放大学开课仪式、临床决策辅助系统启动仪式、健康传播新媒体平台上线仪式。与会代表紧密结合学习党的十八大和十八届三中、四中、五中、六中全会精神与习近平总书记系列重要讲话精神，围绕全国卫生与健康大会上提出的"努力全方位、全周期保障人民健康"精神，总结并肯定了16年来历届年会对医学教育、医药卫生事业发展所做出的重要贡献。

莎士比亚（中国）中心落户南京

2016年11月1日，译林出版社、伯明翰大学莎士比亚学院、南京大学在南京签署"莎士比亚（中国）中心"协议。莎士比亚（中国）中心依托伯明翰大学和南京大学强大的科研力量和学术资源，以及译林出版社在外国文学作品与研究论著出版方面的丰富资源和经验，致力于成为中国最具影响力的莎士比亚出版和研究平台，计划出版具有一流水准的莎士比亚作品及相关内容资源。译林出版社与伯明翰大学中国中心、南京大学三方同时签订"前沿科普文丛"合作计划。该文丛由伯明翰大学、南京大学和译林出版社合作出版，伯明翰大学、南京大学的相关研究领域资深学者将组成丛书学术委员会，主题涉及国际科技发展前沿的尖端成果、传统科学领域的最新进展等。

第二次全国数字出版转型示范现场会在南昌召开

2016年11月2日至3日，国家新闻出版广电总局在江西南昌召开第二次全国数字出版转型示范现场会。来自全国各省（区、市）新闻出版广电局数字出版业务负责人、第二批及部分首批示范单位负责人和相关出版单位的代表，围绕转型三年的得失，探讨数字出版转型战略规划、产品设计、思路布局、赢利模式等。会上发布了《全国数字出版转型示范跟踪研究报告》，还组织了分组交流及大会交流和现场观摩。

第五届韬奋出版人才高端论坛在南京举办

2016年11月5日，以"创新·跨界·融合——出版人才发展大趋势"为主题的第五届韬奋出版人才高端论坛在江苏南京举办。与会嘉宾共同研讨创新、跨界、融合时代背景下的出版人才发展趋势。本届论坛征文活动颁奖典礼同期举办。

"十月+掌阅"与北京作家协会签署三方战略协议

2016年11月7日，北京出版集团十月文学院、北京作家协会与掌阅科技股份有限公司在北京签署了三方战略合作协议，三方在品牌宣传、作品合作、精品培养、活动服务等方面将展开深度合作，在未来共同促进传统出版与新媒体出版的产业互动融合发展。十月文学院将利用自身作家、出版资源优势和海内外"十月作家居住地"的交流平台，组织开展网络作家培训，推荐优秀作家作品的网络普及，帮助优秀网络文学作品落地北京出版。北京作协吸收优秀作家加入作协队伍并向中国作协推荐。掌阅科技利用自身平台、技术优势，对北京作家协会及十月文学院的作家作品进行重点包装推广，并开设"十月文学"平台，打造"十月+掌阅"文学品牌。

全国新闻出版改革发展项目工作会议在京召开

2016年11月9日至10日，全国新闻出版改革发展项目工作会议在京召开。会议通报了2016年新闻出版改革发展项目工作，部署2017年工作。会议发布了2016年度新闻出版改革发展项目工作优秀单位和个人名单以及首批新闻出版产业示范项目名单。15个优秀单位和30名优秀个人，以及知识产权出版社"图书自助出版网络平台"等35个新闻出版产业示范项目获得荣誉证书。与会相关领导结合新闻出版项目工作，分别从重大项目确定、财政支持方向、

"十三五"相关规划等方面发言，并对新闻出版领域下一步工程项目建设提出了建议。全体参会人员围绕2017年项目库申报，结合实际工作进行了分组讨论和座谈。总局相关司局、直属单位负责人，以及全国各省（区、市）新闻出版广电行政主管部门分管领导、相关处室负责人共100余人参加会议。

全国新闻出版统计工作会议在京举行

2016年11月10日至11日，全国新闻出版统计工作会议在京举行。会议总结了2016年新闻出版统计工作情况，表扬了先进单位和个人，开展了工作经验交流，部署了2017年新闻出版统计重点工作。总局规划发展司、中国新闻出版研究院主要负责人，各省（区、市）新闻出版广电行政主管部门分管统计工作的局领导、统计部门负责人及统计工作人员参加会议。

2016年全国新闻出版标准化技术委员会年会在京召开

2016年11月11日，2016年全国新闻出版标准化技术委员会年会在京召开。会议总结了2014年至2016年新闻出版标准化建设成果，并对2017年工作进行了规划。会上，全国新闻出版标准化技术委员会向29项国家标准和行业标准的起草单位和起草人颁发了证书，向人民教育出版社等单位授予"新闻出版标准化先进单位"荣誉称号，向化学工业出版社等8家单位授予"专业数字内容资源知识服务模式试点企业标准化示范单位"称号。会议设立第一批共5个新闻出版标准化基地，分别为：由化学工业出版社承担的专业领域知识服务标准化示范基地、由地质出版社承担的国土资源行业知识服务标准研制与应用示范基地、由中国铁道出版社承担的轨道交通专业新闻出版标准研制及应用示范基地、由深圳市天朗时代科技有限公司承担的ISLI标准产业基地、由航天数字传媒有限公司承担的数字内容卫星发行标准化应用示范基地。

广西师大出版社与南方文学杂志社签署战略合作协议

2016年11月16日，广西师范大学出版社与南方文学杂志社战略合作签约仪式暨文学创作与出版座谈会在广西桂林举行。签约仪式后举办了文学创作与出版座谈会，20余名来自海内外的作家、学者一起进行了研讨。同日，广西师范大学在王城校区举办秀峰书院揭牌仪式，正式成立桂林秀峰书院文化教育投资有限公司。秀峰书院将以广西师范大学出版社集团有限公司的优质文化资源为基础，以广西师大王城校区及桂林历史文化资源为依托，突出体验特色，聚合文化资源，打造集修学弘道、研究交流、出版传播、文化体验、生活休闲于一体的文化综合体。

江苏打造数字出版特色产业园

2016年11月16日，沭阳县文化产业发展论坛暨文化创意产业园奠基仪式在江苏省宿迁市沭阳县举办。沭阳县文化创意产业园由五洲博尔文化传媒（北京）有限公司投资兴建，项目计划总投资约2亿元人民币，总建筑面积约10万平方米，建设周期约2年。园区将建立"一区四园"的发展格局，项目全部投入运营后预计年营业额约20亿元人民币，集投资、设计、建设、招商、运营、平台式整合创新服务为一体。

第三届世界互联网大会在浙江乌镇举办

2016年11月16日至18日，第三届世界互联网大会在浙江省乌镇开幕。本届主题为"创新驱动 造福人类——携手共建网络空间命运共同体"。来自五大洲110多个国家和地区的政府代表、国际组织负责人、互联网企业领军人物、互联网名人、专家学者等共1 600多名嘉宾参加大会。

第七十一届中国教育装备展示会在南宁举办

2016年11月19日至21日，第71届中国教育装备展示会在广西南宁国际会展中心举办。此次展会展出的教育装备产品涵盖各级各类教育所需的教学仪器设备、数字化教育信息技术、图书等。展会同期举办"第四届全国中小学实验教学说课活动""2016全国名师名校长峰会暨第二届世界创客教育高峰论坛"。"名校长峰会"的主题为"促进技术融合应用，助推教育变革创新"；"世界创客教育高峰论坛"邀请到了美国、法国、俄罗斯等20多个国家和地区及联合国教科文组织等的跨学科学习（STEAM教育）专家和创客教育专家进行现场交流；新产品、新技术、新成果发布会则以"推进技术进步、服务教育现代化"为主题，成为引领行业发展的风向标。

中南五省（区）教育出版社工作会议暨数字出版高层论坛在武汉举行

2016年11月22日，中南五省（区）教育出版社工作会议暨数字出版高层论坛在武汉举行。与会代表就教育出版社如何在数字化转型发展方面进行研讨。会议还对中南五省（区）2015年以来出版的优秀图书进行了评选，《中国教育改革大系》《时代的价值坐标——社会主义核心价值观简明读本》《提高骨干教师培养有效性的策略研究》《书香竹韵》《南阳青年作家丛书》等100种图书分获优秀教育读物奖；《中华最美诗文选》《给青年教师的四十封信》

《自言自语》《中国南阳汉画像石大全》《周易大道》等 50 种图书获装帧设计奖；《永远的长征》《劳动托起中国梦》《做隐形父母：个性化教育》《燕园豫声》《少年时系列》等共 25 种图书获畅销书奖。

中国健康传媒集团有限公司挂牌

2016 年 11 月 23 日，中国健康传媒集团有限公司在京挂牌成立，正式运营。集团未来的发展将重点专注纸质传媒、数字传媒、展示传媒等领域。中国健康传媒集团有限公司是以中国医药报社、中国医药科技出版社为基础组建而成。中国健康传媒集团有限公司的正式成立运营，标志着以国家食品药品监管总局新闻宣传司、国家食品药品监管总局新闻宣传中心、中国健康传媒集团为主体的食品药品监管系统新闻宣传工作"三驾马车"战略布局初步建成。

重庆出版集团与中国教学仪器设备公司战略合作

2016 年 12 月 6 日，重庆出版集团与中国教学仪器设备公司在重庆出版传媒创意中心举行了战略合作协议签约仪式。双方将在教育信息化项目的产品资源和整套解决方案开展深度合作，内容涉及开展教育均衡化融资租赁及分期付款项目，帮助经济相对落后的地区发展基础教育；开展包括出版传媒方面的外国政府、组织及基金的无偿援助和贷款项目；利用资源互补，向国际市场推广对外教育援助项目及与教育相关的传媒产品；合作建设中国教育装备交易平台和展示中心项目，开拓围绕教育服务的其他合作项目。

2016 国际智慧教育展览会在京举办

2016 年 12 月 9 日至 11 日，2016 国际智慧教育展览会在北京国家会议中心举办，来自全国的 16 家大型出版传媒集团、专业出版社、教育类新闻报刊单位、国际出版企业旗下的数字与教育出版企业参展，中外出版集团共同呈现"纸数融合"智能校园信息化建设整体解决方案。本届展会首次设立以中信书店、科学出版社等品牌和各省教育出版单位为代表的优秀教育出版物展销服务区域。国家新闻出版广电总局机关服务局（新闻出版方面）和中国教育报刊社合作，首次举办了全国教育类出版物成果展暨中国教育报刊社优秀出版物展。展会还从行业建设角度出发举办了出版与教育行业融合大会。由国家新闻出版广电总局机关服务局（新闻出版方面）、中国新闻出版研究院、中国新闻出版传媒集团、人民教育出版社、中国教育学刊杂志社、雅森国际展览等联合主办的融合出版思路下的教辅数字化发展研讨会上，来自出版界、教育界的同仁围绕教辅的数字化未来、教辅产品的多样化发展、教辅的互联网营销渠道等话题进行了研讨。

第二届中国金融与财经传播创新峰会暨全国财经传播研究会在京召开

2016年12月11日,由中央财经大学、上海财经大学等8家国内知名财经院系主办,中国新闻出版传媒集团、中国经济报刊协会联合主办,阳光保险集团独家承办的第二届中国金融与财经传播创新峰会暨全国财经传播研究会筹备会在京召开。与会嘉宾围绕"金融与财经传播融合创新""财经传播中的媒介创新""金融界与财媒界的互动发展"等议题进行探讨。

首届全国藏学编辑培训班在京开班

2016年12月12日至14日,首届全国藏学编辑培训班在京开班。本次培训班由中国藏学研究中心科研办、北京市新闻出版版权人力资源服务中心联合举办,中国藏学杂志社承办。藏学和新闻出版领域的专家,分别从一名优秀编辑应当既是杂家更是专家、西藏的藏语文立法及语言权益的保护、西藏和四省藏区经济与社会、出版物涉及的民族宗教问题、学术期刊数字化的版权保护与版权运营、容易被忽略的编校知识等方面,对藏学编辑们进行相关专业知识的培训。

教育智库与教育治理高峰论坛在京举行

2016年12月16日,长江教育研究院主办的教育智库与教育治理高峰论坛在北京举行,与会嘉宾就当今中国教育智库如何更好地参与和实施教育治理、提升公共服务能力、为教育行政部门建言献策发表了主旨演讲。论坛上举行了《教育智库与教育治理研究丛书》首发式。

亚马逊中国举办年度阅读盛典

2016年12月16日,亚马逊中国在京举办年度阅读盛典,首次全面整合其纸质书与电子书阅读大数据,发布了2016年度阅读榜单及趋势报告以及"年度纸质图书畅销榜"和"Kindle年度付费电子书畅销榜"。

我国首个国家级全民阅读规划发布

2016年12月27日,国家新闻出版广电总局发布《全民阅读"十三五"时期发展规划》,这是我国首个国家级全民阅读规划。《规划》明确全民阅读工作的指导思想、基本原则、主要目标、重点任务及时间表、路线图等,以进一步推动全民阅读工作常态化、规范化,共同建设书香社会。《规划》编制基于4

个基本原则：坚持政府主导，社会参与；坚持重在内容，提升质量；坚持少儿优先，保障重点；坚持公益普惠，深入基层。《规划》提出了9项重点任务，包括举办重大全民阅读活动，加强优质阅读内容供给，推动全民阅读深入基层、深入群众，大力促进少年儿童阅读，保障困难群体、特殊群体的基本阅读需求，完善全民阅读基础设施和服务体系，提高数字化阅读的质量和水平，组织引导社会各方力量共同参与，加强全民阅读宣传推广。

网站履行主体责任高峰论坛在京召开

2016年12月27日，由中国互联网发展基金会、中国传媒大学共同主办的网站履行主体责任高峰论坛在北京召开。论坛以"履行主体责任、传播正能量、共筑同心圆"为主题，旨在倡导互联网企业深入学习贯彻习近平总书记在网络安全和信息化工作座谈会上的重要讲话精神，切实履行网站主体责任、社会责任，积极传播正能量，努力营造"天朗气清"的网络空间。

深圳园区龙华项目签约

2016年12月29日，广东国家数字出版基地深圳园区龙华项目启动签约仪式在广东深圳市举行。该园区是由国家新闻出版广电总局批准、深圳出版发行集团负责筹建的国家级项目。广东国家数字出版基地深圳园区的总规划建筑面积40万平方米，将重点发展数字技术研发、数字阅读、网络视频、影视、动漫游戏等数字出版产业，打造集总部独栋办公、生产研发、产业协作、配套商业、公寓等为一体的综合业态。

国家哲学社会科学文献中心正式上线

2016年12月30日，国家哲学社会科学文献中心正式上线。新上线的国家哲学社会科学文献中心主要开设有资讯、资源、专题、服务4个栏目，资源包括中文、外文学术期刊7 000多种，还有外文图书、古籍等4类，上线文献数据超过1 000万条，与国内60多家社会科学研究机构网站导航链接，初步形成国家哲学社会科学学术期刊数据库、外文学术期刊数据库、中国社会科学院科研成果数据库等特色资源数据库。

（大事记由石昆根据中国新闻出版广电报、人民网、中国出版网、中国质量报、光明网、新华网、解放日报、和讯网、中国新闻网、腾讯科技、网易新闻等报道内容搜集整理）

图书在版编目（CIP）数据

2016—2017 中国数字出版产业年度报告 / 张立主编.
—北京：中国书籍出版社，2017.7
ISBN 978-7-5068-6296-7

Ⅰ.①2… Ⅱ.①张… Ⅲ.①电子出版物-出版工作-研究报告-中国-2016—2017 Ⅳ.①G239.2

中国版本图书馆 CIP 数据核字（2017）第 145703 号

2016—2017 中国数字出版产业年度报告
张　立　主编

责任编辑	许艳辉　陈守卫
责任印制	孙马飞　马　芝
封面设计	北京楠竹文化发展有限公司
出版发行	中国书籍出版社
地　　址	北京市丰台区三路居路 97 号（邮编：100073）
电　　话	（010）52257143（总编室）　　（010）52257140（发行部）
电子邮箱	eo@chinapb.com.cn
经　　销	中国书籍出版社
印　　刷	三河市顺兴印务有限公司
开　　本	787 毫米 × 1092 毫米　1/16
印　　张	27
字　　数	488 千字
版　　次	2017 年 7 月第 1 版　2017 年 7 月第 1 次印刷
书　　号	ISBN 978-7-5068-6296-7
定　　价	90.00 元

版权所有　翻印必究